大雅叢刊

公平交易法論

——不正競爭防止法

徐火明 著

／三民書局印行

國家圖書館出版品預行編目資料

公平交易法論：不正競爭防止法／徐
火明著．--初版．--臺北市：三民，
民86
　　　面；　　公分．--（大雅叢刊）
ISBN 957-14-2695-4（精裝）
ISBN 957-14-2696-2（平裝）

1.公平交易法

553.4　　　　　　　　　　86012162

國際網路位址　http://sanmin.com.tw

© 公平交易法論
——不正競爭防止法

著作人　徐火明
發行人　劉振強
著作財
產權人　三民書局股份有限公司
　　　　臺北市復興北路三八六號
發行所　三民書局股份有限公司
　　　　地址／臺北市復興北路三八六號
　　　　電話／五○○六六○○
　　　　郵撥／○○○九九九八——五號
印刷所　三民書局股份有限公司
門市部　復北店／臺北市復興北路三八六號
　　　　重南店／臺北市重慶南路一段六十一號
初版　　中華民國八十六年十一月
編　號　S 58465
基本定價　捌元陸角
行政院新聞局登記證局版臺業字第○二○○號

有著作權‧不准侵害

ISBN 957-14-2696-2（平裝）

自 序

　　我國經濟已朝自由化與國際化之方向發展，惟經濟之自由化與國際化，應建立自由與公平之競賽規則，而公平交易法即係建立此種競爭規則之法律基礎。我國公平交易法採取合併立法之方式，即將外國立法例上所稱之反托拉斯法或卡特爾法，與不正競爭防止法合而為一，此種合併立法之方式，係屬首創，而與美國、德國及日本等國分別立法之方式截然不同，殊值注意。

　　在經濟高度發展之國家，對不正競爭行為之制止，均屬週密而完善。我國已逐漸邁向工業國家，營業交易中之不正競爭行為卻日日發生，而且愈趨猖獗，嚴重擾亂營業競爭之秩序，妨害國家經濟之發展。本書係就公平交易法中有關不正競爭防止法部份，參酌德國立法例、學說及法院判決予以分析論述，尤其就競爭法之重心，即概括條款、引人錯誤之廣告、賄賂職員、妨害信用、商業誹謗、營業祕密之保護及企業標誌之保護等詳細探討，並對我國不正競爭防止法之制定，提出理論與實證基礎，對於我國當前競爭法之制定或執行，或略有裨益。

　　依照巴黎保護工業財產權公約(Pariser Verbandsübereinkunft zum Schutz des gewerblichen Eigentums) 之規定，不正競爭防止法與專利法及商標法，同屬於工業財產權法之領域，其與著作權法亦密切關連，此四種法律均牽涉仿冒之法律問題。關於專利、商標與著作權之仿冒，在世界各國及我國均分別以專利法、商標法及著作權法作為制止之依據。除此之外，尚有競爭法上之仿冒，本書特稱為「第四種仿冒」，而以不正競爭防止法作為制止之依據，其在我國，則以公平交易法中不正競爭部

份作為規範之基礎。

德國早在一百多年前，即於一八九六年即已制定非常進步之不正競爭防止法(Gesetz gegen den unlauteren Wettbewerb)，此部法律，係全世界最早之競爭法，而經過六十多年之後，德國始於一九五七年七月二十七日公佈競爭限制防止法(Gesetz gegen Wettbewerbsbeschränkungen)，因此，兩種法律時代背景並不相同。其中，德國經歷兩次世界大戰，並於戰後造成經濟奇蹟。我國為維護營業競爭秩序，吸取德國、美國、日本及其他國家立法經驗，制定公平交易法，即學理上所稱之競爭法(Wettbewerbsrecht)。猶憶於德國慕尼黑大學選課時，乍見競爭法之課程，頗為陌生，直至今日，有機會撰寫競爭法之著作，則存感恩與回饋之心，且欣見競爭法之理論與實施，在我國已從萌芽時期逐漸邁向茁壯階段。

浩瀚學海中之星辰，引領莘莘學子向前航行，感謝大法官城仲模教授，及中興大學法律系所有師長之指導與教誨，師恩浩蕩，永難忘懷。

本書撰寫過程中，雅蘋鼎力協助，感激至深。碩陽、博陽專心向學，頗為欣慰。

作者才學疏淺，掛漏謬誤之處，在所難免，尚祈前輩先進，惠賜教益，俾能益臻完善。

徐火明　謹序

公平交易法論
——不正競爭防止法

目　次

第二篇　從公平交易法論廣告之法律規範

第三篇　從公平交易法論表徵權之保護

第四篇　公平交易法對百貨業之影響

第五篇　公平交易法與仿冒問題之探討

第一篇 論不正競爭防止法
及其在我國之法典化

壹、引　言

在經濟高度發展之國家如美國、德國和日本，對於工業財產權之保護，均屬週密而完善。所謂工業財產權，依巴黎保護工業財產權公約 (Pariser Verbandsübereinkunft zum Schutz des gewerblichen Eigentums) 之規定，除發明、新型、新式樣、商標、服務標章、商業名稱、來源標示或產地標誌外，尚包括不正競爭之防止❶。不正競爭防止法之理論與學說，在我國尚屬萌芽之階段，而一般工商企業界對不正當營業競爭行為得以競爭法(Wettbewerbsrecht)作為規範之認識，尚非常陌生之際，不正競爭行為卻日日發生於吾國營業交易中，舉凡商標仿冒、偽標產地、濫用企業標誌、引人錯誤之廣告(Irreführende Werbung)，營業祕密之洩露(Verrat von Geschäftsgeheimnissen)等等，均層出不窮，而且愈來愈猖獗，嚴重

---

❶ Artikel 1 Abs. 2 PVÜ lautet: "Der Schutz des gewerblichen Eignetums hat zum Gegenstand die Erfindungspatente, die Gebrauchsmuster, die geweblichen Muster oder Modelle, die Fabrik- oder Handelsmarken, die Dienstleistungsmarken, den Handelsnamen und die Herkunftsangaben oder Ursprungsbezeichnungen sowie die Unterdrückung des unlauteren Wettbewerbs." Vgl. Bodenhausen, Pariser Verbandsübereinkunft zum Schutz des gewerblichen Eigentums, S.13 ; Beier, Gewerblicher Rechtsschutz, in Jurisprudenz, S. 170 f.; Hubmann, Gewerblicher Rechtsschutz, S. 4.

擾亂營業競爭秩序，妨害國家經濟之發展。

　　世界各國基於十九世紀之經驗，深感經濟問題不能適當解決，足以導致社會問題之叢生，而妨礙國家之生存與發展，欲求國家之生存與發展，尤須有適當之經濟政策，作為立法與行政之準繩。在憲法中對經濟政策予以明文規定，為二十世紀憲法經濟化之特色，始於一九一九年之德國威瑪憲法 (Weimarer Reichsverfassung)，其後義大利、巴西諸國均設專章規定其經濟政策，我國憲法亦然。依照我國憲法之規定，國民生產事業及對外貿易，應受國家之獎勵、指導與保護，以及私營事業有妨害國計民生之平衡發展者，應以法律限制之。公平交易法，係我國有關維護營業競爭秩序促進營業競爭自由之法律規範❷，吾人於討論不正競爭防止法時，尚須參酌外國立法例、學說與判決，並配合吾國經濟發展之情況，期能吸取西洋法制之長處，制定適合吾國國情之不正競爭防止法，以維護吾國營業交易之競爭秩序，促進經濟之繁榮。因此，本文擬就德國不正競爭防止法 (Gesetz gegen den unlauteren Wettbewerb) 之理論予以論述，並分析我國公平交易法中有關不正競爭防止法之規定，而且與我國不正競爭防止法所應規範之內容與規範之方法，互相比較，並論述其利弊得失，以供參考。

---

❷　為維護營業競爭之秩序，應確保營業競爭行為之正當與自由，在德國法律上之基礎分別為不正競爭防止法 (Gesetz gegen den unlauteren Wettbe-werb，簡稱UWG) 與競爭限制對抗法 (Gesetz gegen Wettbewerbsbe-schränkungen，簡稱GWB)。

貳、不正競爭防止法之基本理論

一、不正競爭防止法之發展

自從法國大革命之後，營業自由 (Gewerbefreiheit) 之思想，逐漸於德國各邦產生，而一八六九年六月二十一日之營業條例 (Gewerbeordnung)，使營業自由獲得法律上之保障，惟當時尚未產生不正競爭之理論，直至一八七四年德意志帝國商標保護法 (Markenschutzgesetz des Deutschen Reiches)之頒布，競爭法之理論始引起注意❶，並先後受到一八九四年商品標章保護法(Gesetz zum Schutz der Warenbezeichnungen)、一八九六年不正競爭制止法 (Gesetz zur Bekämpfung des unlauteren Wettbewerbs)與一九〇〇年一月一日生效之民法(Bürgerliches Gesetzbuch)之影響❷。

一八九六年不正競爭制止法之最重要規定為第一條，依其規定，凡於公告或為不特定之多數人所為之通知中，就營業關係，尤其就商品或服務之性質、製造方式、價格之計算、進貨方法、進貨來源、所得獎賞、出售之動機或目的為不正確之表示，足以引起特別有利之供給者，得請求其停止不正確之陳述。此種規定之內容，與德國現行不正競爭防止法第三條之規定相當，而能有效制止不正當之廣告。今日德國有比較良好之經濟競爭秩序，與競爭法之及早頒布與貫徹執行有相當密切之關係，然當時之不正競爭制止法尚未包括概括條款，並不能完全有效地制止其

❶　Vgl. Lobe, Die Bekämpfung des unlauteren Wettbewerbs, Bd. I S. 72 ff.

❷　關於競爭法理論之發展，請參照所列文獻及判決：Endemann, Der Markenschutz nach dem Reichsgesetz; Finger, Reichsgesetz gegen den unlauteren Wettbewerb; RGZ 3, 67, Àpollinaris-brunnen; RGZ 29, 56, Constantinople.

他各種型態之不正競爭行為。為補救此種缺點，一九〇九年六月七日之不正競爭防止法 (Gesetz gegen den unlauteren Wettbewerb) 於第一條就概括條款(Generalklausel)予以明文規定，其內容為：「於營業交易中，以競爭為目的而為背於善良風俗之行為者，得向其請求不作為及損害賠償❸」，此種概括條款，德國著名之競爭法學者Reimer認為係制止不正競爭行為非常有效之武器❹，而且德國法學界亦將概括條款之適用與功能充分發揮，於是綻開燦爛之花朵！當西元一九〇九年時，德國即已頒布具有著名概括條款之競爭法，而將近八十多年後之今天，有關競爭法之理論與法典化，在我國尚屬萌芽之階段，吾國社會已從農業邁向工業，而經濟競爭秩序，亟應完善有效之法律規範。因此，如何建立我國競爭法之理論以及如何落實競爭法之執行，係當前所不可忽略之課題。

二、競爭法之範圍

吾人於論述競爭法之範圍前，擬就競爭之概念加以說明：一般所謂競爭，係指數人努力追求共同或類似之目的，此種競爭包括人類在各種領域之活動，而競爭法則僅指與經濟活動有關之競爭，所以競爭法上之競爭，係指努力追求共同或類似之經濟目的而言❺。德國最高法院認為

---

❸ §1 UWG lautet: "Wer im geschäftlichen Verkehr zu Zwecken des Wettbewerbes Handlungen vornimmt, die gegen die guten Sitten verstößen, kann auf Unterlassung und Schadensersatz in Anspruch genommen werden."

❹ Ulmer-Reimer, Das Recht des unlauteren Wettbewerbs in den Mitgliedstaaten der Europäischen Wirtschaftsgemeinschaft, Band III, Deutschland, S. 7.

❺ 關於學者就競爭所為之定義，非常豐碩。Vgl. Rosenthal, Wettbewerbsgesetz, S. 4; Reimer, Wettbewerbsrecht, Kap. 75 Anm. 4; Baumbach-Hefermehl, Wettbewerbsrecht, Allg. Anm. 2 ff.; Lindenmaier, Die Rechtsprechung des Bundesgerichtshofes zum Wettbewerb unter besonderer

以競爭為目的之行為，在客觀關係上係促進個人或企業之銷售量，即競爭之目的，在營業主體採取一定之措施，以爭取競爭之優勢，不僅在維持與確保原有之顧客，而且也吸收新的顧客，則增進產品之銷售量，為經濟競爭之主要目的❻。以競爭為目的之行為，係不正競爭防止法之中心概念，不僅不正競爭防止法第一條之概括原則，即其他個別規定，皆以競爭為目的之行為作為基礎❼。

　　競爭法之範圍究竟如何呢？依據現代德國學者之見解，競爭法包括不正競爭防止法與競爭限制對抗法(Gesetz gegen Wettbewerbsbeschrän-kungen)，此係指廣義之競爭法；狹義之競爭法，則專指不正競爭防止法而言❽。狹義之競爭法所規範之對象，包括姓名、商號與營利事業之特別標識，惟有關商標(Warenzeichen)與商品裝設(Ausstattung)之保護，則於商標法中明文規定，而商標法為競爭法之一部份，乃係一般學者所採取之見解。關於價格、營業條例、食品或藥品之法律則不屬於競爭法之範疇；我國目前有食品衛生管理法、早期之藥物藥商管理法或現在之藥事法，惟此等法規著重於食品藥品之管理，而不屬於競爭法之範圍。

Berücksichtigung der Dekartellierungsvorschriften, WuW 1953, 259; von Godin, Zum Begriff des Wettbewerbs, GRUR 1965, 288.

❻ BGH 17.3.1953 Fleischbezug GRUR 1953, 293; BGH 20.12.1955 Kurverwaltung BGHZ 19, 299; BGH 14.7.1961 Betonzusatzmittel GRUR 1962, 45; BGH 20.4.1966 Assekuranz GRUR 1966, 509; BGH 15.2.1967 Stern GRUR 1967, 256.

❼ BGH 26.6.1959 Konsumgenossenschaft GRUR 1959, 488; Nordemann, Wettbewerbsrecht, S. 23; Vgl. §§1, 3, 12, 14, 17, 18 und 20 UWG.

❽ Ulmer-Reimer, Das Recht des unlauteren Wettbewerbs in den Mitgliedstaaten der EWG, Band III, Deutschland, S. 11; Krierger, Generalklauselprinzip und Sondertatbestände im UWG, DW 70, 37; Möhring, Wettbewerbsordnung und Kartellrecht, WuW 1954, 387.

三、競爭法之保護目的

不正競爭防止法保護之目的，具有兩種層次之問題，其一為保護對象，即保護主體(Schutzsubjekt)，其二為保護法益，即保護客體(Schutz-objekt)，德國學者關於保護主體與保護客體之觀點，見仁見智，有許多不同之見解。

(一)保護對象

一九三〇年以前，不正競爭防止法著重於競爭者之保護❾。自一九三〇年以來，即從純粹之個人保護轉而趨向社會大眾保護之觀念。法院之判決亦開始強調公眾之保護(Schutz der Allgemeinheit)，帝國法院曾鏗鏘有聲地指出，不正競爭防止法不僅保護誠實之競爭者，同時基於公共之利益而應控制競爭之障礙❿(bei dem Zwecke des UWG, nicht nur den redlichen Wettbewerber zu schützen, sondern auch im öffentlichen Interesse den Auswüchsen des Wettbewerbs überhaupt zu steuern.)。

德意志聯邦共和國最高法院不斷地強調不正競爭法之社會功能⓫，德國學者亦以私益與公益為基礎討論不正當競爭之制止⓬。一般而言，

---

❾　Vgl. Baumbach-Hefermehl, Ein UWG Anm. 36 ff.

❿　RG GRUR 36, 810 Diamantine; JW 36, 2073; RG 128, 342; RG MuW 30, 231; RGst MüW 29, 383.

⓫　BGH 19, 392 Anzeigenblatt; BGH 23, 271 SuWa; BGH 43, 278 Kleenex.

⓬　Reimer, Das Recht des unlauteren Wettbewerbs in den Mitgliedstaaten der EWG, Band III, Deutschland, S. 18; Rittner, Einführung in das Wettbe-werbsund Kartellrecht, S. 3; Nirk, Gewerblicher Rechtsschutz, S. 340; von Gamm, Entwicklungen im Wettbewerbsrecht, WM 1979, 658; Krüger-nieland, Schwerpunkte der wettbewerbsrechtlichen Rechtsprechung des Bundesgerichtshofes, WRP 1979,1 ff.

私法之發展皆係從純粹之個人法轉而趨向社會法，不正競爭法之發展趨勢，亦復如此。吾人歸納德國法院與學者之見解，可認為不正競爭防止法係在保護競爭者、其他市場參與者及一般公眾，對於一般公眾之保護，其意義即指對消費者之保護。吾人藉著競爭法之規範，以確保競爭之正當，在保護同業競爭者之時，亦能確保公共利益，以私法上之不作為請求權與損害賠償請求權，促進私益與公益之維護，而使不正競爭防止法亦成為保護消費者之重要法律規範，惟不作為請求權與損害賠償請求權不屬於一般公眾，而屬於同業競爭者或以促進營業利益為目的之團體 (Verbände zur Förderung gewerblicher Interessen)，基於此種不作為請求權與損害賠償請求權，營業競爭者得保護其私法上之利益，而間接地有助於維護正當競爭之公共利益❸，然而對於消費大眾之保護，並非不正競爭防止法之附屬作用，而與保護營業競爭者及其他市場參與者同屬不正競爭防止法之目的。

(二)保護法益(Geschütztes Rechtsgut)

關於不正競爭防止法所保護之法益，德國學者有許多不同之見解，並發展出許多不同之理論，其中有兩個大方向，即早期的理論認為競爭法所保護之法益是人格 (Persönlichkeit)，著名競爭法學者 Kohler, O. v. Girke, Rosenthal, Osterrieth, Lobe, Heymann 即採取此種見解，而近代之競爭法權威學者 Baumbach, Callmann, R. Isay, Oppikofer 則認為競爭法係對企業或營業主體之保護❹。

---

❸　Der Durchsetzung öffentlicher Interesse dienen die Unterlassungsansprüche, die §13 I UWG bei Verstoßen gegen §R1-12 UWG den Mitbewerbern gleicher oder verwandter Branchen sowie den Verbanden zur Förderung gewerblicher Interessen und §13 Ia UWG den Verbraucherverbände gibt.

❹　Reimer, Das Recht des unlauteren Wettbewerbs in den Mitgliedstaaten der

1.人格之保護(Persönlichkeitsschutz)

早期學者認為競爭法係對人格之保護 **⑮**，即在從事營業活動時，營業主體之人格應予保護。Nerreter 認為競爭者之信譽與成果應受保護，對於此種信譽與成果，不以人格權稱之，而謂之活動權 (Betätigungs-recht)**⑯**，自此之後，不正競爭為侵害人格權之見解，即逐漸遭到反對。惟自由之經濟活動(Die freie wirtschaftliche Betätigung)受競爭者競爭行為之影響，所以處理其衝突之問題時，必須基於利益衡量之原則，以資解決。德國學者曾拒絕人格權為競爭法之保護法益，而認為競爭法係保護營業上或經濟上之活動自由**⑰**，此種見解固然為競爭法注入新的思潮，惟忽略維持競爭秩序之公眾利益，何況並非所有違反競爭法之行為皆得被評價為對經濟活動自由之侵害！因此，經濟活動之自由並非競爭法惟一之保護法益。

2.企業之保護(Schutz des Unternehmens)

競爭法係對企業予以保護,著名競爭法權威學者Baumbach認為作為特別競爭法之不正競爭防止法並非不可或缺，因對於企業權 (Das Recht am Unternehmen) 承認之後，有關企業之保護已於民法第一千零四條與第八百二十三條第一項中規定完備**⑱**。固然許多違反競爭法之行為，係

EWG, Band III, Deutschland, S. 17; Baumbach-Hefermehl, Einleitung UWG Anm. 40.

⑮ Vgl. Kohler, Der unlautere Wettbewerb, S. 17 ff.; Lobe, Die Bekämpfung des unlauteren Wettbewerbs, Bd I, S. 145 ff.

⑯ Nerreter, Allgemeine Grundlagen eines deutschen Wettbewerbsrechts, S. 97.

⑰ Vgl. Fikentscher, Wettbewerb und gewerblicher Rechtsschutz, S. 229.

⑱ Baumbach in der 1 bis 5 Auflage seines Kommentars zum UWG; Fikentscher, Das Recht am Gewerbebetrieb (Unternehmen) als sonstiges Recht im Sinne des §823 Abs. 1 BGB in der Rechtsprechung des Reichsgerichts und des Bundesgerichtshofs, in: Festgabe für Heinrich Kronstein, 1967.

對於企業之侵害，但是除此之外，尚有許多經常變幻不定之不正競爭行為，而此類不正競爭行為有時並非對於企業之干涉❶，不正競爭防止法第一條之概括條款，即以背於善良風俗之競爭行為作為基礎，而不以競爭者人格權或法益之干涉為要件，即並非對於企業之干涉。

　　3.評論

　　營業主體為增進其產品之銷售量，在營業交易上不斷地為各種競爭行為，而每一營業主體，其產品之銷售都可能經由競爭者之競爭行為受到妨害，則競爭法之主要目的，係在阻止不正當之競爭行為。

　　從上述說明，吾人可知關於競爭法所保護法益之問題，已經產生數種可爭辨之理論，主張人格權之保護者有之，主張企業之保護者有之，主張保護經濟上活動之自由者亦有之，無論何種主張，皆未令人滿意，其主要原因是由於競爭法所保護利益之多面性(Vielfältigkeit)。曾任德國麻克思蒲朗克外國暨國際專利法競爭法與著作權法研究院院長之 Ulmer教授曾經指出，關於競爭法所保護法益之問題，與競爭法之目的並無不同❷，本文對此種見解，深表贊同，蓋競爭法所保護者不僅是競爭者之利益，同時亦保護公眾免於遭受不誠實之營業行為或宣傳廣告。競爭法具有此雙重之利益保護，則對主體權利如姓名、商號或企業標誌(Unternehmenskennzeichnung)予以保護外，尚應阻止營業競爭中之其他不正競爭行為❸。

　　早期學術界之見解認為競爭法僅保護競爭者，而對大眾利益之保護，則未予顧及，此種理論後經學者 Hoffmann, Nerreter 與 Ulmer 補充並強調，競爭法之規範，尤其是不正競爭防止法第一條之概括條款，不僅在保護競爭者，而且亦使大眾之利益免於受到不正競爭行為之妨害❹。德

---

❶　RG 132, 317, JW 13, 435 Nr. 12.

❷　Ulmer, Wandlungen und Aufgaben im Wettbewerbsrecht, GRUR 1937, 769 ff.

❸　Vgl. Baumbach-Hefermehl, Einleitung UWG Anm. 40 ff.

國最高法院之判決比學術界還要早即承認競爭法對競爭者與大眾利益之
保護，從法院之判決與學者之見解觀之，不正競爭防止法除保護營業競
爭者外，尚保護大眾之利益㉓，我國公平交易法，應秉持此種保護雙重
利益之中心思想，期能完善有效規範我國之營業競爭秩序。

四、競爭法與其他法律規範之關係

(一)不正競爭防止法與民法之關係

德國民法第八百二十三條規定：「因故意或過失，不法侵害他人之生
命、身體、健康、自由、所有權或其他權利者，對於該他人，負賠償因
此所生損害之義務；違反以保護他人為目的之法律者，亦負同一義
務㉔」，依此規定，生命、身體、健康、自由四大法益或所有權或其他權
利遭受侵害，且侵害行為係出於故意或過失者，侵害人應負損害賠償
(Schadensersatz)之責任。德國不正競爭防止法第一條規定：「於營業交
易中，以競爭為目的而為背於善良風俗之行為者，得向其請求不作為
(Unterlassung)及損害賠償㉕」，依此規定，為背於善良風俗之行為須以
競爭為目的，即必須限於競爭行為(Wettbewerbshandlung)，而與民法上
之保護不限於競爭行為有異。

㉒ So die heute herrschende Meinung. Vgl. Baumbach-Hefermehl, Einleitung UWG Anm. 35; von Godin-Hoth, UWG Vorbemerkung 4; Tetzner, UWG Vorbemerkung 12; Schwarz, Verfolgung unlauteres Wettbewerbs im Allgemeininteresse, GRUR 1967, 333 ff.

㉓ BGH, GRUR 1955, 541, Bestattungswerbung; BGH, GRUR 1959, 277, Künstlerpostkarten; BGH, GRUR 1959, 285, Bienenhonig.

㉔ Palandt, Bürgerliches Gesetzbuch, §823 Anm. 1 ff.

㉕ Nordemann, Wettbewerbsrecht, S. 32; Rittner, Einführung in das Wettbe-werbs-und Kartellrecht, S. 12.

　　從營業競爭之觀點而言，民法係賦予個別競爭者法律保護，免於遭
受侵害行為，所保護之法益限於生命、身體、健康與自由及所有權或其
他權利，係以侵害行為為要件，基於侵權行為(Unerlaubte Handlung)之
法理，對於受害人，即受害之競爭者，予損害賠償請求權。反觀競爭法
之基本思想，係維持營業交易中之競爭秩序，在保護競爭者之同時，亦
保護社會大眾，因此，除競爭者外，其他經濟或消費者團體(Wirtschafts-
und Verbraucherverbände)亦得主張行使競爭法所賦予之不作為請求權
及損害賠償請求權❷⑥。雖然民法與競爭法之基本思想不同，但有時同一
行為，除構成民法第八百二十三條之侵權行為外，尚違背競爭法之規範，
即發生請求權競合(Anspruchskonkurrenz)之問題，應如何解決，應就具
體情況決定之。自從德國法院承認企業權 (Das Recht am Unternehmen)
為民法第八百二十三條之其他權利(Ein sonstiges Recht)後，於企業活動
範圍之權利遭受侵害時，即可能侵害民法第八百二十三條第一項之企業
權❷⑦，而可依照補充原則(Grundsatz der Subsidiarität)來解決此種競合問
題。所謂補充原則，係指民法第八百二十三條第一項之規定，於企業權
受到侵害，依其他法律之規定無特別保護時，始有其適用，而具有填補
漏洞之性質(Lückausfüllender Charakter)❷⑧。

---

❷⑥　Borck, Klagebefugnis für Verbraucherverbände, WRP 1965, 319 ff.; Greifelt,
　　Die Verbandsklage nach §13 UWG, DW 1969, 35; Wilke, zur Gründung
　　von Verbänden zur Förderung gewerblicher Interessen durch Letztver-
　　braucher, GRUR 1969, 468 ff.; Hadding, Die Klagebefugnis der Mit-
　　bewerber und der Verbände nach §13 Abs. 1 UWG im System des Zivil-
　　prozeßrechts, JZ 1970, 305 ff.

❷⑦　Die Unternehmenskennzeichenrechte werden vom Schutz des Rechts am
　　eingerichteten und ausgeübten Gewerbetrieb umfaßt. Vgl. Nastelaski, Die
　　Rechtsprechung des BGH zum Firmenschutz, WuW 1956, 188 ff.

❷⑧　Vgl. z.B. RGZ 158, 377; BGHZ 3, 270; BGHZ 29, 65; BGHZ 42, 210;

㈡不正競爭防止法與商標法之關係

一八七四年第一商標保護法頒布之後，法院之判決拒絕商品標章得依競爭法規範補充保護之，而走入錯誤之軌道。一八九四年之第二商標法頒布後，法院判決避免此種錯誤，並且該法第十五條對於商品裝設(Ausstattung) 予以保護之規定❷。Ausstattung 一字是指遣嫁之妝奩、裝潢、佈景等意義，在商標法上則指商品之特別形式或包裝，或商品或服務之廣告，在交易上作為區別同一或同類商品或服務之用，由於我國商標法對此種保護尚屬欠缺，因此，並無相當之專有名詞作為翻譯之標準。若以他人之商品裝設作為自己之商標，而尚未受法律之保護時，對於以競爭為目的及欺騙公眾而故意為仿冒之情形，法院之判決即適用不正競爭防止法第一條，以阻止此種不正競爭行為❸，商標法為競爭法之一部份，此種觀念，於焉產生。

商標權是經由登記而取得之權利，即營業主體就其所使用之商標欲取得法律上之保護時，應向專利局(Patentamt)申請註冊，此種因專利局依申請而核准所取得之權利，是基於商標法之規定，而與不正競爭防止法第十六條規定之企業標誌權不同。所謂企業標誌權，包括姓名、商號與營利事業之特別標識❹。在營業交易中，使用姓名、商號、營利事業、

BGHZ 43, 359.

❷ 有關討論 Ausstattung 之文獻，請參照 vom Ende, Die Ausstattung (Nicht eingetragene Marke) im Verhältnis zum eingetragenen Warenzeichen: Garsky, Wesen und Schutz der Ausstattung; Nettesheim, Ausstattungs-schutzfähigkeit technischer und ästhetischer Gestaltungen; Schirmmer, Schutzvoraussetzungen der Warenausstattung: Wenzel, Wesen und Begriff der Warenausstattung.

❸ RGZ 106, 250; RGZ 111, 192; RGZ 120, 325.

❹ Näke, Der Schutz des ausländischen Handelsnamens in Deutschland, S. 53 ff.

企業或印刷物之特別標識(Die besondere Bezeichnung)，如與他人有權使用之姓名、商號或特別標識發生混淆(Verwechslungen)之虞者，被害人得依不正競爭防止法第十六條之規定，請求停止使用❷。至於商標受到侵害時，商標權人得依商標法第二十四條規定，請求停止使用或損害賠償❸；商標或企業標誌固在表示商品或企業之標誌，惟商標之保護始於申請註冊，而企業標誌，其保護則始於使用(Ingebrauchnahme)或交易聲價(Verkehrsgeltung)之取得。在商標或企業標誌受到侵害時，不作為請求權或損害賠償請求權則分別源於商標法或不正競爭防止法之規定。

(三)不正競爭防止法與競爭限制對抗法之關係

德國一九二三年十一月二日之濫用經濟霸力條例(Verordnung gegen Mißbrauch wirtschaftlicher Machtstellungen)，對於危害整體經濟與公益時賦予國家干涉之可能性，當時關於不正競爭防止法與卡特爾法(Kartellrecht)之關係，學術界與實務界均甚少論及，惟限制競爭之行為對於判斷競爭行為是否背於善良風俗之影響，則可從法院之判決中略知一二❹。自二次世界大戰以後，不正競爭防止法與競爭限制對抗法之相互關係已顯而易見；營業主體為增進產品之銷售量或拓展其業務，而於營業交易上為各式各樣之競爭行為，對於不正當之競爭行為予於制止，是屬於不正競爭防止法之目的，除此之外，對於多數企業依契約或決議

---

❷ Reimer, Wettbewerbs- und Warenzeichenrecht, 2. Band, Wettbewerbsrecht, S. 72 ff.; Droste, Grundsätzliches zur Geschäftsbezeichnung, DB 67, 539; Rieble, Kollision von Firmen und Warenzeiche, ZHR 128, 1.

❸ Nirk, Gewerblicher Rechtsschutz, S. 533 ff.; Vgl. zu den dogmatischen Grundlagen Haines, Bereicherungsansprüche bei Warenzeichenverletzungen und unlauterem Wettbewerb; BGH GRUR 1981, 592 ff. Championne du Monde.

❹ RGZ 48, 114; RGZ 134, 342.

而為之壟斷(Monopol)、杯葛(Boykott)、差別待遇(Diskriminierung)或拒絕入會 (Ablehnung der Aufnahme in eine Vereinigung) 等種種限制營業競爭之行為，則屬於競爭限制對抗法 (Gesetz gegen Wettbewerbsbeschränkungen)規範之內容❸。因此，對於不正競爭防止法與卡特爾法之關係，可以清晰地如此分別，即不正競爭防止法在制止背於善良風俗及不正競爭行為，而卡特爾法在於確保與維持競爭之自由❸，但為貫徹卡特爾法之目的，係由卡特爾廳(Kartellamt)負起責任❸。有些競爭行為同時違背不正競爭防止法與營業競爭限制法，如杯葛違背不正競爭防止法第一條及營業競爭限制法第二十六條之規定，即可基於該二種法律賦予保護，而發生請求權之競合(Anspruchskonkurrenz)❸。

五、競爭法之國際問題

違反競爭法之行為而牽涉本國與外國之關係時，對於該違反競爭法之行為，內國法院之管轄權，外國人可否依據本國之競爭法主張行使請求權，以及是否得依據本國法律判斷之問題，殊值注意，茲就國際管轄，外國人權利及適用法律三方面論述之。

---

❸ Lipps, Kartellrecht, S. 135 ff.; Müller-Henneberg, Gesetz gegen Wettbewerbsbeschränkungen und europäisches Kartellrecht, Gemeinschaftskommentar, Einführung S. 64 ff.

❸ 德國學者Möhring認為卡特爾法保護整體經濟與公益，而不正競爭防止法原則上僅保護競爭者，而不及於公眾，此種見解，筆者不敢苟同，蓋不正競爭防止法除保護營業競爭者外，尚保護公眾也。

❸ So glaubte man damals ein "antinomisches Spannungsverhältnis" zwischen UWG und GWB zu sehen. Vgl. Koenigs, Wechselwirkungen zwischen Gesetz gegen Wettbewerbsbeschränkungen und Recht des unlauteren Wettbewerbs, NJW 1961, 1041 ff.

❸ Baumbach-Hefermehl, UWG, Allg. Anm. 82 ff.; BGHZ 5, 33.

(一)國際管轄(Internationale Zuständigkeit)

　　法院對於案件有區域管轄權者，通常之情形即有國際管轄權，即德國法院之國際管轄係由於區域管轄而決定之❸。依德國民事訴訟法(Zivilprozeßordnung)第十三條之規定，一般法院之管轄權是以住所地作為決定之標準，則因違反競爭法之規定而涉訟時，即以被告之住所地或營業所地定其國際管轄；對於本國境內無住所之人涉訟時，得由被告財產所在地之法院管轄。

(二)外國人權利(Fremdenrecht)

　　外國人在德國境內是否得依競爭法之規定主張權利之行使，可依巴黎保護工業財產權公約 (Pariser Verbandsübereinkunft zum Schutz des gewerblichen Eigentums) 及不正競爭防止法之規定說明之。巴黎保護工業財產權公約締約國之國民，就工業財產權之保護而言，在本公約所有其他國家內，享有各該國法律對其本國國民現在所賦予或將來所賦予之利益，此等利益不因本公約所特別規定之權利而受妨礙。因此，締約國之國民，在履行加諸本國國民之條件及手續後，於其權利遭受侵害時，享有與本國國民相同之法律保護及法律救濟，此即內外國人平等之原則(Der Grundsatz der Inländerbehandlung oder der Gleichstellung)❹。又締約國對締約國之國民所受不正當之競爭，應提供有效之保護❹，因此，

---

❸　Vgl. BGHZ 14, 286; BGHZ 44, 46; Gloede, Deutscher Außenhandel und wettbewerbsrechtlicher Beurteilung nach deutschem internationalem privatrecht, GRUR 60, 464.

❹　Bodenhausen, Pariser Verbandsübereinkunft zum Schutz des gewerblichen Eigentums, S. 20.

❹　依巴黎保護工業財產權公約第十條之二規定，違反工商業善良習慣之任何競

締約國之國民為外國人時，而於德國境內因不正競爭而涉訟時，得依競爭法之規定行使權利。

如外國人不能依巴黎保護工業財產權公約之規定請求保護時，則不正競爭防止法第二十八條之規定即可以加以考慮。在國內未設有事務所或營業所之外國人，於其設有事務所或營業所之國家內，德國營業主體依帝國法律公報(Reichsgesetzblatt)之公告享有相當之保護時，始得基於競爭法之規定行使權利❷。德國商標法第三十五條與中國商標法第三條皆有此種相互保護主義之類似規定，惟我國既未參加巴黎保護工業財產權公約，而外國人或外國法人於本國發生競爭行為之糾紛，所在多有，因此，在我國制定不正競爭防止法時，應就外國人在何種情況下始得依據本國之競爭法行使權利，予以明文規定；有關競爭法之保護，各國大都採取相互保護主義，則我國不正競爭防止法，亦不應忽略此種趨勢。

(三)適用法律(Anwendbares Recht)

對於發生於外國之競爭行為，德國法院應適用何種法律作為判斷之標準，見解不一。實務上認為違反競爭法之行為與商標侵害皆屬於侵害行為，依照國際私法之原則，以行為地法(Das Recht des Begehungsortes)為準❸。關於行為地之概念，法院之判決採取廣義之解釋，即競爭行為

爭行為，均構成不正當之競爭行為。Art 10 bis. Abs. 2 lautet: "Unlauterer Wettbewerb ist jede Wettbewerbshandlung, die den anständigen Gepflogenheiten in Gewerbe oder Handel zuwiderläuft."

❷ 德國不正競爭防止法第二十八條之規定，僅對於外國人有其適用，德國國民即使未設有住所或營業所，仍得依競爭法之規範行使權利。Vgl. Troller, Die mehrseitigen völkerrechtlichen Verträge im internationalen gewerblichen Rechtsschutz und Urheberrecht; Neumann, Der Anwendungsbereich des deutschen UWG im internationalen Wettbewerb.

❸ RGZ 150, 265; BGH RGUR 1955, 150; GRUR 1955, 411; GRUR 1962,

之一部份於內國發生時，內國即可視為行為地❹；早期以競爭行為如同
侵權行為而適用行為地法，較新之法院判決則對實質法律之適用加以限
制，並認為競爭者之競爭利益互相發生衝突之地，始得為行為地❹。

243. Vgl. Kegel, Internationales Privatrecht, 18 IV.

❹　Vgl. BGHZ 21, 266 Uhrenrohwerk; BGHZ 22, 1 Flava Erdgold.

❹　Vgl. BGHZ 35, 329 Kindersaugflaschen; BGHZ 40, 391 "Stahlexport."

參、不正競爭防止法之概括條款

德國不正競爭防止法第一條之概括條款主宰全部競爭法，在競爭法之規定有不足時，得以競爭法概括條款補充適用之❶。德國不正競爭防止法之概括條款，係禁止於營業交易上以競爭為目的而背於善良風俗之行為，對於競爭法而言，概括條款具有特別重要之地位，因此，就概括條款之要件與背於善良風俗之競爭行為有予以論述之必要。

一、概括條款

(一)行為人

依德國不正競爭防止法第一條之規定，於營業交易中，以競爭為目的，而為背於善良風俗(Gengen die guten Sitten)之行為者，得向其請求不作為(Unterlassung)與損害賠償(Schadensersatz)。此之所謂行為人，包括自然人或法人，即公法上之團體(Öffentlich-rechtliche Körperschaften)與機構(Anstalten)亦屬之❷。

(二)營業交易中之行為(Handeln im geschäftlichen Verkehr)

行為人所為之競爭行為必須於營業交易為之,所謂營業交易中行為,依據法院之判決，係指任何有益於促進營業目的之活動皆屬之，而與純

---

❶ Vgl. Bayer, Die Generalklausel des Gesetzes gegen den unlauteren Wett-bewerb vom 7.6.1909; Lobe, Die Generalklausel, GRUR 1910, 3; BGH GRUR1977, 257, Schaufensteraktion.

❷ RGZ 132, 296 Feuerversicherungsanstalt; BGHZ 19, 299 Kurverwaltung eines Staatsbades; BGHZ 39, 352 Rundfunkanstalt.

粹私人或官方之行動有異❸。關於營業交易中之行為，亦於不正競爭防止法其他條文中明文規定❹；競爭者與外在之世界發生業務關係之處，即可發生營業上之交易，而此種業務上之活動非必於公共場所為之，即在私人範圍內亦可能產生❺。學術界與實務界對營業交易中之行為皆採取廣義之解釋，如醫生、律師、藝術家等等職業之活動，以及公營事業之活動皆屬於營業交易中之行為❻，但純粹私人、官方或營業內部之活動(Betriebsinterne Tätigkeit)則不屬之。

(三)以競爭為目的之行為 (Handeln zu Zwecken des Wettbewerbs)

關於營業主體在競爭中所為之行為，不正競爭防止法第一條規定其必須是以競爭為目的而為之行為，只有以競爭為目的而為之競爭行為存在時，才有競爭法適用之可能。德國民法第八百二十三條規定，因故意或過失不法侵害他人生命、身體、健康、自由、所有權或其他權利時應負損害賠償責任之侵權行為，即不以競爭行為之存在為必要，此係兩者相異之處。

依照達爾文(Charles Darwin)物競天擇之進化論，優勝劣敗，適者生存，此種情形亦同樣表現在經濟活動之領域裡。多數營業主體在同一市場上依其經濟目的努力追求利潤，此即所謂競爭❼，優勝者獲得利潤，

---

❸　RGZ 108, 272; BGH GRUR 1959, 488, Konsumgenossenschaft; BGH GRUR 1964, 208, Fernsehinterview.

❹　請參照德國不正競爭防止法第三條，第六條之一與二，第十二條，第十六條與第十八條。

❺　BGH GRUR 1960, 384, Mampe Halb und Halb.

❻　RGZ 99, 189, Rechtsanwalt; BGH GRUR 1966, 690, Facharzt.

❼　Die Rechtsprechung definiert den Wettbewerb als das Bestreben, deneigenen Kundenkreis auf Kosten des Kundenkreises anderer zu erhalten und

而失敗者可能遭受損害或毀滅，惟營業主體在營業交易中所為之競爭行為必須以競爭自由(Wettbewerbsfreiheit)之原則基礎，所謂競爭自由，係指營業主體對顧客所提供商品或服務之營業條件得自由決定，即在市場上有行為及決定之自由❽。營業主體所為各式各樣千變萬化之競爭行為，並非皆為法律所允許，不正競爭防止法第一條即禁止背於善良風俗之競爭行為。

競爭行為，在客觀方面須足以促進商品之銷售量，在此同時，亦對同業競爭者構成妨礙，因此為避免顧客之減少，而增進利潤或吸取勞工之行為，皆屬之，惟其中必須具有競爭關係，始足當之。競爭關係，於有相同之買受人或提供者之營業主體間，有其存在，例如德國聯邦最高法院即認為廣播電臺與新聞界之間具有競爭關係，電影與電視事業間亦同❾。

除客觀要件外，在主觀方面，以競爭為目的之行為，尚須具有競爭意圖(Wettbewerbsabsicht)，即促進自己或他人競爭之意圖，而毀損意圖(Schädigungsabsicht)則非必要❿。學者Kraft認為競爭行為只須具備客觀要件即為已足，主觀要件之競爭意圖並非所問⓫，筆者對此種見解不敢苟同，蓋亦有許多由於科學上、宗教上或競爭以外之動機而為之行為，足以促進他人之競爭，在此種情況，並無不正競爭防止法第一條之適用，

---

nach Möglichkeit zu vermehren.

❽ Vgl. Günther, Wettbewerbsfreiheit und Unternehmertum, WuW 58, 379 f.

❾ BGHZ 3, 270 Constanze; BGHZ 19, 299 Kurverwaltung; BGHZ 67, 81 Auto-Analyser; RGZ 128, 330 Graf Zeppelin; BGHZ 37, 1, AKI.

❿ Vgl. BGH GRUR 1953, 293, Fleischbezug; BGH GRUR 1964, 208, Fernsehinterview; BGH GRUR 1964, 389, Fußbekleidung.

⓫ Kraft 認為競爭行為不以競爭意圖為必要之見解，在學術上係屬少數意見。Vgl. Kraft, Interessenabwägung und gute Sitten im Wettbewerbsrecht, S. 190.

例如研究人員發表其研究結果，而並不以追求營業利益為目的，固然足以導致競爭之產生，惟因欠缺競爭意圖，而無競爭法之適用，若該研究人員屬於企業之人員時，則其行為可認為係以競爭為目的之行為，而受競爭法之規範❶❷。德國聯邦最高法院一九六三年七月二日之判決，對於大學生在讀者信箱中就電子琴提出消極性評論之行為，認為並非以競爭為目的之行為❶❸。

　　不僅營業主體而且欲促進自己或他人營業目的之任何人，皆得為競爭行為，至於促進企業經濟目的之私人或營業之屬員，亦有可能為背於競爭法之行為。在營業交易中足以促進自己或他人競爭之行為，推定具有競爭意圖，此種推定在特定具體之情況得排除之❶❹。立場公正之檢驗

---

❶❷　BGH GRUR 1964, 389, Fußbekleidung; BGH GRUR 1957, 370, Phylax; BGH GRUR 1964, 77, Blinkfeuer; BGH GRUR 1966, 693, Höllenfeuer.

❶❸　Vgl. BGH GRUR 1964, 162, E-Orgeln.

❶❹　BGHZ 14, 171; BGH GRUR 1962, 45; BGH GRUR 1967, 428; BGH GRUR 1974, 31, Perserteppiche; BGH GRUR 1973, 371, Gesamtverband; BGH NJW 1970, 378, Sportkommission; BGH GRUR 1980, 242, Denkzettel-Aktion; BGH GRUR 1973, 208, Neues aus der Medizin; BGH GRUR 1972, 550, Spezialsatz II; BGH GRUR 1974, 225, Lager-Hinweiswerbung; BGH GRUR 1970, 558, Sanatorium. Fördert ein Rechtsanwalt im Rahmen der ihm beruflich obliegenden Beratungtätigkeit die wettbewerblichen Interessen seines Auftraggebers, so besteht keine tatsächliche Vermutung für das Vorliegen einer auf diese Förderung gerichteten Absicht, BGH GRUR 1967, 428, Anwaltsberatung. Der Vortrag eines Prozeßbevollmächtigten im Verfahren vor dem BKA stellt kein Handeln zu Zweck des Wettbewerbs dar, BGH GRUR 1966, 381. Im Kampf der Kirche gegen das Illustriertenwesen haben die Gerichte verschiedentlich die weltanschaulich-religiösen Motive für so entscheidend gehalten, daß der Wettbewerbszweck verneint wurde, BGHZ 3, 271.

機構就商品檢驗結果所為之公布,實務上之見解認為不具有競爭之意圖,但其立場不公正檢驗結果不正確時,可能侵害企業權 (Das Recht am Unternehmen)或違背民法第八百二十四條之規定。

㈣背於善良風俗(Verstoß gegen die guten Sitte)

在營業交易中,以競爭為目的而為背於善良風俗之行為,係不正競爭防止法第一條所禁止,因此判斷競爭行為合法 (Erlaubtheit) 或不合法 (Unerlaubtheit)之標準為善良風俗(Die guten Sitten)之概念,善良風俗之法律概念即為競爭法之重要課題。此外,依巴黎保護工業財產權公約第十條之二規定,違反工商業善良習慣(Die anständige Gepflogenheiten)之任何競爭行為,均應受締約國有效之保護,其中善良習慣或善良風俗並非指單純之風俗或倫常,並應與道德之觀念區別❶。

不正競爭防止法之概括條款賦與法官以善良風俗之概念,作為判斷競爭行為合法性之標準,對於善良風俗之概念,學術界與實務界皆認為應以倫理標準衡量之,並且從效能競爭(Leistungswettbewerb) 與利益衡量(Interessenabwägung)之本質加以瞭解❶,惟有不背於善良風俗之競爭行為,始為正當與合法。從帝國法院與聯邦最高法院之判決中吾人可知,法官在判斷競爭行為是否背於善良風俗時 , 常須考量一般理性而公正營業主體之觀點 (Die Anschauung des verständigen und anständigen Durchschnittsgewerbetreibenden), 如涉及大眾之利益時,亦須斟酌大眾

---

❶ Henkel, Einführung in die Rechtsphilosophie, S. 66 ff.; Bollnow, Einfache Sittlichkeit; Baumbach-Hefermehl, Einleitung UWG, Anm. 64. Schricker, Gesetzesverletzung und Sittenverstoß, S. 21.

❶ Sack, Sittenwidrigkeit, Sozialwidrigkeit und Interessenabwägung, GRUR 1970, 493; von Godin, Über den Verstoß gegen die wettbewerbsrechtlichen guten Sitten, GRUR 1966, 127.

之見解❶。聯邦最高法院在較新之判決中並明顯地指出:「具體之競爭行為，依其動機、目的、方法、相關情形與效果，是否違反參與交易圈之禮儀感，或為一般大眾所非難而視為不可忍受，為決定之標準」❸，此種判斷之原則，為帝國法院與聯邦最高法院所秉持，因此，法官對於違反概括條款之具體案件，必須依據法官法之規範 (Normen des Rechtsrechts)作為判斷之準繩。

營業主體在營業條件、商品之品質、價格之形成、顧客之爭取等方面，努力改善，即為效能原則(Leistungsprinzip)之運用，否則以排除競爭，榨取他人成果或阻擾競爭者之方法促進自己產品之銷售量，則為有違於效能原則，因此營業競爭行為必須基於效能原則之精神為之。德國學者 Nipperdey 為效能競爭 (Leistungswettbewerb) 與阻擾競爭 (Behinderungswettbewerb)分類之見解，為帝國法院所採取❹。所謂效能競爭係指努力促進自己產品銷售量之積極競爭，而阻擾競爭則指以阻擾競爭者之方法促進自己產品銷售量之消極競爭而言，效能競爭或阻擾競爭皆在爭取顧客獲得利潤，惟其所引起之作用則截然不同，因此效能競爭是合法，而阻擾競爭是不合法，根據此種分類作為判斷競爭行為是否合

---

❶　Vgl. RGZ 48, 114; BGHZ 10, 228; BGHZ 15, 364; BGH GRUR 1960, 561; Baumbach-Hefermehl, Einleitung UWG, Anm. 81 ff.

❸　Die Entscheidung des Bundesgerichtshofes soll hier wiedergegeben: "Entscheidend sei, ob das konkrete Wettbewerbsverhalten nach Anlaß, Zweck, Mittel, Begleitumständen und Auswirkungen dem Anstandsgefühl der beteiligten Verkehrskreise widerspricht oder von der Allgemeinheit mißbilligt und für untragbar angesehen wird." Vgl. BGH GRUR 1972, 533.

❹　Vgl. RGZ 134, 342; Nipperdey, Wettbewerb und Existenzvernichtung, S. 16; Köhler, Wettbewerbs- und kartellrechtliche Kontrolle der Nachfragemacht, S. 23 ff. 效能競爭之相反概念為非效能競爭(Nichtleistungswettbewerb)，阻擾競爭為非效能競爭之一種。

法之標準，係屬正確❷，惟尚不能適用於所有之競爭行為，如競爭者以誤導陳述(Irreführende Angaben)之方法爭取顧客時，該誤導陳述仍非合法之競爭行為❷。在社會大眾之利益受到影響時，基於利益衡量之原則，亦應就大眾之意見加以斟酌。

(五)主觀要件

判斷競爭行為是否背於善良風俗之主觀要件，是指與行為人內部行為 (Das innere Verhalten des Täters) 有關之情狀，如主觀構成要件之要素，事實之知悉或因過失而不知與違背善良風俗之意識等，對於判斷競爭行為是否有影響，殊值研究，並論述於後：

1.主觀之構成要件(Die subjektiven Tatbestandselemente)

競爭行為依本文前述之判斷標準為違背善良風俗，除此之外，是否尚須具有可非難之意圖？德國不正競爭防止法第一條原則上不以行為人具有不正意圖為要件，只需客觀上為有背於善良風俗之行為即屬違反競爭法之行為❷。但在有些情形，依法院之判決仍須具備此種要素，如低價傾銷(Preisunterbietung)原則上是合法，惟若行為人具有毀滅競爭者之意圖時，則屬於違背善良風俗之競爭行為❷；勞工之挖角(Das Abwerben

---

❷ P. Ulmer, Der Begriff "Leistungswettbewerb" und seine Bedeutung für die Anwendung von GWB- und UWG Tatbeständen, GRUR 1977, 565 ff.; Baumbach-Hefermehl, Einleitung UWG, Anm. 80 ff.; von Gamm, Die neuere Rechtsprechung zum Wettbewerbsrecht, GRUR 1979, 680.

❷ Vgl. Beier, Der Schutz geographischer Herkunftsangaben in Deutschland, GRUR 1963, 169, 236; Beier, Herkunftsangaben und Ursprungsbezeichnungen im gemeinsamen Markt, GRUR Ausl. 1959, 277.

❷ Baumbach-Hefermehl, Einleitung UWG, Anm. 140; Rittner, Einführung in das Wettbewerbs-und Kartellrecht, S. 18.

❷ RGZ 134, 342 ff., Benrather Tankstellenfall.

von Arbeitskräften)如係按照計劃之行為，而具有妨害或榨取競爭者之目的時，即為違背善良風俗之競爭行為❷。

　　2.事實之知悉(Die Kenntnis der Tatumstände)

　　判斷競爭行為是否有背善良風俗，行為人必須認識其行為為不正當，或至少有可能認識此種事實存在❷。在一九五六年十月十六日與一九六一年六月二十三日之判決中，法院認為競爭者有可能認識形成其行為不正當之事實，即屬於違背不正競爭防止法第一條之概括條款❷。

　　3.違背善良風俗之意識(Bewußtsein der Sittenwidrigkeit)

　　對於不作為請求權而言，競爭者不須具有其行為違背善良風俗之意識，而對於損害賠償請求權而言，行為人是否須具備此種意識，不無疑問。法院之判決與學者之見解均認為損害賠償請求權係以故意或過失為要件，即行為人必須對其行為有違法性或背於善良風俗之意識❷。

二、適用概括條款之競爭行為

(一)招攬顧客(Kundenfang)

　　顧客依營業主體所提供商品之價格、品質或服務而決定其購買行為，因此顧客決定之自由不得因不正競爭行為而受妨害，如以背於善良風俗之法招攬顧客或業務夥伴，即影響其決定之自由，而為不正當之招攬顧客，應受概括條款之規範。在誤導、強制、煩擾、引誘、同情等競爭行

---

❷　BGH GRUR 1966, 263, Bau-Chemie. Für die sklavische Nachahmung verlangt die Rechtsprechung eine Ausnutzungsabsicht.

❷　BGHZ 8, 387, Fernsprechnummer; BGHZ 23, 184, Spalttabletten.

❷　BGH GRUR 1957, 219, Bierbezugsvertrag; BGH GRUR 1962, 42, Sonderveranstaltung II.

❷　BGHZ 27, 264, Programmhefte; BGH GRUR 1960, 144, Bambi.

為使顧客決定之自由(Die Entschließungsfreiheit des Kunden)受到妨害，而屬於不正當之競爭行為。

1.誤導(Irreführung)

真實原則(Wahrheitsgrundsatz)係競爭法所主宰之原則❷，在營業交易中以競爭為目的就營業關係為誤導陳述，係不正競爭防止法第三條所禁止，但第一條概括條款對於營業以外之其他關係為誤導陳述者，仍有適用之餘地，惟以誤導陳述背於善良風俗為要件❷。如營業主體就某些商品之標價訂得特別低廉，刊登於廣告或懸掛於櫥窗中，以便使消費者產生價廉物美之印象，類似此種引人上鉤之廣告(Lockvögelwerbung)，即同時違背不正競爭防止法第一條與第三條之規定。

2.強制(Zwang)

顧客非基於自由意志，而是受到壓力才選擇或購買商品，係違背效能競爭之原則，以物理上或心理上強制顧客購買之行為，是背於善良風俗之競爭行為。以廣告宣傳商品，較少使用物理上之強制方法，惟心理上之強制購買(Psychologischer Kaufzwang)則常見之，必其行為對購買人足以產生壓迫而購買，始足當之，單純對心理上之影響，不得謂為背於善良風俗之行為❸。

3.煩擾(Belästigung)

營業交易中之競爭行為，其主要目的在爭取顧客，如競爭行為對於被爭取者構成煩擾，在如何情形始為競爭法所不許？判斷煩擾是否為不

---

❷ Nordemann, Wettbewerbsrecht, S. 40.

❷ BGHZ 51, 296, Scoth Whisky; BGHZ 52, 302, Lockvogel; BGH NJW 1970, 2105, Deutscher Sekt; BGH NJW 1972, 104, Der Meistgekaufte der Welt.

❸ BGH GRUR 1973, 474, Preisausschreiben; BGHZ 65, 68, Vorspannangebot. Vgl. Das allgemeine Übermaßverbot im bürgerlichen Recht und seine Auswirkung auf das "übertriebene Anlocken" im Wettbewerbsrecht.

合法之行為，其界限非常困難，德國學者Nordemann教授認為可藉「期待可能性之理論」(Zumutbarkeitslehre)來解決，即煩擾係不可期待者，則該煩擾非法之所許，詳言之，任何妨礙被爭取者自由決定，或使其自由決定變得困難之煩擾，為法所不許❸❶。

　　在商店或展覽巴士前面強邀顧客，使其進入商店或參觀展覽，依競爭之習慣，已超過對煩擾所得忍受之程度，此種街道廣告 (Straßenwerbung)，德國聯邦最高法院在有關之判決中均認為非法所許❸❷。類似此種情形，在我國社會亦普遍存在，由於工商界與社會大眾對於競爭法之陌生，認為此乃競爭行為，無所謂合法與不合法而容許其存在，實則此種行為仍應受競爭法規範。

　　對於未訂購而寄送之貨物(Zusendung unbestellter Ware)，受領人既無支付價金亦無寄還之義務，但不得將該貨物予以毀棄，而必須與處理自己事務為同一之注意，如受領人為商人時，應以通常商人之注意保管之❸❸。此種情形使受領人處於強制狀態，並影響其自由購買之決定，而屬於背於善良風俗之競爭行為❸❹。如未訂購之貨物寄給經銷商或零售商，亦屬違背效能競爭之原則，而為法所不許。在以競爭為導向之經濟制度

---

❸❶　Unzulässig ist jede werbliche Belästigung, die die freie Entschließung des Umworbenen ausschließt oder erschwert. Vgl. Nordemann, Wettbewerbsrecht, 3. Aufl. 1981, S. 81.

❸❷　BGH GRUR 1960, 431, Kraftfahrzeugnummerschilder; BGH GRUR 1965, 315, Werbewagen; BGH NJW 1980, 1960, Werbung am Unfallort III.

❸❸　受領人對於貨物之毀損或滅失，有故意或重大過失時，應負責任。Vgl. ausführlich hierzu Staudinger, Kommentar zum bürgerlichen Gesetzbuch, §146 Anm. 8.

❸❹　BGH GRUR 1966, 47, Indicator; BGH GRUR 1960, 382, Verbandsstoffe. Die Versendung von Gratisproben ist hingegen keine Zusendung unbestellter Ware.

中，為提高產品之銷售量，各式各樣之經營方法不斷推陳出新，因此競爭法必須隨時適應此種變更，而對於被爭取者或社會大眾導致不可期待煩擾(Unzumutbare Belästigung)之經營方法予以有效規範。

業務員或推銷員登門拜訪推銷貨物，經拒絕後隨即離去，對於顧客尚無不正當之影響，惟若立於門口，久不離去，致使買受人因此為購買之決定，此種未受邀請之家庭拜訪(Die unerbetenen Hausbesuche)，非法所許，因舒適活動範圍之保護(Der Schutz der Intimsphäre)應優先於經濟利益之取得❸。

4. 引誘(Verlockung)

營業主體應以品質優良、價格低廉為原則，從事商品之宣傳，若以可非難之方法引誘顧客，則應為競爭法所禁止。德國一家咖啡店以非常低廉之價格八點零五馬克出售「今日食譜」(Kochen heute) 一書，有五百三十六頁，其中有一百張彩色照片與六十張之黑白圖片，市價為五十五馬克，惟該書僅得五百公克包裝價格七點九馬克之咖啡同時出售，總共出售約八十萬本之「今日食譜」，德國聯邦最高法院在一九七六年六月三日之判決中，認為此種行為違背不正競爭防止法第一條之概括條款❸。

懸賞、抽獎等活動，一般而言，皆受消費大眾所歡迎，在競爭法上亦非當然受到禁止，只有在特別情況產生而違背效能競爭之原則時，始為不正當❸。我國工商界利用抽獎、猜獎等方式提高產品銷售量之情形，屢見不鮮，而且花樣翻新，其是否不正當，應依具體情況定之。如廠商

---

❸　BGH GRUR 1974, 341, Campagne; Schade, Geschäfte an der Haustür durch unbestellte Vertreter.

❸　BGH GRUR 1977, 110, Kochbuch.

❸　Vgl. Bronisch, Preisausschreiben als Werbemittel, BB 49, 385; Spengler, Preisrätsel, Preisausschreiben, Verlösung, DB 49, 212 ff.

於罐裝奶粉中附有抽獎券❸，只需購買人填妥姓名、地址寄回指定地點，即有獲得獎品或出國旅遊之可能，若獎品之獲得或出國旅遊之機會，純屬虛構，或得獎人由主辦廠商所內定，此種免費贈送之抽獎 (Gratisverlosung)即應認為背於善良風俗而受競爭法規範。

5.濫用權威

有些特別之機構或人，足以使一般公眾具有特別之信賴感，如立場公正之商品檢驗機構或科學家等，此種信賴感或其所建立之權威，在營業交易中不得被濫用，如濫用信賴感或權威(Mißbrauch der Autorität)而促進商品之購買，則屬不正當之競爭行為❹。

6.外行廣告

利用友誼、信任、同情或感謝，使人不能本於事物而為正常交易決定之競爭行為，均屬不正當。商人利用第三人來爭取顧客，該第三人亦可能是其顧客，遇有機會或兼職之情況下為營業主體推銷販賣商品，而取得報酬，此種情形，德國法學界稱為外行廣告 (Laienwerbung)❹，以

---

❸ 抽獎券附有出國觀光罐罐有獎之記載，獎品內容分別為環遊東南亞十二天、高級隨身聽、迷你照相機等。此種抽獎，並非當然為不正當之競爭行為，而應視具體情況定之。美國聯邦貿易委員會所控訴之Keppel一案，法院判決認為消費者不必花任何金錢或努力即可參加抽獎即屬合法；反之，消費者必須先購買貨物而後始得參加抽獎，則此種抽獎係以對價為要件，而為非法。

❹ Marx. Wettbewerbsrecht, S. 236.

❹ Ulmer-Reimer, Das Recht des unlauteren Wettbewerbs in den Mitgliedstaaten der EWG, Band III, Deutschland, S. 611 ff.; Spengler, Sind Werbeprämien an Privatpersonen zulässig? MA 55, 9 ff.; Bühring, Einsatz von Laien als Werber unter Gewährung einer Werbeprämie, Diss. 1957; Müller, Die Stellung des Sammelbestellers im heutigen Wirtschaftsleben, NJW 62, 1548 ff.

從事此項廣告販賣商品之人均非職業性，僅係偶而為之或兼職性質也。此種外行廣告與我國喧騰一時而目前仍存在之「老鼠會」並不相同，在如何範圍內，外行廣告或「老鼠會」應受競爭法規範，殊值分析。德國競爭問題特別委員會曾在一九三三年之鑑定報告中指出，營業交易應受傳統且已經確認之競爭形態拘束，為獲取利潤而排除此種競爭形態時，即屬違背善良商業習慣❹，因此外行廣告為背於善良風俗。此種見解並不正確，因為在自由之市場經濟(Marktwirtschaft)中，營業主體得自由決定促進產品銷售量之途徑，外行廣告即非當然應予禁止❷。利用外行之第三人爭取顧客販賣商品，該第三人之業務範圍限於朋友、親戚、鄰居或同事，而為誤導或比較廣告，即可能違背競爭法，且依不正競爭防止法第十三條第三項之規定，營業主體應就該第三人之行為負責。至於以不正當之方法宣傳推銷，促進商品銷售量之行為如老鼠會，於其競爭行為有背於善良風俗時，即應受競爭法之規範。

㈡阻礙(Behinderung)

任何競爭行為，依其本質均足以對共同競爭者之利益構成影響，惟並非任何影響共同競爭者利益之競爭行為皆為阻礙競爭；如競爭者以阻礙同業競爭者之方法，使其不能在市場上為正常之營業活動，在此種意義之下，阻礙競爭應受禁止。阻礙市場 (Marktbehinderung)、低價傾銷(Preisunterbietung)、杯葛(Boykott)、差別待遇(Diskriminierung)、濫用經濟勢力之地位 (Mißbrauch wirtschaftlicher Machtstellung) 與比較廣告(Vergleichende Werbung)等為典型之阻礙競爭❸，而違背不正競爭防止

---

❹ Hecht-Kümpfel, Der Wettbewerb, S. 149 f.

❷ BGH GRUR 1959, 285, Bienenhonig; Gutachterausschuß für Wettbewerbs-fragen beim Deutschen Industrie- und Handelstag (DIHT), BB 1954, 545; BGH GRUR 1981, 655, Laienwerbung für Makleraufträge.

法第一條之概括條款。

1. 阻礙市場

營業主體以品質優良價格適中爭取顧客，促進產品之銷售量，即為經濟競爭中之正當行為，若以違背善良風俗之競爭行為阻礙同業競爭者之營業活動，則違背競爭法之規範。在同業競爭者商店之門口或其附近，大事宣傳自己之商品，甚至停放宣傳車輛於其門口，以阻礙同業競爭者之營業活動，此種情形，即可能是不合法之阻礙❹。

大量贈送商品，撕毀同業競爭者之廣告或營業標誌，皆可能構成不正當之競爭❺，至於使用他人之著名商標於非同一亦非同類之商品，是否屬於背於善良風俗之競爭行為？為避免著名商標可能遭受貶質之危險 (Verwässerungsgefahr)，德國法院曾依不正競爭防止法第一條或第三條之規定賦予商標權人保護❻，由於不同行之營業間欠缺競爭關係 (Wettbewerbsverhältnis)，因此概括條款之適用即不無疑問，其後聯邦最高法院認為使用他人著名商標於不同類商品，為干涉他人之企業權，而依民法第八百二十三條與第一千零四條之規定，賦予商標權人不作為請求權與損害賠償請求權❼。我國法院對使用他人著名商標於不同類商品之行

---

❸ 關於阻礙競爭，德國競爭法學者 Reimer, Rittner, Nordemann, 與經濟法學者，哥丁根大學教授 Rinck 皆有其不同之分類，本文採取 BaumbachHefermehl 之見解。

❹ Maier, Aufstellen eines Verkaufswagens vor einem Konkurrenzgeschäft als unzulässige Werbemethode, WRP 68, 141.

❺ BGHZ 23, 365. Suwa; BGHZ 43, 278, Kleenex; BGHZ 28, 54, Direktveräufe.

❻ Die Verwendung des berühmten Zeichens "Salamander" für Schmirgelpapier wurde verboten, edenso die Benutzung des Bayer-Kreuzes für Samereien. Vgl. RGZ 115, 410; RGZ 170, 152.

❼ BGHZ 28, 320, Quick; BGH GRUR 1966, 623, Kupferberg.

為，認為係不正當之競爭或企業權之干預？由於有關判決尚不多見，未能知悉，惟此種情形，在我國工商界已時有所聞，為解決此種問題，是否應承認企業權 (Das Recht am Unternehmen) 為民法上所保護之權利，而著名商標即係企業權之一部份，依此原則賦予商標權人免於就其著名商標遭受貶質危險之保護，即不無研究之餘地。

2.低價傾銷

任何營業主體原則上皆得依其自由決定商品之價格，但受國家或私人之價格約定時(Staatliche oder private Preisbindungen)，不在此限。自由決定價格之可能性，係以競爭為導向之經濟制度中非常重要之特徵，若提供品質優異價格低廉之商品或勞務，即相當於效能競爭之意義與目的❹，因此低價傾銷原則上非法之所禁，惟低價傾銷具有特別情況時，即屬不合法，所謂特別情況，通常指低價傾銷具有毀滅或杯葛同業競爭者之意圖而言❹。

3.杯葛

所謂杯葛，係指對於一定之企業或個人，從通常營業交易中所為之斷絕或封鎖(Absperrung)而言，如阻礙營業關係之開拓或斷絕已經存在之營業關係，即是杯葛之型態❺。杯葛之當事人為杯葛發起人 (Der Verrufer oder Boykottierer)，杯葛受話人(Der Adressat)與受杯葛人(Der Boykottierte)，也因為此三種當事人而與差別待遇、罷工、雇主停業(Aussperrung)有異。

---

❹ Vgl. Herber, Leistungswettbewerb und Preisunterbietung; Schramm, Preis-schleuderei als Wettbewerbsproblem, GRUR 1940, 133.

❹ Vgl. RGZ 143, 342, Benrather Tankstellenfall; Tessin, Behinderungs-miß brauch marktbeherrschender Unternehmen, GRUR 1980, 482.

❺ Nipperdey, Boykott und freie Meinungsäußerung, DVBI 58, 445 f.; Helle, Boykott und Meinungskampf, NJW 1964, 1497.

　　依據學者Eduard Reimer之見解，若杯葛之動機、目的、方法與作用係屬公平者，則杯葛亦屬合法；反之，杯葛所欲達到之目的或所使用之方法背於善良風俗者，則違背不正競爭防止法第一條之規定❺❶。學術界與實務界皆認為以競爭為目的之杯葛原則上為背於善良風俗，因其中具有不正當之阻礙，而違背效能競爭之原則❺❷。

　　杯葛為不正當之阻礙，而應受不正競爭防止法第一條概括條款之規範，此外，競爭限制對抗法(Gesetz gegen Wettbewerbsbeschränkungen)第二十六條第一項亦有適用之可能。企業或企業團體 (Vereinigung von Unternehmen)不得意圖不公平妨害特定之競爭者，而要求他一企業或企業團體斷絕供給或斷絕購買，此種杯葛為競爭限制對抗法所禁止❺❸。不正競爭防止法第一條或競爭限制對抗法第二十六條第一項皆以競爭為目的之行為為要件，所不同的是在不正競爭防止法第一條，其杯葛之當事人不必為競爭限制對抗法所規定之企業，至於判斷之標準，在不正競爭防止法為善良風俗 (Die guten Sitten)，而在競爭限制對抗法為妨害之不公平(die Unbilligkeit der Beeinträchtigung)，對此兩種概念為解釋時，應考慮利益衡量(Interessenabwägung)之原則❺❹。

---

❺❶　Reimer, Wettbewerbsrecht, Kap. 79 Anm. 4 ff.; Bußmann-Pietzcker-Kleine, Gewerblicher Rechtsschtz und Urheberrecht, S. 67; ähnlich auch Tetzner, UWG 1 Anm. 91 ff.

❺❷　Baumbach-Hefermehl, UWG §1 Anm. 186 ff.; von Godin- Hoth, UWG §1 Anm. 27; Rittner, Einführung in das Wettbewerbs- und Kartellrecht, S. 27; Spengler, Boykott Probleme, WuW 53, 195; BGH NJW 1954, 147 f.; BGH GRUR 1959, 244, Versandbuchhandlung.

❺❸　Lipps, Kartellrecht, S. 135; Sandrock, Die Liefersperre in kartell- und zivilrechtlicher Sicht, JUS 1971, 57.

❺❹　Näheres über die Methode der Interessenabwägung im Rahmen des §1 UWG Vgl. Ulmer-Reimer, Das Recht des unlauteren Wettbewerbs in den

4.差別待遇

在營業交易上就營業關係或營業條件所為不同之待遇，即係差別待遇，如對買受人或供給人拒絕契約之訂立，或就價格為不同之處理，皆屬之；惟不作為亦可能形成差別待遇[55]。在差別待遇，其當事人除為差別待遇之人外，尚有受差別待遇之人，而與杯葛之三方當事人不同。

差別待遇具有特別情形時，始有違背不正競爭防止法第一條概括條款之可能，依學者Summerer之見解，差別待遇具有壓迫、強制或詐欺時，即為不正當[56]。任何營業主體得自由決定商品之價格，對於價格所為一般性之差別待遇，並不違背概括條款。

差別待遇(Diskriminierung)一詞，本係國際公法上之概念，美國一九三六年羅賓遜法(Robinson-Patman Act)予以吸收引用，該法對於足以限制競爭之價格差別待遇予以禁止。德國競爭限制對抗法則不禁止一般之差別待遇，而僅禁止特定經濟主體之差別待遇，所謂特定經濟主體係指控制市場之企業 (Die marktbeherrschenden Unternehmen)，合法之卡特爾 (Die erlaubten Kartellen) 與約價之企業 (den preisbindenden Unternehmen)[57]。此等企業不得在同類企業通常可進行之營業交易中，無事物上之正當理由 (Ohne sachlich gerechtfertigten Grund) 對同類企業予以直接或間接之差別待遇。無正當理由而為之斷絕供給，即為最常見

Mitgliedstaaten der EWG, Band III, S. 39.

[55] Mestmäcker, Diskriminierung, Diringismus und Wettbewerb, WuW 1957, 21 ff.; Steindorff, Zum Diskriminierungsverbot im Montanunion-Vertrag, Rabelsz 56, 270; Summerer, Rechtsform und wirtschaftliche Bedeutung des Verbots der Preisdiskriminierung, WuW 1955, 353.

[56] Summerer, WuW 1958, 30 ff.

[57] Ulmer, Die neuen Vorschriften gegen Diskriminierung und unbillige Behinderung, WuW 1980, 474 ff.; Ewaldt, Diskriminierungsverbot und Nachfragemacht BB 1973, 1181.

之差別待遇，可依競爭限制對抗法第三十五條所規定之損害賠償義務請求供給貨物❺❽。

5.比較廣告

任何營業主體均想盡各種方法讚揚自己之產品或服務，如其合乎真實原則(Wahrheitsgrundsatz)，亦係效能競爭所必要之方法。一般廠商藉著廣告使消費大眾知悉自己之產品或服務，增進銷售量，獲取利潤，其中有關人身及比較廣告在廠商從事競爭行為中擔任非常重要之角色。人身廣告 (Persönliche Werbung)，係指提及競爭者人身關係之廣告，而比較廣告(Vergleichende Werbung)則指就自己之商品或服務與競爭者之商品或服務對比，以便減損他人之商品或服務而顯出自己商品或服務之優點❺❾。

---

❺❽　德國聯邦最高法院一九八一年六月三十日關於 Deutsche SB-Kauf Aktienge-sellschaft & Co. 控告 Firma Adidas Sportschunfabriken Adi Dassler Kom-manditgesellschaft 之判決中，即判決被告應就商業習慣上之數量，以購買相同時通常之價格與條件供給原告運動鞋。

❺❾　Droste, Das Verbot der bezugnehmenden Werbung und die Ausnahmefälle, GRUR 1951, 140 ff.; Völp, Ist das Verbot der vergleichenden Reklame rechtswidrig? WRP 60, 197; Rinck, Warenvergleich durch Verbraucherver-bände, BB 60, 949; Seubert, Die zulässige vergleichende Werbung, BB 60, 965; Spengler, Die vergleichende Werbung als Problem des Wettbewerbs-rechts, DW 60, 75; Völp, Der Streit um die vergleichende Werbung, WRP 61, 135; V. Lesigang, Die vergleichende Werbung in Österreich, WRP 62, 191; Holl, Vergleichende Werbung in Frankreich, WRP 62, 252; Krieger, Ist die vergleichende Werbung zulässig? BB 62, 240; Möhring, Vergleichende Werbung und öffentliche Warentests, MA 62, 967 ff.; Hartmann, Zu-lässigkeit vergleichender Werbung, NJW 63517 ff.; Schönherr, Die ver-gleichende Reklame. Eine rechtsvergleichende Studie, GRUR Ausl. 1964, 177; Wenzel, Kritische Werbevergleiche im Blick der neueren Rechts-

人身廣告並非減損競爭者，而且為自己之商品或服務事實上之證明所必要者，則屬合法；一般而言，藉涉及人身之廣告提高自己商品或服務並非必要，因此，涉及競爭者人身之廣告，通常情形均為違背善良風俗，如在廣告中提及某廠商之負責人曾受科刑之判決，勿向該廠商購物，此種情形，固不構成營業上之侮辱，因其確曾受科刑之判決，但德國聯邦最高法院認為此種廣告違背不當競爭防止法第一條之概括條款[60]。

比較廣告之內容有引人錯誤或毀謗之情形，即違背不正競爭防止法第一條或第十四條之規定；至於比較廣告之內容為真實，是否違背概括條款之規定？在競爭法上之判斷，不無疑問。帝國法院認為即使內容為真實之比較廣告亦屬不合法，因該廣告係對競爭者之批評而違反廣告在宣傳自己商品或服務之原則，但系統比較、防衛比較、消息與進步比較之廣告，則例外准許之[61]。聯邦最高法院始則遵循此種見解，惟於一九六一年七月十四日之判決則有重大之轉變，即廣告者具有充分之動機且依其種類與標準在必要之範圍內而為批評時，承認就競爭者之商品或服務有批評之權利[62]。一九六八年有關「貂皮大衣」之判決中，聯邦最高法院認為商品之對比或說明係基於公眾之利益(Die Interesse der Öffentlichkeit)而為之，則此種商品比較亦屬合法[63]。我國工商界利用比較廣告宣傳商品或服務之情形，日日出現於營業交易中，由於競爭法規範施行不久，而法院有關比較廣告之判決亦不多見，惟此並不表示我國有關之

---

entwicklung, GRUR 1969, 522; Helm, Der unechte Reklamegegenstand, GRUR 1981, 630.

[60] BGH GRUR 1962, 34, Tórsana; BGH GRUR1964, 208, Fernsehinterview.

[61] RG GRUR 1927, 486, Preisvergleich; RG GRUR 1931, 1299, Hellegold; GR GRUR 1934, 473, Konfektionswatte; RG GRUR 1937, 230, Dirro-Ofen; RG GRUR 1942, 364, Forderanlagen.

[62] BGH GRUR 1962, 45, Betonzusatzmittel.

[63] BGHZ 50, 1, Pelzversand.

比較廣告皆屬合法！當德國法院對比較廣告已從原則上不合法演變至必要範圍內即屬合法之趨勢時，吾人以為，比較廣告之內容係屬真實，以便使消費者瞭解真相，即屬合法。至於為防衛不正當之干預而就商品為防衛之比較，或為說明自己生產技術之進步而為之消息或進步比較 (Auskunfts- und Fortschrittsvergleich)，應屬合法❻。此外，所謂系統比較 (Systemvergleich)，係指就不同之經濟或銷售系統，或不同之商品種類或技術等予以對比，並說明其缺點或優點，而避免提及特定之競爭者，此種系統比較原則上係屬合法❻，但在系統比較之廣告，其所為之陳述必須真實。一家規模龐大之建設公司在報紙上大登廣告，謂其所投資新建之六百戶大社區，增值性強，每坪總價比附近便宜五千元以上，此種就規劃、價格、信譽、銷售等與附近工地作一比較，而不提及特定之建設公司，即可認為是系統比較，如其相當於真實原則，應屬合法❻。

㈢榨取(Ausbeutung)

任何人所努力之成果為他人所利用，係人類社會中所普遍存在之情形，因此為自己營業上之活動而使用他人之成果，並非不正當，然既不

---

❻　Vgl. BGH NJW 1975, 215, Unschlagbar; BGH GRUR 1969, 283, Schorn-steinauskleidung; BGH GRUR 1966, 309, gemafrei.

❻　Als Beispiele für Systemvergleiche können genannt werden:
die Gegenüberstellung des Systems des privaten Einzelhandels gegenüber dem Genossenschaftssystem, des Verkaufssystems mit Zugaben gegenüber dem Vertrieb ohne Zugaben, des Barzahlungs- und des Kreditsystems.

❻　廣告在我國經濟發展之過程中，擔當著非常重要之角色，但廣告之虛偽不實引人錯誤已經達到非常嚴重之程度，甚至成為犯罪之媒介。至於建設公司五花八門色彩繽紛之廣告，仍然愈演愈趨猖獗，在市場法則與公平競爭之基礎中，政府是否有責任提供公平競爭之經濟法治社會呢？此種問題殊值吾人深思，並將在本文相關部份詳細分析討論。

花任何心血亦不費任何代價就他人努力之成果，據為己有，是否法律所允許及其範圍如何，為競爭法中比較困難之問題❻。在一定之領域中，立法者承認使用之自由，並賦予某些特定之人專有使用之權。關於新發明而有產業上之利用價值，各國均依法授與專利(Patent)，而文學或藝術之著作，各國亦依著作權法(Urheberrechtsgesetz)賦予保護，此種技術上或精神上產物係由專利法或著作權法予以保護，而非不正競爭防止法所能取代延長或擴大之❻。特別法律所允許之行為，原則上均不受競爭法規範，但有特別情事產生而背於善良風俗時，則不在此限；若他人之成果不受特別法保護，任何人均得自由使用，惟其使用違反效能競爭之原則時，則應為不正競爭防止法所不容許❻。榨取他人之成果、榨取他人之聲譽、依附他人之廣告或惡意延攬競爭者之員工，均為榨取之典型型態。

1.榨取他人之成果(Ausbeutung fremder Leistung)

榨取他人之成果，係指模仿他人花費心血所得之成果，或稱為奴隸

❻ Gastiger, Inwieweit ist die unmittelbare Ausnutzung einer fremden Leistung ein Akt unlauteren Wettbewerbs? GRUR 1966, 179; Tetzner, Sklavische Nachahmung und §1 UWG, JR 65, 6; Seiler, Zum Tatbestand der sog. sklavischen Nachbildung, BB 67, 257; Schroeter, Zur unlauteren Annäherung an fremde Kennzeichnungen, WRP 68, 125; von Gamm, Die sklavische Nachahmung, GRUR 1978, 453.

❻ In der Bundesrepublik Deutschland wird das Patent für neue und gewerblich verwertbare technische Erfindungen erteilt und dauert im Höchstfalle 18 Jahre gerechnet vom Tage nach der Anmeldung beim Deutschen Patentamt. Die Werkeder Literatur und Kunst werden nach dem Urheberrechtsgesetz bis zu 70 Jahren geschützt.

❻ BGH GRUR 1958, 354, Sherlock Holmes; BGH GRUR 1958, 402, Lili Marleen; BGH GRUR 1966, 97, Zündaufsatz; BGHZ44, 288, Apfel-Madonna.

性之模仿 (Skalavische Nachahmung)，此種模仿在何種情況下為背於善良風俗？殊值研究，德國學術界與實務界均以一般理智而公正營業主體之判斷作為標準，而在具體之情況，尚須法官斟酌關係人之利益，始能導出正確之結果❼。帝國法院將他人之成果區分為技術與非技術性產品，並且認為產品具有特殊性或交易聲價(Verkehrsgeltung)時，始受不正競爭防止法第一條之保護❼。其後，聯邦最高法院則認為交易聲價對於競爭法之保護而言，並非必要，只須特殊之產品，依其種類，在交易上引起來源或品質之特徵，即為已足❼。

吾人以為，意圖損害競爭者，而以非難之方法模仿他人之產品，即屬違背善良風俗，因此，在主觀方面行為人必具有混淆之意圖 (Verwechslungsabsicht)，在客觀方面必其行為經由模仿而產生混淆，使消費大眾認為模仿產品與原本產品均屬同一，始足當之。

2. 榨取他人之聲譽

為獲取利潤而利用他人之聲譽，係營業競爭中所習見，而所謂聲譽，係指消費大眾能從商品之知名度產生品質優異之印象，欺罔公眾或推薦自己之商品為利用他人聲譽之方法❼。利用競爭者之勤勉或不斷改善品質所取得之聲譽，而使消費者對商品之營業來源(Betriebliche Herkunft)

---

❼ Vgl. BGH GRUR 1977, 666, Einbauleuchten; BGH GRUR 1976, 434, Merkmalklötze; BGH WRP 1976, 370, Oval-Puderdose.

❼ EGZ 115, 180, Puppenjunge; RGZ 120, 94, Huthaken; RGZ 144, 41, Hosenträger.

❼ BGHZ 5, 1. Hummelfiguren; BGH GRUR 1959, 289, Rosenthal-Vase; BGHZ 35, 341, Buntstreifensatin; BGH GRUR 1954, 337, Radschutz; BGHZ 21, 266, Uhrwerke. Bei dem Schutz von Modeerzeugnissen ist der Bundesgerichthof mit Recht sehr weit gegangen: Die fast identische Nachahmung saisonbedingter Modeartikel verletzt den §1 UWG.

❼ BGH 28, 387, Nelkenstecklinge; BGH GRUR 1953, 40, Gold-Zack.

陷於錯誤，即違背競爭法之規定。在不構成混淆危險之情形，亦可能因利用競爭者之聲譽而違背競爭法，為推薦自己之商品以公開地提及或隱藏地模仿他人之聲譽，此種情形即是依附他人之聲譽 (Ein Schmarotzen an fremdem Ruf)。某種產品已具相當之聲譽，為增進自己產品之銷售量，乃說明自己之產品與該產品同樣好，或係根據該產品之處方精心製造，即屬不正之競爭行為。德國科隆一家生產巧克力非常著名之工廠在商品廣告中提及所生產之巧克力，係根據瑞士處方製造而成，瑞士巧克力製造業協會(Chocosuisse Verband Schweizerischer Schokoladefabrikanten)即控告該項廣告不當，德國慕尼黑邦法院遂認為此種廣告違背不正競爭防止法第一條之規定**❼**。

3.依附他人之廣告(Schmarotzen an fremder Werbung)

廣告之目的在促進商品之銷售量，而廣告之內容得以文字、圖形、包裝或展覽等方式出現，不具有特殊性之廣告即非不可模仿。廣告之內容，不依特別法保護時，而具有特殊性或知名度，可依不正競爭防止法第一條之規定予以保護，因為模仿此種廣告得在營業交易中產生混淆之危險 **❼**。

---

❼ Das Unternehmen, das in seiner Anzeigenwerbung für Schokolade zwar ausdrücklich darauf hinweist, daß es sich um deutsche Schokolade handelt, gleichwohl aber eine in der Werbung auftretende Testperson in schweizerischem Dialekt sprechen läßt und auch sonst mehrfach auf die Schweiz hinweist, führt zumindest den flüchtigen Betrachter über die Herkunft der Schololade in die Irre. Ein Unternehmen, das in dieser Weise wirbt und damit trotz ausdrücklichem Hinweis auf die deutsche Herkunft seiner Schokolade eine schweizerische Herkunft suggeriert. verstößt auch gegen §1 UWG.

❼ Spengler, Anlehnung an fremde Werbung als unlauterer Wettbewerb, DB 55, 913; Burmann, Die wettbewerbswidrige Nachahmung fremder Werbung, DB 64, 575; von Gamm, Schutz der Werbeidee und ihrer Ausdrucksformen,

模仿他人著名之廣告，足以引人錯誤，且基於法院判決所發展之概念——
貶質(Verwässerung)，亦屬背於善良風俗，例如廣告語 "Ich rate dir, trink
X-Manns-Bier" 為模仿廣告語 "Laß dir raten, trinke Spaten" ❼ 。

4.惡意延攬競爭者之員工

任何企業或員工均竭盡所能改善其經濟地位，此亦屬於經濟競爭之
本質，因此營業主體延攬競爭者之員工，原則上均得為之 ❼；若以可非
難之方法延攬競爭者之員工，則可能構成不正之競爭行為 ❼。延攬競爭
者之員工，但非為自己之營業而使用，此種行為在阻礙競爭者之前提下
亦屬不正。以破壞契約之方法惡意延攬員工，或以阻礙競爭者或以榨取
競爭者為目的而有計劃地延攬員工，均為不正之競爭行為 ❼，惡意延攬
他人之員工而受不正競爭防止法第一條之規範時，必須當事人間有競爭
關係始足當之；於欠缺競爭關係時，得依德國民法第八百二十三條與第
八百二十六條之規定保護關係人之營業活動。

WRP 70, 125.

❼ Landgericht München GRUR 1953, 184.

"Die Zauberfee in der Küche" als Kopie von "Zauberstab der Hausfrau" für
Handmixgerät, Landgericht Düsseldorf GRUR 1964, 557.

❼ BGH GRUR 1961, 482, Spritzgußmaschine; BGH GRUR 1966, 263, Bau-
Chemie. Lufft, planmäßiges Abwerben von Arbeitskräften, NJW 61, 2000
ff.; Schramm, Der Vertragsbruch —Ausnutzung und Verleiten, GRUR 1961,
328 ff.

❼ Zitzlaff, Ausspannen von Arbeitnehmern und Kunden, BB 51, 674;
Gumpert, Rechtsbehelfe gegen Abwerbung von Arbeitnehmern u.s.w., BB
55, 964.

❼ BGH GRUR 1966, 233=MDR 1966, 395, Bau-Chemie; BGH GRUR 1971,
358=MDR 1971, 459, Textilspitzen.

㈣破壞法規

競爭者違背法規或契約所規定之條件，而造成競爭上之優勢，係違背效能競爭之意義與目的，此種破壞法規而造成競爭優勢 (Wettbewerbsvorsprung durch Rechtsbruch)之行為，亦同時違背不正競爭防止法第一條之規定，即屬不正當之競爭行為，但並非任何以競爭為目的而違背法規之行為，皆為背於善良風俗❽，在主觀方面，破壞法規之行為係基於競爭之目的而為之，而在客觀方面，其破壞法規係違背效能競爭，則此種破壞法規即違背不正競爭防止法第一條所規定之善良風俗❽。

違反稅法、價格管制法、勞工法或其他法規以圖降低價格或成本，而獲取競爭上之優勢者，即為違背善良風俗；違反商店打烊時間之規定，或逃稅而廉價傾銷，或違背價格標示之義務 (Die Pflicht zur Preisauszeichnung) 等等皆屬之❽。由於外國法令之欠缺，致其生產設備未如內國完善，對於依照當地國未規定安全措施之法令而生產製造之石綿予以輸入內國之行為，尚不致違背不正競爭防止法第一條之規定，此係德國聯邦最高法院在Vereinigte Asbestwerke Danco-Wetzell u. Co.控告Techno-Einkauf GmbH案所採取之見解，此種見解殊值贊同，蓋並非破壞或違背法規，僅係法規未就安全措施予以規定，遵守該法規而生產製造或銷售之行為，並非不正之競爭行為❽。

❽ 關於違反法律與違背風俗之問題，請參閱慕尼黑大學教授 Schricker 所著 Gesetzesverletzung und Sittenverstoß一書，有詳細之分析與論述。

❽ Nordemann, Wettbewerbsrecht, S. 180. BGH GRUR 1973, 146, Flughafen-Zubringerdienst; BGH GRUR 1973, 655 Möbelauszeichnung; BGH GRUR 1971, 585; Spezialklinik.

❽ RGZ 117, 16, Preisunterbietung auf Grund Steuerhinterziehung und Tarifverletzung; BGHZ 66, 159, Tag der offenen Tür.

❽ Der Vertrieb importierter Asbestware, die im Ausland nach den dortigen

　　違背契約所規定之義務，而破壞其契約上之信任關係，或有意識地
利用其契約上之信任關係以圖取競爭上之優勢者，為違背競爭法之規定。
違背競爭法上之約束，尤其是違背垂直約價(Vertikale Preisbindung)與經
營約束(Vertriebsbindung)之情形，為實務上最常發生之問題**❽**。在一九
七三年十二月三十一日以前，商標商品之垂直約價在德國仍為法之所許，
自競爭限制對抗法第二次修正後，垂直約價僅限於出版品 (Ver-
lagserzeugnisse)。違背契約上之義務而造成競爭上之優勢，此契約係指規
定競爭者行為之契約而言，通常情形，皆於競爭限制對抗法中規定，第二
條至第十四條之水平卡特爾協議 (Horizontale Kartellvereinbarungen) 即
屬之**❽**。

Vorschriften ordnungsgemäß, aber ohne Beachtung von Sicherheitsbe-
stimmungen hergestellt worden ist, wie sie im Inland zum Schutz der
Arbeitnehmer vor Asbestose bestehen, ist nicht wettbewerbswidrig. i. S. von
§1 UWG. Vgl. BGH GRUR ausl. 1980, 668.

❽ BGHZ 37, 30, Selbstbedienungsgroßhandel.

❽ Rinck, Wirtschaftsrecht, S. Aufl. 1977, S. 273 f.: Lipps, Kartellrecht, 3. Aufl.
1981, S. 110; Ullmer, Zur Problematik vertikaler Wettbewerbsbeschrän-
kungen zum Schutz des Intrabrand-Wettbewerbs im GWB, ZHR 1968, 164.

肆、引人錯誤之廣告

一、問題之提出

　　由於社會經濟活動不斷變遷，各種引人錯誤或虛偽不實之廣告日日充斥於營業交易中，使競爭者與消費者之利益受到損害與威脅，此種情形，早期提倡自由競爭之學者，即認為出售人對其產品有描述之權利，而可以任何方式說明其商品，英國早期判決即採取此種見解。時至近代，為維護競爭秩序，商業上不正之競爭行為，尤其是誇大不實或欺騙性之廣告，應予制止，此種見解已為各工業國家之法律所普遍接受。德國一八九六年五月二十七日不正競爭制止法 (Gesetz zur Bekämpfung des unlauteren Wettbewerbs) 第一條即禁止廣告之不正確陳述❶。美國一九三八年國會通過聯邦貿易委員會法案之魏勒爾修正案 (Wheeles-Lea Amendments to the Federal Trade Commission Act in 1938)，即宣佈欺騙性之行為為非法。我國現行法令對於廣告之管理，僅見諸於食品衛生管理法、藥事法、化粧品衛生管理條例、農藥管理法等❷，除此等商品之外，市場上尚有成千上萬之商品，而從不正競爭防止法之理論分析引人錯誤或虛偽不實廣告之文獻，尚不多見，因此，對於引人錯誤或虛偽不實之廣告，法律上應採取何種制止對策，與廣告主、廣告代理業及廣

---

❶ Bußmann-Droste, Werbung und Wettbewerb in Spiegel des Rechts; Strodthoff, Werbung in Wirtschaft und Recht, Diss. Hamburg 1964; Burmann, Die soziologischen Aspekte in Werbung und Wettbewerb, WRP 67, 2.

❷ 請參照食品衛生管理法第十七條，六十八年公布之藥物藥商管理法第七十一條，藥事法第六十八條，化粧品衛生管理條例第二十四條，農藥管理法第二十九條。

告媒體業所應負之責任如何，皆為不正競爭防止法時所應規範之問題。

二、廣告之意義與功用

在農業社會中所生產製造之商品有限，而消費者之購買亦基於需要，但求溫飽，斯時生產者與購買者之距離密切，並且資訊與交通之不發達，一般廠商利用報紙雜誌或其他傳播工具宣傳商品之情形，並不普遍。迨工業革命之後，機器代替手工，大量生產各種商品，其中包括適應需要而生產之商品與先行生產再創造需要之商品，為使購買人知悉商品之品質用途，作為購買時選擇之標準，或增進商品之銷售量，而以各種方式使購買者認識商品，刺激消費，並且廣播、印刷與電視事業日趨發達，廣告於是在經濟發展之過程中擔任非常重要之角色❸。所謂廣告，係指營業主體利用報紙、雜誌、傳單、廣播、電視或電影等大眾傳播工具向消費大眾介紹宣傳其商品或服務，藉以引起其購買或利用之行為，得以言詞、書面、圖畫或音樂等方式出現之❹。

消費大眾在選擇其所需要之商品時，通常受前次經驗之影響，而廣告能提供商品之資料，作為購買之決定。一般而言，廠商亦可藉推銷員登門拜訪來推銷商品，惟人員推銷僅具個別之說服力，而廣告係以消費大眾作為推銷對象，比較具有大眾之說服力。在大眾傳播媒介刊登或宣傳之廣告，或經過專家之設計，而具有娛樂或藝術價值，成為宣傳商品以外之功用。

三、我國管理廣告之法律

我國目前對於不正競爭防止法之制定，尚在研擬之中，在以競爭法

---

❸　Sperr, Zulässige und unzulässige Werbung, S.7; Leidig, Dominante Werbung, S. 15; Thiedig, Suggestivwerbung und Verbraucherschutz, S. ll.

❹　Burmann, Systematik des Werbe- und Wettbewerbsrechts, WRP 69, 262.

為基礎討論防制引人錯誤廣告之前，擬就我國現行管理虛偽不實廣告之行政法規予以論述。

(一)食品衛生管理法

我國現行有關食品衛生之管理監督，係以食品衛生管理法為依據，其主要目的，係在維護國民身體之健康❺。食品衛生管理之主管機關，在中央為行政院衛生署，在地方為省(市)、縣(市)政府，其權限至為廣泛，對於食品、食品添加物、食品器具、食品容器、包裝得加以抽樣檢驗，並依檢驗之結果為一定之處分。

凡是以容器包裝之食品、食品添加物，依食品衛生管理法第十五條之規定，應顯著標示品名、內容物之成分，製造廠商、地址，製造日期或保存期限等，此種標示，不得有虛偽、誇張或易使人誤認有醫療之效能，亦不得藉大眾傳播工具或他人名義，播載虛偽、誇張、捏造事實或易生誤解之宣傳或廣告，如有違反，則對負責人處以罰鍰，情節重大者，並得吊銷其營業或設廠之許可證照❻。對於食品廣告之管理，已有法律上之依據，惟在執行方面，仍有賴主管機關之努力。

(二)藥事法

我國對於藥品之管理監督，早期係以藥物藥商管理法為依據。民國八十二年將該法名稱修正為藥事法，因此，八十二年以後，則以藥事法為管理藥品廣告之根據。關於藥品及醫療器材之廣告，係採取審查制度，即藥商登載或宣傳廣告時，應事先將所有文字、書面或言詞，申請省(市)主管機關核准，並向傳播機構繳驗核准之證明文件，此種事前審查

---

❺　食品衛生管理法第一條規定：「為管理食品衛生，維護國民健康，特制定本法。」

❻　參照食品衛生管理法第十六條、第十七條及第二十七條之規定。

之制度，對於不良之藥物廣告，可收監督之效。

　　民國六十八年四月五日公布之藥物藥商管理法第七十一條規定：「藥商不得於報紙、刊物、傳單、廣播、電影、電視、幻燈片及其他工具或假借他人名義，登載或宣傳藥品及醫療器材之左列廣告：一、使用文字、圖畫與核准不符者；二、涉及猥褻，有傷風化者；三、暗示墮胎者；四、名稱、製法、效能或性能，虛偽誇張者；五、使用他人名義保證或暗示方法，使人誤解其效能或性能者；六、利用非學術性之資料或他人函件，以保證其效能或性能者。」　違反時，處以罰鍰，情節重大者，得撤銷其許可證❼。行政院衛生署為加強藥物、含藥化粧品之管理，修訂「藥物、含藥化粧品廣告違法案件處罰原則」，以達成淨化之效果。依據該原則，在藥物廣告部份，第一次違法者，處負責人伍仟元罰鍰；第二次違法者，加重處罰伍仟元以上罰鍰(同一藥物刊播者)；第三次違法者，處最高伍萬元之罰鍰；第四次違反者，視為情節重大，撤銷其藥品許可證❽。其違規廣告次數之核計，以一天為單位，即當天以同類廣告內容在各報刊登者，以一次核計。

　　一般市面上常見違法之醫療廣告，可分為四類：第一類係指未經核准擅自刊登之廣告，以報紙分類廣告居多，此種廣告並沒有核准字號。因為一般醫療廣告至少應刊登兩種字號，一種是衛生署對該藥品之許可證字號，另外一種則是各地衛生局核准刊登廣告之字號。第二類係指廣告內容與核准者不符。第三類則指未具確實效能之醫療器材廣告，如「磁波器」、「磁性項鍊」或「七女寶」隆乳器等。第四類係指虛偽誇張或以輸入許可證矇騙消費者之廣告，如七十二年年底及七十三年年初大肆宣傳之廣告「眼鏡再見——新細胞」❾。此種分類，僅係便於瞭解市面上

❼　參照民國六十八年四月五日公布之藥物藥商管理法第七十九條及第七十一條第三項；藥事法第六十六條。

❽　參照行政院衛生署七十三年四月十七日衛署藥字第四六七三三二號函。

常見之違法廣告，而有些廣告，或可同時具有上述之幾種情形，其處罰之依據，仍為藥物藥商管理法。

(三)化粧品衛生管理條例

我國現行管理化粧品之法律為化粧品衛生管理條例，依該條例之規定，輸入化粧品含有醫療或劇毒藥品者，應提出載有原料名稱、成分、色素名稱及其用途之申請者，連同標籤、仿單、樣品、包裝、容器、化驗成績報告書及有關證件，並繳納查驗費，申請中央衛生主管機關查驗，經核准並發給許可證後，始得輸入❿。至於化粧品之製造，非經領有合法之工廠登記證者，不得為之；製造化粧品含有醫療或劇毒藥品者，應經中央衛生主管機關核准並發給許可證後，始得製售⓫。

關於含有醫療或劇毒藥品之化粧品廣告，係採取事前審查制度，即廠商登載或宣播廣告時，應於事前將所有文字、畫面或言詞，申請省(市)主管機關核准，並向傳播機構繳驗核准之證明文件。含有醫療或劇毒藥品之化粧品，不得於報紙、刊物、傳單、廣播、幻燈片、電影、電視及其他工具登載或宣播猥褻、有傷風化或虛偽誇大之廣告；其未含有醫療或劇毒藥品者，亦不得於各該工具登載或宣播有醫療效能之廣告，

---

❾ 一家企業公司刊登於民國七十三年一月一日聯合報第十六版廣告之部份
內容為：「眼鏡再見，美日尖端科技的結晶，新細胞已經研究成功！一二
○○名接受實驗效果驚人！美國與日本最新發明一種由天然物質抽取的新
細胞，對於人類所患各種類型視力不正常的現象，均有迅速恢復的臨床實
驗報導，美國與日本科學家共同使用『新細胞』從事醫療實驗以恢復各類
型不正常視力，接受實驗的一二○○名當中，近視者五○○名，遠視者為
三○○名，其他各類型視力不正常者四○○名，實驗結果成效相當驚人，
一二○○名被試驗者在短短三十五天內，陸陸續續完全恢復正常視力。」

❿ 參照化粧品衛生管理條例第七條。

⓫ 參照化粧品衛生管理條例第十五條及第十七條之規定。

如有違反，處以罰鍰，並得撤銷其有關營業或設廠之許可證照⓬。依據行政院衛生署修訂之「藥物、含藥化粧品廣告違法案件處罰原則」，在含藥化粧品廣告部份，第一次違法者，處負責人伍百元以下罰鍰；第二次違法者，加重處罰伍百元以上壹仟元以下罰鍰；第三次違法者，處最高壹仟元罰鍰；第四次違法者，視為情節重大，撤銷其含藥化粧品許可證⓭。

(四)醫師法

依照我國醫師法之規定，醫師對於其業務，不得以自己、他人或醫院、診所等名義，登載或散布虛偽、誇張、妨害風化或其他不正當之廣告⓮。未取得合法醫師資格為醫療廣告者，由衛生主管機關為以五千元以上五萬元以下罰鍰，醫師法第二十八條之一有明文規定。刊登以體育方法傳授他人，促進健康為目的之廣告，固非醫療廣告，惟其刊登內容如載有病症之治療或能治癒隱疾或不藥可癒字樣者，仍應認為屬於醫療廣告之範圍。因為醫療廣告，不以利用化學方法或機械方法對人體疾病診察治療之廣告為限，即使利用一般體育上之方法對人體疾病或隱疾之物理治療廣告亦屬之。如未取得合法醫師廣告，而於大眾傳播工具刊載「治療腰酸、強腎、衰萎、回春」等廣告者，即屬違法，而應處以罰鍰。目前此類廣告，為數不少，尚應全力取締。

(五)商品標示法

在市面上，除食品藥品化粧品外，尚有各式各樣種類繁多之商品，

⓬　參照化粧品衛生管理條例第二十四條及第三十條之規定。

⓭　參照行政院衛生署七十三年四月十七日衛署藥字第四六七三三二號函。

⓮　依照醫師業務廣告管理辦法之規定，對於醫師業務廣告，亦採取事前審查制度。

此等商品之標示，以商品標示法為依據。為建立良好之商業規範，保護消費者之利益，於民國七十一年一月二十二日公布商品標示法，要求廠商於商品本身、內外包裝或說明書上，就商品之名稱、成份、重量、容量、數量、規格、用法、產地、製造日期或保存期限為一定之標示，其標示之內容不得虛偽不實，標示之方法不得有誤信之虞，以及其標示不得有背於公共秩序或善良風俗。如有違反，由主管機關先通知改正，逾期不改正時，處以罰鍰。商品標示之確實貫徹，將能使我國消費者保護運動大步向前邁進。

「商品標示之有關規定，於商品廣告準用之」**⑮**，為商品標示法第十三條之規定，立法者欲藉商品標示法管理商品廣告，用意至善，但以此種不完善之法條，欲達到管理廣告之效果，誠非易事！主管機關以有限之人力，對市場上數以萬計商品之標示管理，猶有不週，更遑論色彩繽紛五花八門之廣告！商品標示法之主要目的，在促進商品之正確標示，對於商品廣告之管理，尚應另闢途徑解決，其解決之途徑，本文將在相關部份予以分析探討。

四、從不正競爭法論引人錯誤之廣告

㈠立法理由

對於引人錯誤之廣告予以禁止，係競爭法之主要目的。德國一八九六年不正競爭制止法即於第一條明文規定虛偽不實之廣告，應予禁止**⑯**。其後，德國立法者將「虛偽不實」之概念修改為「引人錯誤」(Irre-

---

⑮ 參照商品標示法第十三條之規定。

⑯ Vgl. Ulmer-Reimer, Das Recht des unlauteren Wettbewerbs in den Mitgliedstaaten der europäischen Wirtschaftsgemeinschaft, Band III, Deutschland, 1968, S. 364.

führung)，並於現行不正競爭防止法第三條明文規定，此種條款，有「小型概括條款」(Kleine Generalklausel)之稱，蓋藉著此種條款，得迅速有效制止各種引人錯誤之廣告也，其貢獻不可謂不大❼。

德國不正競爭防止法第三條之規定，不僅在保護同業競爭者，而且亦在保護一般大眾，此種雙層之保護目的，即符合一般不正競爭防止法之立法意旨。在解釋不正競爭防止法第三條時，必須注意此種雙層保護之目的。在德國法院之判決中，對於引人錯誤之廣告有爭執時，常以利益衡量之途徑(Im Wege der Interessenabwägung)判斷之❽。廣告之內容必須真實而且清楚，否則虛偽或容易使人誤解之廣告，將破壞競爭秩序，同時使消費者陷於錯誤而購買，因此，對於引人錯誤之廣告應予禁止。

(二)引人錯誤廣告之判斷標準

德國不正競爭防止法第三條之規定：「於營業交易中，以競爭為目的，關於營業狀況，尤其就個別或總括提供之商品或營業上給付之性質、出產地、製造方法、價格計算、價目表、進貨方法、進貨來源、所得獎賞、銷售之動機或目的，或存貨之數量為引人錯誤之表示者，得請求其不為該項表示。」❾此與舊不正競爭制止法之規定稍有不同，即不以引人

---

❼ Rittner, Einführung in das Wettbewerbs- und Kartellrecht, 1981, S. 36.

❽ BGH GRUR 1963, 36, Fichtennadelextrakt. Auch die Vorschrift des §4 UWG bezweckt sowohl den Schutz der Verbraucher wie der Mitbewerber.

❾ §3 UWG lautet: "Wer äm geschäftlichen Verkehr zu Zwecken des Wettbewerbs über geschäftliche Verhältnisse, insbesondere über die Beschaffenheit, den Ursprung, die Herstellungsart oder die Preisbemessung einzelner Waren oder gewerblicher Leistungen oder des gesamten Angebots, über Preislisten, über die Art des Bezugs oder die Bezugsquelle von Waren, über den Besitz von Auszeichnungen, über den Anlaß oder den Zweck des Verkaufs oder über die Menge der Vorräte irreführende Angaben macht, kann auf

錯誤之表示係在對大眾所為之公告或通報中 (Öffentliche Bekannt-
machung oder Mitteilungen für einen größeren Personenkreis) 為之者為
限，凡在營業交易中為之者，皆屬之。廣告是否引人錯誤，應以一般交
易見解(Verkehrsauffassung)為判斷之標準，此外，亦應斟酌廣告整體內
容是否對消費大眾引起誤解，若其意義足以使人產生錯誤時，即應受到
法律之規範。關於營業狀況為引人錯誤之表示，只需被宣傳者有陷於錯
誤及導致其購買商品或接受服務決定之虞，即為已足，不以因此而受到
欺騙為必要❷。在客觀上即使真實之表示，亦可能是引人錯誤之廣告❷；
反之，即使在客觀上係不正確之表示，如消費大眾能正確瞭解其意義時，
亦非引人錯誤之廣告❷。從上述之說明中吾人可知，在判斷廣告是否引
人錯誤時，應注意下列三項問題：1.廣告之對象為何？ 2.此等對象對廣
告內容之瞭解如何？ 3.其所瞭解之印象與事實上之情形是否相符？ 此三
種情形，亦係法官在審理因廣告而涉訟之案件時所應加以斟酌之問題。

　　廣告之內容具有多重意義，如其中之一係屬不真實者，即可能係引
人錯誤之廣告。隨著時間之演變，關於營業狀況之表示可能形成、喪失
或變更其意義，如本來不具有保護能力之性質標示或產地標示 (Be-
schaffenheits- oder Herkunftsangabe)，經過一段時間後，成為某一企業
產品之標示，如他人加以使用，即違背不正競爭防止法第三條之規定❷。

Unterlassung der Angaben in Anspruch genommen werden."

❷ Vgl. Bauer, Zur Bedeutung der Verkehrsauffassung bei der Auslegung des §3
UWG, GRUR 1968, 248; Hefermehl. Zum Verbot irreführender Werbung,
Festschrift Wilde, 1970, S. 41 ff.

❷ Vgl. z.B. BGHZ 13, 244. Cupresa-Kunstseide; BGH NJW 1972, 104, Der
Meistgekaufte der Welt.

❷ Vgl. BGHZ 27, 1, Emaillelack.

❷ BGH GRUR 1957, 39, Rosenheimer Gummimäntel.

(三)引人錯誤廣告之型態

　　廣告為消費者選擇商品之重要資料及情報，在競爭愈激烈之工商業社會，引人錯誤之廣告愈見繁多。依照德國不正競爭防止法第三條之規定，引人錯誤之表示必就營業狀況(Geschäftliche Verhältnisse)而為之。所謂營業狀況，係指與自己或他人之營業有關之一切狀況而言，如律師、醫師、會計師或建築師之活動亦屬之**❷**。關於營業狀況之表示，大都與商品或營業上之給付(Gewerbliche Leistungen)有關，而商品或營業上給付之概念，應採取廣義之給付，舉凡產品，商業交易之客體，甚至土地、電氣皆可視為競爭法中之商品**❷**。營業上之給付，則指自由職業之活動而言，並以其具有經濟價值為決定性之標準**❷**。茲就引人錯誤廣告之各種型態予以分析，其中包括德國法院對引人錯誤廣告所採取之見解，對於我國正擬制定法律以制止此種廣告之際，或許具有參考之價值。

　　1.關於性質為引人錯誤之表示

　　所謂性質(Beschaffenheit)，應採取廣義之解釋，不僅性質、成分、製造方法屬之，即使作用亦應涵蓋之。關於商品或營業上給付性質之表示，依交易上之見解，與其真正性質不符者，即屬引人錯誤**❷**。德國聯邦最高法院甚至認為，性質之表示，即使正確，但在營業交易上對商品之性質產生不正確印象之虞者，亦可能構成引人錯誤，而應受到禁止**❷**。

---

❷　BGH GRUR 1964, 33, Bodenbeläge; BGH GRUR 1965, 610, Diplomingenieur.

❷　Baumbach-Hefermehl, UWG §2 Anm. 1.

❷　von Godin-Hoth, UWG §2 Anm. 3; Hubmann, Gewerblicher Rechtsschutz, 1981, S. 292.

❷　Burman, Werbliche Irreführung bei Kennzeichnungen für Kunststofferzeugnisse-Bedeutungswandel, DB 66, 1008.

❷　BGH GRUR 1955, 251, Silberal.

人造絲之產品，即不得於廣告中宣稱為絲品；人造貂皮大衣不得於廣告中為貂皮大衣之表示；汽水飲料不得於廣告中為礦泉水之表示❷，皆為德國聯邦最高法院或邦高等法院所採取之見解。

廠商於廣告中就商品為「受法律保護」(Gesetzlich Geschützt) 字樣者，係屬於性質之表示，此種表示，主要說明其產品已取得專利權，以增進其銷售量。依德國專利法第一百四十六條之規定，在物品或其包裝上，附加足以使人認為該項物品受專利申請保護之標誌者，或在公告、招牌、推薦卡或其他類似之廣告中使用此種標誌者，對於知悉法律狀態有正當利益之人，有依其請求告予使用標誌所依據之專利或專利申請之義務❸，則有專利權之廠商，自得於宣傳廣告中表明產品受法律保護；如專利僅在申請中，廠商為專利申請中之表示，亦屬合法；惟若未取得專利權或僅在申請中而為已取得專利權之表示者，即屬引人錯誤。在廣告中為「德國專利申請中」(D.P. Angem; Deutsches Patent angemeldet) 陳述者，如其專利申請案尚未公告者，應屬不合法，德國聯邦最高法院一九六三年九月二十七日之判決同意此種見解，因為消費大眾並不瞭解專利法中關於專利申請與專利授與之區別，同時不能期望消費大眾對該

---

❷　BGHZ 13, 244; LG Frankfurt in GRUR 1955, 304; OLG Nürnberg WRP 1960, 273; OLG Nürnberg BB 1962, 600.

❸　§146 Patentgesetz lautet: "Wer Gegenstände oder ihre Verpackung mit einer Bezeichnung versieht, die geeignet ist, den Eindruck zu erwecken, daß die Gegenstände durch ein Patent oder eine Patentanmeldung nach diesem Gesetz geschützt seien, oder wer in öffentlichen Anzeigen, auf Aushängeschildern, auf Empfehlungskarten oder in ähnlichen Kundgebungen eine Bezeichnung solcher Art verwendet, ist verpflichtet, jedem, der ein berechtigtes Interesse an der Kenntnis der Rechtslage hat, auf Verlangen Auskunft darüber zu geben, duf welches Patent oder auf welche Patentanmeldung sich die Verwendung der Bezeichnung stützt."

陳述之真實性加以調查，而且申請之專利自公告時起始暫准發生專利之法律效果。惟德國學者Reimer, Sünner, Klein 與 Weber則持不同見解，認為自專利申請時起，即得於廣告中為「德國專利局申請中」(DBP angemeldet)之陳述，以消費大眾有興趣知悉其是否申請專利,何況申請專利並不等於取得專利也❸。

　　我國於六十八年公布之專利法第七十三條要求專利權人應在專利物品或包裝上附有專利標記及專利證書號數，專利權人如果授權他人實施時，並得要求被授權人為之，其未附加標記，致他人不知為專利品而侵害其專利權者，不得請求損害賠償。專利權人登載廣告，不得逾越申請專利之範圍，非專利物品或非專利方法所製物品，不得附加請准專利字樣，或足以使人誤認為請准專利之標記，如有違反，處六個月以下有期徒刑、拘役或科或併科五千元以下罰金❷。至於專利尚在申請中，而於廣告中為「專利申請中」之表示，是否為足以使人誤認為請准專利之標記? 不無疑問。專利申請案提出後，尚須經過審查公告等階段，合於法律規定之要件者，始有取得專利權之可能；「專利申請中」字樣，僅指專利案已提出申請，而並未表明專利已經核准，如已確實提出專利案之申請，於廣告中為「專利申請中」字樣者，應屬合法。至於未取得商標專用權而於廣告中為取得商標專用權之表示者，我國商標法並無禁止規定，尚待不正競爭防止法予以完善有效之規範。

　　2.關於出產地為引人錯誤之表示

　　德國不正競爭防止法第三條所列舉之出產地表示 (Ursprungsangaben)，係包括地理上之來源表示 (Die geographischen Herkunftsan-

---

❸　Vgl. Reimer, Kap. 86, Anm. 17; Sünner, GRUR 1951, 189 ff.; Klein, DB 1950, 81; Weber, Muw 1941, 189.

❷　參照我國於六十八年公布之專利法第七十四條及第九十二條之規定；民國八十五年公布之專利法第八十二條。

gaben)，即直接或間接地表示商品或營業上之給付係源於一定之地理區域，而予消費大眾具有特別品質之印象❸。例如慕尼黑啤酒 (Münchner Bier)或凍頂烏龍茶即是關於產地之表示。其又可分為直接產地表示與間接產地表示，前者係將地理名稱直接地予以標明；後者係不直接地標明地理名稱，而以文字或圖畫表達該地理區域❹。間接產地表示，亦容易使消費者陷於錯誤，而影響其購買商品之決定。本地所生產製造之香水，而為巴黎香水之表示，即是直接產地表示；本地所生產製造之葡萄乾，而於廣告或包裝上畫上一幅迎風招展之美國國旗，使消費者誤認為該產品係從美國進口，即屬於間接產地表示。

任何人均得就其所生產製造或經營之商品為產地之表示，惟若產地表示足使消費大眾對商品之產地及性質產生誤認之虞者，則不得為之。德國法院對產地表示之保護，皆採取比較嚴格之見解，此與今日德國工商社會非常注重運用法律途徑制止引人錯誤表示之情形，有相當密切之關係。產地表示之保護，除不正競爭防止法予以明文規定外，亦於食品法(Lebensmittelgesetz)、酒法(Weingesetz)補充規定之❺。

我國刑法第二百五十五條對於虛偽標記商品罪，有處罰之明文規定。商品之原產國或品質，對於選擇商品者而言，係非常重要之標準，若意圖欺騙他人而為虛偽標記或其他表示者，或明知而販賣，或意圖販賣而陳列，或自國外輸入者，處一年以下有期徒刑、拘役或一千元以下罰金❻。刑法第二百五十五條僅列舉「原產國」，即指商品之原產國而言，

---

❸ Beier, Herkunftsangaben und Ursprungsbezeichnungen im gemeinsamen Market, GRUR Ausl. 1959, 277 ff.

❹ Beier, Der Schutz geographischer Herkunftsangaben in Deutschland, GRUR 1963, 169.

❺ Ulmer-Reimer (Beier), Das Recht des unlauteren Wettbewerbs in den Mitgliedstaaten der EWG, Band III, Deutschland, S. 537 ff.

❻ 參照我國刑法第二百五十五條。

似宜採取廣義之解釋，包括產地在內。我國現行工商業社會面臨劇烈競爭狀態，而刑法禁止產地表示之功能是否已經發揮，殊值商榷。何況，刑法適用有其一定要件，對於產地為引人錯誤之表示者，是否亦應從不正競爭防止法予以制止，即有探究之必要。

3.關於製造方法為引人錯誤之表示

機器所製造之商品，不得視為自然生產，即不得為「天然」(Natürlich)或「天然方法」(Auf natürliche Weise) 之表示，此係德國聯邦法院在區別工業產品與天然產品所採取之見解❸。許多消費者喜愛手工編織而成之地毯桌巾或其他類似之物品，為迎合此種心理，廠商乃於廣告上或商品上為手工(Handarbeit)之表示，事實上，該產品係以機器製造而成，此種情形，係就製造方法為引人錯誤表示之典型實例。此外，就產品是否為自己所生產製造，是否依據一定之程序、制度或處方所製造，或是否在官方之監督下所製造，均不得為引人錯誤之表示。

4.關於價格為引人錯誤之表示

任何營業主體均得以較便宜之價格出售其商品，惟對於商品價格所為之表示，必須真實。顧客對商品或營業上給付所必須支付之價格，在競爭法上具有非常重要之地位，因此，不正競爭防止法第三條禁止就價格計算(Preisbemessung)或價目表(Preislisten)為引人錯誤之表示❸。

降價之廣告，如與事實相符，自屬合法，惟廣告主必須就該商品在過去有一較高之價格，始得為降價之表示。如降價之發生於相當長久時間以前，而於廣告上仍為從現在起降價百分之十 (Ab sofort 100%

---

❸　BGH GRUR 1957, 274. Maßkonfektion; Baumbach-Hefermehl, 1971, UWG §3, Anm. 234.

❸　Sonderland, Preisgestaltung als Mittel des Wettbewerbs, DB 1954, 592; Harmsen, § 3 UWG als Generalklausel und seine neuen Irreführungstatbestände, WRP 1969, 357.

Preissenkung)，即屬引人錯誤。廠商原則上得就商品之舊價格與新價格
為對比之表示，亦得將舊價格劃去，而以新價格呈現於消費大眾之眼前，
一如「以前九十馬克，現在八十馬克」(Früher 90 DM, jetzt 80 DM)，或
將九十馬克之部份以明顯之筆劃刪去，而留下八十馬克之部份，以強調
該商品之降價。此種價格對比（Preisgegenüberstellung），非常普遍，在
競爭法上尤應特別注意，如舊價格或被刪去之價格確實持續相當長久之
時間，則價格對比之表示符合真實原則，應屬合法；反之，並無舊價格
之存在，則此種價格對比之表示，顯然引人錯誤。德國不正競爭防止法
修正草案甚至擬規定，價格對比之表示，僅限於出售空間內始得為之，
而於公告中為價格對比之表示者，得請求其不作為❸，此種立法趨勢，
旨在避免消費大眾因價格對比而陷於錯誤。

　　在我國百貨公司或一般廣告中之價格對比，對於消費大眾而言，並
不陌生，若廠商提高價格或虛偽地設定較高之價格，然後予以對比，使
消費者產生降價之印象，則屬引人錯誤。此外，臺北市百貨公司超級市
場邇來展開劇烈之折扣戰，固使消費大眾得以購買比較便宜之貨品，惟
仔細觀察，其所為「五折起」、「六折起」之折扣廣告，在吸引大批消費
者購買之際，發現五折或六折之商品實在太少，甚至是一些滯銷品或百
貨公司臨時找來之拍賣品❹。

　　一家建設公司為其在臺北市忠孝東路七段底所興建之三千戶花園住
家於聯合報刊登廣告，謂三十坪之房屋原價二樓九十五萬，三樓九十萬，

---

❸　Borck, Zum "Entwurf eines neuten Gesetzes zur Änderung des Gesetzes gegen den unlauteren Wettbewerb" der CDU/CSU-Fraktion, WRP, 1981, S. 557.

❹　臺北市百貨公司之折扣戰，除其折扣廣告有引人錯誤之情形外，亦嚴重影響百貨公司之經營形象。在折扣戰進行劇烈之際，有些商品堆置在百貨公司騎樓下，並大聲叫賣，簡直與路邊攤販經營無異。

四樓八十五萬，五樓八十五萬，並將原價以紅線刪去，且特別標出特價七十六萬，容易使消費者產生降價之印象，如事實上並無原來之價格，則此種降價之廣告，即為引人錯誤❹。國內建築商不惜投入鉅額資本，使出渾身解數，編印精美宣傳品，大作廣告，連鄰近之日本、韓國、新加坡和香港等地，都瞠乎其後。民國七十三年三月，不少臺北市市民在信箱中發現一封署名高橋秀子之來信，精美之西式郵簡，貼著一枚日本古典美女圖案之彩色郵票。高橋秀子以順暢之中文，自稱是十三歲之日本留學生，五年前因父親調到臺北上班，和妹妹在福德街之一所學校唸書，並對學校附近之環境描寫細膩。隔天，居民又收到一封型式相同之信，惟寄信人署名鍾杏烔，並形容工地附近環境「萬斛千倉山勢雄，前朝後護是真龍，宅後奇峰群英出，紫袍玉帶定光中」，　原來是建設公司假藉外僑之名促銷之廣告❷，如進而於信中提及每坪比附近便宜五千元，而事實上並非如此，則此種廣告雖非刊載或宣播於大眾傳播媒介，仍屬引人錯誤，而應為不正競爭防止法所規範。

　　出廠價格、批發價格或零售價格，皆有其不同之意義，如廠商就商品價格為出廠價格或批發價格之表示，事實上卻是零售價格，即屬引人錯誤之廣告❸。類似傢俱公司刊登「工廠直營比市價便宜三成」之廣告，如與事實不符，易使消費大眾誤以為係以出廠價格出售，而應制止之。德國聯邦最高法院認為，廣告主不具備製造者或批發者之作用時，即不得於廣告中為「以工廠價出售」(Verkauf zu Fabrikpreisen)或「批發價」

---

❹ 有關價格對比之廣告，不限於建築業，而以在百貨公司或商店中最為常見，此種價格對比，容易使消費者產生錯覺。

❷ 聯合報七十三年三月十一日關於「信箱出現怪信，住戶滿頭霧水，內容露出狐尾，原是售屋花招」之報導。

❸ Hiersemann, Klare Trennung zwischen Großhandel und Einzelhandel, WRP 1968, 428.

(Großhandelspreisen)之表示，否則，即應禁止之 **❹**。

一家資訊推廣中心於民國七十三年七月二十四日之聯合報，以全頁之篇幅刊登廣告，內容為：「七十三年短期進修專案，免費贈送全國父母一份價值一千四百五十元愛心禮物！自七月一日起至七月卅日止購買MATSUKI 學生型語言機者，皆可免費獲贈國中英語錄音教材壹套及英漢字典壹本」， 類似此種免費贈送之廣告，如廠商已將贈品之價格算入出售物之價格中，而假贈送之名，行促銷之實，即係一種引人錯誤之廣告，而應予以禁止。

5. 關於進貨方法或進貨來源為引人錯誤之表示

德國不正競爭防止法第三條禁止就進貨方法或進貨來源為引人錯誤之表示，例如出售之商品非因繼承而取得，或非為私家收藏，卻為繼承取得或私家收藏之陳述者，即屬不合法。杜塞多夫邦高等法院在一九六五年關於女用皮大衣之判決中認為，廣告主在商品之生產過程中，並未自始至終予以監督，即不得於廣告中為「直接來自製造者」(Direkt vom Hersteller)之表示，以其使消費大眾產生價格低廉之印象也 **❺**。至於其他類似之表示，如「直接來自工廠」，「從工廠到消費者」或「工廠直營」皆使一般消費大眾認為廣告主自己生產製造該項商品，如廣告主僅係貿易商，批發商或零售商時，即不得為之。商品係直接來自工廠，而未經過其他中間銷售階段，即得於廣告中為直接進貨之表示，至於其出售地點是否為工廠所在地，則非所問 **❻**。德國學者 Baumbach-Hefermehl 與 Ulmer-Reimer皆認為進貨方法或進貨來源之表示是否引人錯誤，應採取比較嚴格之解釋 **❼**。

---

❹ BGHZ 28, 54, Direktverkäufe; BGHZ 50, 169, Wiederrerkäufer; BGHZ 70, 18, 28, 31=BGH, GRUR 1978, 173, Metro I.

❺ OLG Düsseldorf GRUR 1965, 192.

❻ OLG Saarbrücken GRUR 1976, 98, Fabriklager-Preis.

　　破產財團之商品銷售時，消費大眾估計其價格比較便宜，因此，銷售之商品已不屬於破產財團時，不得在對大眾所為之公告或通知中，就商品源自破產財團之表示，如有違反，依德國不正競爭防止法第六條之規定，乃違反秩序之行為，得科壹萬馬克以下之罰鍰❹。

6.關於所得獎賞為引人錯誤之表示

　　營業主體對業務之經營或商品之銷售成績特別優異，而獲得之獎賞，如榮譽證書、獎牌、文憑、官方證書或博士學位等均得於營業交易中表示之，惟如事實上並未獲得該獎賞時，則不得為之。民國七十三年八月二日經濟日報第五版刊登一則廣告，謂「八四年，奧運會第一面金牌得主」，並有該屆奧運會之標誌，而刊登廣告者係一家銷售打字機之公司，公司不能獲得奧運獎牌，至為顯然，惟此種表示容易使一般消費大眾誤以為該公司得過獎賞，則無疑問。

7.關於銷售動機或目的為引人錯誤之表示

　　營業主體以通常之價格出售其商品，而為「特別供給」(Sonderangebot)之表示，易使消費大眾陷於錯誤，而應禁止❹。廠商已開業甚久，而於廣告中為「新開幕，特價出售」之表示；或開業未滿十週年，而為「慶祝創業十週年」之表示；或為吸引消費大眾而購買，即為「清倉大拍賣」等表示，皆屬引人錯誤之廣告。民國七十三年八月六日經濟日報刊載一家外商與本國公司之聯合廣告，謂該外商為歐洲最大之精密量測儀器製

---

❹　Ulmer-Reimer, a.a.O. S. 425.

❹　§6 UWG lautet: "Wird in öffentlichen Bekanntmachungen oder in Mitteilungen, die für einen großen Kreis von Personen bestimmt sind, der Verkauf von Waren angekündigt, die aus einer Konkursmasse stammen, aber nicht mehr zum Bestande der Konkursmasse gehören, so is dabei jede Bezugnahme auf die Herkunft der Waren aus einer Konkursmasse verboten."

❹　Nordemann, Wettbewerbsrecht, 1981, S. 75.

造廠，專門製造各種機械式量具，電子式量具及最新電腦比測系統等精密儀器，今年欣逢該公司在我國伙伴創立十週年，為感謝顧客愛用其產品及慶祝其商業伙伴十週年紀念，特別破例全力支持推出一系列特價活動。如十週年紀念之廣告，與事實不符，即屬虛偽不實。我國工商界長久以來，由於欠缺競爭法之約束，而認為此種廣告得任意為之，欲改善此種欺瞞消費大眾與妨害營業競爭秩序之廣告，首賴競爭法之制定與執行。

8.關於存貨數量為引人錯誤之表示

廠商對於存貨之數量，不得為過高或過低之表示。零售商對於存貨數量為一定之表示的，其必須確定而且立刻具有此等數量，以便他人購買。德國學者採取比較嚴格之見解，認為存貨之數量必須存放於出售處或倉庫中，始屬之。如果汽車商於廣告中謂有一百輛到一百六十輛二手貨之汽車出售，則其必須事實上的確有此種數量之存貨，始得為此種表示❺。

我國工商業社會中，廠商為增進產品之銷售，而為「只剩下五十件，欲購從速」， 或「存貨不多，每人限購二件」等表示，以便刺激消費大眾購買，如與事實不符，則應受不正競爭防止法規範。

㈣廣告主、廣告代理業及廣告媒體業之責任

1.廣告主之責任

⑴民事責任

引人錯誤之廣告足以擾亂營業競爭秩序及妨害消費者之利益，因此，禁止引人錯誤之廣告，即係不正競爭防止法之主要目的。廣告主為引人錯誤之廣告或陳述時，競爭者得依德國不正競爭防止法第三條之規定，

---

❺ Hubmann, Gewerblicher Rechtsschutz, 1981, S. 293.

對廣告主行使不作為請求權 (Unterlassungsanspruch)，此種不作為請求權，不以廣告主之故意或過失為要件。在德國競爭法實務中，不作為請求權具有相當之重要性，因為不作為請求權之貫徹，能使守法之營業競爭者不再遭受妨害❺❶。除營業競爭者外，以增進工商利益為目的之團體而且有民事訴訟當事人能力者，或依章程以開導或顧問方式保護消費者利益為其任務之團體，而具有民事訴訟當事人能力者，亦得對廣告主行使不作為請求權❺❷。

　　廣告主明知或應知其所為之廣告為引人錯誤，致他人受有損害者，即應負賠償責任。受害人因引人錯誤之廣告而受有損害之賠償請求權 (Schadensersatzanspruch)，係由於德國不正競爭防止法第十三條第二項之規定❺❸。此種損害賠償請求權，自請求權人知悉行為及義務人時起六個月不行使而消滅；不論知悉與否，自行為時起三年不行使而消滅，其消滅時效較一般消費時效之期間短暫。

　⑵刑事責任

　　廣告主在何種情況應負擔刑事責任，德國不正競爭防止法第四條亦有明文規定。意圖引起特別有利之供給印象，故意在對大眾所為之公告或通知中，關於營業狀況，尤其就商品或營業上給付之性質、出產地、製造方法或價格計算、進貨方法或進貨來源、所得獎賞、銷售動機或目的，為不實及引人錯誤之表示者，處一年以下有期徒刑或併科罰金，此即廣告主在具備一定之要件所應負擔之刑事責任❺❹。廣告主為不實及引

---

❺❶　Sperr, Zulässige und unzulässige Werbung, 1978, S. 50.

❺❷　Nirk-Kurtze, Wettbewerbsstreitigkeiten, 1980, S. 20; von Falckenstein, Die Bekämpfung von unlauteren Geschäftspraktiken durch Verbraucherverbände, 1977; von Falckenstein, Schäden der Verbraucher durch unlauteren Wettbewerb, 1979.

❺❸　Rittner, Einführung in das Wettbewerbs- und Kartellrecht, 1981, S. 38.

人錯誤之表示，在主觀方面，必須故意，以及引起特別有利供給印象之意圖(Den Anschein eines besonders günstigen Angebots hervorzurufen)，至於其行為是否在營業交易中以競爭為目的而為之，則非所問。在客觀方面，表示必須不實及引人錯誤，而且係在對大眾所為之公告或通知中為之❺❺。

行為人除競爭者外，尚包括任何第三人。不實及引人錯誤之表示，係由廣告主之職員或受任人所為者，如廣告主為一營業時，該營業之所有人或主管人員(Der Inhaber oder Leiter des Betriebs)若知其情事，則應與該職員或受任人一同處罰❺❻。在獨占企業，即使無其他競爭者，而為不實及引人錯誤之廣告，亦應加以處罰。

2.廣告代理業之責任

近代工商業日漸繁榮，廣告之質與量亦日漸增強，許多廣告委託專業之人員或公司設計製作，此種接受他人之委託而設計製作廣告之行業，一般稱之為廣告代理業，其在競爭法上所應負之責任，亦有探討之必要。

---

❺❹　§4 UWG lautet: "Wer in der Absicht, den Anschein eines besonders günstigen Angebots hervorzurufen, in öffentlichen Bekanntmachungen oder in Mitteilungen, die für einen größeren Kreis von Personen bestimmt sind, über geschäftliche Verhältnisse, insbesondere über die Beschaffenheit, den Ursprung, die Herstellungsart oder die Preisbemessung von Waren oder gewerblichen Leistungen, über die Art des Bezugs oder die Bezugsquelle von Waren, über den Besitz von Auszeichnungen, über den Anlaß oder den Zweck des Verkaufs oder über die Menge der Vorräte wissentlich unwahre und zur Irreführung geeigneter Angaben macht, wird mit Freiheitsstrafe bis zu einem Jahre oder mit Geldstrafe bestraft."

❺❺　Vgl. BGHSt 24, 272=NJW 1972, 592, Vorführgeräte.

❺❻　Als Täter kommen nicht nur Mitbewerber in Frage, sondern jeder beliebige Dritte.

吾人以為，廣告代理業對廣告之設計或製作，係接受廣告主之委託而為
之，對廣告內容之真實性並不負責任，若因此而使競爭者或消費者受損
害，即應負賠償責任，顯屬嚴苛，惟廣告代理業明知其所製作或設計之
廣告有引人錯誤之表示致他人受損害，而仍不負責，亦失事理之平，在
明知情況，廣告代理業者應與廣告主連帶負損害賠償責任，我國學者廖
義男教授採取此種見解，深表贊同❺❼。

廣告代理業者係廣告主之受任人，其意圖喚起特別有利之供給印象，
故意製作或設計之廣告為引人錯誤時，亦應負擔刑事責任，以收制止違
法廣告之效果。

3.廣告媒體業之責任

廣告通常常藉著廣播、電視、電影、雜誌或報紙等大眾傳播工具宣
播或刊載之，經營大眾傳播工具之業者，一般稱之為廣告媒體業。受害
人對於定期刊物之編輯、發行人、印刷者或散布者之損害賠償請求權，
以其明知散布之廣告為引人錯誤時，始得主張之。大眾傳播業者依照廣
告主之指示而宣播或刊登廣告，在通常情形，並不負損害賠償責任，如
明知其為引人錯誤之廣告而仍刊載或散布，始應與廣告主連帶負損害賠
償責任❺❽。

德國不正競爭防止法第四條所規定之刑事責任，係著重於廣告主及
其職員或受任人。大眾傳播媒體業者依廣告主之委託而宣播或登載廣告，
當廣告主應依不正競爭防止法第四條之規定而受處罰時，大眾傳播媒體
業者並不因此而當然受處罰，蓋大眾傳播媒體業者並非引人錯誤表示之

---

❺❼　參照廖義男教授草擬之「公平交易法草案」第五十三頁。

❺❽　Gegen Redakteure, Verleger, Drucker oder Verbreiter von periodischen
Druckschriften kann der Anspruch auf Schadensersatz nur geltend gemacht
werden, wenn sie wußten, daß die von ihnen gemachten Angaben irreführend
waren. Vgl. §13 Abs. 2 UWG.

行為人，而僅係該廣告之傳播工具也。惟廣告媒體業者明知其所宣播或登載之廣告為引人錯誤時，亦應使其負擔刑事責任，方能有效制止不實及引人錯誤之廣告。惟此種見解，尚未見諸於法律之規定，我國欲有效制止引人錯誤之廣告，應循立法途徑解決之。刑罰之功效並非萬能，動輒處以刑罰，亦非解決問題之道，惟對於明知為引人錯誤廣告之代理業或媒體業者，使其負擔相當之刑事責任，在法理上亦屬妥適，惟其惡性並非重大，刑度不宜過重。

伍、銷售活動

　　廠商為促進產品之銷售量獲取利潤，而常舉辦各種銷售活動。在經濟上，各種銷售活動如因結束營業或清倉而舉辦之大拍賣，或因換季而舉辦之折扣戰等，對於廠商而言，有相當之重要性，對於消費大眾而言，則容易產生享有特別優惠利益之印象，廠商即利用此種情況假冒各種銷售活動之名，行販賣商品之實，擾亂營業競爭之秩序及侵害消費者之利益。特別銷售活動使消費大眾陷於錯誤，如其具備德國不正競爭防止法第一條及第三條所規定之要件，可逕依該條文之規定予以保護，惟此種保護，尚嫌不足。一九〇九年之不正競爭防止法，對於銷售活動，不能予以有效之規範，後經一九三二年及一九三五年修正補充，始較完善。德國行政機關對於銷售活動亦得行使其監督權，則不正競爭防止法關於銷售活動之規定，具有私法與公法之性質。一般而言，銷售活動可分為結業銷售 (Ausverkauf)、清倉銷售 (Räumungsverkauf)、換季銷售 (Saisonschlußverkauf)及特別活動 (Sonderveranstaltungen)等❶。茲詳細說明之。

一、結業銷售及清倉銷售

(一)概念

　　結業銷售及清倉銷售之廣告，於德國不正競爭防止法第七條及第七

---

❶　Vgl. Kind, Sonderveranstaltungen, Handbuch des Ausverkaufsrechts 1979; Lindacher, Lockvogel- und Sonderangebote, 1979.
　　德國一九八六年七月二十五日修正之不正競爭防止法，第七條之一至第七條之四，業已廢止。

條之一明文規定。結業銷售與清倉銷售皆為競爭行為，對於其他競爭者而言，能維持及促進廠商之競爭能力(Wettbewerbsfähigkeit)。

1.結業銷售之概念

結業銷售之法律概念，僅限於營業之廢棄或特定商品種類之廢棄。依德國不正競爭防止法第七條第一項之規定，舉辦之銷售活動，具有廢棄全部營業，或廢棄分支機構之營業，或廢棄特定商品種類之營業時，始得對大眾所為之公告或通知中宣傳為結業銷售(Ausverkäufe)❷。所謂廢棄全部營業，係指完全廢止其營業而言，而非指將營業轉讓與他人❸。分支機構 (Zweigniederlassung) 具有獨立性，而與不具獨立性之販賣處(Verkaufsstelle) 有異；分支機構廢棄其營業時，廠商亦得為結業銷售之廣告，惟在販賣處結束營業時，則不得為之，只得為清倉銷售之宣傳❹。廠商在大眾廣告中為結業銷售之宣傳時，應陳述結業銷售之原因，以便競爭者知悉；在部份結業銷售時，應陳述有關之商品種類❺。未具備結業銷售之原因時，不得使人產生此種情形之印象，如商店僅僅搬遷他處而無廢止營業或廢止特定種類商品之營業，即不得為結業銷售之宣傳。

2.清倉銷售之概念

❷　§7 Abs. I UWG lautet: "Als Ausverkäufe dürfen in öffentlichen Bekannt-machungen oder in Mitteilungen, die für einen größeren Kreis von Personen bestimmt sind, nur solche Veranstaltungen angekündigt werden, die ihren Grund

a) in der Aufgabe des gesamten Geschäftsbetriebs oder

b) des Geschäftsbetriebs einer Zweigniederlassung oder

c) in der Aufgabe einer einzelnen Warengattung haben."

❸　Rittner, a.a.O. S. 40.

❹　Baumbach-Hefermehl, UWG §7. Anm. 4.

❺　Ulmer-Reimer, a.a.O. S. 853; Kamin-Schweitzer-Faust, Kommentar zu den Verkaufsveranstaltungen im Handel, 1969, S. 24 ff.

　　廠商由於特別之原因如搬遷或改建，而被迫以低於通常之價格，加速出售其商品，可稱之為清倉銷售。一般消費大眾皆希望以比較便宜之價格購買商品，清倉銷售適足以刺激消費者之購買慾望。清倉銷售以商品存貨(Warenvorrat)為要件，而非完全廢棄其營業之全部或一部，在清倉銷售結束以後，廠商仍以通常之方式經營其業務，而與結業銷售不同❻。在對大眾所為之公告或通知中，就特定商品之存貨，以清倉為目的而宣傳銷售者，應於宣傳中陳述銷售之原因；銷售僅限於若干商品種類者，並應在該宣傳中陳述銷售商品之種類❼。

㈡程序

　　結業銷售及清倉銷售有一定之限制，廠商不可任意為之，其限制於德國不正競爭防止法第七條之二明文規定，此與我國廠商得隨心所欲為結業大拍賣或清倉大拍賣之情形不可同日而語。廠商為結業銷售或清倉銷售時，應依高級主管機關所定之期限，於宣傳前向其所指定之機關報備，此即廠商之報備義務(Anzeigepflicht)。所謂高級主管機關，由聯邦之中央主管機關定之。在申報時，應包括下列事項：①結業銷售或清倉銷售之理由；②銷售活動之開始及預定結束之時間及地點；③依商品種類、性質及數量而編列之待售商品目錄，目錄中所未列舉之商品，即

---

❻　Vgl. Frey, Untersagung unzulässiger Ausverkäufe und Räumungsverkäufe durch die Verwaltungsbehörden und die Polizei, WRP 1965, 164.

❼　§7a UWG lautet: "Wer in öffentlichen Bekanntmachungen oder in Mitteilungen, die für einen größeren Kreis von Personen bestimmt sind, einen Verkauf zum Zweck der Räumung eines bestimmten Warenvorrats angekündigt, ist gehalten, in der Ankündigung den Grund anzugeben, der zu dem Verkauf Anlaß gegeben hat. Betrifft der Verkauf nur einzelne der in dem Geschäftsbetrieb geführten Warengattungen, so sind in der Ankündigung weiterhin die Warengattungen anzugeben, auf die sich der Verkauf bezieht."

不得於結業銷售或清倉銷售中降價出售。銷售活動在經過一定期間後尚未結束者，高級主管機關得更新該商品目錄❽。

　　高級主管機關得規定銷售活動之期間，銷售活動逾越許可之期間，或依德國不正競爭防止法第七條第一項之規定不應許可，或在第七條之一之情形，其所表明之原因，依交易觀念並非正當者，高級主管機關得禁止銷售活動。在為此項處分以前，高級主管機關應先聽取主管商業、手工藝業及工業之官方職業代表(Die zuständigen amtlichen Berufsvertretungen)之意見。對於報告之內容，任何人均得查閱之；除主管機關外，商業、手工藝業及工業之官方職業代表所任命之代理人，亦得審查報告中所為之陳述❾。

---

❽　Vgl. Rewolle, Räumungsausverkauf bei Geschäftsaufgabe von mehreren Handelsgeschäften mit demselben Inhaber, DB 1969, 1230.

❾　§7b. UWG lautet: "(1) Die unter §§7, 7a fallenden Veranstaltungen sind unter Einhaltung einer durch die höhere Verwaltungsbehörde festzusetzenden Frist vor der Ankündigung bei der von ihr bezeichbeten Stelle anzuzeigen. Der Anzeige ist ein Verzeichnis der zu verkaufenden Waren nach ihrer Art, Beschaffenheit und Menge beizufügen, dessen Erneuerung von den höheren Verwaltungsbehörden für den Fall vorgesehen werden kann, daß die Veranstaltung nach Ablauf einer bestimmten Frist nicht beendigt ist. Die Anzeige muß die im §7 Abs. 2, 3, §7a vorgesehenen Angaben enthalten und den Beginn, das voraussichtliche Ende und den Ort der Veranstaltung bezeichnen. Auf Verlangen der Stelle, bei der die Anzeige zu erstatten ist, sind für die den Grund der Veranstaltung bildenden Tatsachen Belege vorzulegen.

(2) Die höhere Verwaltungsbehörde kann zur Aufführung der vorstehenden Vorschrifen weitere Bestimmungen treffen. Sie kann ferner Anordnungen über die Dauer der Veranstaltung erlassen. Sie kann Veranstaltungen untersagen, die die zugelassene Dauer überschreiten, die nach der Vorschrift des §7 Abs. 1 nicht zulässig sind oder die im Falle des 7a durch den

㈢禁業期間

　　結業銷售結束以後，營業之所有人、其配偶及雙方之近親，均不得繼續經營已經宣傳為廢棄營業之全部或一部，亦不得於一年內在原舉辦結業銷售之地點，開設相關商品種類之營業。營業之所有人、其配偶或雙方之近親意圖規避前段之規定，直接或間接地參與他人之營業，或在他人之營業工作者，視同繼續營業或開設自己之商業。參與一公司法人而在經濟上具有決定性者，或對其業務之經營具有決定性之影響者，亦視為營業所有人(Geschäftsinhaber)。所謂近親，係指直系血親尊親屬及卑親屬、親兄弟姐妹及同母異父、同父異母之兄弟姐妹及其配偶。

　　結業銷售開始後，該營業所有人、其配偶或雙方之近親以外之其他人，不得在同一或直接鄰近之地點，以其商品係源自結業銷售之企業而開始營業。

　　廢棄一非獨立之販賣處，而依第七條之一宣傳其商品存貨之銷售者，不得於銷售結束後一年內，在同一地點設立相同營業之新販賣處。前面所述禁止之規定，高級主管機關於聽取主管商業、手工藝業及工業之官方職業代表之意見後，得例外許可之❿。

---

angegebenen Grund nach der Verkehrsauffassung nicht gerechtfertigt werden. Vor Erlaß ihrer Anordnungen hat sie die zuständigen amtlichen Berufsvertretungen von Handel, Handwerk und Industrie zu hören.

3) Die Einsicht in die Anzeige ist jedermann gestattet. Zur Nachprüfung der Angaben sind außer den zuständigen Behörden die amtlich bestellten Vertrauensmänner der amtlichen Berufsvertretungen von Handel, Handwerk und Industrie befugt."

❿　§7c UWG: "Nach Beendigung eines Ausverkaufs (§7) ist es dem Geschäftsinhaber, seinem Ehegatten und den nahen Angehörigen beider verboten, den Geschäftsbetrieb oder den Teil davon, dessen Aufgabe angekündigt

㈣責任

結業銷售或清倉銷售均係加速銷售存貨，因此，廠商刻意地蒐購商品或添加其存貨，皆違反結業銷售或清倉銷售之目的。依德國不正競爭

worden war, fortzusetzen, oder vor Ablauf eines Jahres an dem Ort, an dem der Ausverkauf stattgefunden hat, einen Handel mit den davon betroffenen Warengattungen zu eröffnen. Der Fortsetzung des Geschäftsbetriebs oder der Eröffnung eines eigenen Handels steht es gleich, wenn der Geschäftsinhaber, sein Ehegatte oder ein naher Angehöriger beider sich zum Zwecke der Umgehung der Vorschrift des Satzes 1 an dem Geschäft eines anderen mittelbar oder unmittelbar beteiligt oder in diesem tätig wird. Als Geschäftsinhaber gilt auch derjenige, der an einer Handelsgeselischaft mit eigener Rechtspersönlichkeit wirtschaftlich maßgebend beteiligt ist oder auf ihre Geschäftsfürung maßgebenden Einfluß hat. Nahe Angehörige sind die Verwandten in auf- und absteigender Linie und die voll- und halbbürtigen Geschwister sowie ihre Ehegatten.

2) Nach Beginn eines Ausverkaufs ist es auch anderen als den im Absatz 1 genannten Personen verboten, mit Waren aus dem Bestand des von dem Ausverkauf betroffenen Unternehmens den Geschäftsbetrieb in denselben oder in unmittelbar benachbarten Räumen aufzunehmen.

3) Ist der Verkauf des Warenbestandes einer unselbständigen Verkaufsstelle wegen ihrer Aufgabe gemäß §7a angekündigt worden, so darf innerhalb eines Jahres nach Beendigung des Verkaufs keine neue Verkaufsstelle desselben Geschäftsbetriebs am gleichen Orte errichtet werden.

4) Der Reichswirtschaftsminister kann bestimmen, daß benachbarte Gemeinden als ein Ort im Sinne der Vorschriften der Absätze 1 und 3 anzusehen sind.

5) Die höhere Verwaltungsbehörde kann nach Anhörung der zuständigen amtlichen Berufsvertretungen von Handel, Handwerk und Industrie Ausnahmen von den Verboten in den Absätzen 1, 2 und 3 gestatten."

防止法第七條或第七條之一規定宣傳結業銷售或清倉銷售之情形，專為此銷售活動之目的而收集商品銷售者，或違反第七條之三第一項、第三項關於結業銷售或清倉銷售結束後之禁止規定，或違反第七條之三第二項關於結業銷售開始後之禁止規定者，為違反秩序之行為，得處壹萬馬克以下之罰鍰❶。

違反德國不正競爭防止法第七條第二項、第三項或第七條之一規定，在結業銷售或清倉銷售之宣傳中，對於依照規定應表明之事項而未表明者，或違反依第七條之二第二項第二段、第三段規定所為之處分，或於遵從上述規定或處分時，作不實之陳述者，亦為違反秩序之行為，得科壹萬馬克以下之罰鍰❷。

二、換季銷售

德國不正競爭防止法第七條之一、第七條之二及第八條之規定，對於因消費季節之轉變而普遍許可之銷售，不適用之。因消費季節之轉變而普遍許可之銷售，或可稱之為換季銷售、季末銷售 (Saisonschlußverkäufe)，我國一般稱之為換季拍賣，而使廠商得就具有季節性之商品，

---

❶　Rittner, a.a.O. S. 40 ff.

❷　§10 UWG lautet: "1) Ordnungswidrig handelt, wer vorsätzlich oder fahrlässig

1. entgegen §7 Abs. 2, 3 oder §7a es unterläßt, in der Ankündigung eines Ausverkaufs oder Räumungsverkaufs die vorgeschriebenen Angaben zu machen,

2. der Anzeige- oder Vorlagepflicht nach §7b Abs. 1 oder einer nach §76 Abs. 2 Satz 2, 3 ergangenen vollziehbaren Anordnung zuwiderhandelt oder bei Befolgung dieser Vorschrift oder Anordnung unrichtige Angaben macht.

3. Die Ordnungswidrigkeit kann mit einer Geldbuße bis zu zehntausend Deutsche Mark geahndet werden."

於適當之時機予以出售，在經濟上具有相當之意義。我國對於換季銷售之法律規範，直至目前尚未見之，從臺北市各大百貨公司得任意因季節之變換而大力促銷，業者不理會百貨綜合小組執行委員會之決議，其提前或延期換季拍賣者，仍無法律可資約束，擾亂營業競爭秩序，此種事實，在在顯示，欲規範商業秩序，應制定不正競爭防止法。

　　換季銷售之許可，係由德國不正競爭防止法第九條授權帝國經濟部長 (Reichswirtschaftsminister) 或其指定之機關為之，清倉銷售，係就個別案例而准許，惟換季銷售則非如此，而係就一定種類之商品，在一定之時間，於一定之地點及地理區域為銷售之許可，乃一般性之規定❸。一九五〇年七月十三日頒布之夏季與冬季結束銷售辦法(Verordnung über Sommer- und Winterschlußverkäufe)，即係根據不正競爭防止法第九條而制定，對於換季銷售之數量、時間、期限、宣傳之方法及得為換季銷售之商品，皆明文規定。夏季或冬季換季拍賣之期間為十二天，分別於七月之最後一個星期或一月之最後一個星期一開始。開始於七月之銷售，為夏季換季銷售，開始於一月之銷售，為冬季換季銷售。夏季或冬季換季拍賣皆得出售紡織品、衣服、鞋類及皮製女用手提包、女用手套、皮花及女用皮帶；在冬季換季拍賣尚得出售瓷器、玻璃及陶器所製成之商品❹。

---

❸　Vgl. Bremer, Einzelfragen zum Saisonschlußverkauf, DB 1952, 588; Reimann, Resteverkauf und Abschnittsschlußverkauf, WRP 1963, 349; Kamin, Die Werbung vor und während der Abschnittsschlußverkäufe, WRP 1967, 191.

❹　§2 Verordnung über Sommer- und Winterschlußverkäufe lautet: "Es dürfen zum Verkauf gestellt werden: a) in beiden Verkaufsveranstaltungen Textilien, Bekleidungsgegenstände, Schuhwaren sowie aus der Gruppe Lederwaren Damenhandtaschen, Damenhandschuhe, Lederblumen und Damengütel, b) im Winterschlußverkauf auch Waren aus Porzellan, Glas und Steingut."

因換季拍賣而宣傳時，應表明開始銷售之時期；如宣傳之內容包含商品之供給時，於開始銷售前之最後工作日起始得為之。此種銷售開始前之最後工作日十四時以後，得招貼廣告或散發印刷傳單。換季銷售開始前或開始後，得就價格在公共宣傳中，尤其在櫥窗中互為對比。有關夏季或冬季換季銷售之規定，對於郵售商店(Versandgeschäft)所舉辦之換季拍賣活動，亦適用之❶。違反德國不正競爭防止法第九條有關換季銷售之規定，為違反秩序之行為，處壹萬馬克以下之罰鍰。

三、特別銷售活動

特別方式之銷售活動，不屬於第七條至第九條所規定者，其規範事項，得由帝國經濟部長加以規定。基於德國不正競爭防止法第九條之一之規定而頒布之命令，原則上禁止各種特別銷售活動，惟在具備一定要件時則允許慶典銷售(Jubiläumsverkäufe)或剩餘銷售(Resteverkäufe)❶。

一九三五年七月四日所頒布之特別方式銷售活動辦法 (Anordnung zur Regelung von Verkaufsveranstaltungen besonderer Art) 將原則上受到禁止之特別銷售活動 (Sonderveranstaltungen) 與許可之特別供給 (Sonderangebote)加以區別，而對其意義自有瞭解之必要。

(一)特別方式之銷售活動

特別方式之銷售活動，簡稱為特別銷售活動，係指零售商業在通常營業交易之外所舉辦之銷售活動，而非結業銷售或清倉銷售，以加速商

---

❶ Droste, Rechtsfragen zum Saisonschlußverkauf, DB 1957, 650; Schoan, Die Ankündigung von Preisermäßigungen bei Saisonschlußverkäufen, GRUR 1953, 248.

❶ Tetzner, Sonderveranstaltungen und Sonderangebote im Einzelhandel nach der AO vom 4. 7. 1935, 1979.

品之銷售，且其宣傳使人引起具有特別買受利益之印象者而言❼。德國聯邦最高法院之判決認為，銷售活動之宣傳為特別銷售活動之重要部份，在判斷時以被宣傳對象之見解作為標準，如彼等產生非常、暫時及特別有利之購買機會之印象，即係不合法之特別銷售活動❽。

在德國商業上，一般常見之特別供給(Sonderangebot)，與特別銷售活動有異。所謂特別供給，係指依品質及價格所定之商品，無時間之限制，而在通常營業之範圍內，所為之供給而言，因此，特別供給並非德國法律上所謂之特別銷售活動❾。

(二)慶典銷售

為慶祝公司、商品或工廠成立滿二十五年，得分別於各滿二十五年之時，舉辦慶典銷售(Jubiläumsverkäufe)，在其他之時間，不得為之❷。

---

❼　Vgl. Bach, Saisonschlußverkäufe und Sonderveranstaltungen in wettbewerbsrechtlicher Sicht, 1966 (Diss. Hamburg); Scheyhing, Zur Abgrenzung von Sonderveranstaltung und Sonderangebot, WuW 1955, 380.

❽　BGH GRUR 1962, 36=MDR 1961, 914, C&AI.

❾　§1 Anordnung zur Regelung von Verkaufsveranstaltungen besondorer Art: "⑴Sonderveranstaltungen im Sinne der nachstehenden Vorschriften sind außerhalb des regelmäßigen Geschäftsverkehrs stattfindende Verkehrsveranstaltungen im Einzelhandel, die, ohne Ausverkäufe oder Räumungsverkäufe zu sein, der Beschleunigung des Warenabsatzes dienen und deren Ankündigung den Eindruck hervorrufen, daß besondere Kaufvorteile gewährt werden. ⑵Sonderveranstaltungen sind nicht Sonderangebote, durch die einzelne nach Güte oder Preis gekennzeichnete Waren ohne zeitliche Begrenzung angeboten werden und die sich in den Rahmen des regelmäßigen Geschäftsbetriebs des Gesamtunternehmens oder der Betriebsabteilung einfügen."

❷　Kamlah, Rechtsprobleme des Jubiläumsverkaufs, WRP 1970, 51.

我國對於慶典銷售活動並未有任何限制，因此，廠商慶祝十週年或二十
週年所舉辦之各種銷售活動，隨處可見，即使將來限制廠商之慶典銷售
活動，亦不應如德國採取二十五年之時間限制，二十五年之時光，對於
廠商舉辦之慶典活動，未免過長，而慶典銷售活動，如相當於真實原則，
並不妨害商業競爭秩序。

　　商號名稱或營業所有人變更時，對於慶典銷售活動之舉辦，不生任
何影響。分支機構或販賣處成立之時間，雖未如總機構之時間長，亦得
參加總機構之慶典銷售活動，但分支機構或販賣處不得單獨舉辦自己之
銷售活動。慶典銷售之時間最長為十二個工作天，依高級行政機關之命
令，得銷售貨品之星期日及假日，亦應算入銷售時間內❷。

㈢剩餘銷售

　　通常之剩餘銷售，係指在通常營業交易範圍內所為之銷售活動，而

---

❷　§3 Anordnung zur Regelung von Verkaufsveranstaltungen besonderer Art:
"(1) Jubiläumsverkäufe dürfen zur Feier des Bestehens eines Geschäfts nach
Ablauf von jeweils 25 Jahren abgehalten werden. Ihre Veranstaltung ist nur
zulässig, wenn das Unternehmen den Geschäftszweig, den es bei der
Gründung betrieben hat, die angegebene Zeit hindurch gepflegt hat. (2) Der
Wechsel des Firmennamens oder des Geschäftsinhabers ist für die Zu-
lässigkeit der Veranstaltung von Jubiläumsverkäufen ohne Bedeutung. (3) Am
Jubiläumsverkauf des Gesamtunternehmens dürfen auch Zweigniederungen
und Verkaufsstellen teilnehmen, die nicht so lange wie das Stammhaus
bestehen. Eigene Jubiläumsverkäufe von Zweigniederlassungen oder
Verkaufsstellen finden nicht statt. (4) Der Jubiläumsverkauf muß in dem
Monat beginnen, in den der Jubiläumstag fällt. Die Verkaufszeit beträgt
längstens 12 Werktage. Sonn- und Feiertage, die durch Anordnung der
höheren Verwaltungsbehörde für den Verkauf freigegeben sind, werden in
die Verkaufszeit nicht eingerechnet."

非此屬所指之特別剩餘銷售活動(Besondere Restverkäufe)。在夏季或冬季換季銷售活動之最後三天，依特別方式銷售活動辦法第四條之規定，得就季末銷售活動所允許銷售之商品，舉辦特別剩餘銷售❷。

　　慶典銷售或剩餘銷售，合於特別方式銷售活動之命令者得舉辦之，但特別方式之銷售活動原則上應予禁止之。違反此種規定時，依德國不正競爭防止法第十條第一項第三款及第二項之規定，為違反秩序之行為，處壹萬馬克以下之罰鍰。

---

❷　§4 Anordenung zur Regelung von Verkaufsveranstaltungen besonderer Art: " (1) Besondere Restverkäufe dürfen während der letzten drei Tage der Saisonschluß und Inventurverkäufen in für diese Verkaufsveranstaltungen zugelassenen Waren abgehalten werden. (2) Als Reste sind nur solche aus früheren Verkäufen verbliebene Teile eines Ganzen anzusehen, bei denen der verbliebene Teil, für sich genommen, nicht den vollen Verkaufswert mehr hat, den er im Zusammenhang mit dem Ganzen besessen hat."

陸、賄賂職員

一、概　說

德國不正競爭防止法第十二條之規定，在處罰經濟領域中之賄賂行為，而與刑法處罰公務員賄賂行為者有異；職員或受任人之賄賂，具備一定要件時，應受處罰。德國不正競爭防止法第十二條規定：「①在營業交易中，以競爭為目的，對於營業之職員或受任人行求、期約或交付一定之利益做為對價，以使其以不正當之方法使自己或他人在購買商品或營業上之給付時受到優惠者，處一年以下有期徒刑或併科罰金。②營業之職員或受任人，在營業之交易中要求、期約或收受利益做為對價，而以不正當之方法使他人在購買商品或營業上給付之競爭中受到優惠，亦受同樣處罰。」 ❶此種規定，除主動賄賂(Die aktive Bestechung)外，尚包括被動賄賂 (Die passive Bestechung)，茲就兩者之要件與處罰論述之。

---

❶　§12 UWG lautet: "(1) Wer in geschäftlichen Verkehr zu Zwecken des Wettbewerbs einem Angestellten oder Beauftragten eines geschäftlichen Betrieb einen Vorteil als Gegenleistung dafür anbietet, verspricht oder gewährt, daß er ihr oder einen Dritten bei dem Bezug von Waren oder gewerblichen Leistungen in unlauterer Weise bevorzuge, wird mit Freiheitsstrafe bis zu einem Jahr oder mit Geldstrafe bestraft. (2) Ebenso wird ein Angestellter oder Beauftragter eines geschäftlichen Betriebs bestraft, der im geschäftlichen Verkehr einen Vorteil als Gegenleistung dafür fordert, sich versprechen läßt oder annimmt, daß er einen anderen bei dem Bezug von Waren oder gewerblichen Leistungen im Wettbewerb in unlauterer Weise bevorzugen."

二、主動賄賂(Die aktive Bestechung)

(一)營業交易中以競爭為目的之行為

　　德國不正競爭防止法第十二條第一項規定，對營業之職員或受任人之賄賂，即係主動賄賂，必其行為係於營業交易中以競爭為目的而為之，與概括條款以營業交易中之競爭行為之要件相同。在行賄時，具有購買商品可獲取利益之目的，即係以競爭為目的之行為；行賄人必須使自己或他人之競爭能力增強，而非促進受賄人之競爭能力❷。

(二)經營業務之職員或受任人

　　主動賄賂必須向營業之職員或受任人 (Angestellte oder Beauftragte eines geschäftlichen Betriebs) 行求、期約或交付一定之贈品或其他利益為要件。所謂職員或受任人之概念，德國法院及學者皆認為應採取廣義之解釋，職員不僅指受僱人，而且亦包括在營業中具有領導力量之人員如董事、監事及有限公司之負責人(Greschäftsführer einer GmbH)；受任人，係指由於其地位而在營業中有權利亦有義務，為其為業務上行為之人，或在營業之範圍內，具有決定性影響力之人而言，如商業代理人(Handelsvertreter)即是❸。

　　受賄人必須是經營業務之職員或受任人，公共福利、社會或文化事業、律師、醫師皆被認為係業務之經營者，惟私人則不屬之。對於私人之職員或受任人行賄，並不構成犯罪，關於此種情形，德國學者認為不正競爭防止法第十二條產生漏洞❹。辦公室用品商人向律師事務所之職

---

❷ Vgl. Heiseke, "Schmiergelder" als Verkaufshilfen, WRP 1969, 362 ff.

❸ Leo, Die Gewährung von sog. Verkäuferprämien — eine Methode der Absatzförderung, WRP 1966, 153 ff.; BGH GRUR 1968, 587, Bierexport.

員行賄，以便只向該商人購買辦公室用品，如具備不正競爭防止法第十二條第一項之要件，則該商人應受處罰；蔬菜商向私人之廚師行賄，以便只向該蔬菜商購買果蔬，則該蔬菜商並不因此而受處罰，以其行賄之對象為私人之職員或受任人也；兩者互相比較，其行為均屬不正競爭，而刑事責任則不一，似屬不公平！惟此種漏洞，可經由不正競爭防止法第一條概括條款所規定之民事責任填補之。

公營事業、公法上之團體(Öffentlich-rechtliche Körperschaft)或機構(Anstalt)均可能係不正競爭防止法第十二條所稱業務之經營，此種業務之經營，並不因其為履行公共任務而排除之❺。

(三)贈品或其他利益

賄賂之方法為贈品或其他利益之給予，此種給予，係無義務而有意識地為之。一般通常之給予如零用錢，或對促進商品之銷售量不具傷害性之給予(Harmlose Zuwendungen)，係屬合法❻。基於特別之動機，如由於聖誕節之來臨而贈送禮品，依該贈品之價值及業務來往之關係，尚不足以影響其顧客之決定者，仍屬合法❼。

利益之給予，除有形者外，尚包括「無形之利益，如給予榮譽標章或獎章即是；利益之給予，不必直接地限於職員或受任人之本身，即使對於其朋友或家屬施惠，亦屬之。

(四)行求、期約或交付

贈品或其他利益之行求、期約或交付，為賄賂之行為。對於贈品或

---

❹　BGHSt. 2, 396; Ulmer-Reimer, a.a.O. S. 618.

❺　BGHSt. 10, 358. = GRUR 1958, 27f.

❻　RGSt. 66, 81.

❼　BGH GRUR 1959, 31, Feuerzeug als Werbegeschenk.

其他利益之形容或敘述，並非行求，但職員或受任人有獲取利益之希望，對於行求而言，即為已足。期約，係指未來提供贈品或其他利益，此種贈與，不須具備德國民法第五百十八條所定之要件，即使未具備該項要件之贈與，亦屬可罰。交付，係指贈品或其他利益之移轉及給付❽。

(五)自己或第三人在購買商品或營業上給付時受到優惠

賄賂行為之目的，在使自己或第三人「購買商品或營業上之給付時受到優惠(Bevorzugung)」。所謂購買商品，並不限於買賣契約之訂立，即使在訂購、交付、檢驗、受領或付款時直接間接地受到優惠，亦屬之。至於營業上之給付，則指任何在經濟上得以價值計算之給付(Leistung)而言，如職務之安插，依學者及法院之見解，即屬之❾。受到優惠，係指利益之取得而言，惟受惠人對於該利益之取得在法律上並無任何權利。

(六)職員或受任人之不正當行為

不正競爭防止法第十二條之規定，在保護競爭者及大眾，因此，職員或受任人之不正當行為，並不以其違反對僱主之義務為前提或以損害僱主為目的，而係對競爭者而言，是否以不正當之方法使行賄人或第三者受到優惠為決定之標準❿。職員或受任人之不正當行為，並不以賄賂係祕密為之為限，即使僱主或委任人知悉賄賂之情形，亦無礙於賄賂罪之成立，如餐廳服務生接受酒商之賄賂，而以不正當之方法對顧客提供特定廠牌之飲料，即使餐廳老闆明知其事，該賄賂之行為仍屬可罰。

---

❽　Vgl. Gruner, Die neue niederländische Strafvorschrift gegen das Schmiergeldunwesen, WRP 1968, 172.

❾　Ulmer-Reimer, a.a.O. S. 620.

❿　BGH GRUR 1962, 466.

(七)既遂及未遂

行求、期約或交付之利益已經到達於受賄人或其中間人，即構成既遂，職員、受任人或中間人是否已經接受，並非所問，只須行為人之行為，依其認識足以使自己或第三人在競爭中受到優惠，即為已足❶。至於賄賂職員而未遂者，不罰。

(八)主觀構成要件

行為人必須具有使自己或第三人受到優惠之意思，以便促進自己或第三人產品之銷售。對於主觀構成要件而言，行為人之故意(Vorsatz des Täters)，乃屬必要。

三、被動賄賂(Die passive Bestechung)

不正競爭防止法第十二條第二項係關於被動賄賂之規定，所謂被動賄賂，係指職員或受任人，在營業交易中，以不正當之方法，使他人在購買商品或營業上給付之競爭中受到優惠，而要求、期約或收受一定利益做為對價者而言。主動賄賂與被動賄賂之構成要件相當，惟在主動賄賂，所處罰者為向職員或受任人行賄之人，而在被動賄賂，所處罰者為職員或受任人本身。

被動賄賂之行為人為職員或受任人，其行為以要求 (Födern)、期約 (Sich Versprechenlassen) 或收受(Annahme)贈品或其他利益為必要。要求，係單方面之行為，不以他方當事人之參與為要件。在被動賄賂，職員或受任人之行為，不以競爭目的為限，而與主動賄賂有異。職員或受任人已經要求贈品或利益，即使未獲結果，其行為仍構成既遂，而應受處罰。

---

❶　BGHSt. 10, 358.

四、法律上之責任

(一)刑事責任

在主動賄賂或被動賄賂，皆處一年以下有期徒刑或併科罰金；如其行為亦觸犯其他法律之規定者，依較重之刑罰處罰之。德國不正競爭防止法第十二條所規定之賄賂職員罪，須告訴乃論。凡是製造或營業交易中提供相同或類似商品或營業上給付之各個經營者，或以增進營業利益為目的之團體 (Verbände zur Förderung gewerblicher Interessen) 而具有民事訴訟當事人能力者，得提起告訴❶。

(二)民事責任

違反不正競爭防止法第十二條規定之行為人，即在主動賄賂為向職員或受任人行求、期約或交付利益之人，在被動賄賂為職員或受任人本身，除應負擔刑事責任外，尚有民事上之責任，即不正競爭防止法第十三條所定之經營者或團體，得請求其不作為，此種不作為請求權之行使，亦得對營業之所有人為之❸。故意或過失違反第十二條之規定，致他人受有損害者，對於因違法行為所生之損害，該行為人應負損害賠償責任❹。

---

❶ §22 UWG lautet: "Die Tat wird, mit Ausnahme der in §4 bezeichneten Fälle, nur auf Antrag verfolgt. In den Fällen des §12 hat das Recht, den Strafantrag zu stellen, jeder der im §13 Abs. 1 bezeichneten Gewerbetreibenden und Verbände."

❸ Vgl. §13 Abs. 1 Satz 2 und Abs. 3 UWG.

❹ Vgl. §13 Abs. 2 Nr. 2 UWG.

柒、妨害信用與營業誹謗

一、妨害信用

關於他人之營利事業、營業所有人或主管人員之人身，或他人之商品或服務所為之陳述，如與實際情形相符合，並無不可，如所陳述或散布之消息，與實際情形不相符合，將使廠商遭受重大之損害，德國不正競爭防止法第十四條及第十五條之規定，即在保護廠商免於遭受流言或營業上之誹謗，以維護競爭秩序❶。

德國不正競爭防止法第十四條之規定：「①以競爭為目的，關於他人之營利事業，營業所有人或主管人員之人身，或他人之商品或營業上之給付，陳述或散布不能證明為真實之消息，足以損害業務之經營或所有人之信用者，對受害人因此所生之損害，應負賠償責任。受害人亦得請求停止陳述或散布之。②如係以祕密通知為之，且通知者或受通知者對該通知有正當利益時，僅以陳述或散布之事與真實之情形不符者為限，始得行使不作為請求權。損害賠償請求權，以通知人明知或應知該事為不真實之情形為限，始得主張之。③第十三條第三項之規定，準用之。」❷此種規定，與德國不正競爭防止法第十五條及德國民法第八百二

---

❶　BGH GRUR 1962, 45 = MDR 1961, 913, Betonzusatzmittel.

❷　§14 UWG lautet: " (1) Wer zu Zwecken des Wettbewerbs über das Erwerbs-geschäft eines anderen, über die Person des Inhabers oder Leiters des Ge-schäfts, über die Waren oder gewerblichen Leistungen eines anderen Tat-sachen behauptet oder verbreitet, die geeignet sind, den Betrieb des Ge-schäfts oder den Kredit des Inhabers zu schädigen, ist, sofern die Tatsachen nicht erweislich wahr sind, dem Verletzten zum Ersatz des entstandenen Schadens verpflichtet. Der Verletzte kann auch den Anspruch geltend

十四條有關，惟德國不正競爭防止法第十四條係以競爭為目的之行為為
必要。

(一)不真實或不能證明為真實之消息

不正競爭防止法第十四條第一項之規定，係以陳述或散布之消息，
不能證明為真實為要件，即陳述或散布消息之人，應就其消息之真實性
負舉證責任，如行為人不能就該消息之真實性負舉證責任時，應依不正
競爭防止法第十四條第一項前段負損害賠償責任，而無須證明其故意或
過失❸；此種規定，德國學者認為係民法侵權行為中過失原則之例外❹。

不能證明為真實之消息，必須關於他人之營利事業、營業所有人或
主管人員之人身，或關於他人之商品或業務而陳述或散布，始足當之。
陳述或散布之方式，除言詞外，亦得以書面為之。

(二)營業之損害

行為人陳述或散布之消息，必須足以損害業務之經營或營業所有人

---

machen, daß die Behauptung oder Verbreitung der Tatsachen unterbleibe. (2)
Handelt es sich um vertrauliche Mitteilungen und hat der Mitteilende oder
der Empfänger der Mitteilung an ihr ein berechtigtes Interesse, so ist der
Anspruch auf Unterlassung nur zulässig, wenn die Tatsachen der Wahrheit
zuwider behauptet oder verbreitet sind. Der Anspruch auf Schadensersatz
kann nur geltendgemacht werden, wenn der Mitteilende die Unrichtigkeit der
Tatsachen kannte oder kennen mußte.(3)Die Vorschrift des §13 Abs. 3 findet
entsprechende Anwendung.''

❸ BGH GRUR 1957, 93, Jugendfilmverleih. Der Äußernde braucht insbe-
sondere weder die Unwahrheit der behaupten oder verbreiteten Tatsache
gekannt zu haben noch muß seine Unkenntnis auf Fahrlässigkeit beruhen.

❹ Ulmer-Reimer, a.a.O. S. 283.

之信用(Betrieb des Geschäfts oder Kredit des Inhabers)。陳述或散布之消息，是否足以損害業務之經營，應依交易界之觀點作為判斷之標準，此所謂交易界，係指陳述或散布之消息所到達之範圍而言。受害人因加害人陳述或散布不實之消息，而損害營業或信用，自以損害已經發生為必要，始得行使損害賠償請求權。

行為人陳述或散布之消息，有損害業務之經營或營業所有人之信用，或有損害之虞者，受害人皆得依不正競爭防止法第十四條第一項後段請求加害人停止其行為❺。易言之，行為人已經陳述或散布不實之消息，不待於損害之發生，關係人即得行使不作為請求權。如行為人係職員或受任人時，對於營業之所有人(Inhaber des Betriebs)亦得行使不作為請求權。

㈢祕密通知

德國不正競爭防止法第十四條第二項係就祕密通知所應負擔之民事責任，而為規定。陳述或散布消息，係以祕密方式為之，通知者或受通知者，對該通知有正當利益(ein berechtigtes Interesse)時，僅以陳述或散布之消息與事實不符為限，始得行使不作為請求權。所謂祕密之通知，係公共通知之相反概念，即向特定人所為之通知而言。即使為祕密通知之表示，卻向不特定多數人所為之通知，仍非此所謂之祕密通知❻。在祕密通知，以加害人明知或應知其所陳述或散布之消息為不實者為限，受害人始得請求損害賠償。

二、營業誹謗

德國不正競爭防止法第十五條，係就營業誹謗之構成要件及刑事責

---

❺　Rittner, a.a.O. S. 59.

❻　Hubmann, a.a.O. S. 301.

任予以明文規定，而與刑法上之一般誹謗罪有異，該條文之規定為：「惡意對他人之營利事業，營業所有人或主管人員之人身，或他人之商品或營業上給付，陳述或散布不實之事，足以損害營業之經營者，處一年以下有期徒刑或併科罰金。」❼此種規定之構成要件，幾乎與第十四條之內容相同，但未如第十四條以損害信用為必要，因為損害他人之信用，通常情形即可認為損害他人之營業。

陳述或散布不實消息之人，必須具有惡意 (Wider besseres Wissen)，其是否基於競爭目的而為之，則非所問❽。營業誹謗之處罰，為一年以下有期徒刑或併科罰金。營業所有人依德國不正競爭防止法第十五條第二項之規定，亦應對其職員或受任人之行為負責，即職員或受任人，在業務經營上 (in einem Geschäftlichen Betrieb)，陳述或散布不實之消息，營業之所有人若知其情事，則應與職員或受任人一同處罰，以防營業所有人利用他人陳述或散布不實之消息，逃避刑責，此種規定，在阻止營業誹謗維護競爭秩序方面，自有其相當之作用。

---

❼　§15 Abs. 1 UWG: "Wer wider besseres Wissen über das Erwerbsgeschäft eines anderen, über die Person des Inhabers oder Leiters des Geschäfts, über die Waren oder gewerblichen Leistungen eines anderen Tatsachen der Wahrheit zuwider behauptet oder verbreitet, die geeignet sind, den Betrieb des Geschäfts zu schädigen, wird mit Freiheitsstrafe bis zu einem Jahre oder mit Geldstrafe bestraft."

❽　Rittner, a.a.O. S. 59.

捌、營業祕密之洩漏

一、營業祕密之概念

我國工商業日漸發達，而廠商就其具有之營業祕密，均採取各種有效途徑，以避免洩漏，其他廠商則竭盡各種可能之方法刺探其營業祕密，而加以利用，非但損害廠商之經濟利益，同時破壞商業上公平競爭之秩序，因此，從法律之觀點論述營業祕密之概念及其保護之可能性，則有其必要。

德國不正競爭防止法對於營業祕密 (Geschäftsgeheimnisse) 之概念，並未明文規定。我國討論營業祕密之文獻，尚不多見❶。依據德國聯邦最高法院之判決，所謂營業祕密，係指與營業有關之任何事實(Tatsachen)，其未經公開，且依營業所有人之意思應予持祕密者而言。此外，營業所有人對於祕密之保持應具有正當之經濟利益❷。吾人分析法院判決對營業祕密所持觀點，可知未經公開、營業所有人保持祕密之意思及保持祕密之利益為營業祕密之保護要件，茲就其保護要件論述之。

(一)未經公開(Nichtoffenkündigkeit)

任何人均得知悉之事，並非祕密。因此，未經公開之營業祕密，始受法律之保護．所謂公開，係指使不特定之多數人得以知悉之情形，如刊載於報紙或雜誌，均屬之，即使該報紙或雜誌之讀者有限，亦非所

---

❶ 我國討論工商祕密或營業祕密之文獻如下：

　審育豐，工業財產權法論；蔣次寧，營業祕密之侵害與民事救濟。

❷ Vgl. BGH GRUR 1955, 424, Möbelpaste; BGH GRUR 1961, 40, Wurf-taubenpresse.

問❸。關於專刊或新型之內容，任何人均得閱覽，此種情形，亦得稱之為公開，惟不正競爭防止法所謂之營業祕密，與專利法上所謂新穎性(Neuheit)之概念並不相同，即營業祕密不以絕對新穎為必要❹，如已經使用過之方法，由於經過相當長久之時間，而遭人類遺忘，則仍可能成為營業祕密。依據法院之判決，企業使用之祕密方法，而能完成特定之結果，則此種方法對該企業而言，亦可能成為營業祕密❺。

(二)保持祕密之意思(Geheimhaltungswille)

營業之所有人，應有保持其祕密之意思，其保持祕密之意思，並不以明示為限，如依其情形，可得而知營業所有人有保持營業祕密之意思，即為已足❻。

(三)保持祕密之利益(Geheimhaltungsinteresse)

營業所有人對於營業祕密之保持，必須具有經濟上之利益。易言之，如不具有經濟上之利益時，營業所有人不得任意請求保持其祕密❼。

二、營業祕密之刑法上保護

洩漏營業祕密之人，德國學者稱之為經濟間諜(Wirtschaftsspio-nage)❽，我國工商界通稱為商業間諜。德國不正競爭防止法第十七條、

---

❸ BGH GRUR 1958, 297, Petromax; Nastelski, Der Schutz der Betriebsge-heimnisse, GRUR 1957, 1 ff.

❹ Ulmer-Reimer, a.a.O. S.221.

❺ BGH GRUR 1955, 424, Möbelpaste; BGH GRUR 1963, 207, Kieselsäure.

❻ BGH GRUR 1964, 31, Petromax II.

❼ Callmann, UWG §17 Anm. 4.

❽ Nordeman n, a.a.O. S. 172.

第十八條與第二十條分別對營業祕密之刑法上保護，予以明文規定。

(一)受僱人在職務關係存續中之洩密

　　德國不正競爭防止法第十七條第一項規定：「營業之職員、工人或
學徒，以競爭為目的，或圖利自己，或意圖損害營業之所有人，在僱傭
關係存續中，將其因僱傭關係受託或知悉之營業或經營祕密，無故洩漏
於他人者，處三年以下有期徒刑或併科罰金。」❾依其規定，所洩漏者，
必須是營業或經營之祕密(Geschäfts- oder Betriebsgeheimnis)。關於營業
祕密之概念，已見前述，如顧客之名單，製造產品所使用之原料，製造
或處理之方法，或價格之計算，皆可認為是營業祕密。洩漏營業祕密之
行為人，係營業之職員、工人或學徒。關於職員之概念，應採取廣義之
解釋，即對於他人之營業，提供勞務之人，不問其職位之高低、權限之
多寡及薪津之有無，皆屬於職員，如大企業之總經理或小工廠之工人，
即屬於德國不正競爭防止法第十七條第一項所謂之職員❿。工人或學徒，
則屬於職員之廣義概念。職員、工人或學徒所洩漏之營業祕密，必須是
彼等因僱傭關係所受託或知悉者，始足當之。

　　洩漏營業祕密之時間，必須在僱傭關係存續中；若於僱傭關係結束後
始洩漏營業祕密，則僅於行為人以違反法律或善良風俗之行為所得到之營

---

❾　§17 Abs. 1 UWG lautet: "Mit Freiheitsstrafe bis zu drei Jahren oder mit
Geldstrafe wird bestraft, wer als Angestellter, Arbeiter oder Lehrling eines
Geschäftsbetriebs ein Geschäfts- oder Betriebsgeheimnis, das ihm vermöge
des Dienstverhältnisses anvertraut worden oder zugänglich gemacht worden
ist, während der Geltungsdauer des Dienstverhältnisses unbefugt an jemand
zu Zwecken des Wettbewerbs oder aus Eigennutz oder in der Absicht, dem
Inhaber des Geschäftsbetriebs Schaden zuzufügen, mitteilt."

❿　Ulmer-Reimer, a.a.O. S. 226.

業祕密，而無故加以利用或洩漏於他人，始依德國不正競爭防止法第十七條第二項之規定處罰。所謂僱傭關係存續(Dauer des Dienstverhältnisses)，應採取廣義之解釋，以避免行為人利用請假或度假等各種途徑，規避本條款之適用，即判斷僱傭關係是否存續之標準，為法律上之存續，而非事實上之存續❶。

通知 (Mitteilen) 他人，亦屬洩漏祕密之方法，即以言詞或書面將營業和祕密傳達於他人，或違反義務而不阻擾他人知悉祕密，皆屬於洩密。受領人只須能使用該營業祕密，或能繼續傳播與他人，即為已足，而勿須瞭解該祕密之內容。

洩漏祕密之處罰，在主觀方面，必須行為人以競爭為目的，或圖利自己，或意圖損害營業所有人而洩密，始屬可罰。以競爭為目的，係指行為人從事以競爭為目的之行為，如增進自己產品之銷售量，或以競爭者之費用爭取顧客之行為，即係以競爭為目的而從事之行為❷。競爭目的(Wettbewerbszweck)或損害意圖(Schädigungsabsicht)，在實務上之證明，比較困難，惟行為人如圖利自己而洩漏營業祕密，亦屬可罰，乃於一九三二年三月九日之修正案予以增入。所謂圖利自己 (aus Eigennutz)，係指意圖取得利益而言；如行為人為自己爭取利益，即使非財產上之利益，亦屬之❸。意圖損害營業所有人，係指行為人有加損害於營業所有人之意思，如僅有損害可能性之單純意識 (Das bloße Bewußtsein der Möglichkeit der Schadenszufügung)，尚難認為具有損害之意圖❹。

德國不正競爭防止法第十七條第一項所定之刑罰，為三年以下有期徒刑或併科罰金，且為告訴乃論，被告之營業所有人即得提起告訴。

---

❶　BGH GRUR 1955, 402, Anreißgerät.

❷　RGSt. 58, 529; RGSt. 47, 128

❸　RGSt. 9, 166.

❹　RGSt. 29, 426; RGSt. 51, 184; RGZ 92, 132.

㈡第三人對於營業祕密之洩漏或利用

德國不正競爭防止法第十七條第二項規定：「以競爭為目的，或圖利自己，對於因第一項之洩漏行為而知悉之營業祕密，或以違反法律或善良風俗而取得之營業祕密，無故加以利用或洩漏於他人者，其處罰亦同」❶。依其規定，行為人係指任何人，而與第十七條第一項限於職員有異。惟職員在僱傭關係屆滿後，就其以違背法律或善良風俗而取得之營業祕密，無故加以利用或洩漏，則依第十七條第二項之規定處罰。

德國不正競爭防止法第十七條第二項之處罰要件為祕密之取得，而後無故加以利用或洩漏。其取得營業祕密之方法，有三種型態：①因僱傭關係而受託或獲悉營業祕密，由於職員之無故洩漏而取得者；②因違反法律而取得營業祕密；③因背於善良風俗之行為而取得營業祕密。違反法律，是指違反德國任何法律之規定而言，如以竊盜、侵入住宅、妨害自由或恐嚇等方式而取得營業祕密即是❶。冒充顧客而參觀競爭者之廠房設備，以取得營業祕密，即是背於善良風俗之行為❶。

行為人對於取得之營業祕密，必須無故加以利用或洩漏。利用，是指任何經濟上之使用，即必須基於營業上之目的(zu gewerblichen Zwecken)而使用。洩漏，即將營業祕密通知或告訴他人而言。

在主觀構成要件(Subjektiver Tatbestand)方面，對於營業祕密之無故加以利用或洩漏，必須行為人基於競爭目的或圖利自己而為之。

---

❶　§17 Abs. 2 UWG: "Ebenso wird bestraft, wer ein Geschäfts- oder Betriebsgeheimnis, dessen Kenntnis er durch eine der in Absatz 1 bezeichneten Mitteilungen oder durch eine gegen das Gesetz oder die guten Sitten verstoßende eigene Handlung erlangt hat, zu Zwecken des Wettbewerbes oder aus Eigennutz unbefugt verwertet oder an jemand mitteilt."

❶　RGSt. 38, 108.

❶　Ulmer-Reimer, a.a.O. S 231.

德國不正競爭防止法第十七條第二項之處罰，與第一項同，即為三年以下有期徒刑或併科罰金。第三項則為加重處罰之規定，即行為人於洩漏營業祕密時，明知該營業祕密將在國外利用，或自己在國外利用該營業祕密者，得處五年以下有期徒刑或併科罰金❸。第一項至第三項之規定，於行為人不知洩漏營業祕密之收受人已知或得知該營業祕密時，亦適用之❹。

㈢樣品或資料之利用或洩漏

德國不正競爭防止法第十八條規定：「以競爭為目的，或圖利自己，對於在營業交易中受託之樣品或技術資料，尤其是圖案、模型樣板、剖面圖示、配方，無故加以利用或洩漏於他人者，處二年以下有期徒刑或併科罰金。第十七條第四項之規定，準用之」❹。本條文所保護之客體為樣品或技術資料。所謂樣品，並非泛指一般樣品，而係製造新產品時所使用之樣本 (Vorlage ist alles, was bei Herstellung neuer Sachen als Vorbild dienen soll)❹，至於該樣本是否具備專利法上新穎性之要件，則

---

❸　§17 Abs. 3 UWG: "Weiß der Täter bei der Mitteilung, daß das Geheimnis im Ausland verwertet werden soll, oder verwertet er selbst im Ausland, so kann auf Freiheitsstrafe bis zu fünf Jahren oder auf Geldstrafe erkannt werden."

❹　§17 Abs. 4 UWG: "Die Vorschriften der Absätze 1 bis 3 gelten auch dann, wenn der Empfänger der Mitteilung, ohne daß der Täter dies weiß, das Geheimnis schon kennt oder berechtigt ist, es kennenzulernen."

❹　§18 UWG lautet: "Mit Freiheitsstrafe bis zu zwei Jahren oder mit Geldstrafe bestraft, wer die ihm im geschäftlichen Verkehr anvertrauten Vorlagen oder Vorschriften technischer Art, insbesondere Zeichnungen, Modelle, Schablonen, Schnitte, Rezepte, zu Zwecken des Wettbewerbes oder aus Eigennutz unbefugt verwertet oder an jemand mitteilt. §17 Abs. 4 gilt entsprechend."

❹　RGSt. 45, 386.

非所問。所謂技術資料，法律條文中已經予以舉例，如圖案、模型、樣板、剖面圖示與配方皆屬之，其得以言詞、電話或其他類似之方法授與，惟有關價格或購物之資料，則非為技術資料。關於技術合作之技術契約(Know-How-Verträge)，即有可能依第十八條之規定而受到保護**❷**。

樣品或技術資料，必須託付於行為人，所託付之樣品或技術資料，不必為營業祕密，此係德國法院與學者所採取之見解**❸**，即第十八條所保護之樣品或技術資料，不須同時為營業祕密，惟其必須未經公開，始足當之。至於託付，必須於營業交易上為之，其方式為書面、言詞、明示、默示或基於契約關係，皆無不可。

行為人，對於在營業交易中受託之樣品或技術資料，無故加以利用或洩漏時，在主觀要件方面，必須是以競爭為目的或圖利自己。德國不正競爭防止法第十八條所規定之刑罰，為二年以下有期徒刑或併科罰金。第十八條所規定之犯罪，須為告訴乃論。

㈣誘使或要求洩漏營業祕密

德國不正競爭防止法第二十條規定：「①以競爭為目的，或圖利自己，而誘使他人為第十七條或第十八條之犯罪行為者，或接受他人從事該犯罪行為之要求者，處二年以下有期徒刑或併科罰金。②以競爭為目的，或圖利自己，而自行要求為第十七條或第十八條之犯罪行為者，或依他人之要求已經表示為該犯罪行為者，其處罰亦同。」**❹**本條規定四種

---

❷　Vgl. hierzu Lampe, Der strafrechtliche Schutz des Know-how gegen Veruntreuung durch den Vertragspartner (§§18, 20 UWG), BB 1977, 1477 ff.

❸　RGZ 83, 384; Baumbach-Hefermehl, UWG §18 Anm. 4; BGHZ 17, 41. Kokillenguß; BGH GRUR 1964, 31 Petromax II.

❹　§20 UWG lautet: "(1)Wer zu Zwecken des Wettbewerbes oder aus Eigennutz jemand zu einem Vergehen gegen die §§17 oder 18 zu verleiten sucht oder

行為態樣，即為誘使他人洩密，自行要求洩密，接受洩密之要求或依要求而為洩密之表示。四種行為態樣中，有一即為已足，惟行為人必須以競爭為目的或圖利自己而為之。第二十條第一項與第二項所規定之刑罰，為二年以下有期徒刑或併科罰金。

(五)在國外之犯罪行為

德國不正競爭防止法第二十條之一規定：「第十七條、第十八條及第二十條之犯罪行為，準用刑法第五條第七款之規定。」❷⑤依其規定，德國刑法適用範圍內之營業，或營業所在德國境內之企業，或營業所在國外之企業而與本國企業有關係或形成關係企業者，其營業祕密於國外遭受侵害時，仍得依德國不正競爭防止法第十七條、第十八條及第二十條之規定處罰，以完善有效保護營業祕密。

三、營業祕密之民法上保護

德國不正競爭防止法第十九條規定：「違反第十七條、第十八條之規定者，就因此所生損害負賠償義務。有多數義務人時，應負連帶債務人之責任。」❷⑥無故洩漏營業祕密或加以利用之行為人，具備第十七條或

---

das Erbieten eines anderen zu einem solchenVergehen annimmt, wird mit Freiheitsstrafe bis zu zwei Jahren oder mit Geldstrafe bestraft.(2)Ebenso wird bestraft, wer zu Zwecken des Wettbewerbes oder aus Eigennutz sich zu einem Vergehen gegen die §§17 oder 18 erbietet oder sich auf das Ansinnen eines anderen zu einem solchen Vergehen bereit erklärt."

❷ §20a UWG lautet: "Bei Straftaten nach den §§17, 18 und 20 gilt §5 Nr. 7 des Strafgesetzbuches entsprechend."

❷ §19 UWG lautet: "Zuwiderhandlungen gegen die Vorschriften der §§17, 18 verpflichten außer dem zum Ersatze des entstandenen Schadens. Mehrere Verpflichtete haften als Gesamtschuldner."

第十八條之要件時，應負擔刑事責任，除此之外，該行為人對於因此而發生損害之被害人，亦應負擔損害賠償責任。

四、營業祕密與電腦軟體之保護

自從電腦問世以來，迄今不過三、四十年之時間，可是對人類之影響，卻無遠弗屆，並且與日俱增，此種因電腦之問世而對人類社會發生影響之情形，稱之為「電腦革命」(Computer Revolution)，實在恰當。但是，電腦在法律上所造成之衝擊，亦為數不少，如電腦犯罪或電腦軟體之保護，即是其中比較棘手之難題，茲僅從營業祕密之法律討論電腦軟體保護之可能性。

發明或發現新穎而實用之方法、機器、製品或合成物，或由此所為新穎而實用之改良，符合法律規定之要件者，取得專利權，為美國專利法第一○一條之規定[27]。電腦程式，是否可以取得專利權而受到專利法之保護，爭執時起[28]。新發明而具有產業上之利用價值者，得申請專利，而受到專利法之保護，我國行政法院曾經指出，電腦軟體欠缺新穎性，不宜為專利之標的[29]。惟專利法所保護之標的，是人類利用自然法則所為技術上之發明，因此，美國專利局或法院認為符合專利法規定之程

---

[27]　美國一九八○年專利法第一○一條之原文為："Whoever invents or discovers any new and useful process, machine, or composition of matter, or any new and useful improvement thereof, may obtain a patent therefor, subject to the conditions and requirements of this title."

[28]　Bender, Computer Programs: Should They Be Patentable? Vol. 68 Colum. L. Rev. 241 (1968); B. A. Pagenberg, Patentability of Computer Programs on the National and International Level, 5 IIC 1 (1974).

[29]　行政法院七○年判字三二一號判決；唐豫民，電腦軟體之法律保護，中國時報，七十三年九月二十六日；鄭中人，電腦軟體應受著作權法保護？聯合報，七十三年一月二十日，第二版。

式，仍得受專利法之保護❸。一九七七年十月七日生效之歐洲專利公約 (Übereinkommen über die Erteilung europäischer Patente) 第五十二條之規定，電腦程式不得申請取得專利權。德國一九八〇年之專利法第二條第三項亦明文規定，電腦程式非專利法上所稱之發明 (Invention, Erfindung)，而不受專利法之保護❸。惟在歐洲，仍有學者認為，具有技術發明之程式(Program which includes a technical invention)，仍得受專利法之保護❸。一般而言，電腦程式受專利法保護之可能性，仍非常之低。

美國在一九七四年成立新科技使用著作物國家委員會(National Commission on New Technological Uses of Copyrighted Works)，特別研究電腦軟體之法律保護，以供立法之參考。一九八〇年美國國會接受該委員會之建議，於著作權法第一〇一條明定電腦程式(Computer Program)之定義，並於第一一七條規定電腦程式著作權之限制，而以立法方式肯定電腦程式受著作權法保護之可能性❸。我國亦從立法途徑，肯定著作權法保護之客體，包括電腦程式，此種立法，是否符合國家利益與國際平等之原則，眾說紛紜，惟此種立法，將對吾國資訊工業之發展帶來深遠之影響❸。

---

❸　Churchwell, Patent law-Subject Matter Patentability-Computers and Mathematical Formulars, 48 Tennessee Law Review 1042 (1981).

❸　Pietzcker, EPÜ, GPÜ, PCT Leitfaden der internationalen Patentverträge, S. 25.

❸　Sieber, Copyright Protection of Computer Programs in Germany, EIPR 214 (1984)；徐火明，解開保護著作權的幾個難題，聯合報，七十四年一月二十日，第二版。

❸　A Computer program is a set of statements or instructions to be used directly or indirectly in a computer in order to bring about a certain result.

❸　楊崇森，電腦軟體保護立法不宜草率，聯合報，七十四年一月十四日，第

目前美國保護電腦軟體之方法，亦有經由營業祕密之方式保護之，即程式所有人以契約約定買受人或其他相對人，不得洩漏其程式❸。所謂營業祕密，係使用於業務上之公式、模型、裝置或彙編之資料，而能較不知道或不使用該祕密之競爭者獲得優勢❸。營業祕密受到保護，必須具備新穎性(Novelty)、祕密性(Secrecy)及經濟價值(Economic Value)等要素，而電腦軟體如屬於營業祕密之一種，即可以輔助性質依營業祕密之法律受到保護。

二版；楊崇森，電腦軟體應強制授權，民生報，七十四年一月四日；楊崇森，期待立委諸公思之再三，時報雜誌第二六三期，七十三年十二月十二日，第六十頁；鄭中人，莫讓科技擾亂著作權法，民生報，七十四年一月七日；徐火明，保護電腦軟體立法宜慎，民生報，七十三年十一月七日；林秋琴，蔡英文，電腦軟體著作權立法千萬不可草率，聯合月刊第四十一期，七十三年十二月，第十二頁；洪美華，尋找亡羊補牢之道，時報雜誌第二五八期，第五十八頁；王百祿，電腦軟體如何保護？時報雜誌第二五八期，第五十九頁。

❸ Bender, Trade Secret Protection of Software, Vol. 38, No. 5 The George Washington Law.

❸ Restatement of Torts, §757, Comment b (1939).

玖、企業標誌之保護

一、概　說

　　營業主體在同一商品或同類商品上，使用相同或近似於他人註冊之商標者，即構成商標之侵害，可依商標法之規定制止，惟對於其他企業標誌濫用之行為，則非商標法所能規範。為避免廠商之信譽，遭受其他廠商之掠取，以及為避免消費者產生混淆誤認，德國不正競爭防止法第十六條即明文規定企業標誌之保護，以彌補商標法之不足。商業名稱(Trade Name)，不論是否構成商標之一部份，皆應受保護，而不以申請或註冊為要件，對於競爭者之廠號、商品或工商活動，足以產生混淆之一切行為，應予禁止，皆為巴黎保護工業財產權公約第八條及第十條之一所明定之原則❶。

　　德國不正競爭防止法第十六條規定：「①在營業交易中，對於姓名、商號、營利事業、工商企業或印刷物之特別標誌，足以與他人有權使用之姓名、商號或特別標誌造成混淆者，得請求其不為此種使用。②使用人明知或應知，其濫用之方法，足以造成混淆者，對受害人應負損害賠償責任。③營業之標記及其他區別該營業與其他營業之特定裝置，在參與之交易圈中，成為該營利事業之記號者，視同營利事業之特別標誌。此項規定，對於商標及商品裝設之保護（一八九四年五月十二日商品標章保護法第一條及第十五條，帝國法律公報第四百四十一頁），不適用之。④第十三條第三項之規定，準用之。」❷本條之規定，即係對於企

---

　❶　Bodenhausen, Pariser Verbandsübereinkunft zum Schutz des gewerblichen Eigentums, S. 114, 123.

　❷　§16 UWG lautet: "⑴Wer im geschäftlichen Verkehr einen Namen, eine

業標誌(Unternehmenskennzeichen)之保護，而與商標(Warenzeichen)之保護不盡相同。商標之功用，在表彰商品之來源，以商標法為其保護之基礎。企業標誌，係指在營業交易中所使用之姓名、商號、特別標誌及特定裝置，其目的在表彰自己之營業或與他人之營業互相區別，而以不正競爭防止法為其保護之基礎❸。商標之保護，以商品之同類 (Warengleichartigkeit)及混淆危險(Verwechslungsgefahr)為要件，而企業標誌之保護，僅與混淆危險有關，商品是否同類，則非所問。

二、保護客體

㈠姓　名

姓名權人，於使用其姓名之權利，他人有爭執時，或因他人無權使

Firma oder die besondere Bezeichnung eines Erwerbsgeschäfts, eines gewerblichen Unternehmens oder einer Druckschrift in einer Weise benutzt, welche geeignet ist, Verwechslungen mit dem Namen der Firma oder der besonderen Bezeichnungen hervorzurufen, deren sich ein anderer befugterweise bedient, kann von diesem auf Unterlassung der Benutzung in Anspruch genommen werden.(2)Der Benutzende ist dem Verletzten zum Ersatze des Schadens verpflichtet, wenn er wußte oder wissen mußte, daß die mißbräuchliche Art der Benutzung geeignet war, Verwechslungen hervorzurufen. (3)Der besonderen Bezeichnung eines Erwerbsgeschäfts stehen solche Geschäftsabzeichen und sonstigen zur Unterscheidung des Geschäfts von anderen Geschäften bestimmten Einrichtungen gleich, welche innerhalb beteiligter Verkehrskreise als Kennzeichen des Erwerbsgeschäfts gelten. Auf den Schutz von Warenzeichen und Ausstattungen (§§1,15 des Gesetzes zum Schutz der Warenbezeichnungen vom 12. Mai 1894, Reichsgesetzbl. S. 441) finden diese Vorschriften keine Anwendung. (4)Die Vorschrift des §13 Abs. 3 findet entsprechende Anwendung."。

❸ Ulmer-Reimer, a.a. O. S. 148.

用同一姓名，致其利益受損害時，得請求他人除去其侵害；侵害有繼續之虞者，得提起不作為之訴。自然人之姓名、法人之名稱，皆得依德國民法第十二條之規定，而受到保護❹。在營業交易上使用姓名時，其姓名亦得依不正競爭防止法第十六條第一項之規定，而受到保護。營業交易上使用之姓名，足以區別他人之營業，而具有區別力 (Unterscheidungskraft)，即已具備保護之要件，其是否具有競爭關係，或商品之類別是否相同，皆非所問❺。

(二)商　號

商號(Firma)，係指商人(Kaufmann)在商業交易上所使用之名稱，除依德國民法第十二條及商法第三十七條第一項之規定受到保護外，亦得依不正競爭防止法第十六條第一項之規定，而受到保護，惟商法上之保護，僅及於一定地理區域內不得有相同或近似之名稱，而競爭法上之保護，則在避免混淆危險之產生，以維護公平合理之競爭秩序及消費者之利益❻。

商號具有名稱之功用(Namensfunktion)及區別力者，即得依不正競爭防止法第十六條第一項之規定，而受到保護。其保護始於使用(Ingebrauchnahme)，只有登記而未使用之商號，尚不能受到競爭法之保護。不具有名稱功用或區別力之商號，如已經取得交易聲價 (Verkehrsgeltung)，仍得依競爭法之規定而受到保護❼。所謂交易聲價，係指商號在營業交易上，已被視為特定營業之表彰而言，已經取得交易聲價之商

---

❹　BGH GRUR 1977, 503, Datenzentrale.

❺　BGHZ 14, 155, Farina; BGH GRUR 1963, 430, Erdener Treppchen.

❻　Näke, Der Schutz des ausländischen Handelsnamens in Deutschland, Diss. 1974, S. 17.

❼　Ulmer-Reimer, a.a.O.S. 166.

號，皆受競爭法之保護。

主張他人之商號與其商號造成混淆之人，對於其商號須屬有權使用，否則，商號之使用，違背德國商法(Handelsgesetzbuch)之規定，仍不能受到競爭法之保護。合法登記之商號，如其使用違背其他法律之規定，如違背不正競爭防止法之概括條款時，仍不得依競爭法之規定而受到保護❽。

關於公司之名稱，我國公司法第十八條明文規定之，即同類業務之公司，不問是否為同一種類之公司，是否在同一省（市）區域以內，不得使用相同或類似之名稱。在同類業務之公司，不得使用相同或類似之公司名稱，但在不同類業務之公司，得使用相同或類似之名稱，惟使用相同之名稱時，登記在後之公司，應於名稱中加記可資區別之文字。公司亦不得使用外語譯音及易於使人誤認為與政府機關、公益團體有關之名稱，但是，經認許之外國公司，或外國人依法核准投資所設立之公司，得使用外語譯音。我國公司法係就公司設立登記時公司名稱之標準明文規定，至於公司名稱遭受他人濫用之救濟途徑，尚非公司法所能完全涵蓋，則從不正競爭防止法制止公司名稱之濫用，亦有必要。

㈢特別標誌

所謂特別標誌，係指姓名或商號以外，足以特別顯示營利事業之標誌而言，如幻想之字、商號之縮寫或部份所組成之字，而由營業所有人加以使用，即得成為營利事業之特別標誌 (die besondere Bezeichnung eines Erwerbsgeschäfts) ❾。除姓名或商號以外，營利事業之特別標誌，亦得依不正競爭防止法第十六條之規定加以保護。

特別標誌，足以區別與顯示其營業，即受到競爭法之保護，而不以

---

❽　Baumbach-Hefermehl, §16 UWG, Anm. 96; Rittner, a.a.O. S. 82.

❾　Nirk, Gewerblicher Rechtsschutz, S. 410.

交易聲價之取得為要件❿。標誌不足以區別與顯示其營業，而嗣後取得交易聲價，該標誌仍受到保護。特別標誌之保護，始於該標誌在營業交易上之使用。無權使用他人之特別標誌，而產生混淆誤認之虞時，有權使用該特別標誌之人即得禁止他人之使用。

㈣印刷物之標題

不正競爭防止法第十六條第一項亦保護印刷物之標題(Titel)免於遭受混淆誤認，其保護要件為印刷物之標題具有名稱之作用(Namens-funktion)與區別力(Unterscheidungskraft)⓫。印刷物標題之保護，始於使用，而不以交易聲價之取得為必要。單純地種類標誌(Gattungsbe-zeichnung)，不受保護，但其具有特別意義時，仍受到保護⓬。本來不具有區別力之標題，得因交易聲價之取得，而受保護。

印刷物(Druckschrift)之概念，應採取廣義之解釋，不僅報紙、雜誌、書籍，而且電影、廣播或電視節目等，亦屬之。印刷物之標題，不限以文字為之，即使以圖形、或文字與圖形組成者，皆包括在內。我國近年來，有許多人使用外國著名雜誌之中文譯音，作為其雜誌之名稱，容易引起消費者之混淆誤認，在可預見之將來，勢將爭端時起。我國廠商或印刷物之發行人，應避免使用混淆誤認之標題，因為，印刷物之標題，在競爭法上亦受到相當之保護。

㈤營業記號與營業裝置(Geschäftsabzeichen und -ein-richtungen)

依不正競爭防止法第十六條第三項之規定，營業記號或區別該營業與

---

❿　Näke, a.a.O. S. 48.

⓫　BGHZ 21, 85, Der Spiegel; BGH GRUR 1959, 45. Deutsche Illustrierte.

⓬　Anders aber z.B. "Deutsche Zeitung"; BGH NJW 1963, 1004.

其他營業之特定裝置,在所參與之交易圈中,已被視為營利事業之標記者,應予保護。營利事業職員穿著之特別衣服,營業車輛之特別顏色,營業場所之特定裝飾(Eine bestimmte Aufmachung an Geschäftshäusern),皆可認為係營業之記號或裝置⓭。

營業記號或營業裝置之保護,係以交易聲價(Verkehrsgeltung)為要件,而與姓名、商號、特別標誌或印刷物標題之保護不同。不正競爭防止法第十六條第三項所保護之營業記號或營業裝置,依最高法院與學者之見解,不以具有名稱之功用或區別力為必要,只須除姓名、商號或特別標誌外,對營利事業具有補充附加之區別特徵,即為已足,所以,德國最高法院對於已經取得交易聲價之電話號碼、廣告用語或營業場所外觀之顏色,於其遭受仿冒時,賦予競爭法上之保護⓮。

商標或商品裝設(Ausstattung),依德國不正競爭防止法第十六條第三項後段之規定,不依第十六條之規定而受保護,因商標或商品裝設為表彰商品之標章,其法律保護之基礎為商標法。如商標或商品裝設已經同時成為企業標誌時,而具備第十六條之要件者,仍得受競爭法之保護⓯。

三、法律效果

德國不正競爭防止法第十六條關於企業標誌之保護,其法律效果為民事上之不作為請求權與損害賠償請求權,對於濫用企業標誌之行為人,則未明定其刑事責任。

⓭　Vgl. Gast, Der Schutz der besonderen Geschäftsbezeichnung und des Geschäfsbzeichens, Diss. 1968.

⓮　Vgl. BGHZ 8, 387, Fernsprechnummer; OLG Hamburg, WRP 1958, 340.

⓯　Ulmer-Reimer, a.a.O.S.171.

㈠不作為請求權

在營業交易中，對於姓名、商號、營利事業之特別標誌、印刷物之標題、營業記號或營業裝置之使用，足以產生混淆誤認者，有權使用者得請求其不為此種使用，此種不作為請求權，為制止仿冒企業標誌之有效方法。仿冒他人之企業標誌，係由職員或受任人所為者，對於企業之所有人，亦得行使不作為請求權❶。

㈡損害賠償請求權

使用他人企業標誌之行為人，明知或應知其濫用足以造成混淆者，對於受害人應負損害賠償責任，即不正競爭防止法第十六條第二項所規定之損害賠償請求權，係以故意或過失為要件❶。欲證明行為人仿冒他人之企業標誌，有故意或過失，在實務上比較困難，如在使用企業標誌之前，應盡調查義務(Erkündigungspflicht)，其未盡調查義務，致其使用之企業標誌，足以與他人優先而有權使用之企業標誌構成混淆時，即屬有過失，而應負責，本文作者此種見解，在有關仿冒訴訟上，或可供我國法院與學界參考。

---

❶ Rittner, a.a.O. S. 56.

❶ BGHZ 77, 16 = GRUR 1980, 841, Tolbutamid; BGHZ 68, 90 = GRUR 1977, 250, Kunststoffhohlprofil, Malzer, Zum Schadensersatzanspruch aus §16 Abs. 2 UWG, GRUR 1974, 697.

拾、不正競爭防止法在我國之法典化

一、我國制定不正競爭防止法之必要性

仿冒已經對我國經濟之發展，帶來負面之影響。美國甚至醞釀以仿冒糾紛之處理，作為繼續授與優惠關稅待遇之手段，而歐洲或其他國家，如果採取進一步之經濟抵制，益將使我國貿易之拓展嚴重受挫❶。

商標專用權人，對侵害其商標專用權者，得請求排除其侵害；商標專用權人受有損害時，並得請求賠償。於同一商品或同類商品，使用相同或近似於他人註冊商標之圖樣者，或於有關同一商品或同類商品之廣告、標帖、說明書、價目表或其他文書，附加相同或近似於他人註冊商標圖樣而陳列或散布者，處五年以下有期徒刑、拘役或科或併科五萬元以下罰金。此種民事責任與刑事責任，分別為我國商標法第六十一條與第六十二條所明文規定。

關於發明、新型與新式樣專利權受到侵害時，侵害人所應負擔之民刑責任，我國專利法亦分別明文規定。至於著作權遭受侵害時，有關侵害人之民事與刑事責任，亦已於著作權法中分別規定。

仿冒一詞，並非我國現行法律之用語。一般而言，仿冒商標、侵害專利權或盜錄盜印有著作權之著作，皆可認為廣義之仿冒，其在我國，分別以商標法、專利法及著作權法為制止之依據，而且此等法律規範已經存在。在工商業之社會，競爭日益劇烈，仿冒之態樣，亦推陳出新，如仿他人產品之外形、包裝、廣告、企業標誌等，則非原有之法律規範所能制止，而形成「第四種形態之仿冒」——即為商標法、專利法與著作權法三種形態以外之仿冒，可稱之為不正競爭防止法上之仿冒。前三

❶　徐火明，保護工業財產權之建議，聯合報，七十三年九月二日，第二版。

種形態之仿冒，其法律規範，雖非完整無缺，至少已經存在，而第四種形態之仿冒，直至目前，尚無完善有效之法律規範，不肖廠商，乃得利用法律之缺失，獲取鉅額不法利益，此誠非經濟法治社會中之常態，因此，制定不正競爭防止法之必要性，乃係政府在提供公平競爭地經濟環境之際，所不應忽視之重要任務❷。

違反工商業習慣之競爭行為，均為不正當之競爭行為，而應受不正競爭防止法之規範。我國社會結構，已逐漸邁向工商業時代，不正當之商業行為，方興未艾，層出不窮，已嚴重擾亂競爭秩序，妨害國家經濟之發展，因此，不正競爭防止法之制定，即屬刻不容緩。同時，亦提出不正競爭之實例，此種實例，皆係我國最近所發生者，或可作為我國有必要制定不正競爭防止法之實證基礎。

(一)仿冒日本米果

由於國人偏愛日本米果，近年來大量銷售之日本米果，在國內市場掀起一陣旋風，也刺激國內食品業紛紛引進日本米果生產設備及技術，在臺生產米果。許多國產米果業者，均採用魚目混珠之方式，於其產製之米果，完全以日本製造之形態包裝，從日文說明、標示、零售單價及條碼，皆係翻印日本米果之外包裝，使消費者誤以為係日本生產製造，此乃最典型之不正競爭，而我國卻無相當之法律規範可資制止。

(二)仿冒海苔醬

在食品界知名度不小之日寶牌海苔醬，市面上有仿冒品出現，由於其仿冒真品之包裝與外觀，致一般消費大眾不易分辨真偽。真品係原裝

---

❷ 關於不公平競爭之禁止，我國行政法院評事曾華松先生在其鉅著「商標行政訴訟之研究」第三冊第七章有詳細之分析。蒙工業財產法學前輩曾華松大法官慨贈鉅著，衷心感激，謹致謝忱。

進口，印有進口商名稱及保存期限二年字樣；仿冒品係在臺灣加工製造，而沒有印進口商名稱。如僅仿冒他人產品之包裝，而不仿冒他人之商標者，即非商標法或專利法所能規範❸。

㈢製造免洗筷之地下工廠

自行政院衛生署大力推行免洗筷子以來，已為餐飲業者、機關團體及工廠伙食團普遍採用。由於生產製造免洗筷子資金少，致全省產竹各縣市之小工廠紛紛設立，不但缺乏乾燥設備，且不合衛生標準，故劣品充斥，賤價競售，而一般餐飲業者為降低成本，往往以價格為取捨之依據，而非講求品質及衛生，致地下工廠大行其道，正派經營之合法廠商，卻無法與之競爭。地下工廠不正當之競爭行為，已嚴重打擊正規廠商之營運，而使正規廠商無法投資生產設備，改善品質，長此下去，導致劣幣驅逐良幣之結果，誠非消費者之福，亦非經濟發展之常態❹。

㈣超越「辭海」之廣告

七十三年十二月，臺北各大報陸續出現鉅幅廣告，是一家出版社為其所發行之「百科大辭典」作宣傳，其廣告內容為：「我們尊重辭海，卻不得不超越它！」

辭海，係創立於民國元年之中華書局所出版，由於編排內容豐富，取材廣泛實用，向來受到讀者之喜愛。學術成果，是一點一滴累積而成，辭海之完成，不知花費多少人之心血，而能蔚成巨著，文化命脈賴以綿延，並且發揚光大。中華書局對於該出版社廣告中「超越」一詞，即深不以為然，乃於各大報刊登廣告，謂「超越這兩個字，似乎不能隨便亂用，像辭海這樣一部普受尊重被肯定為有學術價值的工具書，暢銷了那

---

❸　經濟日報，七十三年八月二十七日，第十版。

❹　經濟日報，七十四年二月五日，第四版。

麼多年，家家戶戶必備參考，如果輕率地說要超越它，真是談何容易，說得不客氣一點，簡直是痴人說夢太不量力。」

出版「百科大辭典」之書局，所刊登之此種廣告，對於中華書局而言，可能構成不正競爭，而我國當時尚無完善有效之法律規範，中華書局乃刊登廣告，使社會大眾明瞭真相❺。

(五)鐘錶公司分店結束營業之廣告

一家販賣世界名錶之鐘錶公司，連續數月在報上刊登廣告，內容為「結束營業，延平分店，名錶全面大拋售!」 同時，也提及該公司所有名錶，以真正成本以下犧牲大拋售，保證原裝進口，均附原廠保證書，品質絕對值得信賴，最新流行款式齊備❻。

公司之分支機構結束營業，而總公司並未結束營業時，固得為結束營業之廣告，惟販賣處結束營業時，則不得為結業銷售之廣告，而只得為清倉銷售之宣傳。一般廠商刊登分店結束營業全面大拋售之廣告，達數月之久，是否合法? 值得我國制定不正競爭防止法時規範之。

(六)百貨公司折扣戰

臺北市各大百貨公司之折扣戰，持續一段相當長久之時間，被認為是臺北市消費市場之大事。在折扣戰中，對夏季或冬季換季拍賣之廣告，任意為之，或標明打折之宣傳，與實際情形並不符合，則顯然欺騙消費者之利益❼。

廠商固得因季節之轉變，而大力促銷具有季節性之商品，惟換季拍

---

❺　中央日報，七十三年十二月八日。

❻　工商時報，七十四年一月七日，第一版；聯合報，七十四年二月五日，第一版。

❼　中國時報，七十四年一月二十一日，第七版。

賣之時間、商品等應有一定之限制，以維持公平競爭之秩序及消費者之利益。

㈦水貨化粧品

目前在國內市面上出現之進口名牌化粧品品牌將近二十種之多，其一年之總營業額，約在新臺幣一億元左右，佔國內化粧品市場一年總業績三十億元之百分之三。事實上，進口品牌化粧品在國內之消耗量，仍相當可觀，只是大部份之貨源，並不是來自正規經營之百貨公司專櫃，而係來自委託行之水貨。據瞭解，一些專門經營水貨化粧品之商店，每個月之營業額可高達百萬元，而百貨公司之化粧品專櫃，不過二十萬元左右，根本無法和水貨競爭。甲種化粧品自國外進口，稅捐加上運費後，其在本國市場之售價，約為原產地之四倍左右，若是水貨，可省下高額之稅捐，而有厚利可圖。至於投資大量廣告費，所打出品牌之知名度，亦讓水貨商坐享其成。代理進口化粧品之廠商希望公平競爭之環境，否則，大量之水貨擾亂市價，打擊正規經營之廠商❽。

㈧牛奶市場爭奪戰

七十二年間，味全牛奶連續捲入兩次食物中毒事件，一次是臺北地區部份學童早餐後嘔吐，另一次是雙溪鄉五名鄉民喝完飲料後引起不適，兩次事件中，都有味全牛奶。究竟因何而中毒，尚有爭議，但是，味全公司立刻遭受到商場上之惡意中傷。

有人附上味全公司之名片，發函至部份學校，對於味全公司以壞牛奶賣給學校，表示懺悔。有一家乳品同業，則影印有關學童食物中毒之報導，四處散發。另外，有些流言，指味全公司自經銷商及零售商收回將逾期之牛奶及果汁，將牛奶賣給學校，果汁賣給餐廳。遭此打擊之後，

---

❽　經濟日報，七十三年八月十三日，第十版。

味全公司學童牛奶之市場佔有率，已由原先之百分之九十驟跌至百分之七十，損失慘重。

(九)可樂溶解鐵銹

民國五十七年左右，可口可樂搶先登陸臺灣，五十九年左右，百事可樂亦正式在臺發售，隨後本地之廠商亦相繼加入可樂飲料之產銷行列，可樂飲料即在臺灣掀起消費風潮。大約在六十四年左右，市面上開始謠傳可樂飲料具有強烈之腐蝕性，有人謂：「將生銹的鐵釘放入可樂中，隔段時間後，鐵銹會消失無蹤」，亦有人謂：「牙齒浸在可樂中，會被溶解殆盡！」因此，隨後數年內，可樂飲料之銷售量立即驟減❾。

(十)販賣商情機密

最近數年來，以企管資訊中心、企業社、工商服務社為名義設立之公司，紛紛出現，其中有從事商業機密之勾當者，或明目張膽地誇大宣傳，或寫信兜售輸出許可證影本。販賣商情機密資料之不肖商人，甚至表示願以半價將商情出售給經濟部長與國際貿易局局長，無異向政府機關提出挑戰，可見商業間諜之猖獗，卻無相當之法律規範可資制止❿。

國際貿易局曾通函給各公會，通知所有廠商，在委託報關行代辦進出口手續時，應在委託書上加註不得洩漏商情之規定，固然得避免商業祕密之洩漏，惟商業祕密之種類繁多，洩漏之方法不一，因此，迅速制定不正競爭防止法，並明定洩漏商業祕密之民刑責任，應是解決問題之道。

---

❾　工商時報，七十三年二月四日，第八版。

❿　聯合報，七十二年六月六日。

二、我國制定不正競爭防止法之趨勢

(一)各國立法趨勢

　　違反工商業善良習慣之競爭行為，皆構成不正競爭。世界上大部份之國家，對於不正競爭率皆以法律制止之，惟制止之法律規範則不一，法國並未制定不正競爭防止法，而將不正競爭視為民法上之侵權行為，並以法國民法第一三八二條及第一三八三條為解決之依據，且成效卓著❶。美國制止不正競爭之法律，則散見於商標法及聯邦貿易委員會法，而無特別立法之制度❷。英國對於不正競爭之制止，係基於冒充訴訟(Passing-Off Action)，此種訴訟，係建立在任何人無權推出與他人之產品構成混淆之原則上❸。德國、日本則制定獨立之不正競爭防止法，以有效制止不正競爭之行為❹。

(二)我國立法趨勢

　　民國七十三年三月間，財政部長表示，將與經濟部合訂反托拉斯法。據瞭解，在此之前，商業司委託臺大法研所廖義男教授提出一份公平交易法草案，後來因為反托拉斯對企業界將有相當之衝激，故決定分立二法，有關不正競爭防止法之部份，委由工業總會轉請臺大法研所黃茂榮教授研擬❺。

---

❶ 曾陳明汝，專利商標法選論，六十六年，第一六二頁。

❷ Chisum, Intellectual Property: Copyright, Patent and Trademark Law, 1980, Chapter XVI; 張耀東，貿易管制，六十二年，第二十二頁，第一百六十六頁。

❸ Cornish, Intellectural Property: Patents, Copyright, Trademarks and Allied Rights, 1981, P.473.

❹ Beier, Gewerblicher Rechtsschutz, in Jurisprudenz, S. 185.

經濟部之決策人員認為，國內獨占寡占之情況並不嚴重，萬一立法過度嚴苛，恐怕對於企業之營運造成困難，此種二分法之建議，即將反托拉斯法暫緩提出之計劃，卻不為行政院所贊同。行政院曾指示經濟部，公平交易法之立法原則，曾在七十年五月間舉行之院會中討論通過，係政府既定之政策，內容應包括防止聯合壟斷之反托拉斯法及不正競爭防止法，作為規範商業上競爭秩序之基礎。公平交易法之內容究竟如何，我國學者形容為像魔術師的帽子一樣不斷製造驚奇，頗為貼切 ❶。

七十三年八月間，經濟部研擬完成「公平交易法」草案，訂定原則，除禁止獨占、寡占及聯合壟斷等行為外，對攤販、地下工廠、惡意延攬他人員工、仿冒他人商品容器、包裝及其他商品標誌等不正當商業行為，均予以規範，並訂專章予以懲罰 ❶。

企業獨占、寡占，聯合壟斷、聯合擡價，恐嚇、利誘或強迫其他企業為限制營業競爭之行為，引人錯誤之表示及廣告，妨害商業信用，營業毀謗等，或於現行法律中已經提及，惟尚非完整無缺，適用上有困難。企業結合，對交易相對人之不當限制，杯葛，差別待遇，不正當阻礙競爭者之交易，仿冒他人商品容器、包裝及其他商品標誌，仿冒他人營業標誌而與他人營業設施或活動混淆之行動，不正連鎖傳銷，攤販，地下廠商，惡意延攬他人之員工，低價傾銷等，則為現行法律所無規定。經濟部乃將上述情形予以規範，即將不正競爭防止法與反托拉斯法合而為一，名曰公平交易法。

七十三年九月間，經濟部長徐立德在聽取公平交易法草案之簡報後，認為法案之精神，應協助交易之開展，而非限制，同時，應真正有效阻止不正當之交易及不公平之競爭，與確實保護消費大眾之利益。經濟部

---

❶ 工商時報，七十三年九月二十八日。

❶ 蘇永欽，對公平交易法立法的幾點淺見，中國時報，七十三年十月二日。

❶ 聯合報，七十三年八月二十六日。

次長李模也認為，公平交易法草案，對於限制交易行為之規定，遠超過協助交易開發之精神，經濟部將重新檢討，以充實此法案之積極意義❶。

我國擬議中之公平交易法，內容有兩部份，一是限制營業競爭行為，即外國立法例上所謂之反托拉斯法或卡特爾法 (Kartellrecht)，另一則是不正當之營業競爭行為，即屬於不正競爭防止法之範疇。就此兩種法律之時代背景而言，經濟發展初期而不正競爭層出不窮之際，即須制定不正競爭防止法；而經濟發展達到相當規模，廠商形成壟斷，劃分勢力範圍，限制生產或交易數量，而後始有反托拉斯法之制定。此觀德國一八九六年制定不正競爭制止法後，經過漫長之六十多年，始於一九五七年七月二十七日公布反托拉斯法，即可明證❶。反托拉斯法與不正競爭防止法所規範之內容並不相同，我國公平交易法將兩者融為一體，在立法史上，可謂創舉，惟是否妥適，則尚應審慎斟酌。

不正競爭防止法之目的，在確保競爭之正當；反托拉斯法之目的，在維持競爭之自由；雖然兩種法律之時代背景不同，惟規範商業上之競爭秩序則一，在這種大前提下，合併立法，在學理上有其意義❷。由於我國制定不正競爭防止法，在時間上已略嫌落後，而邇來國內廠商聯合壟斷之情形又層出不窮，在此種複雜之時機，將同屬於規範商業秩序之競爭法，冶於一爐，在構想上，甚具原創性。惟在立法技術上之困難，尚應設法克服，雖然二種法律之目的，在建立正當自由之競爭秩序，然而其行為類型、防制方法與救濟程序，有極大之差異，對於何種行為屬於不正競爭，何種行為屬於限制競爭，攸關公平交易委員會之監督權限，

---

❶　聯合報，七十三年九月二日。

❶　Rittner, a.a.O. S. 95; Emmerich, Kartellrecht, 1982, 4 Aufl. S. 17; Lipps, Kartellrecht, 1982, 3 Aufl. S. 18.

❷　廖義男，企業與經濟法，六十九年，第六十五頁；廖義男，西德營業競爭法，臺大法學論叢，第十三卷第一期，第九十頁。

因此，在立法過程之運作中，尚應參考先進國家之立法及實務經驗，並斟酌我國經濟發展之實際需要，制定完善有效之法律，而非僅係外國法律之移植而已❷。

反托拉斯法之制定，對於國家經濟之發展，有其相當深遠之影響❷。雖然企業界對反托拉斯法常抱著否定或拖延之態度，惟反托拉斯法之制定，仍有其必要，至於制定反托拉斯法之最適當時機，則見仁見智。在我國立法運作常受經濟力量影響之現況下，公平交易法完成立法程序之時間，是否明確而肯定，尚不得而知，若因反托拉斯法之遙遙無期，而延緩應該及早制定之不正競爭防止法，將使道高一尺魔高一丈之仿冒糾紛及其他不正競爭行為，由於法律之缺失而無法有效杜絕，任誠實廠商及消費者之利益遭受侵害，殊非早日制止不正競爭行為之良法美意，尚應斟酌考量❷。

---

❷ 蘇永欽，營業競爭法在歐洲各國的發展與整合，法學叢刊，第一一四期，第六三頁。

❷ 梁宇賢，美國聯邦反托拉斯法規之研究，六十五年，第九十頁；劉紹樑，公平交易與經濟政策，聯合報，七十三年三月十一日。

❷ 徐火明，保護工業財產權之建議，聯合報，七十三年九月二日；徐火明，建立公平合理的經濟秩序，聯合報，七十三年十一月十日；徐火明，反托拉斯法與不正競爭防止法合併立法之商榷，聯合報，七十三年六月十五日；徐火明，向經濟法治社會邁進，中國時報，七十二年十月八日。

拾壹、結論與建議

　　我國近年來經濟發展十分迅速,而使工業生產增加及商業活動繁盛。隨著經濟活動之日益頻繁,而在工商界產生不少病態,其中,不正當之競爭行為層出不窮,亦為比較嚴重之問題。不正當之商業經營,對於正當合法經營之廠商,造成營運上之威脅,同時侵害消費者之利益。如果不正當之競爭行為繼續蔓延,將使市場經濟活動陷於萎縮,而嚴重妨害國家經濟之發展。在經濟發展之過程中,政府最重要之任務是制定公平合理之競賽規則,然後擔任裁判之角色,嚴格而公平地執法。為促進商業現代化,建立公平合理之交易秩序,公平交易法或不正競爭防止法之制定,即係建立公平合理競賽規則之重要途徑,我國亦已開始朝此途徑向前邁進。

　　本文係以德國不正競爭防止法為理論架構,詳細說明其規範內容,並就德國法院所處理之案件予以分析,再提出我國不正競爭之實際案例,以證明我國制定不正競爭防止法之必要性及迫切性。我國研擬中之公平交易法,採取反托拉斯法與不正競爭防止法合併立法之方式,由於兩種法律有競合之處,因此,合而為一之立法方式,在理論上,有其積極之意義;在構想上,可經由一次立法程序達成兩種法律之目的,畢其功於一役,以收迅速方便之效果,殊值讚美,惟顧及反托拉斯法對企業界所帶來之影響,其因而產生之阻力,是否拖延不正競爭防止法之誕生,亦應一併考慮,此種見解與建議,並非在擱置反托拉斯法,而是冀望及早制定不正競爭防止法或公平交易法,以便完善有效地建立公平合理之交易秩序,加速國家經濟之發展,以達富國裕民之目的。

　　我國公平交易法中有關不正競爭防止法之部份,不應與反托拉斯法之部份混淆不清,亦即對其行為類型、規範內容或處罰方式,似應參酌

先進國家之反托拉斯法及不正競爭防止法,並斟酌我國經濟發展之情況,
為適當之規範,以避免造成法律體系之紊亂及適用上之困擾。我國研擬
公平交易法似應就不正競爭防止法與反托拉斯法分為不同之篇章,或就
不正競爭防止法為獨立之立法,對於屬於反托拉斯法規範之內容,不應
於不正競爭防止法中規定,則無論獨立立法或合併立法,兩者之行為類
型,皆清晰了然,而無礙於兩種法律所欲達成之目的。廖義男教授所草
擬之公平交易法草案與黃茂榮教授所草擬之不正當競爭防止法草案,對
我國公平交易法之立法,有相當卓越之貢獻,本文僅以德國法律及上述
二種草案為基礎,論述我國不正競爭防止法所應秉持之原則、規範之內
容及方法,並於民國七十四年提出建議,惟學植未深,凡所論述或建議,
恐多未當,尚請斧正,茲將作者於民國七十四年提出之建議內容記載如
下,或可供參考。

一、立法目的

不正競爭防止法之目的,在確保競爭行為之正當,維護消費者之利
益,而反托拉斯法之目的,在確保競爭行為之自由及維護消費者之利益。
由此可知,確保競爭秩序之正當與自由,及維護消費者之利益為公平交
易法之立法目的。廖義男教授所草擬之公平交易法草案(以下簡稱公平
交易法草案)第一條規定:「為維護有效之營業競爭秩序,確保營業競爭
行為之自由及正當,促進國民經濟之繁榮與安定,並保護市場上競爭之
企業、交易之相對人、以及消費大眾之利益,特制定本法」, 即已包括
不正競爭防止法與反托拉斯法之目的,頗為妥適。「為確保營業競爭行
為之正當與自由,為維護消費大眾之利益,以促進國民經濟之繁榮與安
定,特制定本法」,此種規定,扼要而清楚,或可供參考。

我國不正當競爭防止法草案第一條規定:「為貫徹正確標示,維護
正常銷售管道,端正交易行為,保護商業信用及業務祕密,禁止濫用經

濟優勢，防止形成獨占，避免誘人陷於錯誤，以促使廠商提高交易道德，重視社會責任，改善經營方式，謀求產銷系統之現代化，達到嚴整產銷紀律，建立並維護正當競爭秩序之目的，特制定本法」，即以獨立立法之方式，說明不正競爭防止法之目的，內容豐富，並將該法所應規範之行為態樣列舉一二，有其積極之意義，惟其中防止形成獨占，係屬於反托拉斯法之範圍，在不正競爭防止法中規定，尚應審慎考慮。至於貫徹正確標示之部份，我國已制定商品標示法，在不正競爭防止法中，固然禁止引人錯誤之表示或廣告，惟似無在不當競爭防止法中明定貫徹正確標示之必要。如我國單獨制定不正競爭防止法時，建議其立法目的規定如後：「為確保營業競爭行為之正當，及維護消費大眾之利益，以建立公平合理之商業秩序，特制定本法」。此種建議，仍以不正競爭防止法草案之精神為基礎，或可收文字簡潔內容充實之效果。

二、概括條款

不正競爭之行為，其類型繁多，千變萬化，對於商業上經常發生者，應予明文規定，以便有效制止，但是，隨著社會之日益複雜，許多不正競爭行為，並非立法者所能預見，恐因法律之缺失，而不能有效規範，則德國法上之概括條款，殊值採納。公平交易法草案第三十八條規定：「企業不得為競爭之目的，而於營業交易中從事有背於善良風俗之行為」，即係概括條款。「於營業交易中，以競爭為目的，而從事有背於善良風俗之行為者，被害人得請求其停止或除去之，有損害之虞者，並得請求防止之；其受有損害時，並得請求賠償」，即係明定背於善良風俗之行為人，所應負擔之民事責任。

公平交易法草案第三十九條規定：「營業競爭行為，有左列情事之一者，即違背善良風俗：一、不正當之招攬顧客：利用不實之資料、強制、利誘、投機、射倖、濫用權威或引發同情心等方式，使顧客陷於不

能本於事物而做正常之交易決定者。二、不公平阻礙同業競爭：以意圖消滅之低價傾銷、杯葛、差別待遇、妨害他人信用、誹謗、不當之比較宣傳或大量贈送而阻塞市場等方法，阻礙同業競爭者之營業活動者。三、不當榨取他人努力之成果：以足以引人混淆之模仿、依附他人之廣告、惡意延攬他人之員工或竊取他人營業祕密等方法，擴展自己之營業者。四、利用違反法規或破壞約定以圖取競爭上之優勢：以違反稅法、價格管制法規、勞工法或其他有關維護衛生或安全之法規等方法以圖降低價格或成本；或自己或誘使他人破壞約定，以使自己較守信之同業競爭者，獲得競爭上之優勢地位者。五、其他有違反效能競爭本質或效用之營業競爭活動」，此種條款，係德國法院判決之累積，其詳細情形已如本文所述。倘我國公平交易法能將其精神與內容吸收，有助於我國法律之明確性，而減少在判斷競爭行為是否背於善良風俗時之困難。

三、引人錯誤之表示或引人錯誤之廣告

引人錯誤之表示或廣告，在我國已形成非常嚴重之問題，而使自由企業之制度蒙上一層陰影。為有效制止引人錯誤之表示或引人錯誤之廣告，乃斟酌歐美法律及我國公平交易法草案與不正競爭防止法草案，建議規定如後：「①營利事業不得以競爭為目的，而就左列事項為引人錯誤之表示或廣告：一、商品或服務之內容、性質、品質、用途、數量。二、商品之出產地。三、商品之製造方法。四、價格計算方法或價目表。五、進貨方法或進貨來源。六、營利事業之性質。七、所得獎賞。八、存貨數量。九、銷售或服務之動機或目的。十、其他營業狀況。②違反前項規定者，其同業競爭者、同業公會、消費者團體或以促進工商業利益為目的之團體而具有民事訴訟當事人能力者，得請求其停止該項表示或廣告。其因此而受有損害者，並得請求賠償。廣告代理業者或廣告媒體業者明知其為引人錯誤之廣告而製作或刊登者，負連帶損害賠償責

任。」

　　意圖欺騙他人，而就商品之原產國或品質，為虛偽之標記或其他表示者，處一年以下有期徒刑、拘役或一千元以下罰金，為我國刑法第二百五十五條所明文規定。斟酌我國不正當競爭防止法草案第二十七條之精神，建議修正如後：「意圖欺騙他人，而違反前條之規定者，處一年以下有期徒刑、拘役或科或併科五萬元以下罰金。營利事業之負責人或有指揮監督權限之主管人員，明知其受僱人或受任人，於執行職務中，從事前條引人錯誤之表示或廣告者，亦同」。　此種規定，係就意圖欺騙他人而為引人錯誤之表示或廣告之行為人、營利事業之負責人或主管人員處於刑罰，以有效制止虛偽誇張之廣告或表示。

　　「①營利事業在專利審查中，不得刊登或散布具有專利申請字號、或專利申請中或類似字樣之廣告。②違反前項規定者，科五萬元以下罰鍰；其同業、同業公會或消費者團體並得請求其停止該種行為」，係不正競爭防止法草案第二十八條所明定。專利權人登載廣告，不得逾越申請專利之範圍，非專利物品或非專利方法所製物品，不得附加請准專利字樣，或足以使人誤認為請准專利之標記，否則處六個月以下有期徒刑、拘役或科或併科五千元以下罰金，為我國專利法第七十四條及第九十二條之規定。至於專利申請人於提出專利申請案後，在廣告中附加專利申請中或其申請字號，僅在說明其專利申請案尚在審查中，此種字樣，並不等於已經取得專利權，苟其專利申請與事實相符，從廠商描述其產品應合於真實之原則，並無予以禁止之必要。何況，今日消費大眾知識水準普遍提高，不致將專利申請中誤認為已經取得專利，因此法律所要禁止者，乃未提出專利申請案，而為已提出申請案之表示，如此，則屬於引人錯誤之表示或廣告，似無另訂獨立法條之必要。

　　圖像或其他活動，具有不正競爭防止法上廣告或表示之作用者，亦應予以規範，以避免脫法行為及適用之困難。不正競爭防止法第二十九

條已明文規定，至為妥適。

四、仿冒企業標誌之禁止

仿冒商標，可依商標法之規定制止，但仿冒企業標誌，則必須以不正競爭防止法作為制止之基礎，乃斟酌我國不正當競爭防止法草案第二十四條與德國不正競爭防止法第十六條規定如後：「①營利事業使用之公司、商號、印刷物之名稱或其他特殊標誌，不得與他人有權或先行使用者構成相同或近似。②營業之標誌或其他特定裝置，在交易習慣上已被視為營業之記號者，視同第一項所稱之特殊標誌。③營業標誌所有人對於仿冒其營業標誌者，得請求停止仿冒之；仿冒者明知或應知其仿冒行為，足以造成混淆者，應對營業標誌所有人負損害賠償責任。④意圖欺騙他人，而違反第一項之規定者，處一年以下有期徒刑、拘役或科或併科五萬元以下罰金。」

五、維護正常之銷售活動

營利事業為結束營業之宣傳時，容易使消費大眾對其出售之商品，產生價格低廉之印象。因此，無結束營業之事實而作此宣傳時，即應禁止，乃斟酌德國不正競爭防止法第七條，將我國不正當競爭防止法草案第十二條在文字上建議修正如後：「①營利事業非具有左列事由之一者，不得在廣告中將其銷售活動稱為結業銷售：一、廢棄全部之營業。二、廢棄分支機構之營業。三、廢棄特定種類商品之營業。②在結業銷售之廣告中，應表明前項事由；其屬於第三款之事由者，並應表明該特定商品之種類。③在廣告中雖未標明結業銷售之字樣，但實際從事第一項所稱之銷售活動者，前二項之規定準用之。」

營業事業為清倉銷售之廣告時，容易使人產生價格低廉之印象，為避免廠商任意為清倉銷售之廣告，我國不正當競爭防止法草案第十一條

規定：「①營利事業在廣告中，將其銷售活動宣稱為清倉活動者，應表明其清倉之事由。其清倉銷售僅限於所營事業中部份種類之商品者，並應表明該商品之種類。②前項規定，於遷移銷售準用之。」

　　關於結業銷售及清倉銷售之程序，我國不正當競爭防止法草案第十三條規定如下：「①營利事業舉辦結業或清倉銷售者，應於銷售廣告兩週前，檢附按商品種類、品質、數量所編列之待售商品清單，向縣（市）政府報備，預計銷售活動經過核備期間不能結束時，於期間屆滿前應更新清單再向縣（市）政府報備。②在前項報備中，應表明第十一條、第十二條第二項、第三項所規定之事項，以及該銷售活動預定開始和結束之時間和地點。受理報備之主管機關並得要求其提出引起該銷售活動之事由的證明。③受理該銷售活動之報備的主管機關，除得指定銷售活動之期間外，於銷售活動逾越許可期間，或依第十二條第一項之規定不應許可，或在第十一條之情形，按其所表明之事由依交易習慣顯非正當者，並得禁止之。主管機關為期間之指定或禁止之處分前，應徵詢該營利事業所屬之同業公會、中華民國全國工會總會及中華民國全國商業總會之意見。④依本條報備之文件，任何人均得向主管機關請求閱覽，並得繳納費用，請求交付謄本。⑤為報備之營利事業不服主管機關禁止所報備銷售活動之行政處分者，得提起訴願、再訴願及行政訴訟。⑥營利事業未經核備而從事清倉銷售或結業銷售者，得科五萬元以下罰鍰。其同業、同業公會或消費者團體得請求停止之」。營利事業非具有廢棄營業之事實，不得為結業銷售之廣告，屬於強制性質，至於清倉事由，依交易習慣顯非正當者，亦應予以禁止，則第三項所稱「並得禁止之」，似應修改為「應禁止」，以貫徹其效力。關於結業銷售及清倉銷售之監督，係由主管機關為之，即強制要求營利事業應向主管機關報備，並檢附待售商品清單、表明法定事由與銷售活動之時間及地點，其未報備，即係違反作為義務，而應處罰，而非可處罰或可不處罰之問題，否則，對於作

為義務而言，即無強制其貫徹之力量，則第五款所稱「得科五萬元以下罰鍰」，建議修改為「處五千元以上五萬元以下罰鍰」。關於第二項後段，建議在文字上酌作修正如後：「受理報備之主管機關，並得要求其提出關於銷售活動事由之證明」。第三項前段第一句，建議在文字上酌作修正如後：「受理銷售活動之主管機關」。

廠商有結業或清倉之事實時，固得向主管機關報備而為結業銷售或清倉銷售之廣告，惟若在結業銷售或清倉銷售開始前或進行中，為該銷售活動而自外進貨，亦應予以禁止。我國不正當競爭防止法草案第十四條規定：「①營利事業不得在結業銷售或清倉銷售開始前或進行中，為該銷售活動自外進貨。②營利事業違反前項規定者，得科五萬元以下罰鍰。」第二項關於處罰之規定，應具有強制性，至於罰鍰之數額亦應具有最高與最低之限制，始較合理，爰建議第二項修正如後：「營利事業違反前項規定者，處五千元以上五萬元以下罰鍰。」

營利事業之所有人或其近親，不得於結束營業後相當期間內，在原舉辦結業銷售之地點，繼續經營或創辦其已廢棄之營業，以防止營利事業偽稱結業銷售而從事不正競爭，我國不正當競爭防止法草案第十五條規定：「①營利事業之所有人，其配偶及雙方之直系親屬，就原來經營之全部或一部的營業，經於結業銷售廣告表明放棄者，於結業銷售結束後一年內，不得繼續經營或創辦之。②營利事業之所有人，其配偶及雙方之直系親屬，直接或間接參與經營他人之營利事業者，視為繼續經營或創辦事業。③在經濟上或經營上對該營利事業有支配力者，關於本條之適用，視為營利事業之所有人。④結業銷售期間，任何人均不得在該營利事業同一或直接鄰近地點，銷售源自該結業銷售之商品。⑤營利事業違反本條之規定者，應勒令歇業，並得科五萬元以下罰鍰」。關於第一項之規定，其目的在防止廠商於舉辦結業銷售後一年內，在原處繼續經營或創辦；於他處創辦其營業，似非本條所應禁止，爰建議第一項修

正如後：「①營利事業之所有人，其配偶及雙方之直系親屬，就其經營全部或一部之營業，已在結業銷售廣告中表明廢棄者，於結業銷售結束後一年內，不得在原舉辦結業銷售之地點繼續經營或開設之」。營利事業在結業銷售期間，其他廠商在該營利事業同一或直接鄰近地點，販賣源自該結業銷售之商品，依第五項之處罰，則應勒令歇業，並得處以五萬元以下罰鍰，顯屬失當，因第五項之處罰，僅係針對違反第一項之情形，而無及於違反第四項之必要，違反第四項之處罰，應另訂之，爰建議第五項修正如後：「營利事業違反第一項之規定者，應勒令歇業，並得處以五千元以上五萬元以下罰鍰」。另外，增訂第六項如後：「營利事業違反第四項之規定者，處五千元以上五萬元以下罰鍰。」

季節性之產品，有換季銷售之必要。我國不正當競爭防止法草案第十六條規定：「①季節性產品經同業公會之決議並向主管機關報備後，每年得辦理二次，每次為期二星期之季末盤存或折扣銷售。必要時得聲請主管機關延長其銷售期間。但折扣不得逾百分之二十，且不得刊登幾折起之廣告。②前項銷售不受與清倉銷售有關之禁止規定的限制。③營利事業違反第一項之規定者，得科五萬元以下罰鍰」。法律用語應力求清楚與明確，同時降價出售與廣告之內容，如符合真實原則及未違背其他法條之規定，似無嚴格限制之必要，爰建議修正如後：「①季節性之商品，得經同業公會之決議，並向主管機關報備後，舉辦換季銷售。關於換季銷售，每年得舉辦二次，每次為二星期。但必要時，得聲請主管機關延長其銷售期間。②前項銷售，不受有關清倉銷售禁止規定之限制。③營利事業違反第一項之規定者，處五千元以上五萬元以下罰鍰。」

我國不正當競爭防止法草案第十七條規定：「①營利事業就商品之銷售，不得對最後消費者自稱為製造商，但有左列情形之一者，不在此限：一、只經營對最後消費者之銷售業務。二、以其賣予經銷商或供應其他營利事業營業用之價格，售予最後消費者。三、以高於前款之價格

銷售者，應對最後消費者明示之。但其顯為最後消費者所公知者，不在此限。②違反前項規定從事銷售者，其同業、同業公會或消費者團體得請求停止之。」同法草案第十八條規定：「①營利事業就商品之銷售，不得對最後消費者自稱為批發商，但其主要經營批發業務或供應其他營利事業之用，且具有前條第一項第二款第三款之情形者，不在此限。②違反前項規定從事銷售者，其同業、同業公會或消費者團體得請求其停止之。」草案第十七條及第十八條之規定，係參酌德國不正競爭防止法第六條之一，以避免商品價格引起誤認，而維護商業秩序，頗為妥適。「①銷售源於破產財團，而已不屬於破產財團之商品者，不得公告或對公眾宣稱該商品源自破產財團。②故意或過失違反前項規定者，得處五萬元以下罰鍰」， 為不正當競爭防止法草案第十條之規定，亦表贊同，惟行政罰並不以故意或過失為要件，至於罰鍰之數額應有最高與最低之限制，爰建議第二項修正如後：「違反前項之規定者，處五千元以上五萬元以下罰鍰。」

六、賄賂營利事業之職員

為禁止商業上之賄賂行為，乃斟酌德國不正競爭防止法第十二條及我國不正當競爭防止法草案第十九條之規定，建議修正如後：「①對於營利事業之受僱人、代理人或使用人行求期約或交付賄賂或其他不正利益，使自己或第三人在與該營利事業之商品或服務之交易中，獲得不正當之優惠者，處一年以下有期徒刑、拘役或科或併科一千元以下罰金。②營利事業之受僱人、代理人或使用人，要求期約或收受賄賂或其他不正利益，而在該營利事業與他人之商品或服務之交易中，允許該他人不正當之優惠者，處一年以下有期徒刑、拘役或科或併科一千元以下罰金」，即係先規定主動賄賂，而後規定被動賄賂，兩者之刑度相同。至於行為人或所有人之民事責任，另立獨立法條，建議於次一條規定之：「①違

反前條規定之行為者，同業競爭者、同業公會或以促進工商業利益為目的而具有民事訴訟當事人能力之團體，得請求停止其行為。營利事業之受僱人、代理人或使用人為前條所規定之行為者，亦得對營利事業之負責人行使不作為請求權。②故意或過失違反前條之規定者，對於因此而受有損害之人，應負賠償責任。」

七、商業信用之保護

為維護商業信用，以有效制止營業誹謗，斟酌德國不正競爭防止法第十四條及我國不正當競爭防止法草案第三十條之精神，建議修正如後：「①以競爭為目的，而關於他人之營利事業、或其所有人或主管，或其商品或服務，陳述或散布不能證明為真實之消息，足以損害其營業或所有人之信用者，對受害人因此所生損害，應負賠償責任。②營業利益因前項行為而受損害或有受損害之虞者，得請求加害人停止其行為。營利事業之受僱人、代理人或使用人為前項規定之行為者，對營利事業之負責人亦得行使不作為請求權。③消息之通知以祕密方式為之，其通知者或受通知者就該消息之通知，有正當利益，且通知者不能證明該消息與事實相符者為限，得請求停止其行為。通知者明知或應知該消息與事實不符者，應負損害賠償責任。」

關於營業誹謗之刑事責任，亦應明定，乃以我國不正當競爭防止法草案之精神為基礎，建議修正如後：「①惡意對他人之營利事業、或其所有人或主管、或其商品或服務，陳述或散布足以損害其營業之消息而不能證明為真實者，處二年以下有期徒刑、拘役或科或併科一千元以下罰金。②營利事業之負責人知其受僱人、代理人或使用人違反前項規定者，其處罰亦同。」第二項罰金之數額，尚應斟酌。

八、營業祕密之保護

為處罰商業間諜，關於洩漏營業祕密之民事責任與刑事責任，應予明定，我國不正當競爭防止法草案第三十二條已有詳細而完善之規定，乃斟酌德國不正競爭防止法第十七條，建議文字上略作修正如後：「①意圖自己或他人不法之利益，或意圖損害營利事業所有人之利益，而將其因僱傭關係獲悉之營業祕密，於僱傭期間或約定之保密期間，未經授權而加以利用或洩漏於他人者，處三年以下有期徒刑、拘役或科或併科四萬元以下罰金。②意圖自己或他人之不法利益，而將他人違反前項規定或自己違反法律或公序良俗之行為所獲悉之營業祕密，未經授權而加以利用或洩漏於他人者，其處罰亦同。③行為人自己在國外利用該營業祕密，或於洩漏時，明知他人將在國外利用該營業祕密者，處五年以下有期徒刑、拘役或科或併科五萬元以下罰金。④第一項至第三項之規定，於行為人不知洩漏營業祕密之收受人已知或得知該祕密時，亦適用之。」

在營業交易上，一方當事人將技術資料或圖案等交付於他人當事人，如其擅自利用或洩漏於他人，自應予以禁止。我國不正當競爭防止法草案第三十三條之規定，非常妥適僅建議在文字上略作修正如後：「為自己或他人不法之利益，對於在營業交易上受託之圖案、模型、樣板、剖面圖示、配方或其他技術文件資料，未經授權而加以利用或洩漏於他人者，處二年以下有期徒刑、拘役或科或併科三萬元以下罰金。前條第四項規定準用之。」

關於洩漏營業祕密之民事責任，斟酌德國不正競爭防止法第十九條，建議規定如後：「違反第三十二條或第三十三條之規定者，就因此所生損害，負賠償責任。數人共同違反該條所規定之義務者，連帶負損害賠償責任。」

九、地下廠商與攤販

營利事業不辦理工廠登記或營業登記，以規避稅捐、勞工、公害等有關法律之適用，而節省製造銷售之成本費用，取得不正利益，亦係一種不當競爭。斟酌我國不正當競爭防止法草案第八條之規定，建議修正如後：「營利事業不辦理工廠或營業登記，而逕行生產銷售，以節省成本費用，並取得競爭上之優勢者，得請求其停止之；對於因此而受有損害者，應負賠償責任。」

十、不正連鎖傳銷

廠商假藉推銷商品之名，而行「獵人頭」之實，即俗稱之「老鼠會」，在國內非常盛行，使社會大眾矇騙而加入，並遭受損失，釀成重大社會問題。對於正當之廠商而言，不當之連鎖傳銷亦係不當競爭，而應受到法律之規範。我國不正當競爭防止法草案第二十條規定：「①本法稱連鎖傳銷契約，係指一方支付權利金給營利事業，而營利事業對其媒介他人加入該營利事業允以或付以佣金、獎金或其他經濟利益之契約。②前項所稱權利金之支付，係指對該營利事業或其指定之人支付金錢、購買商品或勞務、或負擔債務。」本條之規定，即係明定連鎖傳銷契約之定義。連鎖傳銷契約，其在法律上之用語，是否妥適，尚應考慮。此種契約，對於加入者可能引起之危害，主要在於權利金之支付，因此，在民事上得隨時解除契約，請求返還權利金。我國不正當競爭防止法草案第二十一條規定：「加入連鎖傳銷者，得隨時解除連鎖傳銷契約，並依左列之規定，對經營連鎖傳銷之營利事業，請求返還權利金：一、支付之權利金為金錢者，得請求附加自支付時起之利息償還之。二、支付之權利金為購買商品或勞務，且該商品或勞務經以低於買進價格轉售者，得請求償還其差額，並附加自轉售時起之利息；其未經轉售者，雙方回復原狀

之義務，依民法第二百五十九條定之。三、支付之權利金為負擔債務，且該債務經履行者，得請求履行該債務所生之費用；其未經履行者，該負擔債務之法律行為失其效力。」本條文即規定連鎖傳銷契約在民事上之法律效果。

以媒介銷售員加入營利事業而取得佣金、獎金或其他經濟利益，作為銷售員之主要收入者，應負刑事責任，建議我國不正當競爭防止法草案第二十二條在文字上略作修正如後：「①營利事業利用連鎖傳銷方式銷售者，不得以媒介銷售員加入該營利事業而取得之佣金、獎金或其他經濟利益，作為其銷售員之主要收入。但約定銷售員於將商品再銷售至其客戶後，始應對營利事業給付貨款者，不在此限。②營利事業違反前項之規定者，其執行業務之所有人、負責人處三年以下有期徒刑、拘役或科或併科二百萬元以下罰金。」本條文即係規定連鎖傳銷契約在刑事上之法律效果。

為掌握連鎖傳銷之現況，以便主管機關之管理及監督，利用連鎖傳銷方式銷售商品之營利事業，有向主管機關報備之義務，爰建議我國不正當競爭防止法草案第二十三條修正如後：「①營利事業利用連鎖傳銷方式銷售者，除應將其連鎖傳銷契約之內容、營運規章、辦法、各種有關表件、銷售之商品或勞務、財務管理制度及不致引起財務危機之理由，於開辦前向主管機關報備外，並應於每月底將當月屬於該連鎖傳銷組織之姓名、地址、在組織中之地位開列清單，向主管機關報備之。於本法施行前開辦者，其第一次報備應於本法施行後七日內為之。②違反前項規定者，處一萬元以上十萬元以下罰鍰。③第一項之報備不影響前二條之適用。④關於連鎖傳銷，主管機關於必要時，得訂定辦法管理之。」本條文即係規定連鎖傳銷在行政上之管理，惟向主管機關之報備，既屬於該營利事業之義務，則違反此種義務時，即應予處罰；如得予處罰，即無法貫徹其義務之履行，同時容易導致不公平之情形。關於罰鍰之數額，

高達一百萬元，似屬過高，乃酌定相當數額，以符公允。

十一、土地管轄

依德國不正競爭法所發生之訴訟，由被告營業所所在地之法院管轄，無營業所者，由其住所地之法院管轄。在國內無營業所又無住所之個人，由其在國內居所地之法院管轄。除上述規定外，因德國不正競爭防止法所生之訴訟，僅行為地之法院有管轄權。

我國不正當競爭防止法草案第五十五條之規定，已非常詳細，僅在文字上建議修正如後：「①因本案涉訟者，由被告營業所所在地之法院管轄，無營業所者，由其住所地之法院管轄。在國內無營業所及無住所者，由其在國內居住地之法院管轄。②因本法涉訟者，除前項規定之法院外，並得由行為地之法院管轄。」

十二、假處分

依照我國民事訴訟法第五百三十二條第二項之規定，假處分，非因請求權之現狀變更，有日後不能強制執行或甚難執行之虞者，不得為之，惟為保全不正競爭防止法所規定之不作為請求權，假處分之聲請，有從寬之必要。我國不正當競爭防止法草案第五十條已明文規定，僅建議修正如後：「為保全本法所規定之不作為請求權，縱無民事訴訟法第五百三十二條第二項所規定之情形，亦得聲請假處分。」

十三、不作為請求權

依德國不正競爭防止法第十三條之規定，在概括條款、引人錯誤之廣告、製造商或批發商對最後消費者之銷售或交付予最後消費者權利證書之情形，同業競爭者或以增進工商利益為目的之團體而具有民事訴訟當事人能力者，得行使不作為請求權，同時亦明文規定消費者團體得行

使不作為請求權之情形。我國不正當競爭防止法可於各該條文中分別明定行使不作為請求權之人，惟在立法技術上，集中於一個條文明文規定，則更加妥適。凡涉及消費者重大利益之情形，均應賦予消費者團體不作為請求權，使保護消費大眾之目的能貫徹實行。

十四、消滅時效

德國不正競爭防止法所規定之不作為請求權或損害賠償請求權，自請求權人知有行為及義務人時起六個月不行使而消滅；不問知悉與否，自行為時起三年間，時效消滅。在損害發生前，損害賠償請求權之時效不開始。

我國不正當競爭防止法草案第四十九條關於消滅時效亦明文規定如後：「本法所定之不作為或損害賠償請求權，自請求權人知有行為及賠償義務人之時起，六個月間不行使而消滅。自有違反行為時起，逾三年不行使者，亦同。但損害發生前，損害賠償請求權之時效，不開始進行。」

十五、告訴乃論之罪

依德國不正競爭防止法第二十二條之規定，除刊登引人錯誤之廣告而觸犯刑責，為非告訴乃論之罪外，其餘犯罪行為之追訴，須告訴乃論。

不正連鎖傳銷、仿冒營業標誌、刊登引人錯誤之廣告及在國外利用洩漏之營業祕密，或使不特定多數人之利益遭受損害，或使消費者之利益遭受侵害，或使國際競爭之能力遭受阻礙，宜定為非告訴乃論之罪，至於其他犯罪行為之追訴，須告訴乃論。我國不正當競爭防止法草案第五十三條即規定為：「本法所規定之罪，除第二十二條、第二十四條、第二十七條及第三十二條第三項者外，須告訴乃論。」

十六、在國外之犯罪行為

我國刑法第七條之規定，中華民國人民在中華民國領域外犯第五條及第六條以外之罪，而其最輕本刑為三年以上有期徒刑者，我國刑法適用之。此種規定，在中華民國領域外，對於中華民國人民犯罪之外國人，依我國刑法第八條之規定，仍準用之。洩漏營業祕密罪，非刑法第五條及第六條所定之罪，其最輕本刑亦非三年以上有期徒刑，如無其他特別規定，在國外為洩漏營業祕密罪者，即不受我國法律之制裁，而能逍遙法外，殊非妥適。為保護廠商之營業祕密，提升其國際上之競爭能力，對於在國外洩漏營業祕密之犯罪行為人，不正競爭防止法亦應適用之，我國不正當競爭防止法草案第五十四條已明定，僅建議修正如後：「本法於中華民國人民或外國人在中華民國領域外犯第三十二條至第三十三條之罪者，適用之。」

十七、訴訟標的之價額

以訴訟主張德國不正競爭防止法所定之請求權時，當事人之一方釋明，若按訴訟標的之全部價額負擔訴訟費用，對其經濟情況將有重大危害者，法院得依其聲請，按照與其經濟情況相當之訴訟標的價額，計算該當事人所應支付之訴訟費用。此項聲請，得向法院書記處為之，並列入紀錄，惟應在本案言詞辯論前提出之。本案言詞辯論以後，僅於認定或確定之訴訟標的價額，嗣後經法院提高時，始得聲請。

關於不作為請求權之訴，其訴訟標的之價額，不易計算，或過於龐大，而引起起訴之困難，我國不正當競爭防止法草案第五十二條規定：「關於不作為之訴，其訴訟費用之計算，於訴訟標的之價額逾五十萬元或價額之計算有困難者，該訴訟標的以五十萬元計。」

十八、判決之公告

關於營業誹謗為刑之宣告時，因被害人之聲請，法院應將判決依請求公告周知，以回復被害人之名譽。依德國不正競爭防止法之規定提起不作為之訴時，得於判決中准許勝訴之一方，將判決中指定之部份，於一定期間內，以敗訴一方之費用，予以公告周知，公告之方式，應於判決中確定之。

我國不正當競爭防止法草案第四十八條規定：「①於第三十一條之情形，受害人得聲請法院，於為刑之宣告時，判令被告依受害人之請求，將判決書之全部或一部登報一次，其費用由被告負擔。②依本法提起不作為之訴者，得聲請法院，於判決中，准許勝訴之一方，以適當之方法，在一定期間內，將判決中經准許之部份登報公告之，其費用由敗訴之一方負擔。」 此種規定，即係參酌德國不正競爭防止法第二十三條之立法例，深表贊同。

十九、調解

依照德國不正競爭防止法第二十七條之一規定，邦政府應在工業公會及商業公會設立調解處，以調解競爭爭議之事件。調解處應由一名依法院組織法之規定具有法官資格之法學專家擔任主席，及至少兩名具有專門知識之工商業經營者充任陪席委員組成之。主席應熟諳營業競爭法規，陪席委員由主席自每年按曆編列之陪席委員名單中聘任之，惟陪席委員之聘任，應與當事人協調後為之。

調解處主席得命當事人本人到場，對於無正當理由而不到場之當事人，調解處得科處秩序罰。當事人對於到場之命令及秩序罰之處分，得依民事訴訟法之規定，向調解處所在地邦地方法院提起抗告。調解處應謀求達成和解，並得為當事人製作附具理由之調解建議書，此種調解建

議書及理由，須經當事人之同意，始得公開。

和解成立，應作成書面，並敘明和解成立之日期，由調解處之成員及當事人簽名。在調解處成立之和解，有強制執行力。

我國不正當競爭防止法如能就調解委員會之組織，調解之程序與效力，詳細規定，將能減少訟異，以免勞民傷財。

二十、建立完整法律體系

反托拉斯法與不正競爭防止法，雖然同屬於廣義之營業競爭法，惟兩種法律仍然有其特定之規範內容。為確保市場經濟之競爭秩序，以促進國民經濟之繁榮，對於危害競爭之行為，應予防範。廠商締結卡特爾契約或決議，或締結交換性契約，或企業結合，即是利用法律行為達到限制競爭之目的；企業濫用其在市場上之優勢，或利用杯葛或差別待遇之方法，阻礙其他企業之競爭；或威脅利誘其他企業共同為限制營業競爭行為，則為利用事實狀態或事實行為達到限制競爭之目的。經濟優勢之濫用或獨占之防止，係屬於反托拉斯法之範圍，將之納入不正競爭防止法草案，恐有未當。若我國不正競爭防止法採取獨立立法之方式，有關經濟優勢之濫用與獨占之部分，建議應予剔除。若不正競爭防止法與反托拉斯法採取合併立法之方式，則應於公平交易法有關反托拉斯之專章中，明定經濟優勢之濫用與獨占之防止，俾建立完整之法律體系。吾國經濟發展日漸昌盛，而經濟秩序卻日趨紊亂，值此關鍵時刻，吾人呼籲及早制定營業競爭法──不正競爭防止法或公平交易法，以維護我國經濟之發展與確保消費大眾之利益。

第二篇　從公平交易法
　　　　論廣告之法律規範

壹、各國對廣告之法律規範

　　早期社會，出賣人對其所出售商品，予以誇大描述，在二十世紀初期被認為是合法且無關宏旨之商業行為❶，時至今日，此種誇大不實之商業行為，仍然屢見不鮮，但卻應受法律規範，先進國家並紛紛制定相關法律予以禁止，但與世界先進國家法律相較，我國規範廣告之法律，在時間上落後甚久❷。

一、美　國

　　一九一一年，世界聯合廣告俱樂部 (Associated Advertising Club of the World) 在美國波士頓召開大會時，發起淨化廣告之立法運動，並採取真實廣告(Truth in Advertising)之原則作為準繩。一九一四年，美國國會通過聯邦貿易委員會法，其第五條即明文規定，商業上之不公平競爭方法及不公平或欺罔行為，視為非法❸。任何個人、合夥或營利團體以

---

❶　Callmannm, Unfair Competition Trademarks and Monopolies, Volume 1A, 1981, § 5.01.

❷　Beier, Gewerblicher Rechtsschutz, Jurisprudenz, die Rechtsdisziplinen in Einzeldarstellungen, 1978, S. 186; Nirk, Gewerblicher Rechtsschutz, 1981, S. 375.

下列方法為虛偽廣告，傳播或使他人傳播者，均屬非法：利用合眾國之郵寄或商業上之任何之法，直接或間接引起或可能引起他人購買食品、藥物、醫療器具或化妝品；或以任何方法直接或間接引起或可引起他人在從事商業行為時，購置上述產品❹。另依美國聯邦貿易委員會法第十四條規定，為虛偽不實廣告之個人、合夥或公司，如使他人依廣告上所記載之條件，或通常習慣之狀況，使用該廣告商品之結果，足生損害於健康者，或其違法行為，係屬故意詐騙者，得處六個月以下有期徒刑，

---

❸　§5 Federal Trade Commission Act: "Unfair methods of competition in or affecting commerce, and unfair or deceptive acts or practices in or affecting commerce, are declared unlawful."

❹　§12 Federal Trade Commission Act:

"(a)Unlawfulness.

It shall be unlawful for any person, partnership, or corporation to disseminate, or cause tobe disseminated, any false advertisement—

⑴ By United States mails, or in or having an effect upon commerce, by any means, for the purpose of inducing, or which is likely to induce, directly or indirectly the purchase of food, drugs, devices, or cosmetics; or

⑵ By any means, for the purpose of inducing, or which is likely to induce, directly or indirectly the purchase in or having an effect upon commerce, of food, drugs, devices, or cosmetics.

(b)Unfair or deceptive act or practice.

The dissemination or the causing to be disseminated of any false advertisement within the provisions of subsection (a) of this section shall be an unfair or deceptive act or practice in or affecting commerce within the meaning of section 45 of this title.

(Sept. 26, 1914, ch. 311, §12, as added Mar. 21, 1938, ch. 49, §4, 52 Stat 114, and amended Jan. 4, 1975, Pub L 93–637, title Ⅱ, §201 (C), 88 Stat 2193.) § 53 (15 USC)(§13 of Act). False advertisements; injunctions and restraining orders."

或科或併科五千元以下罰金❺。該個人、合夥或公司(person, partnership

---

❺　§15 Federal Trade Commission Act:

"(a)Imposition of penalties.

Any person, partnership, or corporation who violates any provision of section 52(a) of this title shall, if the use of the commodity advertised may be injurious to health because of results from such use under the conditions prescribed in the advertisement thereof, or under such conditions as are customary or usual, or if such violation is with intent to defraud or mislead, be guilty of a misdemeanor, and upon conviction shall be punished by a fine of not more than $5,000 or by imprisonment for not more than six months, or by both such fine and imprisonment; except that if the conviction is for a violation committed after a first conviction of such person, partnership, or corporation, for any violation of such section, punishment shall be by a fine of not more than $10,000 or by imprisonment for not more than one year, or by both such fine and imprisonment. Provided, that for the purposes of this section meats and meat food products duly inspected, marked, and labeled in accordance with rules and regulations issued under the Meat Inspection Act [21 USC 601 et sez.] shall be conclusively presumed not injurious to health at the time the same leave official "establishments."

(b)Exception of advertising medium or agency.

No publisher, radio-broadcast licensee, or agency or medium for the dissemination of advertising, except the manufacturer, packer, distributor, or seller of the commodity to which the false advertisement relates, shall be liable under this section by reason of the dissemination by him of any false advertisement, unless he has refused, on the request of the Commission, to furnish the Commission the name and post-office address of the manufacturer, packer, distributor, seller, or advertising agency, residing in the United States, who caused him to disseminate such advertisement. No advertising agency shall be liable under this section by reason of the causing by it of the dissemination of any false advertisement, unless it has refused, on the or corporation)曾為不實廣告並經判決有罪後，再度為不實廣告者，其處罰加重，應處一年以下有期徒刑，或科或併科一萬元以下罰金。

美國聯邦貿易委員會法第十五條對廣告之定義，予以明文規定。依其規定，不實廣告(false advertisement)指標籤以外，在實質事項上有誤導性質之廣告；在決定某一廣告是否有誤導時，應考慮其以說明、文字、設計、圖案、聲音或其聯合式所為之「表示」(representations)，或依廣告上之條件，或通常習慣上之條件，使用與該廣告有關之產品時，對於使用之後果有影響之事實，其未予透露之程度如何，亦應併予考慮。

二、德　國

對於欺騙性廣告 (Die täuschende Werbung) 予以禁止，係競爭法(Wettbewerbsrecht)非常重要之任務。因此，德國一八九六年之第一部競爭法即明文禁止虛偽不實之廣告。我國除原有規範食品、藥品、化妝品廣告之法律及商品標示法外，於一九九二年公平交易法施行後，始從不正競爭法之方向規範廣告，與德國一八九六年之競爭法相較，足足落後九十六年之久。現行德國不正競爭防止法第三條明文規定：在營業交易中，以競爭為目的，關於營業狀況，尤其就各國或總括提供之商品或服務之性質、出產地、製造方法、價格計算、價目表、進貨方法、進貨來源、所得獎賞、銷售之動機或目的、或存貨之數量為引人錯誤之表示者，得請求其不為該項表示。此種規定，即係制止虛偽不實或引人錯誤廣告之法律上根據，除此不作為請求權(Unterlassungsanspruch)外，德國法甚至明文規定處行為人一年以下有期徒刑。若行為人意圖引起特別有利之

---

request of the Commission, to furnish the Commission the name and post-office address of the manufacturer, packer, distributor, or seller, residing in the United States, who caused it to cause the dissemination of such advertisement."

供給印象(Anschein eines besonders günstigen Angebots)，故意在對大眾所為之公告或通知中，關於營業狀況為虛偽不實及引人錯誤之表示者，處一年以下有期徒刑或併科罰金。因此，德國競爭法對於虛偽不實廣告之制裁，除民事責任外，尚有刑事責任❻。

三、日　本

日本不正競爭防止法第一條第三款、第四款及第五款，係規範廣告之法律上根據。日本不正競爭防止法第一條明文規定：因下列各款之一之行為，而其營業上利益有受損害之虞者，得請求行為人停止其行為：

㈠對本法施行地區內所共知之他人姓名、商號、商標、商品之容器、包裝及其他表示他人商品之標記，作同一或類似之使用，或將該項使用之商品予以販賣、散布或輸出而與他人商品混淆之行為。

㈡對本法施行地區內所共知之他人姓名、商號、標章或其他表示他人營業及商譽之標記，作同一或類似之使用，而與他人營業設施或活動混淆之行為。

㈢在商品、或其廣告，或商業文件或通信上，以公眾得知之方法，作虛偽之原產地標示(a false indication of the place of origin)，或將該項表示之商品予以販賣、散布或輸出而使人誤認原產地之行為。

㈣在商品、廣告、商業文件或通信上，以公眾得知之方法，為使人誤認其商品係生產、製造或加工地以外地區生產、製造、加工之標示，或將該標示之商品予以販賣、散布或輸出之行為。

㈤在商品或其廣告上，對於商品之品質、內容、製造方法或數量為使人誤認之標示 (a misleading indication)，或將該項標示之商品予以販賣、散布或輸出之行為。

---

❻　Baumbach-Hefermehl, Wettbewerbsrecht, 1971, §4 UWG, Anm. 12.

㈥意圖侵害有競爭關係之他人營業上信用，而陳述或散布虛偽之消息❼。

---

❼　Article 1 of Unfair Competition Prevention Act:

"(1) Against a person who does an act that falls under any one of the following items, a person whose interest in business is likely to be harmed thereby may claim cessation of such act:

(i)An act of using an indication identical with similar to the name, trade name, trademark, container or packaging of goods or other indication used to identify goods which belong to another person, if well-known in the territory where the Act is in force, or the act of selling, distributing or exporting goods bearing such indication, and thereby causing confusion with the goods of that person;

(ii)An act of using an indication identical with similar to the name, trade name, mark or other indication used to identify the business of another person, if well-known in the territory where the act is in force, and thereby causing confusion with the business establishment or activities of that person;

(iii)An act of making a false indication of the place of origin of goods on the goods or in the advertising thereof, or on business papers or letters, in such a way as to be easily recognized by the public, or the act of selling, distributing or exporting goods on which such an indication is used;

(iv)An act of making a misleading indication on goods or advertising thereof, or on business papers of letters, in such a way as to be easily recognized by the public, that such goods are produced, manufactured or processed in a place other than the place where theyare actually produced, manufactured or processed, or the act of selling, distributingor exporting goods on which such an indication is used.

(v)An act of making a misleading indication on goods or advertising thereof as to the quality, contents, manufacturing process or quantity of such goods, or the act of selling, distributing or exporting goods on which such an

　　依日本不正競爭防止法第五條之規定，以不正當競爭為目的而為上述第一條第三款至第五款有關虛偽廣告之行為人，處三年以下有期徒刑或二十萬元以下罰金，其法律上所規定之處罰，不可謂不重。此外，在商品或其廣告上為虛偽標示足以使人對商品之原產地、品質、內容、製造方法、用途或數量引起誤認者，亦得依同法第五條之規定，處行為人三年以下有期徒刑或科以二十萬元以下罰金❽。

四、韓　國

　　韓國一九六二年十二月三十日之不正競爭防止法，其目的在防止商業上之不正當手段從事競爭，以健全交易而維持秩序。其立法架構，幾乎沿襲日本立法例。韓國不正競爭防止法第二條明文規定：「因左列各款之一之行為，而有侵害營業上利益之虞者，得請求行為人停止其行為：

---

indication is used; and

(vi)An act of making or circulating a false statement of facts which injures the business good will of a person who is in a competitive relationship."

❽　Article 5 of Unfair Competition Prevention Act:

"Persons who fall under any one of the following items shall be subject to punishment with a penal servitude of not more than three years or a fine of not more than 500,000yen:

(i)A person who made a false indication on goods or their advertisement which misleads the public as to the origin, quality, contents, manufacturing method, use or quantity of such goods;

(ii)A person who did an act falling under item (i) or (ii) of paragraph (1)of Article 1 for the purpose of unfair competition;

(iii)A person who did an act falling under item (iii), (iv) or (v) of paragraph (1)of Article 1 for the purpose of unfair competition;

(iv)A person who violated the provisions of the preceeding two Articles."

㈠對國內所共知之他人姓名、商號、商標、商品容器、包裝以及其他表示他人商品之表徵，作同一或類似之使用，以之販賣、贈與或輸出商品而與他人商品混淆之行為。

㈡對國內所共知之他人姓名、商號、標章、以及其他表示他人營業之表徵，作同一或類似使用，而與他人營業設施或活動混淆之行為。

㈢商品以廣告、其他大眾傳播方法，往來文書或通信作原產地之虛偽表示，並以之販賣、贈與或輸出而誤認原產地之行為。

㈣商品以廣告、其他大眾傳播方法，往來文書或通信作誤認生產、製造或加工國家以外地生產、加工之表示，以之販賣、贈與或輸出之行為。

㈤詐稱他人商品，或用宣傳廣告等方法，對他人商品之品質、內容、數量，造成惡劣印象，引起誤認，以之販賣、贈與或輸出之行為。

㈥因競爭關係，以侵害他人營業信用，而陳述或散布虛偽事實之行為。」

依上述說明，可知韓國不正競爭防止法第二條第三、四及五款，係制止虛偽廣告之法律規範，除民事上之不作為請求權外，另依韓國不正競爭防止法第八條之規定，亦可處行為人二年以下有期徒刑或五十萬韓元以下罰金❾。

---

❾ 各國公平交易法有關法規彙編，經濟部編印，七十五年，第三〇二頁。

貳、我國對廣告之法律規範

一、概　說

依我國憲法第十一條之規定，人民有言論、講學、著作及出版之自由，此即憲法上所保障之言論自由(Meinungsfreiheit)。工商企業之經營者，於商品或其廣告上，或以其他使公眾得知之方法，就其商品、服務或其他營業關係予以敘述，以引起消費大眾購買其商品或接受其服務，基本上應屬言論自由或發表意見之自由，而受憲法之保障❶。易言之，廠商之「廣告自由」，應受憲法之保障。

人民之言論自由，或廠商在廣告上描述其產品或服務之自由，只要不妨害社會秩序或公共利益，均應受憲法上之保障。但是，依憲法第二十三條規定，憲法上所保障之自由權利，除為防止妨礙他人自由、避免緊急危難、維持社會秩序或增進公共利益所必要者外，不得以法律限制之。在工商界劇烈競爭之商業交易中，廠商常竭盡可能去描述其商品，甚或吹噓、誇大不實、欺騙、引人上鉤等等各種行為態樣，不一而足，其目的不外乎為推銷其產品，而導致商業社會童叟無欺經濟倫理之喪失，並進而侵害消費者之利益，則從法律上對不實廣告予以規範，則有其必要，若從法律上完全禁止在廣告上發表言論之自由，自屬違背憲法上之

---

❶ Meinungsfreiheit, ebenfalls ein Kernstück politischer und geistiger Freiheit, bezeichnet zusammenfassend die Freiheiten des Art. 5 Abs. 1 GG: die Meinungsäußerung- und Informationsfreiheit, die Pressefreiheit und die Freiheit der Berichterstattung durch Rundfund und Film. Vgl. Konrad Hesse, Grundzüge des Verfassungsrechts der Bundesrepublik Deutschland, 1982, S. 151; Lerche, Werbung und Verfassung, 1967, S. 21.

規定，若保障在廣告上發表言論之自由，但對於虛偽不實之廣告予以禁止，仍合乎憲法上之規定。我國對於食品、藥品及化妝品之廣告，早已納入管理，其法律上之依據分別為食品衛生管理法、藥物藥商管理法及化妝品衛生管理條例，其法律上之制裁措施則為行政罰。

民國七十三年及七十四年間，所發表之「論不正競爭防止法及其在我國之法典化」一文，大力主張我國應制定不正競爭防止法，當時該文並如此記載：「我國現行法令對於廣告之管理，僅見諸於食品衛生管理法、藥物藥商管理法、化妝品衛生管理條例、農藥管理法等，除此等商品之外，市場上尚有成千上萬之商品，而從不正競爭防止法之理論分析引人錯誤或虛偽不實廣告之文獻，尚不多見，因此，對於引人錯誤或虛偽不實之廣告，法律上應採取何種制止對策，與廣告主、廣告代理業及廣告媒體業所應負之責任如何，均係我國將來制定不正競爭防止法時所不應忽視之問題」❷。當時此種見解，尚不多見，惟作者基於學術上研究之心得，提出此種建議，七年之後，欣見公平交易法之誕生，其中第二十一條即參酌德國不正競爭防止法之規定，對於虛偽不實或引人錯誤之廣告予以規範，個人學術上之見解，採為法案之內容，頗感欣慰。其次，該法於七十六年間在立法院審議時，亦蒙立法院之邀參與公聽會，與會專家學者發言盈庭，極其寶貴，惟大都針對反托拉斯法部分，當時作者乃極力主張不要忘記不正當競爭防止法之部分，並針對立法草案僅限於商品廣告部分之缺失，提出建議，應包括服務業，並經採納，三讀通過，惟此乃眾人智慧之結晶，而使立法內容益加完善。

---

❷ 徐火明，論不正競爭防止法及其在我國之法典化，中興法學第二十一期，七十四年三月，第三〇四頁。

二、公平交易法第二十一條規定

㈠保護目的

　　我國公平交易法第二十一條關於虛偽廣告之規定，係屬於競爭法之範疇，與德國不正競爭防止法 (Gesetz gegen den unlauteren Wettbewerb) 第三條規定相當，其目的在保護競爭者 (Mitbewerber) 及消費者 (Verbraucher)，此種雙重保護之理念，為現代競爭法之中心思想。在商業上，商品之銷售或服務之提供，絕大部分經由廣告為促銷之方法，若廣告之內容係屬真實，自為正當之競爭，不必加以干涉。反之，若為虛偽不實或引人錯誤之廣告，對於同業競爭者之經濟利益造成傷害，同時使消費者受到欺騙而亦侵害其利益。因此，公平交易法第二十一條之目的，在保護同業競爭者、市場參與者及消費者，此觀我國公平交易法第一條即開宗明義指出，公平交易法之目的，在維護交易秩序與消費者利益。公平交易法草案對於消費者保護並未明文規定，七十四年間在聯合報所發表之「創建自由與公平的經濟秩序」一文，呼籲將消費者保護納入公平交易法❸。

㈡內容及要件

　　公平交易法第二十一條規定：「事業不得在商品或其廣告上，或以其他使公眾得知之方法，對於商品之價格、數量、品質、內容、製造方法、製造日期、有效期限、使用方法、用途、原產地、製造者、製造地、加工者、加工地等，為虛偽不實或引人錯誤之表示或表徵。事業對於載有前項虛偽不實或引人錯誤表示之商品，不得販賣、運送、輸出或輸入。前二項之規定，於事業之服務準用之」❹。此種規定，與美國、日本及

---

❸　徐火明，創建自由與公平的經濟秩序，七十四年十月一日聯合報。

韓國之立法例不同,但與德國立法例相近,茲析述其要件。

1.廣　告

所謂廣告,係指營業主體利用報紙、雜誌、傳單、廣播、電視或電影等大眾傳播媒體,向消費大眾介紹宣傳其商品或服務,藉以引起其購買或利用之行為,得以言詞、書面、圖畫或音樂等方式出現之❺。廣告之內容所附著之媒介為廣告媒體,其範圍頗為廣泛,除一般常見之大眾傳播工具如電視、廣播電臺、報紙、雜誌外,尚包括傳單、海報、貼紙、布條、掛牌、公車外廂、日曆、電話簿或直接信函等均屬之。事業就其商品或服務為虛偽不實或引人錯誤之廣告,不問其廣告附著於何種媒介,均應受公平交易法之規範。

2.以競爭為目的之行為

依德國不正競爭防止法第三條規定,須以「在營業交易中以競爭為目的」(im geschäftlichen Verkehr zum Zweck des Wettbewerbes)而為引人錯誤之表示或廣告為要件,日本及韓國之不正競爭防止法亦以「不正當競爭目的」為要件,我國公平交易法則無此規定,似屬立法上之缺失。廠商之廣告活動,必須係在營業交易中為之,始足當之,純粹之官方或私人之活動,不被認為具有營業上之性質(Nur das, was rein amtlich oder rein privat ist, hat keinen geschäftlichen Charakter)。任何有益於促進營業目的(Geschäftszweck)之活動,可被認為係營業交易中之活動。依據德國聯邦最高法院之判決,工會或雇主協會在社會政治上所為之活動,

---

❹ Baumbach-Hefermehl, Wettbewerbsrecht, §3 UWG, Anm. 3; Burmann, Systematik des Werbe- und Wettbewerbsrechts, WRP 69, 262.

❺ 廣告學者對廣告所下之定義為:所謂廣告,乃以廣告主名義,透過大眾傳播媒體,向非特定的大眾,傳達商品或勞務的存在、特徵和顧客所能得到的利益,經過對方理解、滿意後,以激起其購買行動,或為了培植特定觀念、信用等,所做的有費傳播。參閱樊志育,廣告學,七十五年,第二頁。

非為營業交易中之行為❻。此外，值得注意的是，廠商所為之廣告，必須是基於競爭之目的而為之，亦為德國競爭法所明定。若非基於競爭之目的而為引人錯誤之表示或廣告，則尚非競爭法所能規範，如奧林匹克委員會、消費者保護協會或無住屋者團結組織所為之廣告或表示，尚非公平交易法所能規範。營業經營者，如具有相同之購買人，或屬於相同之行業，即具有競爭關係 (Wettbewerbsverhäeltnisse)。不同行業之間，原則上不具有競爭關係，固無疑問，但德國學者Thomas Marx認為，不同行之業者，若競相爭取相同之客戶群，仍可能導致競爭 (Auch Gewerbe-treibende verschiedener Wirtschaftsstufe können zu Konkurrenten werden, sobald sie um denselben Kunden bemühen)，例如咖啡店打廣告，內容為：「您可以送咖啡，而不要送花！」(T-Kaffee können Sie getrost statt Blumen verschenken)，此種特殊之案例，即說明咖啡店與花店在爭取相同之客戶群，而導致競爭❼。德國學者之此種見解，對傳統已被固定之競爭關係限於同行間之觀念，提出新的看法，殊值注意。

3. 營業關係

德國不正競爭防止法係就營業關係之引人錯誤(Irreführung über die geschäftlichen Verhältnisse)予以概括規定，以免掛一漏萬，在立法技術上應比較妥當❽。我國公平交易法第二十一條係採列舉規定，對於列舉規定之事項為虛偽不實或引人錯誤之表示或表徵，自應受公平交易法之規範，固無疑問，若對於列舉事項以外之其他事項為虛偽廣告，應否受

---

❻　BGH42, 210/218; Baumbach-Hefermehl, Wettbewerbsrecht, §3 UWG, Anm. 6.

❼　Thomas Marx, Wettbewerbsrecht, 1978, S. 225.

❽　廖義男教授，公平交易法應否制定之檢討及其草案之修正建議，臺大法學論叢，第十五卷，第一期，七十四年十二月；Reimer, Wettbewerbsrecht, S. 335.

規範，則容易引起爭執。就學理上而言，任何有關營業之狀況均應予以規範，而有關營業狀況之內容或範圍，則包羅萬象，不一而足，若採列舉規定，必不能包括所有營業狀況，若因此而謂列舉規定以外之其他事項，不受規範，顯然不妥，為避免爭執，將來修法時，應採概括規定，以杜爭議，其規定建議如下：「事業不得在商品或其廣告上，或以其他使公眾得知之方法，對於商品之價格、數量、品質、內容、製造方法、製造日期、有效期限、使用方法、用途、原產地、製造者、製造地、加工者、加工地或其他營業關係，為虛偽不實或引人錯誤之表示或表徵」。

所謂營業關係，應指任何與營業上活動有關之狀況，而與公法上之關係(Die öffentlich-rechtlichen Verhältnisse)有別，在德國實務上，則儘量採取比較廣義之解釋，如關於公司或企業設立僅數年，卻在廣告上為「自1900年」，"since 1900"或"seit 1900"之表示，顯然虛偽不實，此即為關於企業之引人錯誤(Irreführung über das Unternehmen)❾。未獲得某種學位，未取得某種資格，卻在廣告上為取得該種學位或該種資格之表示，自屬虛偽不實。若確實已取得某種學位，依德國聯邦最高法院之見解，自得為取得該學位之表示，但屬於前任商號所有人之學位，其繼受人不得使用之❿，此種情況即為商號所有人個人關係 (Persönliche Verhältnisse der Inhaber)之問題，此種對營業關係之引人錯誤等問題，若採嚴格之文義解釋，恐因公平交易法第二十一條未予包括而遭排除，果真如此，勢必造成法律漏洞，殊非所宜。

公平交易法草案對於服務業之廣告，並未明文規定，作者在參加立法院公平交易法聽證會時，建議服務業之廣告亦應一併規範。公平交易法第二十一條第三項規定：「前二項之規定，於事業之服務準用之」。依此規定，服務業如銀行、保險、洗染、旅遊、大眾傳播媒體、補習班、

---

❾ Nordemann, Wettbewerbsrecht, S. 48.

❿ BGH GRUR 1959, 375; BGHZ 53, 65.

美容中心等提供服務之行業，其虛偽不實或引人錯誤之廣告，亦應受公平交易法之規範，堪稱妥適。

4.虛偽不實或引人錯誤

德國早期不正競爭防止法第三條明文規定：「在為大多數人所為公共之公告或通知中 (In öffentlichen Bekanntmachungen oder in Mitteilungen die für einen größeren Kreis von Personen bestimmt sind)，就營業關係，尤其就商品或營業上給付之性質、來源、製造方法或價格計算、商品之進貨方法或進貨來源、所得獎賞、銷售之動機或目的或存貨數量為虛偽不實之表示(unrichtige Angaben)，足以引起特別有利之供給印象者 (Die geeignet sind, den Anschein eines besonderes günstigen Angebots hervorzurufen)，得請求其不為該項虛偽不實之表示。」❶ 依此規定，德國早期競爭法係規定對營業關係為虛偽不實之表示，亦即此種表示必須不正確、不確實或虛偽不實，且必須足以引起特別有利之供給印象。此種表示或廣告，尚須為多數人所為之公告或通知中為之，例如報紙、雜誌、廣播或電視廣告，始足當之，工商業之經營，其競爭態樣複雜多端，廣告或表示之方法，未必限於公共之通知或公告，因此一九六九年六月二十六日之競爭法，將「為多數人所為之公告或通知」之要

---

❶　§3 UWG hat folgenden Wortlaut:

"Wer in öffentlichen Bekanntmachungen oder in Mitteilungen, die für einen größeren Kreis von Personen bestimmt sind, über geschaftliche Verhaltnisse, insbesondere über die Beschaffenheit, den Ursprung, die Herstellungsart oder die Preisbemessung vonWaren oder gewerblichen Leistungen, über die Art des Bezugs oder die Bezugsquelle von Waren, über den Besitz von Auszeichnungen, über den Anlaß oder den Zweck desVerkaufs oder über die Menge der Vorräte unrichtige Angaben macht, die geeignet sind, den Anschein eines besonders günstigen Angebots hervorzurufen, kann auf Unterlassung der unrichtigen Angaben in Anspruch genommen werden."

件刪除，範圍放寬修改為「在營業交易中」，並將其中虛偽不實(unrichtig)修改為引人錯誤(irreführend)，綜觀此種修改之目的，係擴大其適用範圍，而發揮規範廣告之立法目的，非謂虛偽不實之廣告不必規範，僅須規範引人錯誤之廣告，不可不察。因此，德國學者主張，惟有採取廣義之見解，始能合乎競爭法之保護目的。

我國公平交易法第二十一條將「虛偽不實」或「引人錯誤」兩種類型並列，因與德國立法及修法過程不盡相同，但德國實施競爭法有相當長久之時間及經驗，且成效良好，對於爭議性問題之見解，已漸趨一致。如德國學者認為客觀上錯誤之訊息，通常即被認為係引人錯誤，而法院也同意此種見解，如廣告廠商謂有一千雙之皮鞋出售，實際上只有五百雙皮鞋。因此，引人錯誤之觀念，依照德國學術界及實務界之見解，非常廣泛，甚至包括虛偽不實❶。然在我國，因過去並無實施競爭法之經驗，且中文外文涵義不盡相同，為避免在文義上產生不必要爭議，公平交易法將「虛偽不實」或「引人錯誤」兩種類型並列，應無不妥。吾人願意在此強調德國學者之見解，惟有採取比較廣義之見解，將不確實及引人錯誤之廣告，均予以規範，始合乎競爭法之保護目的(Schutzzweck)。依據德國聯邦最高法院之見解，即使客觀上係屬正確之表示，仍可能引人錯誤 (Irreführend kann eine Angabe aber auch dann sein, wenn sie objektiv richtig ist)，例如廣告所訴求之交易圈，對於客觀上正確之表示，產生錯誤之印象，即屬之❸。此際，若法律條文中未規定引人錯誤，而適用時可能將之排除，並非妥適。其次，僅從中文文義而言，引人錯誤是否當然包括虛偽不實，恐有爭議，若將虛偽不實從法律條文中排除，則更為不妥，斟酌德國經驗及中文文義之解釋，將兩者並列，只需條文中增列數字，亦符合學理要求，且更為周延。若建設公司興建住宅大廈，

---

❶ Baumbach-Hefermehl, Wettbewerbsrecht, §3 UWG, Anm. 23.

❸ BGH 13, 244, Cupresa-Kunstseide.

在廣告內容中謂每戶三十坪，每坪二十萬元起，而實際上室內及公共設施面積合計不過二十八坪左右，此種廣告顯然虛偽不實。若該地區市價每坪至少三十萬元，但是為招來購屋人潮，用特別顯著字眼謂每坪二十萬元起，並將其中之「起」字縮小，此種廣告仍係虛偽不實，因與市價不相當。但是建設公司主張並證明將其中之一戶或數戶以每坪二十萬元之代價出售給員工或親戚，並確有其事，且尚有二十萬元起之「起」字樣，則是否仍屬虛偽不屬，不無爭議，但此情況，屬引人錯誤，應予規範，迨無疑義。至於論者或謂，必須虛偽不實且引人錯誤二者兼備，始受規範，恐係誤解。

　　廣告之內容或表示，是否虛偽不實或引人錯誤，係以交易上之見解 (Die Auffassung des Verkehrs)作為判斷之標準。廣告或表示，係在營業上為不特定之多數人為之，此不特定之多數人即係廣告或表示之訴求對象，此等訴求對象對廣告或表示內容之意見或見解，係判斷標準之決定性因素❶。廣告廠商、語文學家、公平交易委員會委員或法官個人之意見，不過作為參考而已，並非判斷之標準，此點尤應注意。但廣告或表示之內容，是否與事實相當，有時此種事實必須以科學上之分析或測試，或以其他方法之事後證實為根據，則此種科學上之分析或測試，或其他方法之證實結果，仍係客觀上之判斷標準。如百貨公司銷售之鮮乳，在廣告或商品包裝中謂純鮮奶 100 ％，後經科學上測試結果發現並非百分之百之純鮮奶，則屬虛偽不實。又如補習班吸引學生之促銷廣告，打出補習班重考生金榜題名之榜單，事實上有些重考生並未在該補習班補習，此種情況即屬虛偽不實；若不肖業者動手腳，將去年或前年考上之考生灌水至今年榜單上，因其確實係該補習班之重考生，而榜單上又特別未強調今年，則與事實相當，甚難謂為虛偽不實，但若榜單人數眾多，若

---

❶　Bauer, Zur Bedeutung der Verkehrsauffassung bei der Auslegung des §3 UWG, GRUR 68, 248.

其特別強調係歷年考上名單，應無不可，但其廣告整體內容，依交易上之見解，使人產生係今年重考生考上榜單之印象時，則係引人錯誤，仍應予以規範。

至於交易上之見解，或廣告訴求對象之見解究竟如何，可透過電話調查或問卷調查之方式得知，其調查對象應包括廣告訴求之對象，問卷之內容應求其客觀與中性，不應預設立場或誤導❶。

---

❶ 公平會於八十一年二月間，處理第一件關於不實廣告之檢舉案時，曾調查參觀展覽者之意見，調查結果顯示百分之九十二點五覺得展覽內容與廣告不一致，此種以調查結果作為判斷之依據，符合學理上之要求，應予肯定。

參、不實廣告之法律責任

一、廣告主

(一)民事責任

依據德國不正競爭防止法第三條及第十三條之規定，得向廣告主行使不作為請求權(Anspruch auf Unterlassung)，即包括預防請求權與除去請求權 (Abwehranspruch und Beseitigungsanspruch) 者，除同業競爭者，即製造或在營業交易中提供相同或相關商品或營業上給付之各個營業經營者外 (der Gewerbetreibende, der Waren oder Leistungen gleicher oder verwandter Art herstellt oder in den geschäftlichen Verkehr bringt)，尚包括以增進工商業利益為目的而具有民事訴訟當事人能力之團體，以及依章程以釋明及忠告方式保護消費者利益為目的而具有民事訴訟當事人能力之團體，亦均得行使不作為請求權❶。其行使主體，範圍頗為廣泛，

---

❶　§13 UWG lautet:

"(1) In den Fällen der §§1, 3, 6a und 6b kann der Anspruch auf Unterlassung von jedem Gewerbetreibenden, der Waren oder Leistungen gleicher oder verwandter Art herstellt oder in den geschäftlichen Verkehr bringt, oder von Verbänden zur Förderung gewerblicher Interessen geltend gemacht werden, soweit die Verbände als solche in bürgerlichen Rechtsstreitigkeiten klagen können. Auch können diese Gewerbetreibenden und Verbände denjenigen, welcher den §§6, 8, 10, 11, 12 zuwiderhandelt, auf Unterlassung in Anspruch nehmen.

(1a) In den Fällen der §§3, 6, 6a, 6b, 7 Abs. 1 und des §11 kann der Anspruch auf Unterlassung auch von Verbänden geltend gemacht werden, zu

此種不作為請求權，並不以故意或過失為要件。依我國公平交易法第三十條規定，事業違反本法之規定，致侵害他人權益者，被害人得請求除去之；有侵害之虞者，並得請求防止之。依此規定，廠商所為之廣告或表示，致侵害他人權益者，被害人得行使侵害除去請求權，若有侵害之可能時，亦得行使侵害預防請求權。侵害除去請求權行使，必須以致侵害他人權益為要件。不作為請求權行使之主體為被害人，是否包括工商業團體或消費者團體，不無疑問。此外，依德國不正競爭防止法第十三條第三項規定，在營業之經營中，違法廣告或表示之行為，係由職員或受任人所為者，對於企業之所有人亦得行使不作為請求權，我國公平交易法則無此規定。

---

deren satzungsgemässen Aufgaben es gehört, die Interessen der Verbraucher durch Aufklärung und Beratung wahrzunehmen, soweit die Verbände als solche in bürgerlichen Rechtsstreitigkeiten klagen können. Das gleiche gilt in den Fällen des §1, soweit der Anspruch irreführende Angaben über Waren oder gewerbliche Leistungen oder eine sonstige Handlung zu Zwecken des Wettbewerbs betrifft, durch die wesentliche Belange der Verbraucher berührt werden.

(2) Zum Ersatz des durch die Zuwiderhandlung entstehenden Schadens ist verpflichtet:

1. wer im Falle des §3 wußte oder wissen mußte, daß die von ihm gemachten Angaben irreführend sind. Gegen Redakteure, Verleger, Drucker oder Verbreiter von periodischen Druckschriften kann der Anspruch auf Schadensersatz nur geltend gemacht werden, wenn sie wußten, daß die von ihnen gemachten Angaben irreführend waren. 2. wer gegen die §§6, 6a, 6b, 8, 10, 11, 12 vorsätzlich oder fahrlässig verstößt.

(3) Werden in einem geschäftlichen Betriebe Handlungen, die nach §§1, 3, 6, 6a, 6b, 8, 10, 11, 12 unzulässig sind, von einem Angestellten oder Beauftragten vorgenommen, so ist der Unterlassungsanspruch auch gegen den Inhaber des Betriebs begründet."

　　至於廣告主即廣告廠商所應負擔之民事上損害賠償，亦應一併探討。對於因違法廣告或表示所生之損害，應負賠償責任之人，為明知或應知其所為之廣告或表示係引人錯誤者，為德國不正競爭防止法第十三條第二項所明文規定。廣告主為虛偽不實或引人錯誤之廣告或表示，致他人因此而受有損害，被害人即得向廣告主即廣告廠商主請求損害賠償（Schadensersatz）。同業競爭者，對於同業間之違法廣告最為敏感，其商業上之利益亦因此而受影響，但在法律上欲證明其因該違法廣告而受有損害，恐非易事，其在法律上固能請求損害賠償，惟在實際上所獲得之賠償可能有限。被害人若是買受人即消費者，且能證明因該違法廣告而受有損害，能否向廣告主請求損害賠償，頗有爭執。論者或謂公平交易法並不直接保護消費者，公平交易法對消費者之保護不過係反射利益而已，此種見解，並不被大部分德國學者贊同。德國著名之競爭法學者 Baumbach-Hefermehl 認為：「競爭法係在制止不正之競爭行為，不僅在保護競爭者，同時在保護其他市場參與者及一般大眾」(Das UWG-Recht schützt gegen unlauteres Verhalten in Wettbewerb nicht nur die einzelnen Mitbewerber, sondern auch die sonstigen Marktbeteiligten und die Allgemeinheit)，渠等並進一步強調：「不正競爭防止法，係同等保護競爭者，市場參與者及一般大眾，而對於一般大眾之保護，並非附帶作用」(Das UWG-Recht schützt gleichmäßig Mitbewerber, Marktbeteiligte und Allgemeinheit; der Schutz der Allgemeinheit ist keine bloße Nebenwirkung)❷。上述對一般大眾之保護，即係指對消費大眾或消費者之保護。德國聯邦最高法院亦不斷強調競爭法之社會功能 (die soziale Funktion des UWG-Rechts)❸。此外，德國學者 Ulmer-Reimer, Godin-

---

❷　Baumbach-Hefermehl, Wettbewerbsrecht, Einl UWG Anm. 38, 39.

❸　BGH 19, 392 (Anzeigenblatt); BGH 23, 371 (SUWa);
　　BGH 43, 278 (Kleenex); GR 55, 541 (Bestattungswerbung);

Hoth, Tetzner, Bußmann-Piezcker-Kleine, Fikentscher, Schricker, Schrauder及Schwartz主張競爭法中不正當競爭之制止，係在維護私益與公益，亦即在維護競爭者，其他市場參與者如購買人或供應商以及其他公眾之利益 (Die Interessen der Mitbewerber, der sonstigen Markt-beteiligten sowie der Allgemeinheit)❹。若一般消費者，其未受有損害，自無從請求損害賠償。若該消費者即同時是買受人或受害人，其確實受有損害，且其損害確係因該違法廣告引起，依我國公平交易法第一條亦保護消費者利益之立法宗旨，第二十一條第三項及第三十一條之規定，自得請求損害賠償。此種見解，在我國尚屬新穎，其係以德國學理及我國公平交易法第一條之立法宗旨為根據，係保護受害人。持否定論者之見解謂消費者之保護，只不過是公平交易法之反射利益，亦與學理上之多數見解不符；至於若謂消費者亦係受害人時，其求償困難，故否定其損害賠償請求權，此種觀點，則倒果為因。當然，單純之消費者而非受害之消費者，自無從請求賠償。在早期，消費者保護比較不被重視，時至近代，既然學理上及實務上均肯定競爭法具有保護競爭同業及消費者之雙重功能，則落實此種功能之最佳途徑，即是當消費者同時也是受害人時，直接賦予其損害賠償請求權，而非僅限於同業競爭者！此種觀念與見解，本文努力發揚，願有朝一日被學術界及實務界接受，而能發揮與落實競爭法即公平交易法之目的。

上述見解，自我國消費者保護法於八十三年一月十一日公布後，逐漸落實，該法對於消費者之損害賠償有比較明確之規範。企業經營者應確保廣告內容之真實，其對消費者所負之義務，不得低於廣告之內容。媒體經營者明知或可得而知廣告內容與事實不符者，媒體經營者與企業

BGH 59, 277 (Künstlerpostkarten), BGH 65, 315 (Werbewagen); BGH 69, 295 (Goldener Oktober).

❹ Baumbach-Hefermehl, Wettbewerbsrecht, Einl UWG Anm. 38, 39.

經營者應對受害之消費者負連帶責任，此分別為消費者保護法第二十二條及第二十三條所明文規定。此種規定，較公平交易法之規定明確。

(二)刑事責任

依德國不正競爭防止法第四條之規定，意圖喚起特別有別之供給印象，故意在對大眾所為之公告或通報中，關於營業狀況為不實及引人錯誤之表示者，處一年以下有期徒刑或科罰金。上述不正確之表示，係由職員或受任人於營業經營中所為者，企業之所有人或主管人員若知其情事，應與該職員或受任人一同處罰❺。行為人不必限於競爭者，任何其他行為人，亦屬之。共犯、教唆犯或幫助犯，則依刑法總則之規定。日本及韓國之刑罰分別是三年及二年之有期徒刑。我國公平交易法對於違法廣告之制裁，與德國、日本及韓國之規定不同，而無任何刑事責任。公平交易法之草案曾有刑事責任之規定，後來又刪除，其刪除之理由不

---

❺ §4 UWG lautet:

"(1) Wer in der Absicht den Anschein eines besonders günstigen Angebots hervorzurufen in öffentlichen Bekanntmachungen oder in Mitteilungen, die für einen größeren Kreis von Personen bestimmt sind, über geschäftliche Verhältnisse, insbesondere über die Beschaffenheit, den Ursprung, die Herstellungsart oder die Preisbemessung von Waren oder gewerblichen Leistungen, über die Art des Bezugs oder die Bezugsquelle von Waren, über den Besitz von Auszeichnungen, über den Anlaß oder den Zweck des Verkaufs oder über die Menge der Vorräte wissentlich unwahre und zur Irreführung geeigneter Angaben macht wird, mit Freiheitsstrafe bis zu einem Jahre oder mit Geldstrafe bestraft.

(2) Werden die im Absatz 1 bezeichneten unrichtigen Angaben in einem geschäftlichen Betriebe von einem Angestellten oder Beauftragten gemacht, so ist der Inhaber oder Leiter des Betriebs neben dem Angestellten oder Beauftragten strafbar, wenn die Handlung mit seinem Wissen geschah."

詳，其立法品質是否不夠周延，令人耽憂，虛偽不實或引人錯誤廣告之氾濫已至非常嚴重之程度，在營業交易中幾乎沒有一天沒有發生，其對營業競爭秩序之傷害，及競爭者或消費者利益之侵害，頻率最高，幅度最大，若給予適當之刑事責任，廠商則不敢動輒以身試法，經由此種立法方式，可收潛在功效，即法律本身制定後能潛在地阻止以身試法者為違法行為之功效，尤其該法律妥適地具有刑事責任，足以讓人產生嚇阻作用。吾人並非主張刑罰萬能，若違法行為無適當刑事責任，充其量法律不過係紙老虎，不痛不癢，對於法治之傷害，足以為戒。至於制定後，若不確實執行違法廣告之制止，其情況仍足以傷害法治。虛偽不實或引人錯誤之廣告，其行為人惡性並非重大，刑度不宜過重。

(三)行政上之處罰

　　德國、日本及韓國競爭法對於不實廣告之規定，均無行政上處罰。依我國公平交易法第四十一條規定，公平交易委員會對於違反本法規定之事業，得限期命其停止或改正其行為；逾期仍不停止或改正其行為者，得繼續命其停止或改正其行為，並按次連續處新臺幣一百萬元以下罰鍰，至停止或改正為止。依此規定，廠商刊登虛偽不實或引人錯誤之廣告，僅限期命其停止，則其已刊登或宣傳之廣告，縱使違法，亦不受任何制裁，所謂限期命其停止，不過廠商口中之紙老虎而已！若限期命其改正，則效果較好。如消費者文教基金會向公平會檢舉，臺中某家建設公司於八十一年四月二十四日，在報上刊登「臺中中港路國宅公告」有不實嫌疑，經公平會調查發現廣告內容中有關「臺灣省住宅暨都市發展局、臺中縣政府協辦」及「申購辦法、優惠條件」等內容有虛偽不實引人錯誤，明顯違反公平法第二十一條規定。公平會即依公平交易法第四十一條規定，命該公司在收到處分書次日起十天內，在同樣報紙同樣版面刊登更

正啟事，內容必須明白標出原廣告不實之處❻。若能在立法上，直接處以罰鍰，應較妥善。

二、廣告業

　　廣告代理一詞，用在廣告公司與廣告主間之關係，並非全然沒有任何疑問。我國民法上之代理，係指代理人於代理權限內，以本人名義向第三人為意思表示，而效力直接歸屬於本人之行為，在商業上，若廣告公司代理廣告主，以廣告主的名義向電視、廣播、報紙或雜誌等事業，訂定播放或刊登廣告之契約，此時，契約之效力直接對於廣告主發生，廣告公司僅係代理人之身分，此種情況，固為廣告代理。至於廣告主委託廣告公司設計或製作廣告內容，而不牽涉代理之問題，若仍稱為廣告代理，在法律上則容易產生誤解，我國公平交易法第二十一條第四項所稱之廣告代理業，稱之為廣告業，或較妥當。廣告業在明知或可得知情況下，仍設計或製作有虛偽不實或引人錯誤之廣告，應與廣告主負連帶損害賠償責任❼。

三、廣告媒體業

　　電視、廣播、報紙、雜誌或電影等事業，通常提供一定之時段或篇幅，作為廣告，以傳遞商品或服務之訊息。此種大眾傳播媒體業，其重要收入來源即係廠商之廣告費，少則數百數千，多則數十萬，甚至百萬千萬，若率爾傳播或刊載任何不實訊息，仍不必負擔任何責任，則有關違法廣告之制止，將形成漏網之魚。德國競爭法第十三條第二項規定，

---

❻　聯合報，八十一年八月六日，第八版。

❼　公平交易法第二十一條所稱之廣告僅限於引人錯誤，應係立法之疏忽。公平交易法施行細則第二十一條乃予以補足，並明定：「本法第二十一條第四項所稱引人錯誤，包括因虛偽不實所致者。」

廣告主明知或應知其所為之表示，係引人錯誤，固應負損害賠償責任，但對於定期刊物之編輯、發行人、印刷者或散布者(Redakteure, Verleger, Drucker oder Verbreiter von periodischen Druckschriften) 之損害賠償請求權，以其明知其所為之表示係引人錯誤者為限，始得主張之。此種規定，範圍過小。我國公平交易法第二十一條第四項之規定，其範圍較廣，包括各種廣告媒體業如電視、廣播、報紙或雜誌等業者，在明知或可得知其所傳播或刊載之廣告，有虛偽不實或引人錯誤之虞，仍予傳播或刊載，亦應與廣告主負連帶損害賠償責任❽。

---

❽　徐火明，論不正競爭防止法及其在我國之法典化，中興法學，七十四年三月，第三一九頁。

肆、結論與建議

公平交易法第二十一條係就一般商品之廣告，予以規範，其主管機關，在中央為行政院公平交易委員會，在省（市）為建設廳（局），在縣市為縣（市）政府。對於人體健康有密切關係之商品如食品，藥品或化妝品等，則甚早即有特別法律之規範，其主管機關在中央為行政院衛生署，在省（市）為省（市）政府衛生處（局），在縣市為縣市政府。依照食品衛生管理法第十九條規定，對於食品、食品添加物或食品用洗潔劑之標示，不得有虛偽、誇張或易使人誤認為有醫藥之效能；且依該法第二十條規定，亦不得藉大眾傳播工具或他人名義，播載虛偽、誇張、捏造事實或易生誤解之宣傳或廣告，如有違反，則處以罰鍰，情節重大，並得吊銷其營業或設廠之許可證照。依照化妝品衛生管理條例第二十四條之規定，化妝品不得於報紙、刊物、傳單、廣播、幻燈片、電影、電視及其他傳播工具登載或宣播猥褻、有傷風化或虛偽廣大之廣告；化妝品之廠商登載或宣播廣告時，應於事前將所有文字、畫面或言詞，申請省（市）衛生主管機關核准，並向傳播機構繳驗核准證明文件。如有違反，則處以罰鍰，情節重大，並得撤銷其有關營業或設廠之許可證照。依照舊藥物藥商管理法第七十一條規定，藥商不得於報紙、刊物、傳單、廣播、電影、電視、幻燈片及其他工具或假藉他人名義，登載或宣播藥品及醫療器材之下列各項廣告：1.使用文字、圖畫與核准不符者；2.涉及猥褻有傷風化者；3.暗示墮胎者；4.名稱、製法、效能或性能虛偽誇張者；5.使用他人名義保證或暗示方法，使人誤解其效能或性能者；6.利用非學術性之資料或他人函件，以保證其效能或性能者；如有違反，則處以罰鍰。與一般商品廣告比較不同的是，藥品及化妝品之廣告，必須事前經省市衛生主管機關核准，採事前審查制，而一般商品之廣告，

則在事前不需經主管機關之核准，採事後管理制，關於食品、化妝品或藥品之廣告，食品衛生管理法、化妝品衛生管理條例或藥物藥商管理法均有特別規定，對於公平交易法第二十一條有關一般商品廣告之規定而言，具有特別法之性質，依中央法規標準法第十六條之規定，即基於特別法優於普通法之原則，應優先適用特別法。

　　若謂刊登「治癌療效，三天見效」之廣告，首先即判斷是否不實，經證明為不實後再判斷消費者有無因受誤導而購買，不過一般人甚難相信「三天見效」，所以不會受到誤導，並進一步認為這種廣告即是吹牛廣告，應不在公平法禁止之列，此種見解，是否妥適，殊值探討。我國公平交易法對於虛偽不實或引人錯誤之廣告，皆予以規範，二者之中，有其一，即應規範，非謂二者必須同時兼備，始應禁止。只要能證明其廣告內容為虛偽不實，即應禁止。至於有些廣告之內容即使是真實，但仍足以使人產生錯誤，則仍應予以禁止，始較周延。

　　在公平交易法實施初期，不少人主張公平交易法對不實廣告之規範，原則上是以保護競爭事業為目的，消費者只是附帶受到保護而已，亦即消費者僅享有反射利益，而否認消費者依公平交易法求償。此種見解與德國學說主流背道而馳，許多德國著名之競爭法學者，均不斷強調，競爭法同時保護競爭者，其他市場參與者及消費者，對消費者之保護，並不是競爭法之附帶作用！在競爭法領域中，學說及法院判決已經注意到消費者法益之重要性，此種觀念，隨著消費者保護運動在全球逐漸展開而受到重視。在獨占廠商濫用獨占地位時，沒有競爭者可請求賠償；在有些行業其同業競爭者有限，而皆為違法行為時，若沒有競爭者請求賠償，如又剝奪受害之消費者請求賠償，則無人可以請求賠償，此時，所謂損害賠償，其究竟在保護誰？而真正受害之消費者又不能請求賠償，此種法律自我設限，目的何在？合理乎？惟反托拉斯法牽涉層面廣泛，非本文探討內容。瑞士競爭法明白肯定受害之消費者能行使損害賠償請

求權，日本亦有不少學者肯定之。在不正競爭法之領域中，賦予受害人，尤其是受害之消費者損害賠償權，恐係消費者保護運動中應予重視之問題。此種見解，在我國尚屬新穎，尤其在公平交易法實施初期，恐怕不容易被接受，但在學理上應予支持，願有朝一日，此種學理上之見解，能充分落實！吾人欣見八十三年一月十一日公布之消費者保護法，依該法第二十三條規定，刊登或報導廣告之媒體經營者，明知或可得而知廣告內容與事實不符者，就消費者因信賴該廣告所受之損害，與企業經營者負連帶責任，即明文明定受害之消費者，得享有損害賠償請求權。一九九三年三月，著名之競爭法學者德國慕尼黑大學教授 Prof. Dr. Gerhard Schricker應公平交易委員會之邀，來臺訪問，作者曾親自向教授請教，渠曰：「不正競爭防止法具有整合性之競爭者、消費者及公眾利益之保護。」("Die Gesetze gegen unlauteren Wettbewerb beinhalten somit einen integrierten Wettbewerber-, Verbraucher- und Allgemeinheit-interessenschutz.")

第三篇 從公平交易法 論表徵權之保護

壹、公平交易法第二十條之立法宗旨

一八八三年之巴黎保護工業財產權公約，對於不正競爭之禁止，尚無特別規定。一九〇〇年布魯塞爾會議，則對不正競爭之原則加以確定。一九一一年之華盛頓會議，則規定對於締約國之國民所受之不正競爭，應提供有效之保護，亦即為巴黎保護工業財產權公約第十條之一第一項所明定。其後，一九二五年之海牙會議，於第十條之一第二項，對於不正競爭之定義及形態亦予明文規定，依其規定，所謂不正競爭，係指任何違反工商業善良習慣之競爭行為 (Any act of competition contrary to honest practices in industrial or commercial matters constitute an act of unfair competition)。一九三四年之倫敦會議及一九五八年之里斯本會議，分別對此規定加以改進，以及對不正競爭之其他形態加以列舉。從上述說明，可知不正競爭之制止，亦係巴黎保護工業財產權公約之重要方向，且經數十年之演進，而益趨重要，其所列舉之形態包括下列三類形態，第一類為對競爭者之廠號、商品或工商活動，不論任何方法，足以產生混淆之行為；第二類為對競爭者之廠號、商品或工商活動，足以損害其信譽之虛偽陳述；第三類為對商品之性質、製造方法、特徵、使用性或份量所為之陳述或說明，足以使大眾產生誤信之虞者❶。其中第

一類情形，即與商品或服務表徵之仿冒有關，我國雖未參加巴黎保護工業財產權公約，但是，公平交易法第二十條業已斟酌該公約之精神，並予以明文規定保護商品及服務之表徵，殊值肯定。

我國公平交易法第二十條關於商品或服務表徵之保護，主要係參考一九三四年之日本不正競爭防止法第一條而制定，當時，日本為參加巴黎保護工業財產權公約而制定不正競爭防止法，早期僅係滿足國際間之要求，但隨著日本經濟迅速發展，對於不正當競爭行為之禁止，則愈為重要❷。我國早期因故未加入巴黎保護工業財產權公約，而於民國七十年左右以來，由於智慧財產權保護不週及大量之仿冒品充斥於國際市場，遭致國際間抗議，並要求修改相關法律或制定新法，以資妥善保護。仿

---

❶ Artikel 10 bis (a) Pariser Verbandsübereinkunft zum Schutz des gewerblichen Eigentums. (Schutz gegen unlauteren Wettbewerb)

(1) Die Verbandsländer sind gehalten (b), den Verbandsangehörigen einen wirksamen Schutz gegen unlauteren Wettbewerb (c) zu sichern.

(2) Unlauterer Wettbewerb ist jede Wettbewerbshandlung, die den anständigen Gepflogenheiten in Gewerbe oder Handel zuwiderläuft (d).

(3) Insbesondere sind zu untersagen (e):

1. alle Handlungen, die geeignet sind, auf irgendeine Weise eine Verwechslung mit der Niederlassung, den Erzeugnissen oder der gewerblichen oder kaufmännischen Tätigkeit eines Wettbewerbers hervorzurufen (f);

2. die falschen Behauptungen im geschäftlichen Verkehr, die geeignet sind, den Ruf der Niederlassung, der Erzeugnisse oder der gewerblichen oder kaufmännischen Tätigkeit eines Wettbewerbers herabzusetzen (g);

3. Angaben oder Behauptungen, deren Verwendung im geschäftlichen Verkehr geeignet ist, das Publikum über die Beschaffenheit, die Art der Herstellung, die wesentlichen Eigenschaften, die Brauchbarkeit oder die Menge der Waren irrezuführen (h).

❷ Teruo DOI, The Intellectual Property Law of Japan, 1980, p. 179.

冒專利、商標或著作權之行為，分別依據專利法、商標法或著作權法予以禁止，除此三種形態之仿冒外，尚有商品或服務表徵之仿冒，尚非專利法、商標法或著作權法所能規範。關於商品或服務表徵之仿冒，特稱之為「第四種仿冒」，應以不正競爭防止法作為規範之基礎，以彌補專利法、商標法或著作權法之不足，同時禁止仿冒他人之商品或服務表徵，以維護工商業之競爭秩序及確保消費者權利。公平交易法第二十條之規定，即本於此種立法宗旨而制定❸。

---

❸ Bodenhausen, Pariser Verbandsübereinkunft zum Schutz des gewerblichen Eigentums, 1971, S. 123.

貳、保護客體

依我國公平交易法第二十條第一項規定：「事業就其營業所提供之商品或服務，不得有左列行為：

一、以相關大眾所共知之他人姓名、商號或公司名稱、商標、商品容器、包裝、外觀或其他顯示他人商品之表徵，為相同或類似之使用，致與他人商品混淆，或販賣、運送、輸出或輸入使用該項表徵之商品者。

二、以相關大眾所共知之他人姓名、商號或公司名稱、標章或其他表示他人營業、服務之表徵，為相同或類似之使用，致與他人營業或服務之設施或活動混淆者。

三、於同一商品或同類商品，使用相同或近似於未經註冊之外國著名商標，或販賣、運送、輸出、輸入使用該項商標之商品者。」

此種規定，與日本不正競爭防止法第一條第一款及第二款相當，其保護對象包括姓名、商號、公司名稱、商標、標章、商品容器、包裝、外觀、商品表徵及服務表徵，亦即德國法上所稱表徵權(Ausstattungs-recht)之保護，範圍非常廣泛，茲分別論述之。

一、姓　名

人類在社會生活中產生各種法律關係，為區別權利義務之主體，實有使用姓名以互相加以區別。依照姓名條例第一條之規定，中華民國國民之本名，以一個為限，並以戶籍登記之姓名為本名，即我國係採取本名唯一主義。國民對於政府依法令調查或向政府有所申請時，均應使用本名。學歷、資歷及其他證件、執照，均應使用本名，其不用本名者無效。財產權之取得、設定、移轉、變更或其他登記時亦均應使用本名，其不使用本名者，產權登記機關不得予以核准❶。在我國社會中，姓名

完全相同者所在多有，因我國法律並未禁止姓名相同之情形，即與他人已經登記之姓名完全相同時，仍得就該完全相同之姓名於戶政機關登記為本名。因此，作為權利義務主體之姓名，即使完全相同，亦無不可，但是，可作為申請改名之根據。至於以相關大眾所共知之他人姓名，作為商業上使用，則在一定要件下，應為公平交易法所禁止。

人格權(Persönlichkeitsrecht)受侵害時，得請求法院除去其侵害；有侵害之虞時，得請求防止之；在人格權受到侵害時，以法律有特別規定者為限，得請求損害賠償或慰撫金，為我國民法第十八條所明文規定。所謂人格權，係指關於人類存在價值及尊嚴之權利，包括生命、身體、健康、自由、名譽、姓名、貞操、肖像、隱私等人格權利。此外，我國民法第十九條，對姓名權之保護特別規定為：「姓名權受侵害者，得請求法院除去其侵害，並得請求損害賠償。」 姓名權，係為區別人己而存在之人格權，故姓名權遭受他人侵害時，得請求為侵害之排除，至於因侵害而受有損害時，並得請求賠償❷。民法對於姓名權之保護，並不以該姓名為相關大眾所共知為必要，與公平交易法不同。

民法上對於姓名之保護，係著重於人格權之保護；公平交易法第二十條之保護，係著重於不正競爭之禁止。民法上無刑事處罰之規定，但公平交易法對於仿冒他人著名姓名為商業上使用之行為，最重可處行為人三年以下有期徒刑。民法第十九條，係對於所有自然人之姓名，均予以同等保護，但公平交易法第二十條所保護之姓名，限於相關大眾所共

---

❶ 參照姓名條例第二條、第三條及第四條之規定。

❷ 最高法院關於人格權之判決，多屬於非財產損害賠償之問題。依最高法院五十年臺上字第一一一四號判決的見解：「受精神之損害，得請求賠償者，法律皆有特別規定，如民法第十八、第十九、第一百九十四、第一百九十五、第九百七十九、第九百九十九條等是。未成年子女被人誘姦，其父母除能證明因此受有實質損害，可依民法第二百十六條，請求賠償外，其以監督權被侵害為詞，請求給付慰撫金，於法究非有據。」

知者。

在日常生活及社會經濟活動上，姓名均具有區別之作用，而國人除姓名之外，復有字、別號、筆名、藝名之使用，其與真正姓名均具有同一效用及利益，於其受侵害時，均可適用民法第十九條之規定而受保護❸。公平交易法第二十條所稱之姓名，亦應採取相同廣義見解，始較妥當。

至於單純使用中國姓氏，尚難構成不法。連名帶姓一起使用，固應受規範，若不使用姓，而僅使用其名，尤其使用相關大眾所共知之企業家名字，足以產生混淆者，仍應予以規範，例如建設公司推出預售房屋之名稱，命名為「永慶大廈」或「萬霖大樓」等，足以產生混淆者，均應予以規範。同姓同名或不同姓而同名者，時常發生，若與著名企業家同名，其姓名亦為「王永慶」，如對於自己所推出之預售房屋命名為「王永慶大樓」， 是否違法，殊值注意。公平交易法第二十條第二項規定，善意使用自己姓名之行為，或販賣、運送、輸出或輸入使用該姓名之商品者，不適用公平交易法第二十條第一項之規定。事業因他事業善意使用自己姓名之行為，致其營業、商品、服務、設施或活動有受損害或混淆之虞者，得請求他事業附加適當表徵。所謂善意，通常係指不知情，但依照日本學者之見解，此與一般私法上所指之善意不同，主要是指不正競爭之目的而言。任何人均有權將自己之姓名使用於商業上，但是，任何人均無權將自己之商品或營業影射為他人之商品或營業❹。若基於不正競爭之目的，將他人著名之姓名，逕為商業上使用，且足以產生混淆，仍應受公平交易法規範。

---

❸ 鄭玉波，民法總則，第九十九頁；王澤鑑，民法學說與判例研究，六十四年，第三十四頁。

❹ David Young, QC, Passing Off, 1989, p. 3.

二、商　號

　　所謂商號，係指商業主體在營業上為表彰自己所使用之名稱，而商業主體則指商業上權利義務所歸屬之主體，包括個人及法人。

　　我國現行商業登記法，已將商號之名稱廢去，改用「商業名稱」字樣，以便與「公司名稱」互相呼應。但是民法上及刑法上仍普遍使用「商號」之用語。民法第五百五十三條第一項規定：「稱經理人者，謂有為商號管理事務及為其簽名之權利之人」，其中所謂商號，應採取廣義之解釋，包括獨資或合夥型態所使用之商業名稱外，亦包括公司型態之公司名稱❺。依照商業會計法第二條，所謂商業，係指以營利為目的之事業，其範圍依商業登記法及公司法之規定。關於商業名稱或公司名稱，則分別於商業登記法或公司法明文規定。

　　商業登記之目的，在保障商業主體之權益及保護社會公眾之利益。對於商業登記之監督，有採行政監督，以行政機關為主管機關者；有採司法監督，以法院為主管機關者；我國則採行政監督，以行政機關為商業登記之主管機關❻。依照商業登記法第七條之規定，商業登記之申請，由商業負責人向營業所所在地之主管機關為之，而主管機關，在中央為經濟部，在省為建設廳，在直轄市為建設局，在縣（市）為縣（市）政府。

　　我國商業登記法所稱之商業，係指經營活動業務之獨資或合夥之營利事業。商業在開業之前，應將名稱、組織、所營業務、資本額、所在地、負責人姓名、住所、出資種類及數額、合夥組織者合夥人之姓名、住所或居所、出資種類、數額及合夥契約副本，向主管機關申請登記。其中，即明文規定商業名稱，應申請登記。關於商號或商業名稱之選定，

❺　鄭玉波，民法債篇各論下冊，民國六十九年一月五版，第四六二頁。

❻　張國鍵，商事法論，民國六十九年五月修訂十九版，第八十六頁。

我國採取自由主義，即我國商業登記法採取日本立法例，規定商業之名稱，得以其負責人姓名或其他名稱充之。商號如因營業主體之變更時，仍然是否可以繼續使用該名稱，不無疑問。如以合夥人之姓或姓名為商業之名稱者，該合夥人退夥，如仍用其姓或姓名為商業名稱時，須得其同意。個人獨資或合夥所經營之商店，其主體屬於從事營業之商人，而且係以營利為目的，故商號或商業名稱之使用，不得使人誤認為與政府機關或公益團體有關之名稱❼。依據商業登記法第二十八條之規定：「商業在同一直轄市或縣（市）， 不得使用相同或類似他人已登記之商號名稱，經營同類業務。但添設分支機構於他直轄市或縣（市）， 附記足以表示其分支機構之明確字樣者，不在此限。商號之名稱，除不得使用公司字樣外，如與公司名稱相同或類似時，不受前項規定之限制。」 依此規定，商號或商業名稱之範圍，係以縣（市）為準，在不同之縣（市），如分別在臺北縣或高雄縣使用相同之商號，即非不可，但在同一縣(市)，則應予禁止❽。商號或商業名稱專用權，係因登記而創設，未經登記之商業名稱，並無排斥他人使用之效力，但一經登記，即取得專用權，而可轉讓或繼承，亦得排斥他人使用。在同一縣市內，如使用相同或類似於他人已登記之商業名稱，而經營同類業務，應認為係屬不正當之競爭。例如臺北市業已經有廣達香食品店之開設，而且登記在先，若有他人仍

❼ 商業登記法第二十六條規定： 「商業之名稱，得以其負責人姓名或其他名稱充之。但不得使用易於使人誤認為與政府機關或公益團體有關之名稱。以合夥人之姓或姓名為商業之名稱者，該合夥人退夥，如仍用其姓或姓名為商業名稱時，須得其同意。」

❽ 商業登記法第三十條規定：「商業在同一縣（市），不得使用相同或類似他人已登記之商號名稱，經營同類業務。但添設分支機構於他縣（市）附記足以表示其為分支機構之明確字樣者，不在此限。
商業之名稱，除不得使用公司字樣外，如與公司名稱相同或類似時，不受前項規定之限制。」

在臺北市以廣達香食品店申請登記，依商業登記法第二十八條之規定，應不得使用相同之名稱，而必須更換名稱。若該他人不申請登記，而直接使用廣達香食品店之名稱販賣食品，則違反商業登記法第八條之規定，依同法第三十二條規定，未經登記即行開業者，除由主管機關命令停業外，處各行為人三千元以上一萬五千元以下罰鍰❾。此外，不申請登記，而直接使用廣達香食品店之名稱營業，如「廣達香」名稱已為相關大眾所共知，則同時違背公平交易法第二十條之規定，依公平交易法第三十五條之規定，可處行為人三年以下有期徒刑。

三、公司名稱

公司之登記，係指依公司法之規定，依照法定程序，由公司負責人將應行登記之事項，向公司所在地之主管機關所為之登記。我國公司法對於公司之設立登記，採取設立要件主義，即公司非經登記並發執照後，不得設立❿。公司法所稱之主管機關，在中央為經濟部，在省為建設廳，

---

❾ 司法院院字第一九九七號解釋：「已登記之商號，添設支店於他人已登記同一商號之縣市者，當聲請登記時，應於其商號附記足以表示其支店之字樣，始准登記。此為商業登記法第二十一條第二項所明定。商業登記法施行細則第三十四條，雖有他人登記前業經使用之商號不受商業登記法第二十一條限制之規定，惟此種效力，僅在同一縣市內有之。若於他人已登記同一商號之別一縣市添設支店，仍應受商業登記法第二十一條第二項之限制。來咨所稱呈請登記之商號於他人已登記同一商號之縣市內，先已使用其商號開設支店者，自應准予登記，如其用本店商號開設支店，已在他人登記之後，則該支店之商號非照本店之商號，附記表示其支店之字樣不得准予登記。至僅於本店之商號附記支店兩字，尚不足以區別，必附記其他足資區別之字樣而後可。」

❿ 梁宇賢，公司法論，八十六年二月，第六十八頁。
我公司法對於公司之管制，係採行政監督及中央集權主義，故以在中央主管機關登記為其成立之要件。關於公司設立登記之性質，則採強制主義。凡規

在直轄市為建設局。公司之設立、變更或解散之登記，或其他處理事項，中央主管機關得委託地方主管機關審核之。如公司僅有設立登記之申請，尚不能取得法人之資格，必須申請核准發給執照後，始發生登記之效力。公司經設立登記並經核准後，始得使用公司之名稱。公司名稱，應標明公司之種類，即除公司名稱外，尚應標明其為有限公司、股份有限公司、兩合公司或無限公司等種類，以資區別。

公司名稱經登記後，具有排他之效力。依公司法第十八條規定：「同類業務之公司，不問是否同一種類，是否在同一省（市）區域以內，不得使用相同或類似名稱。不同類業務之公司，使用相同名稱時，登記在後之公司，應於名稱中加記可資區別之文字。」 所謂同類業務，係指在公司章程中所定之營業相同。如甲於臺北市設立長城貿易股份有限公司，並經登記，乙擬於臺北市設立貿易公司，但其組織型態非為股份有限公司，而為有限公司，名稱仍為「長城貿易有限公司」， 因其經營之業務相同，故不得使用相同或類似之公司名稱，即後來申請登記之長城貿易有限公司必須更換其他名稱。如乙未經設立登記，或經申請登記而未獲准，仍以「長城貿易有限公司」名義經營業務，依公司法第十九條之規定，屬於未登記而營業，行為人各處一年以下有期徒刑、拘役或科或併科五萬元以下罰金，並自負其責，行為人有二人以上者，連帶負責，並由主管機關禁止使用公司名稱❶。此外，如能證明該業已登記之公司名稱「長城」為相關大眾所共知，卻擅自使用該公司名稱「長城」， 且未申請登記，即逕行對外營業，亦同時違反公平交易法第二十條之規定。

定有申請期限者，其申請義務人，若不依限申請，則須受罰鍰之制裁。

❶ 梁宇賢，公司法論，八十六年二月，第七十二頁。
最高法院六二臺上一二八六號判決：「依公司法第十九條規定，就未辦設立登記前之法律行為負連帶責任者，並不以公司股東為限，凡參與經營業務或其他法律行為者，均在其列。」

公司章程中所訂定之營業不相同者，即屬於非同類業務之公司，而得使用相同之公司名稱，如一為經營紡織業務，一為經營電腦業務，如二者之名稱均為「中興」，依公司法第十八條第二項規定，並無不可，但登記在後之公司，應於名稱中加註可資區別之文字，如「中興電腦股份有限公司」，而與先前登記之「中興紡織股份有限公司」互相區別也。由此可知，公司法上所規定公司專用權之效力，僅限於同類業務，而不及於不同類業務。依照商標法之規定，商標專用權之效力，亦僅限於同一或同類商品，而不及於完全不同類之商品。但是，依據各國學說及法院之判決，對於著名商標之保護，已擴大至完全不相同之產品，而分別以不正競爭防止法或其他相關法律為基礎。競爭法或我國公平交易法，對於著名商號或公司名稱之保護，是否仍應限於同一商品或同類商品，即不無研究之餘地。

四、商標或服務標章

依據我國商標法第二十一條規定，商標自註冊之日起，由註冊人取得商標專用權，即我國商標法係採註冊主義，商標應經註冊，始受商標法之保護，凡未經註冊之商標，均不受商標法之保護，至於商標專用權之範圍，則以請准註冊之商標及所指定之商品為限。仿冒他人已經註冊之商標，而使用於同一商品或類似商品，在民事上得請求排除侵害、防止侵害或損害賠償，在刑事上行為人應負擔刑事責任。但是，仿冒他人未經註冊之商標，原則上不受商標法之保護。

德國商標法之保護客體包括商標(Warenzeichen)、服務標章(Dienstleistungsmarken)及表徵(Ausstattungen)，而商標或服務標章之保護，係以已經註冊於註冊簿 (Warenzeichenrolle) 之商標或服務標章為限，至表徵之保護，則不以註冊為要件❷。商標之保護亦以同類性 (Warengleichartigkeit)為要件。依據德國聯邦最高法院之見解，威士忌酒之商標 "Dimple"，指定使用於男性化粧品，因酒與化粧品屬於不同類之商品 (Keine gleichartige Waren)，故不能依德國一九九四年以前之商標法第二十四條規定而受保護。在香煙品牌 "Camel Tours" 一案，德國聯邦最高法院認為，一為香煙商品，一為旅遊服務，兩者屬於不同類，亦不受德國商標法之保護❸。至於著名商標之保護，乃屬競爭法之問題。

我國商標法第六十二條規定，意圖欺騙他人，於同一商品或類似商品，使用相同或近似他人註冊商標之圖樣者，處三年以下有期徒刑、拘役或科或併科新臺幣二十萬元以下罰金。依此規定，我國商標專用權之保護，除商標必須已經註冊之外，亦以同類商品為限，該同類商品即指類似商品而言，即與德國商標法之規定相當。商標已經註冊，且指定使用之商品為同一或類似，即受商標法之保護，至於該已經註冊之商標是否著名或不著名，均非所問。若將他人之著名商標，使用於完全不同類或不類似之商品，該著名商標是否受商標法之保護，及是否得依其他法律保護，殊值研究。

著名之商標如"4711"、"Odol"、"Nivea"、"Agfa"、"Persil"等，如被使用於完全不類似之產品，德國學者認為其識別力及廣告力 (Kennzeichnungs- und Werbekraft)將遭受嚴重損傷、沖淡或稀釋，亦即著名商標之識別力及廣告力，使得接受廣告之消費大眾，對該著名標章有相當之印象，而在潛意識中對該著名商標有所記憶，並進而購買有該著名標章之產品，此種情況，將使其他廠商競相使用該著名商標，若不予商標法或其他法律之保護，則該著名商標之識別力及廣告力，因此而逐漸遭

---

❷ Reinhard Bork, Kennzeichenschutz im Wandel——Zum Verhältnis des bürgerlich-rechtlichen zum wettbewerbsrechtlichen Schutz der berühmten Marke gegen Verwässerungsgefahr, GRUR, 1989, 726.

❸ BGH GRUR 1985, 550.

受損傷、沖淡或稀釋，為避免此種稀釋化之危險 (Die Gefahr der Ver-wässerung)，而對於著名商標賦予競爭法之保護❶。在Triumph一案，聯邦最高法院即依據德國競爭法第一條之概括條款，基於稀釋化危險之理論，對於著名商標，賦予競爭法之保護❶。惟不正競爭防止法第一條概括條款之適用，應以競爭關係之存在 (Das Besehen eines Wettbewerbsver-hältnisses)為要件，而著名商標之所有人，與使用該商標之人，係屬於不同之行業，且其指定使用之產品為完全不同且不類似，而欠缺競爭關係，使不正競爭防止法概括條款之適用，產生困難，惟著名商標應避免稀釋化危險之保護基礎，則絲毫未受影響。德國聯邦最高法院認為，著名商標已經成為企業非常有價值之部份，即使於完全不同類之產品使用，仍得根據稀釋化危險(Die Gefahr der Verwässerung)之理論，依德國民法第一○○四條及八二三條第一項受保護❶。德國一九九五年之新商標法，對著名商標之保護，已擴大至完全不類似之商品。

　　我國公平交易法第二十一條第一項第一款所保護之商標，須為相關大眾所共知之商標，為相同或類似之使用，致與他人商品混淆。同法第一項第二款所保護之服務標章，須為相關大眾所共知之標章，為相同或類似之使用，致與他人營業或服務之設施或活動混淆。至於該商標或服務標章，並不以註冊為限，但必須為相關大眾所共知。此種規定，是否包括於完全不類似之商品，使用他人之著名商標，或者是否亦包括於完全不類似服務，使用他人之著名標章，殊值研究。茲就該二條款之要件

---

❶　von Gamm, Der Verwässerungsschutz der berühmten Marke, WRP 57, 149 ff.; Hefermehl, Schutz der berühmten Marke, GRUR Int 73, 425; 徐火明，從美德與我國法律論商標之註冊，八十一年，第一八一頁。

❶　BGH GRUR 59, 25; Kohl, Die Verwässerung der berühmten Kennzeichen, 1975.

❶　Baumbach-Hefermehl, WZG Einl. Anm. 35.

分述如下：

㈠須為相關大眾所共知之商標或服務標章

我國舊商標法第三十七條第一項第七款規定，相同或近似於他人著名標章，使用於同一或同類商品者，不得申請商標之註冊❶。民國八十二年十二月二十二日總統公佈之商標法，已將著名標章之字樣刪除，並修正為：「襲用他人之商標或標章有致公眾誤信之虞者」，不得申請註冊❶。著名標章之用語，雖已在商標法中刪除，但其重要性，仍不可忽視。民國十九年商標法第二條第六款，及民國四十七年商標法第二條第八款，均明文規定「世所共知」之標章。民國七十二年修正商標法時，修正草案擬改為「夙著盛譽」之標章，惟夙著盛譽標章一詞，其意義與標準難以認定，易滋爭議，而改用較通俗且常用之著名標章❶。綜觀上述發展過程，儘管法律上或實務上有所謂「世所共知」、「夙著盛譽」或「著名」等用語，不盡相同，但其真正意義應為著名標章一詞所涵蓋。

民國七十四年商標法第六十二條之一，對於未經註冊之外國著名商標賦予保護，考其立法背景，係受外國強大壓力所致，但其違背商標法所貫徹之註冊主義，當時倍受批評，此種胳臂絕對往外彎之立法方法，確實不妥，何況，其不保護未經註冊之本國著名商標，亦予人外國月亮比較圓之心態，允宜有所調整，直至民國七十五年，行政院函請立法院草擬之公平交易法草案，其立法理由即明白指出：「查商標法第六十二條之一雖定有仿冒未經註冊外國著名商標處罰之規定，惟我國商標法採註冊保護制度，仿冒未經註冊之外國著名商標之處罰，不宜於商標法中予以規範。而仿冒外國著名商標之行為，係屬不公平競爭之一種，故改

---

❶ 康炎村，工業所有權法論，七十六年，第三十五頁。

❶ 徐火明，從美德與我國法律論商標之註冊，八十一年，第一八一頁。

❶ 徐火明，從美德與我國法律論商標之註冊，第一七四頁。

予本法中規定，本法通過後，商標法第六十二條之一當予刪除」。於是，商標法第六十二條之一刪除，並將其內容移植於公平交易法第二十條第一項第三款❷，而民國八十二年之商標法即無此種條款。

公平交易法第二十條第一項第一款之「相關大眾所共知」之商標，與同法同條項第三款之「著名商標」或舊商標法中所規定之「著名商標」，其意義為何，眾說紛紜。

採非同義說者認為，公平交易法所要求之知名度較低，即公平交易法對於商品或服務表徵要求達到相關大眾所共知之程度，並不需要達到一般所謂著名商標之知名度，否則要求過嚴，不足以保障公平競爭之秩序❷。此說亦認為，所謂共知，係指該他人之商品或服務之表徵，因其商品或服務有廣泛行銷而具有高度知名度，為該交易圈之相關大眾所共同知悉。所謂相關大眾所共知，與商標法所稱著名商標有所不同，不須達到「聲名遠播」或「著有盛譽」之程度❷。從文字解釋而言，相關大眾所共知、著名、聲名遠播或著有盛譽，均屬於形容詞，單從字面意義，無從辨別其知名程度何者較高，何者較低，亦無從列出其知名度之排列順序。此說僅提出相關大眾所共知之知名度較低，但何以較低之法律上根據，則付之闕如。

採同義說者認為，公平交易法所稱之「相關大眾所共知」，與同法同條項第三款或舊商標法所稱之「著名」，應屬同義❷。在相同之法律中，

---

❷　詳見立法院秘書處編印，法律案專輯第一百三十二輯，公平交易法案，民國八十一年六月第二十一頁至二十二頁。

❷　張澤平，商品與服務表徵在不正競爭防止法上之保護，八十年，第九十四頁。

❷　廖義男，公平交易法關於違反禁止行為之處罰規定，政大法學評論第四十二期。

❷　黃榮堅，濫用商標行為之刑責，臺大法學論叢第二十一卷第一期，第五十七頁；王伊忱，真正商品平行輸入之商標權侵害問題，七十七年臺大法研

其用語不一致時，其意義應屬不盡相同，但其前提為立法者有明顯之意思使用不同之用語，而區別其不同之意義。在眾說紛紜中，採取法理上之分析，或較妥適。公平交易法第二十條第一項第三款，對於未經註冊之外國著名商標賦予保護，係從舊商標法第六十二條之一移植而來，所以公平交易法第二十一條第一項第三款所稱之「著名」，與舊商標法中所稱之「著名」同義，應無問題。當著名商標被仿冒而使用於完全不類似之產品時，從外國立法例及學說而言，屬於商標法或競爭法之保護範圍，為各國學說及法院所共同採取之觀點，有些國家即依據稀釋化危險之理論，賦予不正競爭防止法之保護，因此，著名商標被使用於完全不同類之產品，成為競爭法及商標法之重要問題。在美國，有數州有稀釋化防止(Anti-dilution)之立法,並稱為著名商標(Well-known Trademark)；在德國，對於著名商標(Berühmte Warenzeichen)之保護，依據之法律為商標法，不正競爭防止法第一條或民法；在日本，稱為「周知商標」,其保護之法律基礎為不正競爭防止法❷。從上述學理及各國立法例之分析，可知我國公平交易法中，第二十一條關於相關大眾所共知商標之保護，即係對於著名商標保護之重心問題，亦即係美德日等國之商標法或競爭法所共同關心之著名標章之問題。我國在立法例上，第一款則採取日本立法方式，而經過翻譯後，對於「周知」選擇「共知」之用語，其真正意義即為國際間所共同關心之著名標章之問題。在第三款部份，因係從商標法中移植而來，仍沿用「著名標章」之用語，二者用語不同，並非有意使其區分，應屬立法用語之不夠周延，故不能以第三款與第一款之用語不同，而否定第一款為競爭法中關於著名之標章之重心問題，亦不

所碩士論文，第一四六頁；李桂英，從商標法及公平交易法論著名商標之保護，八十二年中興法研所碩士論文，第二十二頁。

❷ 各國公平交易法相關法規彙編，行政院公平交易委員會編印，八十二年，第七一五七頁。

能因此而認為公平交易法中所要求之知名度較低。其次，從法律之保護目的而言，對於著名商標以外之其他商標，即依非同義說者認為其知名度較低於著名商標所要求者，賦予保護，在法理上並無任何強有力之根據。我國公平交易法相當於外國所稱之競爭法，則採非同義說者認為公平交易法所要求之知名度較低之見解，亦欠缺法理上強有力之根據❷。

商標法之目的，在保障商標專用權及消費者利益，公平交易法之目的在維護交易秩序與消費者權益，商標法著重於保護已經註冊之商標，公平交易法著重於競爭秩序之維護，但是，此二種法律皆有以消費者利益之保護為共同之目的。既然有此共同之保護目的，則何以二種法律對於其所保護之商標所要求之知名度有差異，無法提供法理上之基礎，縱認有所差異，其差異之界限為何，在在難以說明。商標主管機關、公平交易委員會或法院，對於著名商標或相關大眾所共知商標之認定標準，固然有輕重寬嚴之別，但相關大眾所共知商標之保護，本質上即係各國競爭法對於著名商標保護之重心問題，不應解釋為二者知名度有高低之別，如此，始較符合法理上之根據。為避免同一法律中用語不同，而造成解釋上之分歧，宜參照商標法中將世所共知、夙負盛譽之用語，統一改為「著名」一詞之經驗，將相關大眾所共知一詞，修改為「著名」。事實上，日本不正競爭防止法第一條所稱周知，日本學者將之翻譯為英文時即為 Well-known，而商標法學者將 Well-known 翻譯成中文時即為著名，可資佐證❷。

---

❷ Hefermehl, Schutz der berühmten Marke, GRUR Int. 73, 425 ff.; Bork, Kennzeichenschutz im Wandel——Zum Verhältnis des bürgerlich-rechtlichen zum wettbewerbsrechtlichen Schutz der berühmten Marke gegen Verwässerungsgefahr, GRUR 1989, 725 ff.

❷ 日本不正競爭防止法第一條第一項第一款及第二款之周知，英文翻譯為 "Well-known", Teruo Doi, The Intellectual Property Law of Japan, 1980, p 181.

所謂相關大眾，係指與該商品或服務有可能發生銷售、購買等交易關係之人而言。所謂相關大眾所共知，係指具有相當知名度，為相關大眾之多數人所普遍知悉。如僅有少數人知悉之商標、服務標章或其他表徵，尚難認為相關大眾所共知❷。在人方面，以該商品銷售或購買之人，具有壓倒性之多數認識為已足。在地域方面，不以全國皆廣為周知為必要，即使在數地方已經周知，亦無不可。僅有一縣市已經周知，尚有不足。至於在國外已經著名之商標，雖未經註冊，但擅自仿冒而使用於同一商品或同類商品，可依公平交易法第二十條第一項第三款之規定予以規範，但若將該未經註冊之外國著名商標予以仿冒，而使用在完全不同之產品時，尚難依公平交易法第二十條第一項第三款之規定予以規範。此際，如商標或服務標章在國外雖已共知，但國內並未廣為周知，或該商品服務未在國內行銷提供，尚難認為在國內亦已為相關大眾所共知，但經由報章雜誌電視廣播之大量廣告或貿易商、出國遊客所傳遞之大量資訊，亦有成為共知或著名之可能。在時間方面，商標使用之期間愈長，成為著名商標之可能性亦大，惟由於傳播媒體之普遍發達，時間之長短已非決定性之因素。關於使用期間之長短，應與廣告費之多寡合併觀察，如使用期間稍短，但因密集與大量之廣告費，亦有成為著名之可能。因此，在判斷商標、標章或其他表徵，是否為相關大眾所共知時，應斟酌該商標或標章在世界各國註冊之情形，廣告費之多寡，各種媒體是否廣泛報導，商品之銷售量或服務之營業額，商品或服務之品質及使用期間之久暫等多種因素綜合判斷❷。

---

❷ Heiseke, Berühmte Marke und Benutzungszwang, MA 73, 66; Hefermehl, Schutz der berühmten Marke, GR Int 73, 425 ff.

❷ Becher, Der Schutz der berühmten Marke, GR 51, 489 ff.; Friedrich, Verwechslung oder Verwasserung? JR 51, 314 ff.

㈡須為相同或類似之使用，致與他人商品或服務表徵混淆

公平交易法第二十條第一項第一款，係就商品表徵予以規範，即規定事業不得就他人之商品表徵，為相同或類似之使用，致與他人商品混淆。公平交易法第二十條第一項第二款，係就服務表徵予以規範，即規定事業不得就他人之服務表徵，為相同或類似之使用，致與他人營業或服務之設施或活動混淆。相同或類似使用之客體，為商品表徵或服務表徵。所謂表徵，係指具有識別力或第二層意義之特徵，用以表彰商品或服務來源，並使相關大眾得以區別不同之商品或服務。表徵可包括姓名、商號、公司名稱、商標、商品容器、包裝、外觀、標章等，必須具有特殊性，且為相關大眾所共知，使購買人據以認識其為表彰商品或服務之標誌，並得與他人之商品或服務互相區別，始足當之❷。本來不具有區別之商品容器、包裝或外觀，因使用之結果，喪失其原有意義，而取得第二層意義，且為相關大眾所共知時，該表徵仍得依法律之規定而受保護。但是，商品通用之說明文字、圖形或顏色，商品之功能性造形，商品之內部構造，營業或服務之慣用名稱，因不具表彰商品或服務之來源，自非公平交易法第二十條所保護之表徵❸。

關於相同或類似之使用，其中所謂「相同」，係指商標、服務標章或其他表徵，在外觀、觀念、讀音、排列或顏色等方面，完全相同而言。所謂「類似」，係指因襲主要部份，而且有所變換、增加刪減，在外觀、

❷　Spengler, Schränken des Ausstattungsschutzes durch Verkehrsgeltung, MA 53, 385 ff.; Alexander-Katz, Aktuelle Probleme des Ausstattungsschutzes, GR 56, 54 ff.

❸　Kunschert, Zum Ausstattung- und Warenzeichenschutz an beschreibenden Angaben, GR 63, 513 ff.;Callmann, Farbbezeichnungen und Ausstattungsschutz, Muw 32, 484; Droste, Der Schutz origineller Verpackungsformen, MA 54, 678 ff.

觀念、讀音、排列或顏色等方面，構成近似而言。判斷表徵是否相同或類似，可參考商標法上判斷商標是否近似之基準，即以下述三項原則為判斷表徵是否類似之基準：

1.一般購買人施以普通注意之原則

在判斷表徵是否近似時，應以一般購買人施以普通所為之注意力，以辨別其是否產生混同誤認，而非以法院之法官或主管機關之見解為準。在實務上，以執法者個人主觀意見為斷定是否類似之作法，宜儘量避免。若商品或服務之購買或促銷對象，係專業人士，該專業人士之注意力，則應予以考慮❸。

2.通體觀察及比較主要部份之原則

商標、服務標章或其他表徵，是否構成類似，應就標章或表徵之整體及主要部份加以觀察。

3.異時異地隔離觀察之原則

判斷商標、標章或表徵是否類似，應在不同時間不同地點分別觀察，若將兩表徵置放一處，細為比對，並非所宜。

此外，在商品表徵方面，須仿冒他人之商標或商品之表徵，致與他人之商品混淆。在服務表徵方面，須仿冒他人之標章或服務表徵，致與他人之服務混淆，即與他人之營業、服務之設施或活動混淆。實施仿冒行為者，在主觀上有仿冒之意圖，在客觀上，被仿冒之表徵須為相關大眾所共知，而且因該仿冒行為之實施，致與被仿冒者之商品或服務產生混淆，始足當之❸。製造或銷售同一商品或類似商品之廠商，具有競爭關係，因此，在商標、服務標章或其他表徵相同或近似之情況下，容易引起混淆，固無疑問。在「腦筋急轉彎」一案，主管機關認為被處分人

---

❸ 徐火明，從美德與我國法律論商標之註冊，八十一年，第二〇五頁。

❸ 行政院公平交易委員會公研釋〇八〇號公平交易法第二十條規定釋疑，行政院公平交易委員會公報，第三卷第八期，第八十七頁。

以「新腦筋急轉彎」為出版品名稱出版書籍，顯就營業提供之商品，以相關大眾所共知之其他顯示他人商品之表徵，為相同或類似之使用，致與他人商品混淆，即檢舉人與被處分人之產品，均為幽默式漫畫問答集格式之書籍，在書籍名稱近似之情況下，產生商品之混淆❸。至於完全不同之商品或服務間，因彼此之間無任何競爭關係，故實務上認為不致產生營業主體之狹義混淆，但是不正競爭防止法所要規範者，尚應包括契約上、組織上或經濟上等廣義混淆之概念❸。

在「林強」一案，臺北地方法院檢察署認為，販賣使用相關大眾所共知之他人姓名之商品罪，必該販賣之商品有致與他人商品混淆之情形始足相當；即「林強」之名稱，係用以發展無形之演藝事業，而被告則用以表徵其有形之飲料商品，兩者使用該名稱之用途顯不一致，從而不可能發生被告販售飲料，與告訴人發展演藝事業混淆不清之情形❸。行政院公平交易委員會亦認為，公平交易法對知名藝人藝名之保護，即類似服務表徵之保護，而其保護固不當然及於其他行業。依照上述見解，同一或類似產品間，即具有競爭關係之相同行業之間，始有產生混淆之可能。在現行法條結構及罪刑法定主義之原則下，因不宜擴張解釋。惟對於著名商標或著名服務標章之保護，是否應及於完全不同之行業，殊值討論。

依目前實務上之見解，完全不同產品或不同行業間，全無產生混淆之可能。依此見解，若仿冒他人著名商標或著名服務標章，而使用於完

---

❸ 八十一年七月八日(81)公處字第○○七號行政院公平交易委員會委處分書，行政院公平交易委員會公報，第六卷，第二期，第六三頁。

❸ BGHZ 15, 107, Koma; BGHZ 14, 155, Farina-Rote Marke; Levin, Der Schutz außerhalb des Gleichartigkeitsbereiches in der EU aus schwedischer Sicht, GRUR 1996, 454.

❸ 臺灣臺北地方法院檢察署八十二年偵字第九三四六號不起訴處分書。

全不同之產品或服務之情形，將不能依公平交易法第二十條規範，則世界主要國家基於稀釋化原則保護著名商標之規定，將在我國公平交易法中落空！此種立法方式，尚應審慎調整。

德國聯邦最高法院將混淆之概念，區分為狹義之混淆(Verwechslung im engeren Sinn)與廣義之混淆(Verwechslung im weiteren Sinn)。所謂狹義混淆，係指購買人由於標章或表徵之相同或近似，而誤認該產品係屬於同一來源，即對於企業同一性(Unternehmensidentität)之誤認，亦即誤認仿冒者之商品或服務，為表徵權利人之商品或服務❸。所謂廣義之混淆，係指購買人由於標章或表徵之相同或類似，誤認仿冒者與表徵權利人之間，有經濟上或契約上之關係 (Wirtschaftliche oder vertragliche Beziehungen)，即誤認二者之間為關係企業，或有投資、贊助、授權、加盟等關係，亦即對於企業關連性 (Unternehmenszusammenhang) 之誤認❸。商標法對於商標之保護，限於商品之同一 (Gleichheit) 或同類 (Gleichartigkeit)，始有混淆之可能。但是，競爭法對於姓名、商號或營業標誌等表徵之保護，依德國聯邦最高法院之見解，則不以商品同類 (keine Warengleichartigkeit)為要件❸。至於著名標章之保護，依據德國聯邦最高法院之見解及學者之通說，已經擴及完全不同類之商品或服務，並根據稀釋化危險之原則(Die Gefahr der Verwässerung)，依德國不正競爭防止法第一條或德國民法第八二三條及第一〇〇四條之賦予保護，此種保護，具有濃厚之競爭法色彩❸。如果我國公平交易法對於著名商標

❸ Hubmann, Gewerblicher Rechtsschutz, 1981, S. 254.

❸ Nirk, Gewerblicher Rechtsschutz, 1981, S. 530.

❸ Baumbach-Hefermehl, Warenzeichenrecht, §31, Anm. 5.

❸ Bork, Kennzeichenschutz im Wandel——Zum Verhältniss des bürgerlich-rechtlichen zum wettbewerbsrechtlichen Schutz der berühmten Marke gegen Verwässerungsgefahr, GRUR 1989, 738; Schultz, Wohin geht das berühmte Kennzeichen, GRUR 1994, 85.

或相關大眾所共知商標之保護，仍局限於同一或同類商品，而不及於完全不同類之商品，則與世界主要國家之保護趨勢背道而馳，殊非所宜。在表徵相同或類似時，由於所屬行業不相同，即商品完全不同，消費大眾不致於誤認仿冒者之商品，即為表徵權利人所製造或經營，固非無見，惟時至近代，企業組織複雜，其間或為相互投資、委託加盟、商標授權等關係，非外人所能瞭解，如其標章或表徵相同或近似，消費大眾即有可能誤認仿冒者與表徵權人之間，有某種關係，即有某種經濟上、契約上或組織上之關係，例如可能誤認其所投資或經營等，既有此種企業關連性之廣義混淆，則表徵權人因該表徵所享有之廣告力及商譽，勢必因被仿冒者使用該表徵於完全不同類之產品時，而遭受稀釋或傷害，因此，競爭法對於相關大眾所共知表徵之保護，尤其對於著名標章之保護，如能擴及於完全不同之產品，始較妥適。在一九六六年，日本法院之判決，即認為建築業不得使用著名標章 "Mitsubishi"，亦即正式承認廣義混淆之概念，可資參考。另外，日本東京地院亦認為，被告不得將著名標章 "YASHICA"使用於化粧品❹。

　　依據公平交易法第二十條第一項第一款及第二款之結構，原則上只有商品與商品之對比，或服務與服務之對比，商品與服務間無對比之可能性，即商品與服務間並無產生混淆之可能，惟此種立法結構，並不周延。如果行為人就其所提供之商品，使用他人相關大眾所共知之服務表徵，如將美髮業之「曼都」品牌，使用於洗髮精產品，有可能使消費大眾誤認曼都洗髮精之廠商，與曼都美髮業間為關係企業或互相投資等關係。至於行為人就其營業所提供之服務，使用相關大眾所共知之商品表徵，如將化粧品之品牌「資生堂」，使用於美容服務行業，亦有可能使消

---

❹　Teruo Doi, The Intellectual Property Law of Japan, 1980, p. 194; Rößler, Die Ausnutzung der Wertschätzung bekannter Marken im neuen Markenrecht, GRUR, 1994, 568.

費大眾誤認資生堂美容服務業，與資生堂化粧品廠商間為關係企業，或有投資授權等關係，即商品與服務間，在商業經營過程中，仍可能產生企業關連性之誤認。在化粧品製造業與美容服務業間，在電氣產品製造業與電氣產品維修服務業間，在汽車製造業與汽車維修服務業間，尤其容易產生此種誤認，而對於經濟秩序及消費者利益，同樣造成傷害，因此，並無任何理由將之排除而不受保護，惟在日後法律修正時，應予以納入法律條文之結構，始較周延。

綜上所述，茲就商標法與公平交易法所保護之商標或服務標章分別敘述如下：

1.商標或服務標章已經註冊,且其商品或其服務為同一或類似者,屬商標法規範。

2.商標或服務標章已經註冊，但商品或服務完全不同，且未為相關大眾所共知，不受法律保護。

3.商標或服務標章均未註冊，且未為相關大眾所共知者，不受法律保護。

4.商標或服務標章雖未註冊，但已為相關大眾所共知，且商品或服務為同一或類似者，屬公平交易法規範。

5.商標或服務標章不論是否註冊，但已為相關大眾所共知，惟商品或服務完全不同者，應屬公平交易法中不正競爭部分之重心問題。如Mercede Benz在汽車類已註冊，但在衣服類未註冊，卻被仿冒使用於衣服類產品時，應基於稀釋化之理論，對著名標章賦予保護。

五、商品容器、包裝及外觀

(一)我　國

關於商品形狀之保護，專利法或公平交易法分別有明文規定，依我

國專利法之規定，專利分成三種，分別為發明專利、新型專利與新式樣專利❹。新發明而具有產業上利用價值者，得申請發明專利。稱發明者，謂利用自然法則之技術思想之高度創作❷。因此，發明專利所保護之高度技術，皆非商品之形狀，故發明專利與產品形狀無關。但是，新型專利或新式樣專利，則與物品之形狀有密切關係。對於物品之形狀、構造或裝置，首先創作或改良，且合於實用者，得申請新型專利。至於對物品之形狀、花紋或色彩，首先創作者，得申請新式樣專利❸。易言之，關於物品之形狀，若具備專利法所規定之要件如新穎性及創作性，則可獲得新型專利或新式樣專利。一般而言，關於產品之形狀，係指自外部以觀察之形象而言。在新型專利，其物品之形狀，著重於實用；而在新式樣專利，其物品之形狀，著重於外觀具有美感，此為二者關於物品形狀著眼點之不同。若物品之外觀設計，且有新穎性，而非單純功能性之造形者，通常屬於新式樣專利保護之範圍❹。惟依八十三年專利法第一〇六條規定，美感之要件已遭刪除。

公平交易法對商品容器、包裝或外觀之保護，並不以向專利主管機關申請專利並經核准為必要，但商品容器、包裝或外觀必須限於相關大眾所共知。

美商摩托羅拉公司，係世界著名之通訊器材及呼叫器之製造廠，其中BRAVD EXPRESS型呼叫器，自一九九二年三月陸續在英、德、瑞典、法、韓、加拿大及義大利等國請准新式樣專利，但未在我國取得新式樣專利。檢舉人認為唯新公司所產製之 Super EXPRESS 型呼叫器之外觀、排列、設色及配件等，與其所產製之BRAVD EXPRESS型呼叫器極為近

---

❹　美國專利法包括實用專利與工業設計，與我國專利法不同。

❷　Bernhardt/Kraßer, Lehrbuch des Patentrechts, 1986, S. 187.

❸　Teruo Doi, The Intellectual Property Law of Japan, 1980, p. 68.

❹　康炎村，工業所有權法論，七十六年，第一八七頁。

似，顯係故意抄襲，意圖矇混消費者，違背公平交易法第二十條第一項第一款規定。行政法院認為：「惟其所提資料仍不足以證明原告系爭產品之外觀，已成為相關大眾所共知之表徵。況原告之系爭產品與關係人之產品，仍有許多不同，且一般消費者用以選購之重要依據即商標亦不相同，難謂關係人產品之行銷將導至原告系爭產品相混淆，尚難認為關係人有違公平交易法第二十條第一項規定。」❹依行政法院判決，商品之外觀，未為相關大眾所共知，即不受公平交易法之保護。

藥品「凱復樂」口服抗生素，其白紫色膠囊之顏色是否受公平交易法之保護，殊值探討。行政院公平交易委員會訴願決定書認為，一般藥品膠囊形狀多為橢圓型，並裹以單一色系或雙色系，僅尺寸容量略有不同，雖顏色依其色系及亮度之不同而可能產生無窮之變化，顯然非一般人所得以分辨，故倘訴願人得以獨占有限之顏色，其他製造者亦將可壟斷深淺不同之其他顏色，則顏色將被競爭者迅速用竭，故區別彼我商品者，除單純之顏色表示外，尚須配合商品上其他特徵，使該顏色產生特別之意義者，始為公平交易法第二十條所稱顯示他人商品之表徵❹。

(二)英　國

關於商品表徵之保護，在英國主要以侵權行為法上之矇騙原則 (Passing Off) 為規範之準繩，因為，任何人均無權以自己之商品表示為他人之商品 (Nobody has any right to represent his goods as the goods of somebody else)❹。商品經過特殊之設計，其形狀、容器、包裝、色彩

---

❹　行政法院八十五年度判字第五一二號判決,行政院公平交易委員會公報,第五卷第三期,第一六八頁。

❹　行政院公平交易委員會訴願決定書八十五年公訴決字第〇六七號,行政院公平交易委員會公報,第五卷第六期,第五十六頁。

❹　Reddaway v. Banham [1896] A.C. 199 at 204; 13 R.P.C. 218 at 224.

或外觀等表徵，能使消費大眾留下一定之印象。在冒用原告之標章、商業名稱或外觀之情況，因為其顧客受競爭者之矇騙，而使原告之顧客流失，在"Advocaat"一案，Lord Diplock法官認為矇騙訴訟必須具備下列五項要件：

　　1.須為虛偽之表示；

　　2.須為商人在商業過程中所為之虛偽表示；

　　3.須對於商品或服務之可能或最終消費者為之；

　　4.須依可預見之結果衡量損害他人之營業或信譽；

　　5.須對他人之營業或信譽產生實際損害之可能❹。

　　依據英國法院及學者之見解，原告先提起矇騙訴訟必具證明下列事項：

　　1.原告之商品外觀或其他表徵必須享有聲譽(plaintiff's reputation)；

　　2.被告之虛偽表示(Defedant's misrepresentation)或仿冒表徵；

　　3.由於被告之行為而可能或事實上已造成欺騙(deception)或混淆(confusion)；

　　4.由於被告之行為，原告可能或已經在營業(business)或信譽(good will)上遭受損害❹。

(三)美　國

　　美國一九四六年制定之聯邦商標法，具有濃厚之不正競爭防止法色彩，但美國並無統一之不正競爭防止法，與德國及日本不同。依美國商標法第四十五條之規定，商標法之目的，對於商業上使用欺騙或誤導之商標予以規範，保護使用於商業上之商標，保護從事營業之人對抗不正

---

❹　David Young, QC, Passing Off, 1989, p. 8.

❹　David Young, QC, Passing Off, 1989, p. 9; Meyer-Rochow, Passing Off
　　——Past, Present and Future, TMR, Vol. 84, 1994, p. 43.

競爭 (to protect persons engaged in such commerce against unfair competition)，防止依商標之重製、影印、仿冒或模仿之使用方法所為之詐欺騙，就美國與外國間所生之商標、商號及不正競爭問題，依條約或協定所規定之權利及救濟措施，均應予以規定❺。由此可知，美國係將不正競爭之防止，在商標法中予以落實。依美國商標法第四十三條第一項之規定，任何人，關於商品、服務，或商品之容器，貼附或使用來源之不實表示(a false designation of origin)或任何不實陳述或表徵(any false description or representation)，包括有此種不實陳述或表徵傾向之文字或符號，而在商業上使用於該商品或服務上，或任何人明知此種來源表示，陳述或表徵為虛偽不實，而於商業上使用、運輸、交付運送人，對於在原產地為營業之人，或對於因不實陳述或表徵而相信受損害或可能受損害之人，負民事責任❺。此種條款，在適用之初，比較著重於地理來源

❺ 美國聯邦商標法第四十五條規定：

"Intent of Act. The intent of this Act is to regulate commerce within the control of Congress by making actionable the deceptive and misleading use of marks in such commerce; to protect registered marks used in such commerce from interference by State, or territorial legislation; to protect persons engaged in such commerce against unfair competition; to prevent fraud and deception in such commerce by the use of reproductions, copies, counterfeits, or colorable imitations of registered marks; and to provide rights and remedies stipulated by treaties and conventions respecting trademarks, trade names, and unfair competition entered into between the United States and foreign nations."

❺ 美國聯邦商標法第四十三條之一規定：

Sec. 43(a)(15 U.S.C. 1125a). False designations of origin and false descriptions forbidden. Any person who shall affix, apply, or annex, or use in connection with any goods or services, or any container or containers for goods, a false designation of origin, or any false description or representation,

之表示，其後，則包括商品或服務之表徵，尤其包括商品外觀之保護。

㈣德　國

商品表徵之保護，在德國除不正競爭防止法第十六條規定外，商標法第二十五條亦予以規範。德國舊商標法第二十五條規定：

「1.在營業交易中，對於商品、或其包裝、容器、廣告、價目表、商業函件、推薦書表、帳單或其類似者之上，違法附加他人在相關交易範圍內，於同一或同類商品上作為標章之表徵，或在交易中引進、販賣該違法表徵之商品者，他人得對之請求停止作為。2.故意或過失而為前項之行為者，對他人因此所生損害，負賠償之責。3.故意為第一項之行為者，處六個月以下有期徒刑，或科每日合一百八十馬克以下罰金。**㉒**」

在採取註冊主義之國家，商標應經申請及註冊，始受法律保護，但是，德國舊商標法第二十五條對於表徵(Ausstattung)之保護，卻不以註冊為要件，而係經由使用所形成交易聲價之事實狀態為基礎，至於表徵之定義，德國商標法並未明文規定。依德國學者及法院之見解，商品之外觀、包裝、商品或服務業之廣告用語，均屬之。此種表徵之所有人，

---

including words or other symbols tending falsely to describe or represent the same, and shall cause such goods or services to enter into commerce, and any person who shall with knowledge of the falsity of such designation of origin or description or representation cause or procure the same to be transported or used in commerce or deliver the same to any carrier to be transported or used, shall be liable to a civil action by any person doing business in the locality falsely indicated as that of origin or the region in which said locality is situated, or by any person who believes that he is or is likely to be damaged by the use of any such false description or representation.

Palladino, Trade Dress After Two Pesos, TMR, Vol. 84, 1994, p. 415.

㉒ Baumbach-Hefermehl, Warenzeichenrecht, §25 WZG, S. 653.

在具備一定保護要件後，享有排他權 (Ausscluβrecht)，此種表徵權 (Ausstattungsrecht)，係屬於財產權(Vermögensrecht)，而非人格權，故此種表徵得與企業一同移轉與他人。

表徵在德國法律上受到保護，必須該表徵具有表徵能力(Ausstattungsfähigkeit) 及交易聲價(Verkehrsgeltung) 兩項要件。所謂表徵能力，係指商品之表徵如商品之特別形狀、包裝或廣告等，在交易上能將自己與他人之同一或同類商品互相加以區別而言。表徵必須是商品或服務之附屬部份 (Zutat)，而非商品之本質部份。如商品或其包裝具有技術功能之造形(Die technisch-funktionelle Gestaltung)，則不具備表徵能力，而不受法律保護。至於商品或其包裝之美學上造形(Die ästhetische Formgebung)，則可受保護❸。Odol漱口水瓶、Ettal酒瓶、Trylisin洗髮水瓶、4711古龍水包裝、Aral加油站之藍白顏色、Shell加油站之黃紅顏色、"Laß dir raten, trinke Spaten"之廣告用語，及雜誌名稱 Der Spiegel，在德國實務上，均被承認為應予保護之表徵。服務人員之特別衣服或營業車輛之特別外觀，雖非商品之表徵，但卻可成為服務之表徵。

表徵受到法律上之保護，除應具有表徵能力外，尚應已經取得交易聲價。所謂交易聲價，係指表徵在相關交易範圍內，已經成為特定營業之商品或服務之表徵而言❹。此種交易聲價之取得，係經由不斷之使用及廣告而貫徹，所以此種事實狀態，即成為表徵權受法律保護之要件。原來不具有區別力之標章，如性質表示(Beschaffenheitsangaben)、顏色(Farben)、種類標章(Gattungsbezeichnungen)等，亦可能經由使用及大量廣告而取得交易聲價，並進而受到表徵之保護，惟此種情況，其交易聲價之證明，通常比較嚴格。

表徵之保護，始於交易聲價之取得，而交易聲價喪失時，即不再受

---

❸ Nirk, Gewerblicher Rechtsschutz, 1981, S. 497.

❹ Vierheilig, Grenzen der Maßgeblichkeit der Verkehrsauffassung, 1977.

表徵之保護。因此，表徵之所有人，必須經由經常性之使用及廣告，以維持其交易聲價；同時，對於任何仿冒其表徵之行為，應立即採取禁止行動，以避免該表徵成為普通之商品表徵，或成為任何人均可使用之服務表徵。對於表徵不予使用，或營業之廢止，均足以使表徵權之保護受到影響❺。

---

❺　Baumbach-Hefermehl, Warenzeichenrecht, §25 WZG, Anm. 90.

參、案例探討

一、百點修正液案

在我國公平交易法實施之前，商品包裝或外觀，在我國法律保護之可能性如何，可從「日商百點修正液筆」一案觀察，最高法院對此案所為之判決，令人敬佩，將在不正競爭之訴訟上留下不可磨滅之貢獻。本案原告為日商百點公司出品之修正液筆，其包裝用瓶造型特殊，為改良傳統修正液刷塗上之不便而精心設計，外觀新穎特殊，富於美感，已於日本及美國獲得新式樣專利，暢銷全球，廣為中華民國及其他各國消費者所愛用，從而該型態式樣之包裝容器，已成為原告所產銷型號 Pentel ZL①-W及ZLM①-W藍紅二色修正液筆之表徵。被告之商標為Enjoy，被告並未仿用原告之商標 Pentel。但是，被告重產製銷售顏色、外觀、形狀、線條及瓶蓋紋路均完全相同於原告之修正液筆及紙盒，並於產品容器及紙盒上使用顏色、位置、字樣、內容完全相同之標示文字。當時在七十七年左右，公平交易法尚未制定，原告乃依民法第一百八十四條第一段後項規定，即故意以背於善良風俗之方法加以損害於他人者，應負賠償責任之基礎提起訴訟。原告日商百點公司在臺北地方法院獲得勝訴，被告不服，旋即提起上訴，高等法院推翻地方法院之判決，日商百點公司向最高法院提起上訴，而獲全勝，過程曲折複雜❶。在當時不正

---

❶ 七十八年一月十六日之經濟日報報導內容如下：「公平交易法草案」目前猶停留在立法院審查之中，其規範商業上不正當競爭行為的威力已經顯現，第一宗以公平競爭法精神，向法院請求排除侵權行為的案件，已獲得最高法院的支持。最高法院廢棄高等法院判決，判定仿冒容器與包裝者，會使消費者產生混淆誤認。

根據最高法院判決書顯示，日商百點公司控告千陽公司，罔顧商業道德，惡意大量製造顏色、外觀、形狀、線條及瓶蓋紋路，與該公司產品 Pentel 修正液筆、紙盒完全相同的 Enjoy 修正液筆及紙盒，並在產品容器及紙盒上使用顏色、位置、字樣、內容完全相同的標示文字，魚目混珠，使消費者誤認兩者為同一產品而購買，因而侵害到百點公司的市場營業利益，所以請求法院命令千陽公司不得製造、銷售相同或近似的產品。

而千陽公司則以百點公司未經我國認許成立的外國法人，不得享有我國法律保障，並且其產品包裝容器，沒有在我國取得專利權，不能依法受到保護。而百點公司也未在我國營業，所以無交易損失等理由，以資抗辯。

本案在地方法院審判時，由百點公司勝訴，而在高等法院審判時，則改判為敗訴。高等法院的理由是千陽公司雖然仿製他人容器包裝，但兩種產品隔地觀察時消費者一看便能查覺商標的不同，無混淆之虞，且百點公司在我國未合法認許，沒有在我國境內營業，應無營業利益損失，因此判定千陽公司勝訴。

本案直上最高法院後，最高法院又駁斥高等法院的判決理由。最高法院認為容器與包裝，正是「予人觀察產品是否相同，最明顯之表徵」，而百點公司雖未在我國申請認許，但產品已由在臺代理商申請進口銷售，產品輸入我國銷售，並不以在我國申請認許，領有認許證及公司執照為必要，因此決定廢棄高等法院判決。」

〔本報記者李娟萍特稿〕「奴隸性仿冒」今後可以休矣！第一宗以公平競爭精神訴訟的案件，已獲得最高法院判定勝訴，顯示商業上不正當競爭的行為，已不被法律所容許。

歐美工業先進國家均立法限制規範商業上不公平競爭行為，當行為人有主觀詐欺、損害他人的惡意時，必須負賠償責任，以示制裁不法；而不公平競爭行為，各國法例也一致認為應包括與他人知名商品外觀相同，以致發生混淆的情形。而我國雖已有公平交易法草案，但尚未完成立法程序，國內學者如徐火明、史尚寬、廖義男等人均主張以民法侵權行為的一般規定暫時規範此類行為。因此，此次百點公司控告千陽公司才引用民法第一百八十四條第一項後段：「故意以背於善良風俗的方法，加損害於他人」作為請求法院排除侵害行為，賠償損害的根據。

以百點公司和千陽公司的產品外觀來看，除了商標不同，實在難分軒輊，

競爭防止法如此陌生之環境下，地方法院及最高法院之法官能有此種見解，令人尊敬。此種判決，具有劃時代之重要意義，特詳細記載之。

(一)臺北地院見解

原告日商百點公司主張被告仿冒其修正液筆之產品容器，係奴隸性模仿之矇混行為，即為不正當競爭行為，而成立侵權行為，自得請求仿冒品收回及銷毀。被告則反駁原告之產品在我國未申請取得專利，應不受保護，且兩者產品大小及價格並不一致。臺北地方法院之判決認為，原告固然在我國未申請取得專利，但在邁向國際化自由化之經濟政策時代，應著重公平交易之原則，設法防止不正競爭，並於七十七年三月卅日寫下此種嶄新之判決，其理由及內容為：

「一、原告主張其製售如附圖(一)、(二)所示之Pentel修正液筆、紙盒，經在日本、美國等地取得新式樣專利權在案，雖在我國未申請專利，然被告所製售如附圖(一)、(二)所示 Enjoy 修正液筆、紙盒均類似於原告之產品，提出照片三幀、日本專利公報影本為證，復為被告所不爭執，應認原告主張之事實為真實❷。

製造廠商窮其心思，逃避現有的法律刑責，何不努力自創品牌及設計？以國內製造水準而論，絕不輸於國外產品。現在最高法院已判定這種仿冒行為違法，廠商應停止類似仿冒巧思，而致力於自行創新，才是提升我國產品形象的正途！

❷ 臺北地方法院七十七年度訴字第一五二四號判決主文，及關於原告在臺北地方法院之聲明及陳述如下：

臺灣臺北地方法院民判決

七十七年度訴字第一五二四號

主文

被告不得製造、散布、銷售相同或近似於原告製售如附圖(一)、(二)所示Pentel紅、藍二色修正液筆之包裝容器及紙盒之修正液筆、紙盒。被告應將其所

製造、散布、銷售如附圖㈠、㈡所示 Enjoy 修正液筆及紙盒全部收回並銷
毀之。

訴訟費用由被告負擔。

本判決於原告以新臺幣貳拾萬元供擔保後，得為執行。

事實

甲、原告方面：

一、聲明：求為判決如主文第一、二項所示，並陳明願供擔保請准宣
告假執行。

二、陳述：㈠緣原告為世界著名之高級文具用品廠商，所產銷之百點
牌(Pentel)各種文具用品，品質優良，設計新穎，廣為中華民國及其他各國
消費者愛用，夙著盛譽；如附圖㈠所示 Pentel 修正液筆之結構及包裝容器
係原告為改良傳統修正液刷塗上之不便而精心首創設計，不惟外觀新穎特
殊，富於美感且合於實用，業於日、美等國獲得新式樣專利權，暢銷全球，
廣為中華民國及其他各國消費者指定愛用，從而該型態式樣之包裝容器已
成為原告所產銷該型Pentel ZL①–W及ZLM①–W藍、紅二色修正液筆之表
徵，消費者咸據此以為指定購用。㈡詎被告罔顧商業道德，惡意大量產製
銷售顏色、外觀、形狀、線條及瓶蓋紋路均完全相同於原告上揭式樣包裝
容器之 Enjoy 修正液筆及紙盒，並於產品容器及紙盒上使用顏色、位置、
字樣、內容完全相同之標示文字（如附圖一、二所示 Enjoy 修正液筆及紙
盒）， 用於魚目混珠，使消費者誤為原告之產品而購買之，藉此攫取不法
暴利，致侵害原告之市場營業利益。㈢按故意以背於善良風俗之方法加損
害於他人者，應負損害賠償責任，民法第一百八十四條第一項後段定有明
文，而同業間不正當（不公平）之營業競爭行為即屬該項所定違背善良風
俗之加害行為，此亦為學者及外國立法例所承認。此種不正當競爭行為之
被害人不惟得請求損害賠償，亦得請求停止其作為，以排除（除去）侵害，
有侵害之虞者，並得請求防止之。查被告竊用原告精心設計、新穎特殊之
包裝容器於同一商品（修正液筆），蓄意使其產銷之Enjoy 修正液筆之標貼
上使用顏色、位置、字樣、內容均殆無二致之標示說明，而其包裝紙盒之
字樣復與原告之紙盒完全相同，極盡惡意摹仿之能事，有附圖一、二之對
照圖片可稽，二產品異時易地觀察，極易引起混淆，使消費者誤為原告之
產品而購買之，被告藉此種仿冒他人包裝容器之不正當行為平白攫取不法

二、原告主張依公平交易法草案及西德不正競爭防止法之規定觀之，被告之仿造行為，係故意以背於善良風俗之方法加害於原告，原告自得依侵權行為之規定訴請排除侵害等語；被告則以原告未於我國申請並取得專利，無權排除侵害等語資為抗辯❸。

三、經本院勘驗如附圖㈠、㈡所示之兩造產品結果，兩者之形狀、花紋、色彩均完全一致，雖兩者之大小略有不同，仍足認被告之產品係仿造原告之產品。原告固未在我國申請專利，然際此邁向國際化、自由化之經濟政策時代、法院自應將交易公平原則列為重要審判依據，進而對於不正競爭設法防止之。西德不正競爭防止法第一條明定：「對於為競爭目的，而於營業交易中從事於有背於善良風俗之行為者，得請求停止作為及損害賠償」，亦出此旨趣。

四、所謂「君子愛財，取之有道」，非份之財，自在不取之列，古有明訓。原告費盡心思就修正液筆、紙盒發現新式樣，自應得到其應得

暴利，致原告喪失應有之交易利益，按諸此種奴隸性摹仿之矇混行為(Passing Off)，衡諸前揭說明，已構成不正當競爭行為而成立侵權行為，原告自得請求將該 Enjoy 產品銷毀，以回復不法侵害以前之狀態，並得請求其停止此種不正當之競爭行為，以排除侵害。茲因原告去函請求被告停止製售仿冒產品，均未蒙理會，爰依法提起本件訴訟。

　　三、證據：提出日本專利公報影本、西德不正競爭防止法影本、公平交易法草案第卅條影本、存證信函各一份及照片三幀為證。

❸ 被告方面之聲明及陳述為：

乙、被告方面：

　　一、聲明：求為判決駁回原告之訴及其假執行之聲請。

　　二、陳述：原告製售之產品未於我國申請專利，應不受保護，況兩造之產品大小不同，被告之產品較原告所生產者為大，且原告產品之市價約新臺幣（下同）七、八十元，被告之批發價為十一元。

　　三、證據：提出兩造之產品各一瓶為證。

丙、本院依職權勘驗兩造之產品。

之代價，被告仿造原告之產品，坐享原告辛苦之成果，其行為顯係不正競爭，有違誠信原則，亦與目前之社會公平交易觀念不符，實係故意以背於善良風俗之方法加損害於原告，從而原告依民法第一百八十四條第一項後段請求被告停止其作為，並將已製售之產品收回並銷毀之，即無不合，應予准許。

五、原告之訴為有理由，其陳明願供擔保請准宣告假執行，核無不合，爰酌定擔保金額予以准許。

六、結論：原告之訴為有理由，並依民事訴訟法第七十八條、第三百九十條第二項判決如主文。」

㈡高等法院見解

對於上述臺北地院之判決，被告不服，而向高院提起上訴，主張日商百點公司並非我國主管機關認許成立之外國公司，而無權提起訴訟，且該公司之修正液筆未在我國取得專利，依法不受保護❹。百點公司則

---

❹ 上訴人之聲明及主張為：

一、上訴人訴訟代理人聲明：㈠原判決廢棄。㈡被上訴人在第一審之訴及其假執行之聲請均駁回。其事實之陳述及所用證據除引用原判外，補稱：㈠被上訴人並非我國主管機關認許其成立之外國公司，在基本上與中國公司不同，自不能享受中華民國法律上之權利，從而被上訴人無權提起本訴請求排除侵害應無疑義。㈡被上訴之修正液筆，其包裝容器並未按我國專利法規定取得專利權，依法不受保護。況查上訴人以自己所有之商標表示於商品，且容器之大小不同，瓶蓋形狀亦不同，參證中央法規標準法第五條第二款「關於人民之權利義務者應以法律定之」之規定，如法律無明文禁止者，殊不能引用我國法令或未經制定之「公平交易法草案」規定而限制上訴人之行為。㈢查外國公司非經認許給予認許證並領有分公司執照者，不得在中國境內營業。公司法第三百七十一條第二項定有明文。被上訴人與上訴人間並無直接之債權債務關係存在，而提起本訴請求排除侵害，無非以「同業間不公平之營業競爭行為，乃屬違背善良風俗之加害行

提出反駁，其係依日本法律設立公司，依最高法院判例為非法人團體，得以自己名義起訴或被訴；而且其修正液產品之包裝容器，係精心設計，且該產品聲譽卓著，縱未取得專利，仍應為中華民國法律所保護之創作及商業利益，應構成侵權行為，蓋以利用奴隸性模仿包裝容器之行為，不當榨取他人努力成果，自屬不公平競爭❺。高等法院經審理後認為上

為，應成立民法第一百八十四條第一項後段之侵權行為」云云，惟被上訴人為外國公司，在中華民國並未經認許，當然未曾領有認許證，更無分公司之執照並領發。依上開公司法規定，不得在中國境內營業，其請求中華民國法院保護其營業利益，自屬無所附麗云云。提出產品乙套。

❺ 被上訴人日商百點公司之聲明及反駁為：

二、被上訴人訴訟代理人聲明求為判決上訴駁回。其事實之陳述及用證據除引用原判外，補稱：㈠被上訴人係依據日本國法律組織所設立之股份有限公司，設有代表人，為日本法人。依最高法院五十年臺上字第一八九八號判例，乃屬民事訴訟法第四十條第三項之非法人團體，具有訴訟法上之當事人能力。依最高法院五十年臺上字第二七一九號判例意旨；非法人團體得以自己之名義起訴或被訴而為確定之私權之請求。則被上訴人本於不公平競爭之侵權行為法律關係訴請損害賠償暨排除侵害，自無不合。㈡同業間不公平之營業競爭行為，乃屬違背善良風俗之加害行為，應成立民法第一百八十四條第一項後段之侵權行為。所謂「不公平競爭行為」，依中外學者一致見解包括不當榨取他人努力成果及奴隸性之仿冒矇混行為。上訴人惡意榨取被上訴人精心設計之包裝容器，利用奴隸性之摹仿包裝容器行為，混淆商品來源，從事低價傾銷，自屬不公平競爭而成立侵權行為。㈢系爭 Pentel 修正液筆其結構及特殊包裝、容器，係被上訴人為改良傳統修正液塗刷上之不便利而費時費力精心設計，其功能在於利用特殊結構可由筆頭直接洩出修正液塗抹，甚為便利，業已替代傳統塗刷式修正液，不惟業於日本獲准專利在案，且廣為世界各國及中華民國消費者愛用，聲譽卓著。從而該特殊造形之包裝容器已成為被上訴人該項產品之表徵，消費者咸據以為指定購用，具有如同商標表示商品來源之功能，乃屬智慧財產利益。縱未在中華民國取得專利權，亦應為中華民國法律所保護之創作及

訴人之主張有理由，而推翻地方法院判決。高等法院於七十七年八月二十九日七十七年上字第七〇七號之判決認為，日商百點公司之修正液筆容器及包裝，既未在我國取得專利權，即不在專利法保護之列；至於仿製他人未取得專利之容器包裝為營業，係屬其商業品格低劣而已，尚不能認為以背於善良風俗之方法加損害於他人，此種見解，著實令人注意。

商業利益。始能鼓舞人類從事發明、創造，故苟有惡意侵害，應成立民法第一百八十四條第一項後段之侵權行為。㈣上訴人平白坐享其成，惡意竊用被上訴人精心創作之設計，顯已違反公平交易之善良風俗。其產品包裝容器之形狀、結構、顏色、標示說明之文字字樣、內容、位置及紙盒無一不與被上訴人產品相同一致，極盡仿摹之能事，由其案發之促銷函件特別強調足以與被上訴人 Pentel 產品之品質、價格等相競爭，尤足以證明其惡意仿冒，其足以使消費者混淆誤認，其情尤甚於仿冒商標。上訴人利用榨取被上訴人精心設計之成果，以仿冒整體包裝容器之方法，矇混消費大眾，並藉此節省設計成本，開發費用而低價傾銷，不法侵害被上訴人之智慧財產及市場交易利益，自屬不公平競爭，應成立侵權行為。㈤上訴人之容器雖標有 Enjoy 英文字樣，惟上訴人之修正液筆之包裝容器完全仿摹被上訴人之產品，其尺寸僅有微小差異，尚難以普通之注意而得查知，而其標示內容，與被上訴人完全相同，且均全部採英文字樣，衡以國人普遍不諳外文及被上訴人之愛用者咸依包裝外觀指定購用被上訴人之修正液筆觀之，二產品若予異時隔地以普通之注意，自通體觀察時，難以查知二者微小差異之所在，足以使消費者混同誤認，自屬惡意仿冒，有背於善良風俗而屬不公平競爭。㈥上訴人之行為既屬不公平競爭，構成侵權行為，被上訴人自得本於侵權行為之法則，佐以外國立法例及我國公平交易法草案第卅條規定，請求停止侵害，並收回銷毀仿冒產品，以回復不法侵害以前之狀態。退而言之，縱非民法第一百八十四條第一項後段所得規範，惟查外國立法例乃法理之一種，本件上訴人所為既屬不公平競爭，自得援引外國不公平競爭之立法例，如西德不公平防止法為法理，以為裁判之準據，則被上訴人以該法第一條規定為法理而適用民法第一條，請求停止侵害並銷毀仿冒產品，自無不合云云。提出被上訴人法人登記謄本乙件，上訴人促銷函影本乙件，委任狀乙件為證。

為詳細瞭解高等判決之具體理由，特記載如後：

「一、被上訴人係日本之法人，在中華民國未經合法認許。其製造之 Pentel 修正液筆之容器及包裝，未在中華民國取得專利權，乃被上訴人自認之事實。

二、上訴人製造之 Enjoy 修正液筆，其容器包裝與被上訴人之 Pentel 修正液筆之容器包裝相同，有兩造所提產品附卷比對可明。

三、本件被上訴人請求損害賠償係主張上訴人仿製其修正液筆之容器及包裝，使消費者誤以為係被上訴人之產品而購買，乃屬以背於善良風俗之方法加損害於被上訴人，使被上訴人損失交易利益。而此所謂交易利益，係指生活上之利益，亦即營業上之利益，係債權等情（本院七十七年七月十二日言詞辯論筆錄）。惟查被上訴人之修正液筆容器及包裝既未在中華民國取得專利權，其形式為他人所仿製，即不在保護範圍之列。再查如果上訴人以與被上訴人相同之容器包裝填裝其修正液，對外宣稱係被上訴人之修正液筆或不加區別，任其混淆，使消費者誤為係被上訴人之修正液筆，在商業上即屬不當之競爭手段，固屬有背於善良風俗。第查上訴人所製造之修正液筆，其容器上及包裝上載明 Enjoy 之標誌，消費者一看便可與被上訴人之 Pentel 標誌分別，無混淆之情形。至於包裝或容器上說明文字，與被上訴人相同，係因修正液之性能及使用方式使然，乃商業上一般競爭之手段，尚難認為上訴之行為有背於善良風俗方法。蓋所謂違背善良風俗之商業行為，係指偽造他人未經登記之商標以出賣商品，以誇大之廣告誘使他人與其訂約，或操縱市場，從中獲利，或獨占事業壟斷市場，無正當理由拒絕交易，陷他人於困境等而言。上訴人之行為，並未符合上開諸情形。至於其仿製他人未專利之容器包裝為營業，係屬其商業品格低劣而已，尚不能認為以背於善良風俗方法加損害於他人。被上訴人主張上訴人行為係以背於善良風俗方法加損害於被上訴人，尚非可取。其據此請求損害賠償，即難曰當。退而言

之，被上訴人陳明上訴人所加於其損害係營業上之利益，惟按外國公司非經認許給予許可證，並領有公司執照者，不得在中國境內營業，公司法第三百七十一條第二項定有明文。本件被上訴人並未在我國認許取得認許證，並不得在我國營業，當無營業利益之損失可言，則縱使上訴人有如被上訴人主張之侵權行為，亦無在中華民國內發生損害可言。依上所述，被上訴人主張上訴人以背於善良風俗方法加損害於被上訴人之見解，為本院所不採。又不能證明有何營業利益之損失，其本此法律關係訴請損害賠償，即難認為有據。

四、末查被上訴人主張其享有著作權法及其施行細則之權利，應受保護乙節。經查所謂著作權，係文字之著譯、美術之製作、樂譜劇本、發行片、照片或電影片等著作物有重製之利益者而言。本件被上訴人之修正液筆容器包裝品非上開作品，不在著作權範圍內，無依著作權法或其施行細則保護之餘地，亦為說明。

五、原審為上訴人敗訴之判決，尚有未洽，上訴論旨，指原判不當，求為廢棄，為有理由，應由本院廢棄原判，改為上訴人勝訴之諭知。

據上論結，本件上訴為有理由，應依民事訴訟法第四百五十條、第七十八條判決如主文。」

(三)最高法院見解

日商百點公司對高院之判決不服，乃繕具萬言理由書向最高法院提起上訴，並極力主張應順應時代潮流，引進不正競爭之觀念。最高法院終於在不正競爭之訴訟中寫下劃時代之判決，將在歷史上留下重要的一頁❻。最高法院七十七年十二月二十三日七十七年臺上字二五七九號判

---

❻　日商百點公司在最高法院提起上訴之主張及他方當事人之抗辯，以及判決主文分別記載如後：

最高法院民事判決

七十七年度臺上字第二五七九號

主文

原判決除假執行部分外廢棄，發回臺灣高等法院。

理由

本件上訴主張：伊所製售如第一審判決附圖(下稱附圖)㈠、㈡所示之Pentel修正液筆、紙盒，經在日本、美國等地取得新式樣專利權在案，其結構及包裝容器係為伊改良傳統修正液刷使用上之不便而精心首創設計，不惟外觀新穎特殊，且富於美感，合於實用，因而暢銷全球，廣為中華民國及其他各國消費者所愛用。該型態式樣之包裝容器已成為伊所產銷該型 Pentel ZL①–W及ZLM①–W藍、紅二色修正液筆之表徵，消費者咸據此指定購用。詎被上訴人罔顧商業道德，惡意大量產製銷售顏色、外觀、形狀、線條及瓶蓋紋路完全相同於伊上揭式樣包裝容器之 Enjoy 修正液筆、紙盒，並於產品容器及紙盒上使用顏色、位置、字樣、內容完全相同之標示文字，魚目混珠，使消費者誤為係伊之產品而購買之，並藉此攫取不法暴利，侵害伊之市場營業利益，此係以背於善良風俗之方法加損害於伊等情，求為命被上訴人不得製造、散布、銷售相同或近似伊製售如附圖㈠、㈡所示 Pentel 紅、藍二色修正液筆之包裝容器及紙盒之修正液筆及紙盒。並應將其所製造、散布、銷售如附圖㈠、㈡所示 Enjoy 修正液筆、紙盒全部收回及銷毀之判決。

被上訴人則以：上訴人為未經我國認許其成立之外國法人，依法不得享受中華民國法律保障之權利，且上訴人之修正液筆，其包裝容器未在我國取得專利權，依法不受保護。上訴人又不得在我國營業，亦無交易損失，其請求為無理由等語，資為抗辯。

原審將第一審所為上訴人勝訴之判決廢棄；改判駁回上訴人之訴，係以：上訴人係在日本國成立之法人，在中華民國則未經申請合法認許，其製造之 Pentel 修正液筆之容器及包裝，亦未在中華民國取得專利權，為上訴人自認之事實。查被上訴人製造之 Enjoy 修正液筆，其容器包裝與上訴人之 Pentel 修正液筆之容器包裝相同，有兩造所提產品附卷可供比對。茲上訴人請求損害賠償係以被上訴人仿製其修正液筆之容器及包裝，使消費者誤以為係上訴人之產品而購買，乃屬以背於善良風俗之方法加損害於上訴人，使上訴人損失交易利益亦即營業上之利益，為其理由。惟查上訴人之

決之理由為：「惟查被上訴人製造之修正液筆，其容器與包裝，與上訴人所製造者相同，為原審所認定之事實，而容器與包裝，乃予人觀察產品是否相同，最明顯之表徵。原審未注意及此，徒以上開容器與包裝上，一載明Pentel，一以Enjoy為標誌，遽謂兩者之產品無使人誤認混淆之虞，自嫌速斷。再上訴人之產品已在臺灣地區銷售，似為被上訴人所不爭執。上訴人之上述產品輸入我國銷售，又不以上訴人曾在我國申請認許，領有認許證及公司執照為必要，換言之，上訴人非不得委由在臺灣之代理商申請進口銷售。乃原審祇以上訴人未在我國申請認許，即指為上訴人在我國無營業利益之損失，尤屬可議。上訴論旨，執此指摘原判決不當，求予廢棄，非無理由。據上論結，本件上訴為有理由，依民事訴訟法第四百七十七條第一項、第四百七十八條第一項判決如主文。」

最高法院即在此判決中廢棄臺灣高等法院之判決，而發回高等法院。訴訟發展至此種情況，不正競爭之觀念，已被最高法院之法官肯定，在

修正液筆容器及包裝既未在中華民國取得專利權，其形式為他人所仿製，即不在專利法保護範圍之列。且被上訴人所製造之修正液筆，其容器上及包裝上載明 Enjoy 之標誌，消費者一看便可知與上訴人之 Pentel 標誌有別，無混淆之虞。至於包裝或容器上說明文字，與上訴人相同，係因修正液之性能及使用方式，乃商業上一般競爭之手段，尚難認為被上訴人之行為有背於善良風俗。又被上訴人仿製他人未專利之容器包裝為營業，係屬其商業品格低劣問題，尚不能認為以背於善良風俗之方法加損害於他人。況上訴人並未在我國申請認許取得許可證，已如上述，自不得在我國境內營業，亦無營業利益之損失可言。從而，上訴人本於侵權行為之法律關係，請求損害賠償，即難准許。上訴人雖又稱：伊享有著作權法施行細則（第廿三條）所規定之權利，亦應受保護云云，然查所謂著作權係指文字之著譯、美術之製作、樂譜、劇本、發行片、照片或電影片等著作物享有重製等之權利而言。上訴人之修正液筆容器、包裝，並非上開作品，自不屬於著作權法所謂之著作物，亦無受著作權法或其施行細則保護之餘地等詞，為其判斷之基礎。

更審程序中，高院已全盤接受，並將德國、日本等國之「不正競爭防止法」立法例，以及我國當時之「公平交易法草案」立法原則，援引為法理加以適用❼。更審後，高等法院判決之詳細理由為：

❼ 上訴人及被上訴人在臺灣高等法院之聲明及陳述，以及更審後臺灣高等法院之判決主文記載如後：

臺灣高等法院民事判決

七十八年上更㈠字第卅五號

主文

上訴駁回

第二審及發回前第三審訴訟費用由上訴人負擔

原判決主文第一、二、三項所示部分如上訴人於假執行程序實施前，以新臺幣陸拾萬元擔保後，得免為假執行。

事實

一、上訴人方面：

㈠聲明：

⑴原判決廢棄。

⑵被上訴人在第一審之訴及假執行之聲請均駁回。

⑶願供擔保請准免予假執行。

㈡陳述：除與原判決記載相同者茲引用外，補稱：

⑴被上訴人並非我國主管機關認許其成立之外國公司，與中國公司不同，不能享受中華民國法律上權利，被上訴人無權提起本訴請求排除侵害。

⑵被上訴人之修正液筆，其包裝容器並未按我國專利法規定取得專利權，依法不受保護。況上訴人自己所有之商標表示於商品，且容器之大小不同，瓶蓋形狀亦不同，參以中央法規標準法第五條第二款「關於人民之權利義務者，應以法律定之」之規定，如法律無明文禁止者，殊不能引用我國法令或未經制定之「公平交易法草案」規定而限制上訴人之行為。

⑶外國公司非經認許給予許可證並領有分公司執照者，不得在中國境內營業，公司法第三百七十一條第二項定有明文。被上訴人與上訴人間並無直接之債權債務關係存在；其提起本訴請求排除侵害，無非主張「同業間不公平之營業競爭行為，乃屬違背善良風俗之加害行為，應成立民法第一百

八十四條第一項後段之侵權行為」云云，惟被上訴人為外國公司，在中華民國並未經認許，當然未曾領有認許證，更無分公司之執照。依上開公司法規定，不得在中國境內營業，其請求中華民國法院保護其營業利益，自屬無所附麗。

二、被上訴人方面：

㈠聲明：如主文。

㈡陳述：除與原判決記載相同者茲引用外，補稱：

⑴被上訴人依據日本國法律組織所設立之股份有限公司，設有代表人，為日本法人。依最高法院五十年臺上字第一八九八號判例，乃屬民事訴訟法第四十條第三項之非法人團體，具有訴訟法上之當事人能力。依最高法院五十年臺上字第二七一九號判例意旨，非法人團體得以自己之名義起訴或被訴而為確定私權之請求。則被上訴人本於不公平競爭之侵權行為法律關係，訴請損害賠償，暨排除侵害，自無不合。

⑵同業間不公平之營業競爭行為，乃屬違背善良風俗之加害行為，應成立民法第一百八十四條第一項後段之侵權行為。所謂不公平競爭行為，依中外學者一致見解包括不當榨取他人努力成果及奴隸性之仿冒矇混行為。上訴人惡意榨取被上訴人精心設計之包裝容器，利用奴隸性之摹仿包裝容器行為，混淆商品來源，從事低價傾銷，自屬不公平而成立侵權行為。

⑶系爭 Pentel 修正液筆其結構及特殊包裝、容器，係被上訴人為改良傳統修正液塗刷上之不便利而費時費力精心設計，其功能在於利用特殊結構可由筆頭直接洩出修正液塗抹，甚為便利，業已替代傳統塗刷式修正液，不惟業於日本獲准專利在案，且廣為世界各國及中華民國消費者愛用，聲譽卓著。從而該特殊造形之包裝容器已成為被上訴人該項產品之表徵，消費者咸據此以為指定購用，具有如同商標表示商品來源之功能，乃屬智慧財產利益。縱未在中華民國取得專利權，亦應認為中華民國法律所保護之創作及商業利益，始能鼓舞人類從事發明創造，如有惡意侵害，應成立民法第一百八十四條第一項後段之侵權行為。

⑷上訴人平白坐享其成，惡意竊用被上訴人精心創設之設計，顯已違反公平交易之善良風俗。其產品包裝容器之形狀、結構、顏色、標示說明之文字字樣、內容、位置及紙盒無一不與被上訴人產品相同一致，極盡摹仿之能事，由其案發之促進函件特別強調足以與被上訴人 Pentel 產品之品質、

「一、被上訴人主張：伊所製售如第一審判決附圖（下稱附圖）㈠㈡所示之 Pentel 修正液筆、紙盒，經在日本、美國等地取得新式樣專利權在案，其結構及包裝容器係伊為改良傳統修正液刷使用上之不便而精心首創設計，不惟外觀新穎特殊，且富於美感，合於實用，因而暢銷全球，廣為中華民國及其他各國消費者所愛用。因該型態式樣之包裝容器已成為伊所產銷該型Pentel ZL①-W及ZLM①-W藍、紅二色修正液筆之表徵，消費者咸據此指定購用。詎上訴人罔顧商業道德，惡意大量產製銷售顏色、外觀、形狀、線條及瓶蓋紋路完全相同於伊上揭式樣包裝容器之Enjoy修正液筆及紙盒，並於產品容器及紙盒上使用顏色、位置、字樣、內容完全相同之標示文字，魚目混珠，使消費者誤為係伊之產品

價格等相競爭，尤其以證明其惡意仿冒，其足以使消費者混淆誤認，其情尤甚於仿冒商標。上訴人利用榨取被上訴人精心設計之成果，以仿冒整體包裝容器之方法，矇混消費者大眾，並藉此節省設計成本及開發費用而低價傾銷，不法侵害被上訴人之智慧財產及市場交易利益，自屬不公平競爭，應成立侵權行為。

⑸上訴人之容器雖標有 Enjoy 英文字樣，惟上訴人之修正液筆之包裝容器完全摹仿被上訴人之產品，其尺寸僅有微小差異，尚難以普通之注意而得查知，而其標示內容與被上訴人完全相同，且均全部採英文字樣，衡以國人普遍不諳外文及被上訴人之愛用者咸依包裝外觀指定購用被上訴人之修正液筆觀之，二產品若予異時隔地以普通之注意，自通體觀察時，難以查知二者微小差異之所在，足以使消費者混同誤認，自屬惡意仿冒，有背於善良風俗而屬不公平競爭。

⑹上訴人之行為既屬不公平競爭，構成侵權行為，被上訴人自得本於侵權行為之法則，佐以外國立法例及我國公平交易法草案第卅條之規定，請求停止侵害，並收回銷毀仿冒產品，以回復不法侵害以前之狀態。退而言之，縱非民法第一百八十四條第一項後段所得規範，惟查外國立法例乃法理之一種，本件上訴人所為既屬不公平競爭，自得援引外國不公平競爭之立法例，如不公平防止法為法理，請求停止侵害並銷毀仿冒產品，自無不合。

而購買之，並藉此攫取不法暴利，侵害伊之市場營業利益，此係以背於善良風俗之方法加損害伊等情，求為命上訴人不得製造、散布、銷售相同或近似於伊製售如附圖㈡所示 Pentel 紅、藍二色修正液筆之包裝容器及紙盒之修正液筆、紙盒。並應將其所製造、散布、銷售如附圖㈡所示 Enjoy 修正液筆及紙盒全部收回及銷毀之判決。

　　二、上訴人則以被上訴人為未經我國認許其成立之外國法人，依法不得享受中華民國法律保障之權利，且被上訴人之修正液筆，其包裝容器未在我國取得專利權，依法不受保護。被上訴人又不得在我國營業，亦無交易損失，其請求為無理由等語，資為抗辯。

　　三、上訴人全盤剽竊被上訴人商品，導致消費者產生嚴重混淆誤認之虞，顯然有悖正當商業競爭秩序，違反誠信商場交易風俗，並且惡意損害被上訴人產品銷售經營，自應構成民法第一百八十四條第一項後段之侵權行為：

　　㈠被上訴人出品之 Pentel 牌修正液筆容器，曾於美、日諸國取新式樣專利權在案，非屬通常盛裝液體用之一般容器可比。被上訴人該項產品造型暨外觀包裝設計、顏色、說明文字編列等，每易吸引大眾注意力，消費者率皆以紅、藍二色特異長頸造型有別於傳統塗刷式罐形包裝而為採購之第一印象。詎上訴人刻意剽竊，除擅行援用被上訴人改良修正液使用方式外，並全盤移植其容器造型、外觀設計、顏色、標示文字說明及外包裝盒圖案等。加以其產品標示文字與被上訴人產品同係採用英文，而在此地該項產品主要消費階層之外文認知能力普遍欠佳之情況下，實無從區辨二者之不同。是以其蓄意導致消費者混淆誤認，損害被上訴人產品銷售經營之意圖彰彰明甚。

　　㈡被上訴人之修正液筆產品容器雖未在中華民國境內取得專利權，惟該項專利之重點內容乃在被上訴人之創作大幅改良修正液之使用方法，自傳統塗刷式進步到由筆頭直接均勻洩出修正液，使用更為複雜，

茲被上訴人並非主張上訴人竊用被上訴人之該項發明,而係主張其完全模仿被上訴人商品外觀樣式設計暨整體結構造型,意圖混淆消費大眾,導致其誤認為被上訴人之產品,進而損害被上訴人經營銷售。查上訴人如不具有損害被上訴人利益之不法意識,自應使用其顏色或他種自行設計圖案之顏色,並應自行印就不同字體語句編列或使用中文之說明文字,或稍加變化該容器之外觀包裝等,其捨此不為,故意加損害於被上訴人之意圖至為明顯,自應構成民法第一百八十四條第一項後段之侵權行為。

四、被上訴人因本案修正液筆產品在臺灣銷售,確實享有正當市場交易利益,並因上訴人之惡意侵權行為遭受損害,被上訴人係依日本國法律組織成立之股份有限公司(株式會社), 雖未於中華民國境內依法申請主管機關認許,但向來均將其修正液筆等產品通過在臺代理商百龍企業有限公司(以下簡稱百龍公司)進口銷售。被上訴人與該本國銷售代理商訂立涉外代理銷售契約,由被上訴人依約製造產品供應此地市場需求,此有代理契約書等可稽。百龍公司在臺銷售之多寡,即直接代表被上訴人所得利益之多寡。茲上訴人之侵害行為,顯然影響被上訴人同項產品在臺之銷售,將使百龍公司之經營遭受影響,被上訴人自亦將受同等損害,何能謂被上訴人因未經認許,即全盤否定其產品交易利益受損之可能。

五、將德、日諸國一致之『不正競爭防止法』立法例及我國『公平交易法草案』立法原則援引為法理加以適用,被上訴人之請求亦應准許之。

考諸歐美先進國家均立法限制規範商業上不公平競爭行為,尤其在行為人具有主觀詐欺、損害他人之惡意時,更應使負損害賠償責任以示制裁。此從西德不正競爭防止法第一條規定:『對於為競爭目的而營業交易中從事有背於善良風俗之行為者,得請求其停止作為及賠償損害』,可得明證。我國公平交易法草案第一條定曰:『為維護交易秩序,

確保公平競爭，促進經濟之安定與繁榮，特制定本法』，第三十條曰：『事業違反本法之規定，致侵害他人權益者，被害人得請求除去之；有侵害之虞者，並得請求防止之』（一審卷證物袋）。將上開西德不正競爭防止法及我國公平交易法引為法理，被上訴人之請求，亦應准許。

　　六、從而原審判決被上訴人勝訴，並無違誤，上訴論旨求予廢棄，為無理由。又上訴人願供擔保請准免予假執行，核無不合，爰酌定擔保金額准許之。

　　七、本件上訴為無理由，併依民事訴訟法第四百四十九條第一項、第七十八條、第四百六十三條、第三百九十二條判決如主文。」

　　此一判決，因被告未再上訴而告確定，隨著此宗訴訟之落幕，而使不正競爭之觀念，在我國逐漸落實。未在我國取得專利之產品容器包裝，固不受我國專利法保護，但是，未受專利法保護之容器包裝，並不當然排斥其依民法或不正競爭法保護之可能性[8]。公平交易法自八十年二月四日公布及實施後，其中第二十條之規定，即對商品容器、包裝或外觀提供法律上之保護基礎，而屬於不正競爭防止之法律規範。至此，不正競爭之法律規範，已逐漸引起國內法學界及實務界之注意。

二、林強有氧飲料案

(一)事　實

　　以歌星或演員之藝名，作為飲料名稱之特取部份，在公平交易法上應如何保護，殊值探討。本案係傳播有限公司檢舉，內容為：林志峰先生身兼歌手、演員之身份，以「林強」為其藝名，在八十一年間，以一曲「向前走」成為家喻戶曉之閩南語搖滾樂歌星，其成名曲勇奪第三屆

---

[8]　Schricker/Stauder, Handbuch des Ausstattungsrechts, 1986, 32; Palladino, Trade Dress After Two Pesos, TMR, Vol. 84, 1994, 416.

金曲獎最佳年度歌曲獎，並躍居「金曲龍虎榜」八十年度冠軍，其所演唱之個人專輯「向前走」、「春風少年兄」迄今總發行量已逾七十二萬張。林強與真言社傳播有限公司簽有合約，將林強關於使用其姓名、簽字於廣告等事項授權真言社公司處理，並未授權其他第三者以其姓名作為飲料名稱行銷市面。詎料，正揚製藥股份有限公司未徵得真言社及林強之同意，逕將其委託信喜實業股份有限公司於八十一年九月十八日起製造之飲料取名為「林強有氧飲料」，加以販賣，飲料罐上標明「林強」二字特別以草體書寫，易致消費者誤認該飲料係經林強親自簽名授權上市。正揚公司並在電視臺等大眾傳播媒體大力宣傳，該廣告內容除以閩南語發音，強調「林強」飲料名稱外，並引用林強成名曲——「向前走」中之部份歌詞促銷，並於全省經銷據點張貼廣告，載明「林強祝您健康」，且在時代醫療週刊雜誌以「林強」二字為主體大肆宣傳❾。

案經通知，被處分人以八十二年四月二十七日正董（函）字第○○六號函表示：

「一、本公司生產『刺五加』植物為原料之有氧飲料前，即對外徵求命名，而被處分人港澳大陸地區銷售業務代表兼股東林強（本名）先生，表示渠林強之名，涵有臺語『愈林（飲）愈強』之意，適為飲料之名，乃得林強本人之授權，取為『林強有氧飲料』，有林強本人之授權書可稽，故被處分人經林強合法授權使用其名，自亦合法使用林強之姓名，要非真言社所謂仿冒他人之名。

二、林志峰先生以林強藝名崛起於演藝界，固為事實，惟林志峰從事者為演藝事業，被處分人股東林強從事飲料生產，兩事業相隔如山，應無混淆之虞。『林強有氧飲料』之包裝罐上，使用草體『林強』之美工字，乃出於包裝美觀之設計，有廣告設計人證明，如依真言社之意，另有前政戰學校校長林強，是否也不得公開使用草體，而須以印刷體書

---

❾　行政院公平交易委員會公報，第三卷第五期，第二八頁。

寫其名。

三、『林強有氧飲料』電視廣告，並未使用林志峰之歌曲或歌詞，真言社所指使用林志峰歌詞『向前走』， 惟『向前走』乃精神飽滿，奮發向前之意，既非林志峰依法所專用，該六句仍屬普通用法，任何人皆可使用，況廣告中更冠有「健康活力」四字，顯非屬歌詞，故用『林強有氧飲料』命名其廣告實屬公平交易法第二十條第二項所規定之合法使用行為❿。」

㈡臺北地檢署不起訴處分之理由

臺灣臺北地方法院檢察署同案以八十二年偵字第九三四六號對被處

---

❿　被處分人復以八十二年五月五日正董(函)字第○○七號函補充說明：

　1.被處分人港澳大陸地區銷售業務代表兼股東本名林強，在籌備生產有氧飲料前，即已在港澳大陸地區為被處分人銷售中藥品多時，且於八十一年七月間向他人購得正揚股票，有八十一年八月二十七日股票轉讓過戶申請書及股東名冊可稽；又林強之名，經取得股東林強本人之授權方才命名「林強有氧飲料」，有林強護照及授權書可證。

　2.姓名乃人格權之一部，其本人自得以其名為活動以申張人格，林強本人以自己之名從事商業活動，自係合法行為，真言社要不得以其藝名為林強，而得否認本名林強之商業活動。真言社所稱被處分人臨訟找人充數乙節，林強既為香港居民，自始身分證即名林強，而非譯名，若為臨訟頂替，同名為「林強」者不在少數，何必遠赴香港找人，足證被處分人公司之林強並非臨訟充數者；又林志峰先生以林強藝名崛起於演藝界，固為事實，惟不得因此謂真名林強之人崛起於行業，即應得其同意，林志峰從事者為演藝事業，被處分人公司股東林強從事飲料生產，兩事業不同，何來此林強與彼林強相混淆之虞，就消費大眾而言，藝名林強者，其訴求對象則為唱片錄音帶等演藝歌唱市場之消費者，而被處分人訴求對象則為飲料市場之消費者，其斷無聽林強唱歌即立刻想喝飲料，欲購唱片錄音帶即想要購飲料，且必選林強有氧飲料之理，一產品在於聽覺之享受，另一則在於味覺之享受，當無混淆誤導消費者之選擇。

分人代表人兼被告賴送欽先生為不起訴處分，其理由略以：「按販賣使用相關大眾所共知之他人姓名之商品罪，必該販賣之商品有致與他人商品混淆之情形始足相當，此觀公平交易法第二十條第一項第一款之規定可知。本件被告等縱確有利用告訴人藝名促銷之意圖，然查被告等販賣之商品為有氧飲料，告訴人本人至今仍未生產任何飲料各節，業據告訴人之代理人自陳綦詳，是以『林強』之名稱，如告訴人稱係用以發展其無形的演藝事業，而被告則用以表徵其有形之飲料商品，兩者使用該名稱之用途顯不一致，從而自不可能發生被告販售飲料會與告訴人發展演藝事業混淆不清之情形，揆諸首揭說明，尚難認被告有違反公平交易法第二十條第一項第一款後段之行為，自難律以同法第三十五條之罪責❶。」

(三)公平交易委員會處分之理由

公平交易委員會於八十三年五月二十四日之處分書中認為，林強有氧飲料之廣告，有攀附知名藝人林強之情事，而有故意搭便車之行為，已違反公平交易法第二十四條規定。其理由如下：

「一、按公平交易法對知名藝人藝名之保護，核其性質即類似服務表徵之保護，而其保護固不當然及於其他行業，惟事業仍不得以積極行為故意影射其商品為該知名藝人所推薦，即不得有所謂故意『搭便車』之行為，否則，其積極『搭便車』之行為違反公平交易法第二十四條『除本法另有規定外，事業亦不得為其他足以影響交易秩序之欺罔或顯失公平之行為』之規定。

二、本案林志峰先生以『林強』藝名從事演藝事業，其首張專輯『向前走』曾獲八十年金曲獎最佳年度歌曲及『金曲龍虎榜』臺語歌曲年度冠軍，嗣後復參與『戲夢人生』、『只要為你活一天』等電影片之演出，

❶ 行政院公平交易委員會公報，第三卷第五期，第三十二頁。

依經濟部中央標準局八十二年十月十六日中臺異字第八二一○六二號商標異議審定書所述『已堪稱為全國知名之藝人』。 今被檢舉人於『林強有氧飲料』廣告中，以閩南語朗讀林志峰先生首張專輯名稱『向前走』，核其廣告內容，易使人聯想廣告所稱之『林強』即為演唱『向前走』乙曲之藝人『林強』，是故其廣告有攀附知名藝人林志峰先生之情事。被檢舉人前開積極行為，顯有使消費者誤認其所提供於市場之『林強有氧飲料』， 與藝人『林強』有關或係屬藝人『林強』所推薦之商品，從而其所為故意『搭便車』行為，已違反公平交易法第二十四條之規定。 ⓬」

(四)評　論

1.依商標法行使權利之正當行為

公平交易法第四十五條規定：「依照著作權法、商標法或專利法行使權利之正當行為，不適用本法之規定。」 本案被處分人正揚公司於八十一年以「林強」申請商標註冊，此是否為依商標法行使權利之正當行為，殊值討論。被處分人依當時商標法施行細則第二十四條第十九類申請「林強」商標註冊，使用於「冰、冰淇淋、汽水、果汁、蒸餾水、礦泉水、茶、咖啡、可可及不屬別類之飲料」等商品。經濟部中央標準局以八十二年二月廿四日臺商審字第五○七九六五號核准審定書准予審查公告。公告中之商標，違背商標法之規定者，即得提起異議。其後，林志峰申請異議，中標局以八十二年十月十六日中臺異字第八二一○六一商標異議審定書（審定號數五九九六八八）審定「林強」聯合商標審定應予撤銷。其理由略以：「商標圖樣『有他人之肖像、法人及其他團體或全國著名之商號名稱或姓名，未得其承諾者』， 不得申請註冊，為（舊）商標法第三十七條第一項第十一款所明定，其立法意旨係為保護他人之肖像權、姓名權、全國著名之商號、法人及其他團體之名稱權，

⓬　行政院公平交易委員會(83)公處字第○四六號處分書。

商標法對於「姓名」固未明文規定是否包括「藝名」，惟姓名為個人標誌及與他人區別的表徵，與個人有不可分離的關係，姓名的使用具有專屬的性質及排他的效力，係一種典型的人格權。是姓名不僅指姓名條例中的姓名，並且包括字、號、筆名、藝名、簡稱等在內。異議人林志峰先生以『林強』藝名從事演藝事業，首張專輯『向前走』即榮獲八十年金曲獎最佳年度歌曲及『金曲龍虎榜』臺語歌曲年度冠軍，為報章雜誌爭相報導，異議人除歌藝受到社會大眾所肯定，並曾參與電影『戲夢人生』、『只要為你活一天』演出，堪稱全國知名之藝人。從而被異議人以全國著名之『林強』作為『林強』商標圖樣，既未徵得異議人之同意，揆諸前揭法條規定，自不得申請註冊。」❸

　　被處分人雖以「林強」作為商標申請註冊，但在公告期間經林志峰申請異議，並撤銷原審定商標，即「林強」商標未經獲准註冊，而未取得商標專用權。此種已經申請商標之註冊，雖經核准但被撤銷而未獲准註冊之情形，尚難依公平交易法第四十五條之規定，主張為係依商標法行使權利之正當行為。

　　2.演藝事業與飲料間產生混淆之可能性

　　公平交易法第二十條所禁止之仿冒行為均可分為下列數種形態：(1)商品表徵仿冒；(2)服務表徵之仿冒；(3)外國著名商標之仿冒；(4)仿冒商品之販賣或運送。在立法結構上，分別以四款詳細規定。如有違反，除由公平交易委員會依公平交易法第四十一條規定處分外，依公平交易法第三十五條規定，違反第二十條規定者，處行為人三年以下有期徒刑、拘役或科或併科新臺幣一百萬元以下罰金，而有刑事責任之規定。此外，商品表徵或服務表徵之仿冒，均可能包括姓名之仿冒。在商品表徵之違法使用，是否產生混淆，固以同一商品或同類商品為原則；而在服務表徵之違法使用，是否產生混淆，亦以同一服務或類似服務為原則。然而，

───────────

❸　行政院公平交易委員會公報，第三卷第五期，第三十一頁。

在不具競爭關係之事業，均使用相同之姓名或表徵，是否亦足以造成混淆？如將著名影歌星之藝名使用於飲料，或將著名化粧品之品牌作為美容事業之名稱，在現行公平交易法上應如何判斷，殊值研究。

臺北地院檢察署認為，「林強」係林志峰之藝名，係用以發展其無形之演藝事業，而被告則用以表徵其有形之飲料商品，兩者使用該名稱之用途顯不一致，從而自不可能發生被告販賣飲料會與告訴人發展演藝事業混淆不清之情形❶。因此，臺北地檢署認為飲料商品與演藝事業不會產生混淆。

公平交易委員會在處分書中認為，對於知名藝人藝名之保護，核其性質即類似服務表徵之保護，而其保護因不當然及於其他行業。依此見解，對於知名藝人藝名之保護，似仍以使用於演藝事業為限，是否失之過窄，不無研求之餘地。此外，主管機關在本案初擬之研析意見中認為，「不具競爭關係之事業，應無使人對服務主體產生混淆之虞，亦非公平法第二十條所保護之客體。本案檢舉人並未以『林強』之名生產銷售任何飲料，而被檢舉人生產銷售『林強有氧飲料』之行為，兩者之間並無競爭關係，應無使人對商品主體產生混淆之可能，即令該行為有可能引人誤認為表徵權利人『林強』與該飲料間具有某種關係，亦屬藝人姓名權保護之問題，與公平交易法第二十條所規範之仿冒行為尚屬有間」❶。另外，主管機關在內部之研討意見亦認為，「一為商品，另一為服務，兩者種類不同」。公平交易法第二十條第一項第二款所謂「致與他人營業或服務之設施或活動混淆，係規範二事業之『服務營業』間是否有引起混淆之虞，至於『商品』與『服務』間之混淆，不在本法仿冒規範範圍之內，因為使用他人相同或類似之著名表徵於不同類商品或服務時，由於商品或服務之類別有所差距，消費者不至於就認為仿冒者之商品或服

---

❶　臺北地方法院檢察署八十二年偵字第九三四六號不起訴處分書。

❶　公平交易委員會第一百二十五次委員會議討論案六，研析意見，第十二頁。

務，即為原表徵權利人之商品或服務，此觀同條項將商品及服務不同條款之規定可證實，且行為人違反該法條之結果，應負擔刑事責任，亦不應以類推解釋方式，推斷行為人有該當構成要件之行為。」❶因此，公平交易委員會對於本案之處理，在不同行業間產生混淆之可能性，傾向於否定之見解，此種見解，是否妥適，殊值探討。

公平交易法第二十條第一項第一款係禁止商品表徵之混淆，同條項第二款則在禁止服務表徵之混淆，兩者分別規定在不同款項，因此，商品與服務固然有所差距，且有刑事責任之處罰規定，在罪刑法定之原則下，不應類推解釋，固非無見。惟公平交易法第二十條之規定，係屬於專利法商標法與著作權法以外之仿冒，為不正競爭防止法之仿冒，可稱之為第四種仿冒，其目的在避免交易相對人或消費大眾對於商品或服務主體來源產生混淆。在相同行業間，使用相同或類似之著名姓名或藝名，固然足以產生混淆，但是，在不同行業間，使用相同或類似之著名姓名或藝名，是否當然不會產生混淆，不無疑問。

行政法院於民國五十年五月二十七日即認為：凡相同或近似於世所共知之標章者，均不得作為商標，申請註冊，不以使用於同一商品為限。東亞紡織公司於四十七年四月間，以金獅牌商標指定使用於棉紗及人造棉紗商品，申請註冊，經核准審定，列為審定商標，在公告期間，美商米高梅影片公司認為該商標圖樣，與其使用於電影片、影機及留聲機等商品並早經在中國政府註冊之第二五三二六號商標及第一二三六號商標同以獅頭為主之圖樣近似，而提出異議。行政法院在五○年判字第三五號判例中認為，即使原告之商品為棉紗及人造棉紗，而參加人之商品為電影片、影機及留聲機，兩者為風馬牛不相及之商品，但是，在著名標章相同或近似之情況下，仍不得襲用他人之著名標章作為自己之標章申請註冊❶。此種見解，在民國五十年代即已產生，殊屬難得。因此，依

❶ 公平交易委員會第一百二十五次委員會議討論案六，研析意見，第十四頁。

照行政法院之見解，在商品與商品對比時，完全不同之商品間有產生混淆誤認之可能。

行政院在民國七十一年間認為，在標章中文部份均為「寶島」，而構成相同之情況下，其一為表彰修鐘錶之服務，其一則為表彰鐘錶商品，且其所指定使用之營業與商品之性質復屬近似，自不因其一為表彰服務之服務標章，一為表彰商品之商標，而可任意使用相同之文字，作為商標圖樣申請註冊❶。因此，依照行政院之見解，在商品與服務間有產生混淆誤認之可能。

行政法院於七十三年六月三十日七十三年判字第七九四號判決認為，關係人申請註冊之服務標章，雖其指定使用之營業為蜜餞、糖果、餅乾、蛋糕等食品之經銷服務，惟該項服務所供應之商品，與原告已註冊之「黑松牌」商標指定使用之蜜餞、糖果、餅乾、乾點、麵包、蛋糕等商品，完全相同，且原告就其商標所使用之商品，除自行製造外，依商場習慣亦可自行銷售，則係爭服務標章所表彰之營業與原告商標指定使用之商品，自應認為屬於同類，被告機關原審定將商品與商品之銷售服務強為區分，而謂二者不生同一或同類問題，殊違一般交易觀念。因此，行政法院認為商品與服務間有產生混淆誤認之可能❶。

公平交易委員會係掌管公平交易法執行之機關，在不具競爭關係之行業間產生混淆誤認之問題上，反而採取比較保守之見解。知名影歌星之藝名，係該影歌星長期努力耕耘所獲得成果之結晶，一如著名標章，係廠商辛勤經營所獲得商譽之表徵，不容他人任意抄襲、模仿、搾取或攀附，此乃公平交易法第二十條之立法意旨。何況，影歌星在其演藝事業功成名就之後，轉而投資其他事業，而其所投資之事業，不必限於與

---

❶　徐火明，從美德與我國法律論商標之註冊，八十一年一月，第一七六頁。

❶　徐火明，從美德與我國法律論商標之註冊，八十一年一月，第二二八頁。

❶　徐火明，從美德與我國法律論商標之註冊，八十一年一月，第二二九頁。

演藝事業有關，甚至於與演藝事業無關之行業均可能包括在內。因此，即使與演藝事業不相干之任何行業，如仿冒知名影歌星之藝名時，交易相對人或消費大眾仍有可能產生混淆，即有可能誤認該事業為該知名影歌星所投資、贊助或其他某種經濟上組織之關係。至於有無混淆誤認之可能，應以事實認定為基礎，而非憑空斷然否定其混淆可能性。依照上述說明，演藝事業與飲料間，並非當然不可能產生混淆，即交易相對人或消費大眾仍然有可能認為「林強有氧飲料」，係林強所投資、贊助、授權等某種關係。至於有無此種混淆誤認，則應以事實認定為根據。

在仿冒著名標章之情形，亦復如此。多國籍或大型化之企業，同時生產或銷售多種完全不相同之產品，或甚而提供服務，即使該完全不同之產品間，或商品與服務間，不具有任何競爭關係，但是，該等企業集團內部之間或為相互投資、營業加盟、技術合作或關係企業，而可能使用共同之標章，構成企業集團。若非該企業集團之成員，使用其著名標章，交易相對人或消費者即可能誤認為係該企業集團之成員，或與該企業集團有某種關係，此際，商品是否同一或同類，或是否同為商品，或是否同為服務，並非所問。在學理上，亦基於稀釋化之理論，對著名標章使用於完全不同之商品，賦予保護。我國公平交易法之實施，如能注入不正競爭之思潮，並健全相關法律規範之基礎，或較妥適。

三、腦筋急轉彎案

(一)事　實

檢舉人時報文化出版企業公司表示，該公司出版之系列叢書「腦筋急轉彎」，自民國七十八年十一月初版以來，廣受歡迎。詎大然出版社於民國八十年八月開始出版「新腦筋急轉彎」，使消費者誤以為與檢舉人之「腦筋急轉彎」有所關聯。

㈡公平交易委員會之見解

公平會認為檢舉人出版之「腦筋急轉彎」，在當時已出版至第十二集，總銷售量已超過一百二十萬本，已為出版同業及消費者所共知，亦即已達「相關大眾所共知」❷。在本案中，主管機關以銷售量之多寡，作為認定相關大眾所共知之標準，可資參考。

㈢書籍名稱之仿冒

檢舉人已取得「腦筋急轉彎」之編輯製作及出版發行之權利，但是被處分人大然出版社認為，時報公司之「腦筋急轉彎」，係剽竊號角出版社之「看笑話」、「惡作劇」等書；而號角出版社於八十一年四月十六日將包括前開書籍在內之數本書籍之漫畫圖形、版本、改作權等，授權大然出版社獨家製作，且時報公司「腦筋急轉彎」之部份作者，亦授權被處分人大然出版社出版發行，因此，其係合法出版發行。著作內容之剽竊或與書籍名稱之仿冒，其關聯性如何，殊值探討。著作於完成時即受著作權法之保護，若未經同意即擅自剽竊他人著作之內容，即構成著作權之侵害，屬於著作權法之問題❷。至於只有書籍名稱相同或類似，而著作內容完全不同，甚難認為係著作權之侵害，蓋書籍名稱並不當然受著作權法之保護。但是，若書籍名稱並非一般普通性質，而且有特殊性，且為相關大眾所共知並成為商品之表徵時，仍受公平交易法第二十條之保護。至於一般慣用之書籍名稱，如經濟學、公司法論，均無法依公平交易法規定而受保護，即使加上一「新」字如「新公司法論」，亦同樣不構成仿冒❷。時報公司「腦筋急轉彎」一書，是否剽竊號角出版

---

❷　行政院公平交易委員會公報，八十一年七月三十一日，第一卷，第六期，第二頁。

❷　Nirk, Gewerblicher Rechtsschutz, 1981, S. 153.

社「看笑話」、「鬧笑話」或「惡作劇」等書之內容，主管機關認為此乃另一問題，即屬於著作權侵害之問題，而非商品表徵仿冒之問題。

❷　公研釋〇三九號：在學科名稱上加註「新」、「新論」等字樣，是否違反公平交易法之疑義。

公平會八十一年八月五日第四十四次委員會議討論案

案由：為本會決議「新腦筋急轉彎」對於「腦筋急轉彎」構成仿冒違法，引發在學術著作上加「新」、「新論」是否亦構成仿冒之質疑案。

研析意見：

一、本會認定「新腦筋急轉彎」仿冒「腦筋急轉彎」違反公平交易法第二十條第一項第一款之規定，係以「腦筋急轉彎」已達相關大眾所共知之程度，而「新腦筋急轉彎」加上一「新」字，除在名稱上類似外，因其所採幽默式漫畫問答集格式、書籍開本以及前頁為問題、後頁為答案之編輯形式等，亦與「腦筋急轉彎」相仿，整體綜合觀察結果，易令人誤認二者有續集、系列關聯，而產生商品混淆之情形，且「腦筋急轉彎」尚未成為該商品本身習慣上所通用之名稱，故就整體而言，「腦筋急轉彎」仍具獨特性，故予以保護。

二、至於學科名稱例如「管理學」、「材料工程學」、……等均已成為該學科之通用名詞，例如一般人提及「管理學」、「材料工程學」時即知指某種學問，而不會誤為某人專有或誤為其他學問，亦即不致引起混淆誤認，是以不論為「管理學」、「新管理學」、「管理學新論」均為探討「管理學」此一知識之書籍，其作者不同之時，內容即不同，不應將之認為個人獨享之書籍名稱而加以過份保護。除非其書另具有獨特性，例如「〇氏」管理學等，或有必要加以保護，否則，僅通指涉及某種學識之學科名稱，既為大眾所通用，應認係公平交易法第二十條第二項第一款所稱「商品本身習慣上所通用之名稱」，而不適用同法同條第一項：「事業就其營業所提供之商品或服務，不得有……以相關大眾所共知之他人姓名、商號或公司名稱、商標、商品容器、包裝、外觀或其他顯示他人商品之表徵，為相同或類似之使用，致與他人商品混淆或販賣、運送、輸出或輸入使用該項表徵之商品者」行為之規定。故使用該通用名稱，或在其上加「新」、「新論」等字，不應認為仿冒行為。

　　大然出版社認為時報公司對於「腦筋急轉彎及圖」，並未取得商標權或專利權，且「腦筋急轉彎」已成為社會通用之口語，不得專用。書籍名稱成千上萬，不一而足，其是否能成為商標獲准註冊，應依商標法有關積極與消極註冊要件而定。至於書籍名稱，是否成為習慣上通用之書籍名稱，則為本案另一焦點。主管機關認為，查腦筋急轉彎此一名詞雖亦有其他類似使用情形，然尚非已達同法第二十條第二項第一款所謂商品本身習慣上所通用之名稱之程度，此可從同類幽默式漫畫問答集中使用「腦筋急轉彎」以外之名稱可得知，例如「七十二變」、「毒舌派」等是，亦即「腦筋急轉彎」尚非成為該類書籍之通用名稱，僅為該類書籍中某一出版社所用之書籍名稱。依上述主管機關之見解，「腦筋急轉彎」已有其他類似使用之情形，其意義與數量為何，似未說明清楚。既有其他類似使用之情形，又何以能成為某一特定出版社之商品表徵，在採證認定上似嫌薄弱。書籍名稱，若已成為某一特定出版社關於某種書籍之表徵，且為相關大眾所共知，自應受公平交易法第二十條之保護。反之，若該書籍名稱，為數出版社共同使用，或習慣上所通用，自不受保護，即任何人均得自由使用。

四、中泰賓館案

(一)事　實

　　設在臺北市敦化北路之中泰賓館股份有限公司，認為基隆市之中泰賓館違反公平交易法第二十條第一項第二款之規定，向公平交易委員會申請，依同法第四十一條之規定，限期命基隆市中泰賓館停止其不公平競爭之行為❷❸。

---

❷❸　行政院公平交易委員會公報，第三期，第一四二頁。

(二)公平交易委員會之函覆

公平交易委員會於八十一年九月一日以(81)公參字第〇二二四六號函覆臺北之中泰賓館股份有限公司，內容為：「被檢舉人於民國六十四年依商業登記法第二十八條第二項獲准設立登記，自可受該法之保護。且被檢舉人並未有任何使人誤認其為臺北市中泰賓館之關係企業或分店之行為，並未違反公平交易法第二十條第一項第二款之規定。」

(三)行政處分

臺北市中泰賓館股份有限公司不服，於八十一年九月五日以申請書表示，公平交易委員會之上述函件，乃單純之事實敘述，並未就申請人之請求事項作成准駁之行政處分，故呈請就其於八十一年七月四日之申請書所為請求事項，作成准駁之行政處分，俾據以提起訴願。

人民對於中央或地方機關之行政處分，認為違法或不當，致損害其權利或利益者，得依訴願法之規定提起訴願。所謂行政處分 (Verwaltungsakt)，係指中央或地方機關基於職權，就特定之具體事件所為發生公法上效果之單方行政行為。行政機關對於人民請求之事項，雖然沒有具體准駁之表示，但由其敘述之事實及理由之說明內容，如已足認其有准駁之表示，而對人民發生法律效果者，自難謂非行政處分❷❹。訴願人主張關係人冒用其首創之「中泰賓館」標章，違背公平交易法第二十條第一項第二款之規定，向公平交易委員會申請依同法第四十一條規定，限期命其停止不公平競爭之行為，案經公平交易委員會第四十六次委員會議決議，認關係人可受商業登記法保護，而未違反公平交易法第二十條第一項第二款規定，以(81)公參字第〇二二四六號函，將上述決議意旨答

---

❷❹　行政法院七十七年判字第二〇五四號判決；行政法院七十九年判字第二〇六一號判決。

覆訴願人。此項函覆，因非單純事實之陳述或意思通知，應屬行政處分，自得為訴願客體。行政機關對於人民之處分書，在現行法令並無一定形式之限制，凡文書足以表示處分之意思者，即屬處分書[25]。依照上述說明，公平交易委員會之上述函覆，仍屬行政處分，訴願人謂該函覆非屬行政處分之見解，顯係誤解。

(四)相同於公司名稱之商號

依我國公司法第十八條第一項，同類業務之公司，不問是否同一種類，是否在同一省（市）區域內，不得使用相同或類似名稱。公司名稱，不得相同或類似於他人已登記在先之公司名稱，以避免混淆。

依我國商業登記法第二十八條規定，商業在同一直轄市或縣市，不得使用相同或類似已登記之商號名稱，經營同類業務。商號名稱，除不得使用公司字樣外，如與公司名稱相同或類似時，不受前項規定之限制。在同一縣市內，後設立之商號名稱，不得相同或類似於他人已登記之商號名稱。但是，後設立之商號名稱，如相同或類似於他人已登記在先之公司名稱時，其混淆之可能，係由於名稱特取部份相同或類似，而非由於其組織型態之不同而排除，商業登記法第二十八條第二項卻規定，不受第一項規定限制，殊值改善。

關係人於六十四年間，依商業登記法，於基隆市申請設立登記「中泰賓館」商號，其依商業登記法第二十八條之規定，於登記範圍內使用獲准登記之商號名稱，在現行法律之架構下，自可受商業登記法之保護，至於是否違反公平交易法第二十條第一項第二款之規定，仍非無研求之餘地。商號名稱，相同或類似於他人登記在先之公司名稱，並經營同類業務，仍有導致混淆之可能，在公平交易法之判斷上，應注入不正競爭之精神，並在立法結構上予以調整，始較周延[26]。

[25]　行政法院四十六年判字第六十六號判例。

五、德泰彈簧床案

(一)事　實

德泰彈簧工廠於四十六年間設立，負責人為被告顏得鴻，為家族共同經營之工廠。五十一年間，被告獨資經營之「德泰彈簧床行」，依商業登記法獲准設立登記後，即代銷德泰牌彈簧床。自訴人顏得安於分家後，於五十二年間與被告另組德泰彈簧牀股份有限公司，斯時代表人為顏得鴻，於五十六年間解任，代表人變更為顏得安。被告將德泰彈簧床行字樣及英文名稱"TEH TAI BED"標示於販賣之彈簧床商品上，自訴人認為違背公平交易法第二十條第一項第一款之規定，而提起自訴。

(二)公平會與臺南地院之見解

關於公平交易法第二十條之案件，檢察官或法院在處理時，有函送公平會鑑定者，亦有直接認定者。在本案中，公平交易委員會依據雙方檢送之資料，報紙及電話簿廣告，以及銷售達三十年之時間，認為德泰彈簧床商品，在臺灣市場已為相關大眾所共知。公平交易委員會進一步認為，當事人雙方之事業自始同源於德泰彈簧工廠，在交易上若有致使相關大眾對於「德泰彈簧床」商品產生混淆誤認，其真正原因係本案當事人相互爭奪歷史悠久、夙負盛名之「德泰」商標及公司行號名稱所造成之必然結果，並非被告從事足以影響交易秩序之欺罔或顯失公平之行為所致，故未違反公平交易法第二十四條[27]。臺南地院亦接受公平交易委員會之鑑定結果，判決被告無罪。此種所謂互爭商標及公司行號名稱而認為當然與競爭法無關之理由，頗為牽強。

[26]　Nirk, Gewerblicher Rechtsschutz, 1981, S. 337.

[27]　公平交易委員會第七十三次委員會議討論案十一。

㈢商業名稱之使用與不正競爭

依商業登記法設立之商號，在商業上以正當方式使用，應屬合法。若商業名稱之使用，與他人合法成立之公司名稱構成相同或近似，在公平交易法上應如何判斷，殊值研究。被告顏得鴻獨資之「德泰彈簧床行」，係民國五十一年依商業登記法獲准設立並登記之商號，而自訴人顏得安之德泰彈簧床股份有限公司，於民國五十二年設立，斯時代表人亦為顏得鴻，五十六年解任，並變更代表人為顏得安。德泰彈簧床行，係依商業登記法核准設立，其使用自己之商業名稱，依據臺南地院之判決，將商號名稱標示於彈簧床商品上，並無違反公平交易法第二十條第一項第一款之規定❷❽。

依公司法、商業登記法登記之公司名稱、商號，基於適用法律體系之要求，在認定是否依公平交易法第二十一條規範時，固應衡酌公司法及商業登記法之精神，惟公司法及商業登記法對於不正競爭之規範，非其主要目的，而可能有不夠周延之處。如以相同或近似於他人已登記商號，作為自己公司名稱，而使用於同一營業；或以相同或近似於他人已登記之公司名稱，作為自己之商號，而使用於同一營業，在現行實務上仍可能獲准，而分別以商業登記法或公司法作為保護之依據。此時，消費大眾，對於相同或類似之名稱，仍可能產生混淆。此種行為之本身，可能係利用商號或公司名稱組織型態之不同，而迴避其意圖使用他人商號或公司名稱之目的，並達到不受公平交易法制裁之結果！就社會交易之見解而言，使用他人已登記之商號或公司名稱，尤其被使用之商號或公司名稱為相關大眾所共知時，亦容易產生混淆，而屬於不正競爭，在處理此種問題時，如能注入不正競爭之思潮，或較妥適。日本商法

---

❷❽ 臺南地院八十一年度自字第二五三號判決書，公平交易法司法案例彙編第二一五頁。

(Commercial Code)第二十條對於商業名稱(trade name)之保護，即已注入不正競爭之精神，依其規定，以不正競爭之目的 (for the purpose of unfair competition)，而使用相同或近似於他人之商業名稱者，於商業登記簿上登記商業名稱之所有人，得請求其停止使用；商業名稱之所有人亦得請求損害賠償。此外，日本商法第二十條第二項亦規定，在同一縣市區域內，於同種營業範圍內，使用他人已登記之商業名稱，推定為具有不正競爭之目的(Any person is presumed to have the purpose of unfair competition)❷❾。日本商法對於商業名稱之保護，亦係基於不正競爭之精神，賦予停止使用請求權及損害賠償請求權。此外，日本不正競爭防止法第一條，對於商業名稱亦予以明文規定，商法上之保護，以登記為必要，而不正競爭防止法之保護，則以該商業名稱共知為必要，如某種行為同時符合兩種法律條文之要件時，應認為屬於請求權競合之關係。反觀我國商業登記法或公司法，則未在相關條文中注入不正競爭之精神，而公平交易委員會之決定或法院之判決，是否可要求行政主管機關，對於違法之商號或公司名稱為塗銷之登記，亦欠缺明確之法律依據。行政主管機關對於商號或公司名稱之核准,即係行政機關為登記人創設權利。但是，如名稱相同或近似，有可能係不正競爭之行為。如法院認定為不正競爭之行為，則應予以禁止，並應使法院判決之結果，能夠塗銷此種登記，方為妥當。惟我國對於不正競爭之制止，雖採德日立法例，但是卻特別設立公平交易委員會掌理，位階則屬於行政院，並且不處理商號或公司名稱之登記問題。如惡意以他人已登記之商號名稱，作為自己公司名稱之特取部份，或惡意以他人已登記之公司名稱，作為自己商號名稱之特取部份，而經營同一或類似之商品或服務，或惡意以他人已登記且著名之商號或公司名稱，作為自己之商號或公司名稱之特別部份而經營完全不同或不類似之商品或服務，利害關係人請求其變更登記或請求

❷❾　Teruo Doi, The intellectual Property Law of Japan, 1980, p. 194.

其停止使用，而不變更登記或不停止使用者，可參照商標法第六十五條予以處罰。登記與使用係兩種不同之問題。商號或公司名稱之使用，是否引起混淆誤認，與交易市場及競爭秩序之問題，息息相關，屬於公平交易委員會掌理。但是，在有些國家，則由法院判斷❸。無論如何，如認為商號或公司名稱既已依商業登記法或公司法登記，即當然為合法使用，而可排除公平交易法第二十條第一項、第二項規定，此種見解，並非全然妥當，尚應審慎斟酌，從長計議。

六、統二超商案

(一)事　實

　　檢舉人統一超商股份有限公司表示，其於八十二年五月間發現，利鄰有限公司於臺北市經營統二超商，其使用「統二超商」名稱，侵害該公司之服務標章，內部牆壁及透明窗之三色裝潢，亦仿冒該公司三色系列之服務標章，更因其使用「你親切方便的好鄰居」，與統一公司使用「你方便的好鄰居」相類似，認為有違反公平法第二十條第一項第二款情形，而向公平會檢舉。

　　被檢舉人則說明，因該公司成立關係企業「統二實業有限公司」，而其公司名稱為「統二」，使用自己公司名稱之特取部份，應無違反公平交易法之情形。

(二)公平交易委員會處理意見

　　公平交易委員會認為，被檢舉人所使用之名稱「統二超商」，與檢舉人之「統一超商」分別顯然，不致產生混淆。在公司名稱方面，被檢舉人所有人之關係企業「統二實業有限公司」，其特取部份「統二」與

---

❸　Baumbach-Hefermehl, Warenzeichenrecht, 1979, WZG § 25; Anm. 197.

「統一」名稱不類似，且依公司法設立登記，尚無違反公平交易法第二十條第一項第二款之規定。

(三)表徵之類似使用

在判斷表徵是否為相關大眾所共知時，應審酌表徵所訴求之廣告量，所提供之服務於市場上之行銷時間，商品或服務之銷售量或營業額，以及其品質或市場上之占有率等相關因素。綜合上述各項因素加以判斷，統一超商之表徵，應不難知悉其是否為相關大眾所共知。

在判斷表徵是否為相同或類似時，應以具有普通知識經驗商品購買人之注意力為認定之基準[31]。有相當爭議難以判斷時，應徵詢消費者代表及相關產業公會之意見，必要時，亦應以問卷或民意調查方式，徵詢相關交易大眾之意見。此種方式，比較符合法律規範之精神，但耗費人力物力，因此，對於費用之負擔及民意調查機構調查結果之證據力，殊值進一步釐清。此種結果，對於政府機關或法院片面之認定，較為客觀。如果廠商在牽涉服務標章、營業場所整體設計之仿冒案件中，除營業主體可產生混淆誤認外，在企業多角化經營之趨勢下，亦可能產生誤認事業彼此之間為關係企業，或有加盟關係，或有其他契約上、組織上或經濟上之關係[32]。在本案中，應從三方面加以綜合考慮。第一，一為「統一超商」，另一為「統二超商」；第二，一為「你方便的好鄰居」，另一為「你親切的方便的好鄰居」；第三，一為使用紅、黃、橘三色裝置，一為使用紅、綠、淺黃、藍四色裝潢，部份顏色類似。綜合上述三項因素後，並應以一般到超商購買商品消費大眾之注意力觀察，始較妥適。

---

[31]　Kraft, Annährungen und Abweichungen zweier Zeichen und ihr Einfluß auf die Verwechslungsgefahr, GR 59, 118 f.

[32]　Kroitzsch, Die Verwechslungsgefahr im weiterem Sinn, GR 68, 173 ff.; Utescher, Gedanken zur mittelbaren Verwechslungsgefahr, GR 72, 526.

如未能以上述三項因素綜合考量，而遽認為不類似，殊非所宜。行政院公平交易委員會處理公平交易法第二十條案件原則中，規定在判斷表徵是否仍為相同或類似之使用時，應先由公平交易委員會會議認定。在認定時，應斟酌相關大眾之見解，即應以相關大眾之見解為準，亦即德國學者所稱之交易上見解(Verkehrsauffassung)，作為判斷是否相同或類似之根據。

肆、法律保護

一、民事責任

日本不正競爭防止法，對於民事上之責任，有三種類型，即停止行為請求權、損害賠償請求權及回復營業信用請求權。韓國之不正競爭防止法及我國公平交易法，亦有相當規定，茲分別論述之。

(一)侵害除去或防止請求權

我國公平交易法第三十條規定：「事業違反本法之規定，致侵害他人權益者，被害人得請求除去之；有侵害之虞者，並得請求防止之」。 前段之規定，即為侵害除去請求權，以商品或服務之表徵權已受侵害，致影響其權益時，表徵權利人得主張之。該條文之後段，係規定侵害防止請求權，即商品或服務表徵權雖尚未產生實際之侵害，但可能產生侵害之際，為避免侵害之發生或蔓延，賦予表徵權人侵害防止請求權，著重於事先之預防。依日本不正競爭防止法第一條之規定，稱之為停止行為請求權。依日本學者之見解，不正競爭訴訟之原告，通常在主張停止行為請求權時，並不需要證明被告之故意或過失(intent or negligence)，而原告只需證明商品或服務混淆之客觀要素即可 ❶。德國學者亦認為，表徵權之侵權，係屬權利之侵害，為預防未來侵害所主張之不作為請求權 (Unterlassungsanspruch)，即係一種預防請求權 (Abwehranspruch)，並不以故意或過失為要件，只需客觀違法性 (Die objektive Widerrecht-lichkeit)及法律保護需要性(Rechtsschützbedürfnis)存在為已足❷。

---

❶ Teruo Doi, The Intellectual Property Law of Japan, 1980, p. 190.

❷ Sauberschwarz, Die Auswirkungen der Umfragegutachten auf das Wett-

被告使用原告共知之商業名稱，而違背日本不正競爭防止法第一條之規定時，原告得請求塗銷被告已登記之商業名稱，因日本商法(Commercial Code)第二十條第一項規定，以不正競爭為目的，而使用相同或類似之商業名稱者，在商業登記簿已登記商業名稱之所有人，得請求其停止使用。另外，於該商法第二十條第二項亦規定，於同一縣市，在同種類之營業，使用他人已登記之商業名稱，視為不正競爭之目的。依此規定，日本商法已具備濃厚不正競爭之精神，即使在商業登記簿上已登記之商業名稱，仍有可能因屬不正競爭行為而遭塗銷登記。原告Sumitomo集團所屬地產公司，被告亦為地產公司，原告依據日本不正競爭防止法第一條第一項第二款之規定提起訴訟，請求被告停止使用原告著名(Well-known)之商業名稱及服務標章，日本法院認為被告應停止使用其商業名稱，採取必要步驟塗銷其商業名稱之登記，及除去其標章❸。我國目前在實務上認為，只要依公司法或商業登記法登記之公司名稱或商號，即屬合法使用，在思考此種作法是否妥適時，日本商法之規定及不正競爭之實務經驗，或可供參考。

因不正競爭行為而使營業上利益受侵害，或有侵害之虞者，得向法院請求禁止或防止其行為，係韓國不正競爭防止法第四條所明文。在禁止或防止不正競爭行為時，是否可毀棄物品或拆除設備，並不清楚，乃於一九九一年十二月三十一日之法律中增加規定，為行使上述之請求權，得請求廢棄導致不正競爭之物品，拆除提供不正競爭行為之設備，或禁止、防止其為不正競爭行為之其他必要措施。

原告以訴訟主張侵害除去或防止請求權時，從起訴至判決確定需一段時間，在法院判決確定之前，被告可能繼續為仿冒表徵之行為，使原告之損害繼續擴大或蔓延，因此，為保全侵害除去或防止請求權，德國

---

bewerbsund Warenzeichenrecht, WRP 70, 46.

❸　Teruo Doi, The Intellectual Property Law of Japan, 1980, p. 190.

不正競爭防止法第二十五條規定，縱與德國民事訴訟法第九百三十五條及第九百四十條所定要件不符，仍得命為假處分 (Einstweilige Verfügung)❹。

㈡損害賠償請求權

　　因故意或過失而有日本不正競爭防止法第一條第一項各款行為者，對因該行為致營業上利益受損害者，負損害賠償責任，為日本不正競爭防止法第一條之二所明文規定。因故意或過失之不正競爭行為，致侵害他人營業上之利益者，應負賠償之責，為韓國不正競爭防止法第五條於一九九一年十二月三十一日新增規定。上述日本、韓國之法律，均明文規定，以行為人之故意或過失為損害賠償之要件，我國公平交易法卻無故意或過失之規定。我國公平交易法第三十一條規定：「事業違反本法之規定，致侵害他人權益者，應負損害賠償責任」。其中，並無故意過失之要件。

　　關於仿冒他人商品或服務表徵之行為，主要係侵害他人之商業信譽，本質上屬於私權之侵害，且前述之外國立法例中，均採取傳統之過失責任主義。在德國不正競爭防止法上，依學者之見解，損害賠償請求權 (Schadensersatzanspruch) 係以故意或過失為要件❺。雖我國公平交易法，包括限制競爭與不正競爭兩大部份，但在仿冒商品或服務表徵方面，損害賠償仍應以行為人之故意或過失為要件。惟現行條文之規定，並不周延，應明確規範，始較妥當。

　　對於損害賠償金額之舉證或計算，在實務上通常比較困難。公平交易法第三十二條第二項提供一種計算方法，該條文規定：「侵害人如因

---

❹　Nirk/Kurtze, Wettbewerbsstreitigkeiten, 1980, Rz 17 ff.

❺　Malzer, Zum Schadensersatzanspruch aus §16 Abs. 2 UWG, GRUR 1974, 697 f.

侵害行為受有利益者，被害人得請求專依該項利益計算損害額」。 考其
立法理由為，侵害人因侵害行為受有利益，其利益如超過被害人所受之
損害額時，縱賠償被害人所受之損害後，侵害人仍保有不法所得，殊屬
不正當，故規定被害人得請求專依侵害人因侵害行為所受之利益，計算
其損害額。此種規定，相當於商標法第六十六條第一項第二款之規定，
商標專用權人，依第六十一條請求損害賠償時，得就其中擇一計算其損
害，其中即包括依侵害商標專用權者因侵害行為所得之利益，計算其損
害❻。

由於被害人常因損害額不大，或甚難證明實際之損害賠償金額，以
至於不願或不能向侵害人請求損害賠償，此種情形將造成對不法侵害行
為之縱容或鼓勵，因此，參照美國立法例，於我國公平交易法第三十二
條規定：「法院因前條被害人之請求，如為事業上之故意行為，得依侵
害情節，酌定損害額以上之賠償，但不得超過已證明損害額之三倍」。此
種規定，即係三倍賠償之規定，與有損害斯有賠償之法理不符，其超過
實際損害額以上部份之賠償，屬於懲罰性質。考其立法意旨，目的在避
免鼓勵或縱容違反公平交易法之不法行為，立意良好，但對於三倍賠償
制度之研究尚未周延情況下，在管制高難度競爭行為之公平交易法中引
進，尚應審慎考慮。在公平交易法中，對於不法行為之處罰，除行政法
上之處罰如限期命其停止、改正、罰鍰、命令解散、停止營業或勒令歇
業等，還有刑事責任如一至三年有期徒刑、拘役、或科或併科新臺幣五
十萬元以下罰金，凡此行政責任與刑事責任之雙重處罰，已足懲罰其不
法行為，而不必耽憂有鼓勵或縱容不法行為之可能❼。

---

❻ Krasser, Schadensersatz für Verletzungen von gewerblichen Schutzrechten
und Urheberrechten, GRUR Int. 1980, 259 ff.

❼ Leise/Traub, Schadensschätzung im unlauteren Wettbewerb, GRUR 1980, 1
ff.

(三)回復營業信用請求權

因商品或服務表徵被仿冒時，根據日本不正競爭防止法之規定，法院依被害人之請求，為取代損害賠償，得令行為人為回復營業信用之必要處置，而且，除得命損害賠償責任外，亦得同時命其為回復營業上信用之必要處置。依據日本法之規定，損害賠償請求權與回復營業信用請求權可同時並存，並不互相排斥。報紙上刊登道歉啟事，即係回復營業信用之方法，而日本法院即可能命被告在報紙上刊登道歉啟事，以回復原告之營業信用 ❽。

韓國法院對於因故意或過失之不正競爭行為，致他人營業信用喪失者，得依請求，命予損害賠償或併予回復營業上信用之必要措施。此種規定，為韓國一九九一年十二月三十一日所新增加之內容，即回復營業信用請求權，不因損害賠償請求權而排除，兩者可同時並存。

我國公平交易法第三十四條規定：「被害人依本法之規定，向法院起訴時，得請求由侵害人負擔費用，將判決書內容登載新聞紙」。 此種將判決書登載於新聞紙之規定，係屬於回復原告營業信用之必要措施。

(四)防止混淆附加表徵請求權

公平交易法第二十條第一項分別就商品服務表徵，以及外國商標之仿冒，予以明文規定。第二項則有除外條款之規定，其內容則包括善意使用表徵，不構成仿冒，亦即凡是善意使用自己姓名之行為，不構成仿冒；或販賣、運送、輸出、輸入使用該姓名之商品者，亦不構成仿冒。商品或服務表徵，在未為相關大眾所共知前，善意為相同或類似使用，不構成仿冒 ❾；或其表徵之使用，係自該善意使用人連同營業一併繼受

---

❽ Teruo Doi, The Intellectual Property Law of Japan, 1980, p. 191.

❾ Nirk, Gewerblicher Rechtsschutz, 1981, S. 409.

而使用者，不構成仿冒；販賣、運送、輸出或輸入使用該非相關大眾所共知表徵之商品者，亦當然不構成仿冒。善意使用姓名或其他表徵之廠商，因與權利人之表徵相同或近似，可能產生商品或服務之混淆，權利人得請求該廠商附加當表徵，以資區別，避免混淆，可稱為防止混淆附加表徵請求權，且為我國公平交易法第二十條第三項所明定❿。此種表徵附加請求權，對於僅為運送商品者，不適用之。

二、刑事責任

依我國公平交易法第三十五條規定：「違反第十條、第十四條、第二十條或第二十三條第一項之規定者，處行為人三年以下有期徒刑、拘役或科或併科新臺幣一百萬元以下罰金」。 其中，第二十條即係關於相關大眾所共知商品表徵或服務表徵之規定，茲分析其行為態樣，至於公平交易法與商標法之關係亦一併論述。

(一)仿冒相關大眾所共知商品表徵罪

事業就其營業所提供之商品，不得仿冒他人相關大眾所共知之商品表徵。所謂仿冒，係指對於商品表徵為相同或類似之使用，致與他人商品產生混淆。商品表徵，包括姓名、商號、公司名稱、商標、商品容器、包裝、外觀或其他顯示他人商品之表徵。公平交易法第三十五條及第二十條所處罰者，係仿冒相關大眾所共知商品表徵罪之行為人；而商標法第六十二條所處罰者，係仿冒註冊商標之行為人。前者係保護商品表徵，後者只有保護商標；前者以相關大眾所共知為必要；後者以註冊為必要，是否著名，並非所問，兩者構成要件並不相同。在「皮爾卡登Pierre Cardin」一案，因該商標已經註冊，且為相關大眾所共知，於該商標被仿冒時，被告所犯違反商標法及公平交易法，為法條競合關係，應依較重之違反

---

❿　Teruo Doi, The Intellectual Property Law of Japan, 1980, p. 191.

公平交易法處斷❶。

(二)販賣、運送、輸出或輸入仿冒品罪

公平交易法第二十條第一款條文冗長，其規範之行為態樣繁多，前段規定使用他人之商品表徵，後段所規定者，係販賣、運送、輸出或輸入仿冒表徵之商品，而且刑罰均相同。商標法第六十三條規定：「明知前條商品而販賣、意圖販賣而陳列、輸出或輸入者，處一年以下有期徒刑、拘役或科或併科新臺幣五萬元以下罰金」。商標法已經將製造商之仿冒行為，與販賣商販賣仿冒品之行為，分別處罰，前者最重可處三年有期徒刑，而後者最重可處一年有期徒刑，且對於運送該仿冒品之行為人無處罰規定。公平交易法將製造仿冒品之行為與販賣仿冒品之行為，為相同之處罰，且刑度相同，並非妥適，宜分開規定。商標法第六十三條所規定之商品，係指仿冒品，即指違法使用他人已經註冊商標之仿冒品。公平交易法第二十條第一款後段所規定該項表徵之商品，亦係指仿冒品，惟係指違法使用他人著名表徵之商品。

臺灣高等法院臺中分院八十二上易字第二五五一號判決認為公平交易法第三十五條，較舊商標法第六十二條之二處罰較重，二者為法條競合之關係，應優先適用公平交易法❷。被告從事百貨用品銷售多年，並且為經銷「皮爾卡登」商品之專賣店，被告坦承於八十二年三月間，向不詳姓名人購入仿冒皮爾卡登(Pierre Cardin)商標之皮夾十餘個，皮帶十多條，並且基於概括犯意，多次銷售予不特定人。被告明知「皮爾卡登Pierre Cardin」商標，業已向我國經濟部中央標準局獲准註冊登記，取

---

❶ 臺灣高等法院臺中分院八十四年度上易字第四九號刑事判決。

❷ 臺灣臺北地方法院八十三年度易字第七二四六號刑事判決；臺灣高等法院臺中分院八十二上易字二五五一號判決，公平交易法司法案例彙編，民國八十三年四月第二八四頁。

得商標專用權，指定使用於皮帶、皮夾、皮包、皮革、皮帶扣、鈕扣等商品，仍在專用期間內，而且該商標之商品，在市場行銷多年，為業者及消費者等相關大眾所共知。被告辯稱不知所販賣者係仿冒品，惟高等法院認為，被告既然承認其從事百貨飾品業已有三、四十年之久，經銷「皮爾卡登」商品已有十多年，則其對「皮爾卡登」商品之真偽，應有相當之辨識能力，被告應知真品與仿冒品之差別。其既然係經銷「皮爾卡登」商品之專賣店，自應向合格授權之代理商進貨，並應獲得進貨發票，資為憑證，豈有向不詳姓名之人購買不明貨源商品之理，益足以證明被告明知為仿冒「皮爾卡登」商標之商品，因貪圖低價而買入，藉圖厚利，是被告之犯行洵足認定，所辯不知其販賣之皮包、皮夾係仿冒品云云，顯屬卸責之詞，不足採信。高等法院進一步認為，「皮爾卡登Pierre Cardin」係屬名牌，被告銷售該品牌之商品亦有十餘年，該商標非但經我國經濟部中央標準局註冊，應受商標法之保護，且係業者及消費者等相關大眾所共知之商標，被告明知其所販賣之皮帶、皮夾，係仿冒該商標之商品，足使人與真品發生混淆，竟仍販賣，核其所為，係違反公平交易法第二十條第一項第一款之規定，應依同法第卅五條論罪科罰。公訴人認應成立舊商標法第六十二條之二之罪，其起訴法條尚有未洽，應予變更。

　　從法院適用法條之趨勢觀察，關於販賣仿冒品之行為，大都採取法條競合之見解，亦有採取商標法為特別法之見解**⓭**。就保護範圍而言，公平交易法第二十條包括商標、商品容器、包裝、外觀等商品表徵，而商標法第六十二條僅限於已經註冊之商標。因此，販賣仿冒商標之商品，若該商標已經註冊，依商標法第六十三條或舊商標法第六十二條規範，即為已足。若該商標被證明為相關大眾所共知，才有公平交易法第二十

⓭　臺灣臺中地方法院檢察官八十四年度偵字第一四九〇六號及第一五八〇三號起訴書。

條第一項第一款後段規範之可能。板橋地方法院曾經認為：「商標法的
範圍較小，應為公平交易法之特別法，公訴人認被告應論以公平交易法
第三十五條之罪，尚有未洽，起訴法條應予變更」。此種見解認為商標
法為公平交易法之特別法，殊值注意。公平交易法，係屬學理上所稱之
競爭法，而公平交易法第二十條關於商品或服務表徵之保護，係屬不正
競爭法之內容。依據德國學術上之見解，商標法為競爭法之一部份[14]。

㈢仿冒相關大眾所共知服務表徵罪

事業就其營業所提供之服務，不得仿冒他人相關大眾所共知之服務
表徵。所謂仿冒，係指對於他人服務表徵，為相同或類似之使用，致與
他人營業或服務之設施或活動混淆者。所謂服務表徵，包括姓名、商號、
公司名稱、標章或其他表示他人營業、服務之表徵[15]。依公平交易法第
三十五條規定，仿冒相關大眾所共知服務表徵罪之行為人，處該行為人
三年以下有期徒刑、拘役或科或併科新臺幣五十萬元以下罰金。

依商標法第七十七條及第六十二條規定，意圖欺騙他人，於同一服
務或類似服務，使用相同或近似於他人註冊服務標章之圖樣者，或於有
關同一服務或類似服務之廣告、標帖、說明書、價目表或其他文書，附
加相同或近似於他人註冊服務標章圖樣而陳列或散布者，處三年以下有
期徒刑、拘役或科或併科新臺幣二十萬元以下罰金。如該被仿冒之服務
標章，亦係為相關大眾所共知時，則亦違背公平交易法第三十五條及第
二十條規定，而有法規競合之關係，依重法優於輕法之原則，應論以法
定刑較重之公平交易法第三十五條之罪。

---

[14] Nirk, Gewerblicher Rechtsschutz, 1981, S. 340.

[15] 行政院公平交易委員會(84)公處字第二十九號處分書。

㈣仿冒未經註冊之外國著名商標罪

事業就其營業所提供之商品，不得於同一商品或同類商品，仿冒未經註冊之外國著名商標。依公平交易法第三十五條規定，仿冒未經註冊之外國著名商標之行為人，處行為人三年以下有期徒刑、拘役或科或併科新臺幣一百萬元以下罰金❶。至於仿冒未經註冊之外國著名服務標章，

---

❶ 公研釋○四四號：國內廠商仿冒外國廠商之商標，參與招標因而得標之行為，有無違反公平交易法相關規定之疑義。

行政院公平交易委員會函

中華民國八十一年十一月二十四日

(81)公法字第○八九七三號

受文者：○○○君

主旨：台端函詢國內廠商仿冒外國廠商之商標，並因而得標是否違反公平交易法乙案，復如說明，請查照。

說明：

一、復 台端八十一年十月二十二日至本會王主任委員函。

二、台端所詢案是否違反公平交易法，經本會八十一年十一月十一日第五十八次委員會議討論，獲致下列結論：

㈠事業於投標時捏造不實的國外廠商型錄，混淆某一國外產品之商標而得標，此種行為涉及以不正當方法使競爭者之交易相對人與自己交易，如其行為有妨礙公平競爭之虞時，可能違反公平交易法第十九條第三款之規定。

㈡若該外國商標在我國為相關大眾所共知，而國內事業對該外國商標為相同或類似使用，其結果造成與該外國廠商之商品產生混淆，則此國內事業之行為，可能涉及違反公平交易法第二十條第一項第一款之規定。

㈢若該外國商標係未經註冊之外國著名商標，而國內廠商係提供與該國外廠商所生產同類之商品並使用與之相同或近似之商標時，則國內事業之行為，可能涉及違反公平交易法第二十條第一項第三款之規定。

㈣國內事業於得標後委託中國大陸某加工廠加工製造該產品，並轉送至第

尚不能依本罪而處罰。未經認許之外國法人或團體，就公平交易法所規定事項，得為告訴、自訴或提起民事訴訟。但以依條約或其本國法令慣例，中華民國人或團體得在該國享受同等權利者為限。直至目前，依條約或外國法令慣例，能在該外國保護我國未經註冊之著名商標者，尚不多見，因此，外國人能依公平交易法第二十條第一項第三款受保護之可能性，亦屬有限。至於競爭法所要保護者，即仿冒他人之著名商標而使用於完全不同類之商品，卻未見周延規範，尚應速謀對策。此外，本條款後段尚包括販賣、運送、輸出或輸入仿冒品罪，此處所謂仿冒品，係指仿冒未經註冊之外國商標之仿冒品而言，仍以同一商品或同類商品為限。

三、行政責任

依我國公平交易法之規定，違反公平交易法規定之行為人，除應負擔民事責任及刑事責任外，尚應負擔行政責任。公平交易法第四十一條規定：「公平交易委員會對於違反本法規定之事業，得限期命其停止或改正其行為；逾期仍不停止或改正其行為者，得繼續限期命其停止或改正其行為，並按次連續處新臺幣一百萬元以下罰鍰，至停止或改正為止」。依此規定，公平交易委員會採取之措施分別為：第一為限期命其停止或改正其行為；第二為繼續限期命其停止或改正其行為，並按次連續處新臺幣一百萬元以下罰鍰。

三國捏造製運文件等再運至臺灣交貨。此等行為涉及於商品上對商品之品質、內容、製造地、加工地為不實表示，可能涉嫌違反公平交易法第二十一條第一項之規定。

㈤前述各點僅為原則性之公平交易法適用說明，由於台端來函所述事實未致詳盡，是否確有違反公平交易法，仍須依具體事實及證據認定之。

三、對於違反公平交易法案件，台端得以書面檢據向本會提出檢舉。

在德國、日本及韓國，對於表徵之保護，屬於不正競爭防止法之範圍，而與反托拉斯法採取分別立法之方式，且無行政責任之規定❶。罰鍰，屬於行政罰。當人民違反行政義務時，課予其制裁行為，以達成行政之目的。商品表徵或服務表徵之仿冒，對於權利人之利益與營業信譽造成損害，同時對於消費大眾之利益亦造成損害，但是，在本質上仍屬於私權之侵害，對於私權之侵害，在各國立法例上甚少由行政機關介入，或由行政機關處以罰鍰，作為制裁之手段。我國專利法、商標法或著作權法，對於專利權、商標權或著作權受到侵害時，即規定侵害人應負擔民事責任及刑事責任，但並無行政責任。因此，私權之侵害行為，歸行政機關管理，在立法設計上並不妥適。何況，此種表徵仿冒行為，於受害人向公平交易委員會檢舉時，歸行政機關管轄；於受害人直接提起告訴或自訴時，歸檢察署及法院管轄，而形成行政機關與法院皆可對同一案件處理之多頭馬車之情況，甚至行政機關與法院之見解分歧互相矛盾，而對行政機關之公信力或司法之威信，均足以造成嚴重傷害❶。論者或謂，可採取專屬告發權之方式，即規定只有行政機關始得提出告發，其立意雖佳，惟欠缺法律之根據。我國憲法第十六條規定，人民有請願、訴願及訴訟之權。其中，訴訟即包括民事訴訟、刑事訴訟或行政訴訟。如果專屬告發權，係規定人民提起訴訟時，限於行政機關提出告發後，始得為之，尚應審慎考慮。憲法上所保障人民得直接提起民事訴訟或刑事告訴自訴之權，不容剝奪。何況，不正競爭之糾紛，歸行政機關管轄，在立法設計上，即與德國、日本立法例不相符合，尚應審慎斟酌。

---

❶　Krasser, Schadensersatz für Verletzungen von gewerblichen Schutzrechten und Urheberrechten, GRUR Int. 1980, 259 ff.; Leise/Traub, Schadensschätzung im unlauteren Wettbewerb, GRUR 1980, 1 ff.

❶　行政院公平交易委員會(84)公處字第二十九號處分書；臺灣臺東地方法院檢察署檢察官八十四年度偵字第二二八號不起訴處分書。

伍、結 論

公平交易法除規範獨占、聯合與結合外，同時於公平交易法第二十條明文規定表徵權之保護。對於表徵權之保護，係屬於不正競爭法之範圍，而非屬於反托拉斯法或卡特爾法之範圍。我國公平交易法對於表徵之保護，包括商品表徵與服務表徵，其目的在禁止姓名、商號、公司名稱、商標、標章、商品容器、包裝、外觀、其他商品表徵或服務採表徵之仿冒行為，以維護工商業之競爭秩序，與專利法、商標法及著作權法，同時構成禁止仿冒行為之法律規範。

我國公平交易法於民國八十一年實施之前，不正競爭之觀念，在我國尚屬陌生。最高法院在「日商百點修正液筆」一案，認為利用模仿包裝容器之行為，而不當榨取他人努力成果，自屬不公平競爭。在公平交易法當時尚未完成立法程序時，最高法院於七十七年發回高等法院，其後高等法院即一反過去見解，而於七十八年認為，構成民法第一百八十四條第一項後段之侵權行為。同時，將德國、日本「不正競爭防止法」之立法例，及我國當時「公平交易法草案」之立法原則，援引為法理，而加以適用。此種劃時代之判決，著實令人欽佩。公平交易法於八十一年立法及實施之後，商品容器、包裝或外觀之法律保護，係以公平交易法第二十條規定為基礎。

在同一縣市內，後設立之商號名稱，固然不得相同或類似於他人已登記之商號名稱。但是，如後設立之商號名稱，得相同或類似於他人已登記在先之公司名稱，將使業者有機可趁，而可利用商業登記法第二十八條之規定，榨取或依附他人名聲或信譽。事實上，混淆之造成，可能係由於商號名稱與公司名稱之相同或近似，而非由於組織形態之不同。因此，在實施公平交易法時，如能注入不正競爭之精神，並在相關法律

之結構上予以調整，或較妥適。商號或公司名稱之登記，分別屬於不同之主管機關，但是，商號或公司名稱之使用，是否引起混淆誤認，則與競爭關係息息相關。登記與使用，係兩種不同之問題，若登記完畢，即當然認為不構成不正競爭，此種觀念，尚應審慎考慮，並予以調整。惡意以他人已登記之商號名稱，作為自己公司名稱之特取部份或惡意以他人已登記之公司名稱，作為自己商號名稱之特取部份，而經營同一或類似之商品或服務，或惡意以他人已登記且著名之商號或公司名稱，作為自己商號或公司名稱特取部份，而經營完全不同或不類似之商品或服務者，利害關係人請求其變更登記或請求其停止使用，而不變更登記或不停止使用者，可參照商標法第六十五條規定予以處罰。商標法第六十五條規定，惡意使用他人註冊商標圖樣中之文字，作為自己公司或商號名稱之特取部份，而經營同一商品或類似商品之業務，經利害關係人請求其停止使用，而不停止使用者，處一年以下有期徒刑、拘役或科或併科新臺幣五萬元以下罰金。臺北地方法院於八十五年間就「萬客隆」一案，即認為被告不得以「萬客隆」服務標章之名稱，作為被告自己之公司名稱開設餐廳，縱使該萬客隆餐廳之公司名稱業已向經濟部設立登記並經許可，仍然應停止使用，顯見不正競爭之精神，已逐漸在此種案例中落實，殊屬肯定。在日本，被告使用原告已登記之商業名稱，推定為具有不正競爭之目的，原告得請求塗銷被告已登記之商業名稱，此種見解，顯然已注入不正競爭之觀念，值得吾人參考。

關於商標或服務標章之保護，在商標法與公平交易法之規範上，頗為複雜，經詳細探討後予以歸納，即商標或服務標章已經註冊，且其商品或其服務為同一或類似者，屬於商標法規範，而不屬於公平交易法規範。商標或服務標章，均未依商標法規定獲准註冊，且未為相關大眾所共知者，不受商標法及公平交易法之保護。商標或服務標章，雖未註冊，但已為相關大眾所共知，且其商品或服務為同一或類似者，屬於公平交

易法規範。商標或服務標章，已經註冊，且為相關大眾所共知，其商品或服務為同一或類似者，屬於法規競合，從重處斷，即依公平交易法第二十條規定處罰。至於使用他人著名標章於完全不同或不類似之商品或服務，如將著名汽車商標"Mercede Benz"或其星形圖樣，使用於衣服類商品，在外國立法例或學理上，應基於稀釋化理論予以保護之重要問題，在我國學理上及實務上，尚應審慎考慮予以發揚，期使著名標章能受到完整之保護。吾人參考德國、日本學者及判決之見解，可認為競爭法上之混淆，已經採取廣義混淆之觀念，即仿冒與表徵權利人之間，有經濟上、組織上或契約上之關係，或為投資、贊助、授權、加盟等關係，屬於企業關連性(Unternehmenszusammenhang)之廣義混淆，而不僅僅限於企業同一性(Unternehmensidentität)之狹義混淆，期能落實競爭法之精神及保護目的。

第四篇 公平交易法
對百貨業之影響

壹、前 言

公平交易法，在德國學理上稱為競爭法(Wettbewerbsrecht)，又可分為狹義之競爭法及廣義之競爭法，前者則專指不正競爭防止法，後者則包括不正競爭防止法及反托拉斯法，此二種法律之時代背景規範措施不盡相同，惟在維護公平自由之競爭秩序及確保消費者之權益，則屬同一，我國公平交易法即包括不正競爭與反托拉斯法之內容。

七十三年八月，經濟部研擬完成公平交易法草案，在此之前，即曾委託學者研究草擬。七十五年五月二十一日，公平交易法草案送立法院審議，歷經五年，從七十七會期至八十六會期共歷經十會期，始則暫緩審查，繼則利益團體進行遊說，終於在八十年一月十八日完成三讀程序，在審查過程中，有數次是陷於冗長之發言，直至八十年一月十八日八十六會期最後一次院會，在時間不足情況下，經朝野立委倉促協商，與促進產業升級條例及陸委會組織條例等三個法案一起「整批交易」，匆匆完成三讀程序，公平交易法就在如此環境中誕生，其立意甚佳，但因為立法品質之草率，剛剛實施，即必須面臨修法之尷尬。對於影響經濟發展如此重要之法律，其立法品質著實令人耽憂，吾國立法環境恐怕必須全面檢討❶。

---

❶ 劉振陽，公交法如何逃過利益團體的封殺？財訊，一九九二年三月，第一

　　民國八十年，臺灣地區五十一家百貨公司總營業額共達四百九十七億六千二百萬元，較七十九年的四百三十六億零八百萬元，增加六十一億五千四百萬元，成長百分之一四‧一一。民國八十年左右，有數家新百貨公司成立，如臺北的新光三越、大亞、花蓮的遠東、臺中的大批發生活倉庫、臺中的長圓、豐原的太平洋和龍心，所以使整體營業額增加不少，也大幅膨脹成長率。

　　七十九年經濟景氣自七月份才開始轉好，百貨公司的營業狀況則自該年八月份開始明顯勁升，但是七十九年上半年受經濟景氣低迷影響，絕大部份百貨公司業績都較七十八年同期衰退，只有極少數百貨公司業績持平或小幅成長，所以七十九年下半年業績在彌補上半年的不足後，仍有百分之一四‧一一的成長率，已是難能可貴。

　　民國八十年二月四日公平交易法公布，對於各行各業均產生相當之衝擊，百貨業自不例外。其中，百貨業者之各種行為態樣，如不實廣告、不實標價、折扣促銷，聯合促銷、抽獎、附贈品販賣、貴賓卡九折優待及不正廉售等殊值注意❷。本文以公平交易法為基礎架構，針對百貨業

　　　八〇頁，其中並如此記載：

　　　「綜觀公交法在立法院中歷經五年的審查時間，先是工商立委無法以健康的心態來面對，導致有二年半的時間遭擱置、冷凍；另外，有二年的時間是採斷斷續續的審查方式，有時候，一個會期只審一次，如七十七會期、七十九會期，有時候每次委員會的審查時間相隔二個多月，如八十四會期，導致立委的問政思考一再被切斷，更遑論要完成良好的審查品質。更糟糕的是公交法總共經歷過七十五年底及七十八年底選出的兩任立委審查，大部份的條文都在前任立委的運作下早已定型，現任立委僅進行三個月餘的審查工作；在尚未完全進入狀況前，即要面臨完成立法的緊迫性，其「打鴨子上架」的草率作風，也是公交法不夠周延的主因之一。」

❷　百貨公司折扣戰蠢動，公平會瞄準靶心，針對不實標價、全年折扣、不正廉售等七類促銷方式進行規範，詳見八十一年四月二十七日工商時報第三

版記者林俊輝報導如下：

鑑於百貨業折扣戰即將自五月開始，行政院公平交易委員會已針對國內百貨業者慣用的七項促銷手法，全面研究分析與公平交易法之關係，確認業者透過貴賓卡九折優待、附贈小額贈品及點券之促銷方法，並不違反公交法，而其餘諸如不實標價、「×折起」、全面折扣、不正廉售等促銷，則均有違反公交法之嫌，業者今後在實施各項促銷活動之際，必須特別注意公平會最新的解釋，以免觸法。

公平會將於近日內針對「百貨業與公平交易法」，進行專案討論，以尋求共識，使百貨業及相關業者，在進行折扣促銷時，能有明確的規範可資遵循，並將特別針對沿用已久之商業習慣一一檢視，希望加以導正，以符合公交法之精神。

不過，從公平會所提出之初步研判意見觀察，未來百貨業者勢必全盤更新促銷手法，以較務實、更公平方式清楚告知消費者應有之資訊，以保護消費者之權益；而且即使不惜血本低價廉售，除非有正當理由，否則可能觸及不公平競爭問題，這是業者所不能不注意的問題。

據指出，公平會對百貨業的促銷問題，提出以下七大類型判斷：

——不實標價：又可區分為以下四種行為態樣：

⑴雙重標價，例如「市價五千，售二千」，顯有價格障眼法之故意，除真實折扣外，應有公交法第二十一條虛偽不實或引人錯誤之適用。

⑵虛構原價，例如原價二千元之皮鞋，卻標示「原價三千元，六折一千八百元」，係屬虛偽標價，應依公交法第二十一條加以規範。

⑶標明「工廠原價」或「批發價」，應個案認定，如售價與一般市價無異，顯構成「虛偽不實」，有公交法第二十一條之適用。

⑷清倉大拍賣或跳樓大拍賣：事業如無結束營業事實，而為上述經年累月之廣告，顯有欺罔消費者情事，可依公交法第二十一條加以規範。

——折扣促銷，又可區分以下三種行為態樣：

⑴全面六折：只要查獲未打六折之商品，即依公交法第二十一條加以處理。

⑵五折起：如多數商品未達五折，該廣告詞縱無虛偽不實，亦足以引人錯誤，有公交法第二十一條適用。廠商基於誠信原則，應明白標示例如「最高五折、最低九折」，或將打折商品與成數明細標示。

⑶全年折扣：折扣促銷應有時間性，全年折扣易使消費者誤認其商品價格

之行為態樣一一分析論述，並提出建議，以供政府或立法機關之參考，並使百貨業者瞭解其法律規範及效果，俾有所因應。

較低廉，違反公交法第二十一條。

——聯合促銷，又可分為以下三種情形：

(1)對同一屬性顧客群，但不同商品之促銷，應屬策略性行銷，與公交法無涉，但如屬同一特定市場之商品，則應考慮有無聯合行為問題。

(2)同種類商品套裝銷售（六包衛生紙一袋裝），應屬行銷策略之運用，與公交法無關。

(3)不同種類商品搭配販賣（如禮盒），有搭售之嫌，但不一定違反公交法第十九條規定，必須視有無正當理由及妨礙市場競爭而個案認定。

——抽獎（摸彩）：將與業者進行溝通，可望採「原則禁止，例外許可」方式，准許業者在特殊節慶（週年慶、開幕、農曆三節）舉行，並在獎額上加以限制。

——附贈品販賣，不論是「買一送一」、「買二送一」、贈送禮券等均可認為是數量折扣競爭範圍，不違反公交法。而贈品若係交易商品使用或服務上必要之物，或其他供宣傳用之小價額物品，依商業習慣可認為適當者，不違反公交法。

——貴賓卡九折優待：持卡消費者並非公交法所規範之事業，不違反公交法第十九條第二款之差別待遇問題。

——不正廉售：如低價達平均變動成本以下，應已違反公交法第十九條第三款不公平競爭之規定。

貳、百貨業及其相關銷售產品之廣告

百貨業利用報紙、電視或郵寄目錄傳單或以夾報方式打廣告，最為常見，不管使用任何方式，均應予以規範，甚至空中氣球，懸掛櫥窗中布條，街頭巷尾散發傳單，乃至穿著特別衣服道具之活動人，均無例外。其實，不少百貨公司之廣告，除在促銷商品外，該廣告內容亦同時具有藝術價值。有時，亦舉辦公益活動，或提供藝術欣賞之空間，尤其廣告內容多姿多彩，甚或詩情畫意，常因季節或慶典之不同而有不同之主題設計，豐富人類之物質及精神生活。公平交易法之目的，在維持公平競爭之秩序，制止虛偽不實或引人錯誤之廣告，而非打擊廣告之創意。茲就百貨公司所為之廣告及其相關銷售產品之廣告，予以歸納並分析其與公平交易法之關係。

㈠全面六折

百貨公司在刊登廣告時記載「全面六折」，以利用打折方式吸引消費者，事實上該廣告公司打折之商品僅限於其中部份換季之衣服，並非全面，則屬虛偽不實之廣告。全面或全館類似字眼，宜儘量避免，蓋百貨公司銷售之產品成千上萬，若其打折商品，僅屬象徵性，而非全面性，則與事實不符，應受公平交易法第二十一條規範。

㈡八折起

臺中一家百貨公司於八十一年四月二十九日工商時報第三十二版刊載開幕廣告，內容中有「全館百貨服飾八折起」，此種八折起之廣告，並非當然絕對不可，蓋所謂八折起，即可能包括八折、九折甚或不打折之情形在內，若一般消費者瞭解此種情況，應不致產生虛偽不實之情形。

若全館百貨服飾打八折之產品固然有之,但為數稀少,因其廣告中有「起」字樣,則可能有八折、九折情況,而確實又有打八折之產品,甚難認為虛偽不實,但若打八折之產品非常稀少,且依消費者之見解,其廣告整體印象足以產生引人錯誤時,仍應予以規範。美國最高法院認為,廣告的文字分句唸,不失為真實,但就整體而言,卻又足以引人錯誤,或許把應該說明清楚之訊息略而不談,或許將廣告之編排或印刷,故意造成一般人誤信情事❶。

(三)滿就送或免費贈送

百貨公司刊登廣告時記載「每日購物達一千元起,即可兌換精緻實用贈品」,或「來就送,精緻見面禮,現場看,現場買,現場搬」,或「即日至六月三十日止於依莉沙伯、雅頓化妝品購買三千元送防曬彩妝組」,或「BOSSINI服飾即日起購買海灘T恤一件送海灘椅一只,送完為止」,類似此種廣告,係以購買一定金額之商品或某些特定之商品後,即可獲得贈品,是否違法,則見仁見智。美國聯邦貿易委員早期認為購買某種貨物而可獲得某些免費贈品時,係屬不公平及欺騙性之廣告,但是,刊登此種廣告者能符合下列三個要件,並無不可,第一個要件為,所有與免費贈品有關之條件、義務或其他事項,均明確而詳盡,使顧客毫無誤會之可能,而不致引人錯誤,例如上述「來就送」廣告,事後發現必須到該百貨公司去購買貨物,且購買價格滿二千元始送贈品,即為虛偽不實之廣告。又如該項贈品十分有限,與購物人潮相差甚遠,而又未標明送完為止,即使贈品有限,仍有贈送事實,甚難認為虛偽不實,但其贈送條件未敘明清楚,或贈送數量僅係象徵性,足以引人錯誤。其第二個要件為刊登免費贈送之廣告時,不得將贈品之成本,轉嫁給必須購買商品之價格內,而變相收費。例如買一送一,實則將贈送商品之價格轉嫁

---

❶　Baumbach-Hefermehl, Wettbewerbsrecht, 1971, § 3 UWG, Anm. 235.

至另一商品價格中，則所謂贈送，與事實不符。其第三個要件，實則與第二要件大同小異，即廣告主如百貨公司不得假藉「和稀泥」之方式，使顧客必購物品之價格漲價。百貨公司或廠商在利用刊登廣告方式贈送商品，如係單純地贈送商品，而與上述三個要件相當，即無虛偽不實或引人錯誤之情況，即得利用免費贈送之廣告或方式促銷其產品❷。如一家在環亞、永琦、來來、中興、統領、太平洋、遠東、力霸等百貨公司銷售西服之廠商，刊登廣告內容為：「八月一日～八月九日，蘭克斯西服週年回饋全面登場，您可以用最心動的價錢，享受蘭克斯西服全系列高品質商品，價格下降、品質不變、物超所值，行動請快！凡購滿五千元，再送蘭克斯高級男襪禮盒，購滿一萬元，再送當季西德進口布料高級襯衫或義大利進口領帶」，此種購滿一定金額即免費贈送之廣告，並非當然絕對不可以，只要無虛偽不實、引人錯誤、阻礙競爭或搭售之情形，自得刊登此種廣告❸。

㈣標明市價與售價

此類廣告通常標明某產品之市價多少，而現在實際價格較市價便宜，以引起消費者購買，如市價二千，售價一千，購買人感覺便宜一千元，實際上該產品之市價並非二千元，則此種廣告顯然虛偽不實。一家食品公司之廣告內容為「夏季鮮乳市面價格為50、48、45元時，義美特級鮮乳真誠實在，每盒只賣42元（含稅）」，類似此種廣告即標明市價多少，再進一步指出自己之售價較市價便宜，如與事實相當，並無不可。此外，該食品公司亦同時刊登廣告，內容為「鮮乳冬季市面價格為40元或三罐100元促銷時，義美特級鮮乳只賣32元（含稅）」，如市面價格確實，此種提供商品價格之訊息，以供消費者選擇，自無不可，反之，如該市價

❷ Ulmer-Reimer, Unlauterer Wettbewerb, Band III, Deutschland, 1968, S. 588.

❸ Marx, Wettbewerbsrecht, 1978, S. 238.

不實，則屬虛偽不實之廣告❹。

(五)虛構原價或價格對比

百貨公司或超級市場在銷售之產品或廣告上，標明原價5000元，現在售價2000元，或將原價部份畫一個交叉，而予人降價之印象，如果該原價係捏造或虛構，則屬虛偽不實。所謂價格對比(Preisgegenüberstellung)，係在將二種價格互為對比，其中較高之價格為原價，而較低之價格為現價。依據德國聯邦最高法院之判決，如該較高之價格根本不存在或不真實地(nicht ernsthaft)存在，即違背德國不正競爭防止法第三條之規定❺。一家銷售錄影帶英語教材之公司，在報紙上刊登整版之廣告，其中內容為「13套教材合售18,600元，今天只售8900元」，如原來售價確實存在且持續一段相當長久時間，應無不可，至於原價應持續多久時間，並無定論，德國聯邦最高法院在一九七八年 "Mini-Preis" 一案，認為原價至少應持續二個月，可供參考❻。如其原價確係存在，但僅出售予一位或二位客戶，屬象徵性之原價，仍然可能構成引人錯誤之廣告。

(六)引人上鉤之廣告

所謂引人上鉤之廣告，係指在廣告中以非常有利之價格或條件吸引消費者購買其商品或接受其服務，但其所提供之商品或服務，並非以該有利之價格或條件出售，或其數量有限且係象徵性，此種廣告，其目的在吸引消費者上鉤，以便促銷其他產品或服務，稱之為引人上鉤之廣告(Lockvogelwerbung)❼。例如百貨公司在其櫥窗中有一件非常漂亮之女

---

❹　Nirk, Gewerblicher Rechtsschutz, 1981, S. 382.

❺　BGH, Urteil vom 28.6.1974. WRP 1974, S. 552.

❻　BGH, GRUR 1978 652, Mini-Preis.

❼　Andersen, Lockvogelangebote für Markenspirituosen aus der Sicht des

裝，價格標明1000元，令許多消費者心動，乃進入該百貨公司女裝部門，告訴女店員欲購買櫥窗中標明1000元之女裝，店員謂該女裝已出售目前無存貨，不過仍請其參考其他類似女裝，惟價格均在3000元以上。如該櫥窗中價格1000元之女裝，並不出售，則屬引人錯誤之廣告。

(七)工廠價或批發價

許多廠商在廣告或產品上標明其產品價格，係工廠價(Fabrikpreis)或批發價(Großhandelspreis)，使購買人覺得其價格較零售價便宜。當製造商將其產製之商品直接出售予最終消費者(Letztverbraucher)時，其標明工廠價格，應屬合法，否則，即係對於價格之虛偽不實及對於商品來源之欺騙。通常所謂批發價，係指批發商轉售與零售商(Einzelhänhdler) 之價格，應較零售商出售產品予消費者之價格為便宜❽。百貨公司通常本身並無自己之工廠，亦非批發商，而係將各式各樣之商品直接出售予消費者，自不得任意在其產品上或廣告上標明工廠價或批發價。

(八)抽　獎

一家百貨公司在報上刊登廣告驚喜好禮大抽獎，其內容為「每日購物達1000元，您可能就是德國名車New Audi 100或日本7日遊的得主」，或其他類似廣告如「百萬元大贈獎」、「免費環遊世界一個月」等，均以購買一定之貨物而參加抽獎，如果抽中即可獲得贈獎，此種廣告，稱之為抽獎廣告。懸賞 (Preisausschreiben)、猜謎獎 (Preisrätsel)、獲獎競爭 (Preiswettbewerbe) 或抽獎 (Gratisverlosung)，係非常受歡迎之廣告方式，

Verbrauchers, WRP 1978, 427 ff.; Gädertz, Lockvogelangebote unter Berücksichtigung vom §1 UWG, GRUR 1980, 613 ff.

❽ Ulmer-Reimer, Unlauterer Wettbewerb, Band III, Deutschland, 1968, S. 431.

如其所得獎賞內容純屬虛構,則此種廣告顯然虛偽不實❾。至於其所得獎賞如已事先安排給特定之人或早已內定,或其中獎方法暗中安排或非以公開客觀方法為之,縱其所得獎賞為事實,仍足以使消費大眾產生錯誤之印象,而為引人錯誤之廣告。

(九)純鮮奶廣告

　　一家食品公司在報紙上刊登廣告,內容為「夏日炎炎,鮮奶應該會斷貨!會斷貨的好鮮奶在某某門市部。為了家人的健康,煩請多走幾步路,到某某門市購買100%特級鮮乳!真新鮮,每日下午收乳,晚上殺菌包裝,清晨送達門市部冷藏貨架上。會斷貨,全臺灣乳牛約70,000頭,每日產乳量大致相同,當市場需求量大時,必定不能無限量供應。某某採用100%生乳,因此需求量大時會斷貨」,其中,「100%特級鮮乳」字樣,與包裝盒上「特級鮮乳100%生乳」字樣,究竟消費大眾對廣告內容所得印象如何,殊值探討。目前甚多百貨公司銷售之鮮乳,在產品包裝盒或包裝瓶上,直接標明「純鮮奶」或「100%鮮奶」,如經測試分析後,發現並非百分之百鮮奶,則此種廣告顯然虛偽不實。

(十)大拍賣

　　在市面上,常見許多廣告如結業大拍賣、清倉大拍賣或十週年大拍賣,在公平交易法實施之前,刊登此種廣告甚難以相當之法律規範。依據德國不正競爭防止法第七條之規定,結束營業大拍賣(Ausverkauf)之廣告不得任意為之,即百貨公司或其他廠商在廢棄全部營業(in der Aufgabe des gesamten Geschäftsbetriebs),廢棄分支機構之營業(in der Aufgabe des Geschäftsbetriebs einer Zweigniederlassung)或廢棄特定商品種類之營業(in der Aufgabe einer einzelnen Warengattung)時,始得為

---

❾　Nirk, Gewerblicher Rechtsschutz, 1981, S. 363.

結束營業大拍賣之廣告❿。依我國公平交易法第二十一條規定，如廠商並無結束營業之事實，卻為結束營業大拍賣之廣告，即屬虛偽不實。至於清倉大拍賣(Räumungsverkauf)，係指廠商由於特別之原因如搬遷或改建，而以比較便宜之價格出售其商品，稱之為清倉銷售或清倉大拍賣。依德國不正競爭防止法第七條之一規定，廠商為清倉銷售之廣告時，應在廣告中表明其原因，如出售之商品僅限於某些特定之商品，並應在該廣告中表明僅限於該特定之商品，以免產生誤導。依我國公平交易法第二十一條規定，若百貨公司或廠商並無清倉之原因，卻為清倉大拍賣之廣告，即屬虛偽不實。

---

❿　Nordemann, Wettbewerbsrecht, 1981, S. 75.

參、從公平交易法論百貨業之其他行為

一、販賣仿冒品

㈠專利之仿冒

百貨公司明知為偽造或仿造有專利權之發明品而販賣，或意圖販賣而陳列，或自國外輸入者，處一年以下有期徒刑、拘役或科或併科二萬元以下罰金，為專利法第九十一條明文規定。明知為偽造或仿造有新型專利權或新式樣專利權之物品而販賣，或意圖販賣而陳列，或自國外輸入者，在販賣新型專利權物品部份，依專利法第一○八條規定，處六月以下有期徒刑；在販賣有新式樣專利權物品部份，依專利法第一二七條規定，處拘役或科或併科五千元以下罰金。此種販賣仿冒有專利物品罪為告訴乃論，其告訴應自得知被侵害之日起一年內為之。

㈡商標之仿冒

明知為侵害商標專用權之商品而販賣、意圖販賣而陳列、輸出或輸入者，依商標法第六十二條之一之規定，處一年以下有期徒刑、拘役或科或併科一萬元以下罰金，所販賣之仿冒品屬於犯人者，沒收之。百貨公司所販賣之商品成千上萬，其是否為仿冒品通常不易察覺，若經專利權人或商標權人登報並警告，仍繼續販賣，即可能構成明知之要件，不可不注意。百貨公司或其專櫃所銷售之服飾，通常比較少仿冒品，但是在地攤或夜市場所販賣之名牌仿冒品則比較常見❶。

---

❶　施美惠，進口貨? 可能! 名牌? 不可能! 聯合報，八十一年八月十六日，第四十二版。

(三)著作權之仿冒

　　新著作權法於八十一年六月十日總統公布，其第八十七條第二款規定，明知為侵害著作權或製版權之物而散布，或意圖散布而陳列或持有，或意圖營利而交付者，視為侵害著作權或製版權。如百貨業者明知係盜版之錄音帶或錄影帶，意圖散布而陳列或持有，或意圖營利而交付，依著作權法第九十三條規定，處二年以下有期徒刑，得併科新臺幣十萬元以下罰金，其處罰不可謂不重，殊值百貨業者注意。此外，著作權法第八十七條第三款規定，意圖在中華民國管轄區域內散布，而輸入在該區域內重製係屬侵害著作權或製版權之物者，視為侵害著作權或製版權，處二年以下有期徒刑❷。

---

❷　楊塵，真品未獲授權不得平行輸入嚴重影響營運，經濟日報，八十一年七月四日，第九版，其內容為：新著作權法第八十七條第三款對影碟片業者真品平行輸入造成始料未及的嚴重影響，學者專家昨(三)日在立法院公聽會中敦促主管機關應從寬研擬因應政策，使業者可重獲營運生機。

　　新著作權法第八十七條第三款立法本旨及執行情形公聽會，昨天由立法委員林壽山主持，多位法學專家、一百多位影碟片業者和新聞局、內政部著作權委員會主管參加。當時主審著作權法修正案的立委林志嘉說，在一讀到三讀過程中，沒有任何業者對這項條文發出任何聲音，立法院也就順利通過；現在使影碟進口幾乎完全停頓，閱聽大眾吸收文化資訊的通道受阻，主管機關應從寬解釋法令。

　　新聞局廣電處處長顏榮昌說，新聞局並非著作權法的主管機關，廣電處是依據廣電法實施細則要求影碟業者在申請影碟片核章時須檢附授權證明。而這項規定的用意是為業者把關，免得業者進口了一大堆影碟片，卻無法銷售或出租。

　　臺北市影碟業者聯誼會會長曲邦翰說，政府機關從嚴解釋法規，將造成業者走向非法，到時又形成另一個大問題，又得另圖合法化。而且業者最關心的是在新著作權法實施前，業者已合法進口的片子究竟可不可以租

㈣第四種仿冒

以上所述，係分別從專利法、商標法與著作權法探討，可依法律之不同歸納為三種型態之仿冒，除此三種型態之仿冒，尚有不正競爭防止法上之仿冒，特稱之為「第四種仿冒」，以資區別。

所謂不正競爭防止法上之仿冒，即係指我國公平交易法第二十條之規定，其內容為：「事業就其營業所提供之商品或服務，不得有左列行為：

一、以相關大眾所共知之他人姓名、商號或公司名稱、商標、商品容器、包裝、外觀或其他顯示他人商品之表徵，為相同或類似之使用，致與他人商品混淆，或販賣、運送、輸出或輸入使用該項表徵之商品者。

二、以相關大眾所共知之他人姓名、商號或公司名稱、標章或其他表示他人營業、服務之表徵、為相同或類似之使用，致與他人營業或服務之設施或活動混淆者。

三、於同一商品或同類商品，使用相同或近似於未經註冊之外國著

售。

律師林合民說，新著作權法第八十七條第三款的原始用意是防範業者在國外非法重製獲授權的著作物，再輸入國內銷售；但是被擴大解釋為連真品都不能在未獲授權的情況下輸入。律師陳清秀說，如果連真品都不能輸入，則著作權人受到保護，公共利益卻被犧牲。

多位學者專家包括鄧學良、賀德芬、陳家駿均指出，新聞局在六月十五日強廣西字第一零六零號函中表示「依著作權法第八十七條第三款規定全面停止受理申請未經合法授權之影碟進口發行及播映」，將節目審查權擴充成為進口核准權，並不恰當。

顏榮昌表示，影碟業者可以隨時來找他談實際問題；林壽山也表示將在近期內再開第二次公聽會，將影碟片真品平行輸入的問題找出徹底解決之道。

名商標，或販賣、運送、輸出、輸入使用該項商標之商品者。

前項規定，於左列各款行為適用之：

一、以普通使用方法，使用商品本身習慣上所通用之名稱，或交易上同類商品慣用之表徵，或販賣、運送、輸出或輸入使用該名稱或表徵之商品者。

二、以普通使用方法，使用交易上同種營業或服務慣用名稱或其他表徵者。

三、善意使用自己姓名之行為，或販賣、運送、輸出或輸入使用該姓名之商品者。

四、對於前項第一款或第二款所列之表徵，在未為相關大眾所共知前，善意為相同或類似使用，或其表徵之使用係自該善意使用人連同其營業一併繼受而使用，或販賣、運送、輸出或輸入使用該表徵之商品者。

事業因他事業為前項第三款或第四款之行為，致其營業、商品、設施或活動有受損害或混淆之虞者，得請求他事業附加適當表徵。但對僅為運送商品者，不適用之。」

廠商仿冒相關大眾所共知之他人姓名、商號、公司名稱、商標、商品容器、包裝、外觀或其他顯示他人商品之表徵，致與他人商品混淆，依公平交易法第三十一條規定，應負損害賠償責任，另依公平交易法第三十五條規定，處行為人三年以下有期徒刑、拘役或科或併科新臺幣一百萬元以下罰金❸。百貨公司若販賣上述仿冒品，最高亦可處行為人三年以下有期徒刑，其刑度之重，殊值注意。製造仿冒品之行為，通常較販賣仿冒品之行為，其可罰性較高，刑度亦較重，但公平交易法卻不依行為之輕重分別處罰，卻將製造廠之仿冒行為與販賣商販賣仿冒品之行為，一同處罰，恐非妥適。公平交易法就「第四種仿冒」之處罰規定，對百貨業者而言，真可謂草木皆兵！甚至運送仿冒品之人，或輸出輸入

❸　張澤平，仿冒與公平交易法，八十一年，第一〇三頁。

仿冒品之人，亦同樣處罰。

二、名稱遭仿冒

㈠形象之具體符號

隨著消費意識與水準之提升，每天敞開大門等待客戶上門之舊式百貨公司，已不能滿足現代人之需求。目前國內百貨公司數十家，各式各樣之銷售管道興起，以及消費者有充分之自主權，消費者為什麼要到百貨公司消費？而在那麼多家百貨公司中，消費者為什麼要選擇這一家？此乃百貨業者所必須探討之問題。

百貨公司所扮演的角色，不再局限於販賣之店鋪，同時也走在流行之尖端，而成為消費者獲得生活情況之傳遞站與指導者，同時兼具休閒、娛樂與教育之功能。有鑑於此，百貨公司能最先嗅到節慶氣氛，每到節日或季節開端，百貨公司早已推出各項特賣及特別企劃活動，或者在傳單上加註各項流行訊息和生活新知，以吸引顧客或刺激原本沒有購物慾望之顧客上門；在另外一方面，也藉此拉近與顧客之距離，養成消費者到百貨公司過節之習慣，因此，兒童節時，爸爸媽媽帶著兒女到百貨公司參加比賽；母親節時，兒女陪著媽媽到百貨公司免費量血壓；甚至情人節時，情侶們一起到百貨公司過情人節❹。

在百貨業激烈競爭之商場上，預料未來將有更多同業加入戰場，沒有自我風格之百貨公司，容易遭受淘汰，因此，企業形象之樹立，寬敞明亮舒適之購物空間，以及服務人員之親切，乃係百貨公司經營上之重要課題。不少百貨公司，在專業形象上已達相當知名度，其公司名稱即係表達其形象之具體符號，而此種已達到相當知名度之具體符號即公司

---

❹　王靜嘉，百貨公司休閒場所化生命力更強，經濟日報，八十一年八月十六日，第十五版。

名稱，容易遭受他人仿冒，應如何保護，殊值注意。

(二)公司名稱或商號之衝突

　　依我國公司法第十八條規定，同類業務之公司，不問是否同一種類，是否在同一省（市）區域內，不得使用相同或類似名稱。在同類業務之領域中，原則上相同或類似之公司名稱不可能同時存在。對於登記在後之公司名稱，違反公司法第十八條規定，如主管機關一時失察，已為設立登記，則依公司法第十八條之規定，應經法院裁判後，通知中央主管機關撤銷其登記，而利害關係人不得直接請求主管機關撤銷其登記❺。

　　依刑法第二百五十三條之規定，意圖欺騙他人而偽造或仿造已登記之商標、商號者，處二年以下有期徒刑、拘役或科或併科三千元以下罰金。明知為偽造或仿造之商標或商號之貨物而販賣，或意圖販賣而陳列，或自國外輸入者，處二千元以下罰金。

　　商業名稱(Trade name)不論是否構成商標之一部份，不需申請或註冊，在巴黎保護工業財產權之締約國國內均應予以保護，亦為巴黎保護工業財產權公約 (Paris Convention for the Protection of Industrial Property)第八條所明文規定❻。

　　我國公平交易法第二十條對於公司名稱，亦有保護之規定。如百貨公司名稱為相關大眾所共知，經其他廠商為相同或類似之使用，致與該百貨公司之營業或服務之設施或活動混淆者，依公平交易法第三十五條規定，最高可處行為人三年以下有期徒刑，如有人以「來來」、「明曜」、「統領」或「環亞」等名稱開設百貨行或精品店，是否構成該項罪

---

❺　最高法院四十九年十月三十一日民刑庭會議；經濟部六〇年十月十八日商四二八二七號函參照。

❻　Bodenhausen, Pariser Verbandsübereinkunft zum Schutz des gewerblichen Eigentums, 1971, S. 114.

責，不無疑問。由於我國現行公司法對於公司名稱之限制，以同類業務即同行為限，在不同行之業務，如使用相同之公司名稱時，登記在後之公司，只需於名稱中加記可資區別之文字，即可獲准登記。此外，依商業登記法第三十條規定，商業在同一縣（市），不得使用相同或類似於他人已登記之商號名稱，經營同類業務。依此規定，若將相關大眾所共知之百貨公司名稱，依商業登記法之規定，以該相同之公司名稱，設立百貨行或精品店，在獲准登記之後，與公平交易法第二十條之關係究竟如何，依現行法律之規定並不明朗，甚至產生衝突，若因此而判刑，恐非妥適，則公司法、商業登記法與公平交易法關於公司名稱及商號之規定，必須全面調整，妥為規劃，解決之道，以利害關係人先請求變更登記，如不為變更登記，始再加以處罰，或較妥當，如將來公平交易法修正時明文規定：「以相關大眾所共知之他人姓名、商號或公司名稱，作為自己公司或商號名稱之特取部份，致與他人營業或服務之設施或活動產生混淆，經利害關係人請求其變更而不申請變更登記者，依第三十五條之規定處罰」。不過，依第三十五條規定處罰，最高為三年以下有期徒刑，仍屬過重。

三、禮　券

購買百貨公司禮券10000元，贈送大同水上樂園門票一張，100張送完為止；湖山原野樂園門票一張，100張送完為止；停車抵用券$1000元；環亞VIP卡1張；凡持禮券至大同水上樂園、湖山原野樂園、楓橋渡假村消費使用時，十足抵用（自81年6月1日至8月31日止）。有些百貨公司禮券則分送給學校或機關團體之人員，再持該禮券購買貨物抵用。此種透過發行禮券方式購買貨物，只要無虛偽不實引人錯誤之表示，或無欺罔或顯失公平情事，原則上並無不可。

依德國不正競爭防止法第六條之二規定，對於為競爭目的，而於營

業交易中，交付予最終消費者 (letzte Verbraucher) 購買商品之權利證書 (Berechtigungsscheine)、證件 (Ausweise) 或其他憑證 (sonstige Bescheinigung)，或提出此類憑證始銷售商品者，得請求其停止其行為，但該憑證僅賦予一次購買之權利，且於每次購買時個別交付者，不在此限❼。由於購買憑證之發行，使得持有人期待製造商或供應商提供較有利之購買可能性，而實際上並不存在，甚或其價格更高，由於此種一般性欺騙消費者之情況頗為嚴重，因此，德國立法者乃在第六條之二明文規定。

四、真正商品平行輸入

㈠法院判決

關於商品平行輸入之問題，在實務上於民國七十三年「木曾」案發生後，即爭論時起，其後「菲仕蘭」、"Mead Johnson"及"CoCa Cola"案件，法院所採取之見解均不盡相同，茲分述之。

1.木曾案

「木曾」商標原為日商日本建材株式會社所有，其在臺灣之代理商為建業實業公司，該公司為取得在臺灣獨家銷售「木曾」牌之建材，乃以日本公司所有「木曾」商標，向經濟部中央標準局申請取得「木曾」商標之商標權。嗣有另外一家光明公司，向日本另外一家公司AKI購買木曾牌建材，該木曾牌建材仍係日本建材株式會社所製造，屬於真正商

❼　§6b UWG lautet: "Wer im geschäftlichen Verkehr zu Zwecken des Wettbewerbs an letzte Verbraucher Berechtigungsscheine, Ausweise oder sonstige Bescheinigungen zum Bezug von Waren ausgibt oder gegen Vorlage solcher Bescheinigungen Waren verkauft, kann auf Unterlassung in Anspruch genommen werden, es sei denn, daß die Bescheinigungen nur zu einem einmaligen Einkauf berechtigen und für jeden Einkauf einzeln ausgegeben werden."

品。光明公司進口木曾牌建材，影響建業公司之獨家銷售，乃向臺北地檢處提出告訴，認為光明公司涉嫌仿冒侵害其商標權。臺北地檢處認為，光明公司輸入之「木曾」建材，係日本真正商標權人日本建材株式會社所附貼，為真正商品，此種單純輸入行為並非仿冒，而對光明公司負責人為不起訴處分❽。

2.菲仕蘭案

民國七十七年，菲仕蘭一案，「菲仕蘭」及「鴻信及H圖樣」之商標權人分別為菲仕蘭公司及鴻信公司，鴻信公司為菲仕蘭公司在臺灣之代理商。被告並非代理商，透過新加坡向荷蘭菲仕蘭總公司訂購奶粉，其包裝上印有「菲仕蘭」及「鴻信H圖樣」，並輸入在臺灣銷售。檢察官將被告提起公訴，地方法院判決被告無罪，檢察官提起上訴，高等法院亦判決被告無罪。高等法院認為，商標係商品之識別標誌，由於商品上使用商標表示該商品係出自一定之來源，則能藉此與其他商品相區別，同時消費者因購買貼附一定商標之商品，累積該項商標商品品質之經驗，得於購買時有所取捨，此即商標之表彰來源與品質保證功能，而制定商標法之目的即在防止此等功能之喪失，以避免商品來源、品質之混同誤認。因此，若非使商標表彰來源、品質保證功能喪失之行為，則不違反商標法保障商標專用權之目的，與構成商標法之基本法則無違，形式上雖未具備刑法第二十一條至第二十四條之阻卻違法事由，然既與法規範相符而無對立衝突，仍不具有實質違法性。本件商標專用權人菲仕蘭公司係荷蘭菲仕蘭奶粉在臺之經銷商，與荷蘭菲仕蘭原廠有經濟上之關係，其所持有之「菲仕蘭」商標即在表明此一來源，故被告雖自新加坡輸入荷蘭菲仕蘭原廠所生產並貼附上開商標之奶粉，然並無來源混同之虞，且既屬同一製造者所生產，亦不致構成品質誤認，揆諸前揭說明，應不

---

❽ 王伊忱，真正商品並行輸入之商標權侵害問題，七十七年五月，第一〇二頁。

具有實質違法性❾。

3. Mead Johnson案

民國七十九年，在"Mead Johnson"一案，其事實為"Mead Johnson"及"Enfalac"商標之所有人為原告美強生公司，但其在臺灣並未生產奶粉，而授權共同原告臺灣必治妥公司為臺灣地區之總經銷。被告輸入由原告在荷蘭廠所生產之奶粉，該奶粉包裝上有"Mead Johnson"及"Enfalac"商標，法院認為此種平行輸入，不構成商標權之侵害，其詳細理由為：被告輸入之奶粉係原告美強生公司生產，其乳製品罐頭附記標有原產公司即原告美強生公司前揭商標，以明其原產公司，應認係商標法第二十三條之普通使用方法，而不受他人商標專用權所拘束。且查商標係表彰商品之出處，而「平行輸入」同品牌產品，並不致影響商品出處之判斷，而與商標法保護商標目的無違，無予以禁止之理由，亦未構成商標專用權之侵害❿。

4. Coca Cola案

民國八十年，臺北地院及板橋地院分別處理「可口可樂」之案件，但兩個法院之見解不同，引起軒然大波。在臺北地院處理之案件，其事實為，原告美商可口可樂公司為"Coca Cola"、"Coke"及「可口可樂」商標之商標權人，並將其在臺灣之商標授權與共同原告臺灣可口可樂公司。另外一方面，被告則自美國及馬來西亞輸入標有"Coca Cola"及"Coke"商標之可樂飲料，在臺灣銷售。臺北地院認為我國商標法係採屬地主義，而且被告進口之可樂容量較少，乃基於品質差別之觀點，判決被告之行為已構成商標權之侵害⓫。此項判決，經報紙廣為報導後，在業界引起相當程度之影響。

---

❾　高等法院七十七年度上易字第三七一七號判決。

❿　臺灣臺北地方法院七十九年訴字第二六五六號民事判決。

⓫　臺灣臺北地方法院八十年度訴字第八〇三號判決。

不久之後，板橋地方法院亦處理類似案件，但其判決卻與臺北地院之判決截然不同。本件原告仍為美商可口可樂公司，被告則自新加坡輸入美商可口可樂公司授權新加坡商 Fraser & Neavels Pte Ltd. 生產之可口可樂飲料，在臺灣銷售。板橋地方法院認為不構成商標權之侵害，其理由為被告輸入之可樂飲料，既係原廠美商可口可樂公司授權新加坡廠商製造，其品質應在同一水準，不致使消費者就其來源發生混淆誤認❷。

㈡法務部司法官訓練所研究結論

七十六年十月法務部司法官訓練所司法實務研究會三十一期曾就平行輸入之問題予以探討，其研究結論則認為我國商標法採屬地主義，若同一商標分別在我國及他國註冊，在他國製造並適法貼附商標之同一產品，由我國商標權人以外之第三人輸入我國，因輸入行為發生於我國，且未得我國商標權人之同意，自構成商標權之侵害❸。

---

❷ 臺灣板橋地方法院八十年度訴字第二〇七號判決。

❸ 七十六年十月法務部司法訓練所司法實務研究會三十一期「保護智慧財產權法律問題結論」，案號二十：

　　問題：某甲在我國使用經向我國經濟部中央標準局註冊取得專用權之商標有年，某乙則在A國取得相同商標之專用權。茲某乙在A國產製貼附同一商標之同一商品後，某丙未經某甲之同意，即將之輸入國內。問某丙所為有無罪責？

　　甲說：某丙不構成罪責：㈠商標法保護商標之目的有三，⑴保護商標權人利益，使商標權人投下鉅資，宣傳商品，改良品質所獲致之營業信譽得以維持；⑵保護消費者利益，使消費者購得欲購之真正商品，不與偽品相混淆；⑶排除不正獨占，維持自由競爭秩序。就第一目的而言，商標權人之評價，唯他人於品質不同或惡劣商品使用同一或近似商標時，始受損害。販賣（在他國產製之）真正商品，商標權人之評價並未受損。就第二目的言，商標之目的，在杜絕消費者購買品質不同或惡劣之偽品。輸入真正商品，於消費者利益並無損害。就第三目的言，保護商標權，可促進品

(三)高等法院意見

臺灣高等法院於八十年舉行之法律座談會中，亦將平行輸入之問題列入提案。高等法院庭長會議在審理該案時，係先做成甲、乙、丙三種見解，其中甲案認為構成商標侵害權；乙案和丙案則根據不同的理論，認為不構成商標侵害權，而庭長會議中，決定採取丙案。依據丙案的見

質與價格之競爭，消費者可選擇商品，得到最大之滿足，如准許第三人輸入在他國製造之真正商品，適可促進價格競爭而不影響品質，反之，如禁止之，無疑剝奪消費者選購商品之機會。可知准許第三人輸入在他國製造之真正商品，於商標法之目的並無違背。㈡某丙輸入販賣者既係適法貼附商標之真正商品，實質上可謂欠缺違法性，自不為罪。

乙說：某丙應負違反商標法第六十二條之二之罪責：㈠商標之功能，在表彰商品之出處，品質及其他所有特質，以識別商品。目下國際間之商業活動，常可見在各國均使用同一商標，然商品品質則因地域不同而有差異情事，如允許第三人輸入產地不同而貼附同一商標之同一產品，實有混淆商品出處及品質之虞；㈡商標在功能上固有保護公益之一面，然商標權究係為商標權人而存在，故商標權屬私權。商標權人可因自己之商標而有裨公益，但其商標權不應因公益而受犧牲。如允許第三人輸入產地不同而貼附同一商標之同一產品，或有裨於消費大眾以較低廉物價購得真正商品，但因公益而犧牲商標權，於商標法保護商標權之旨即有違背。㈢我國商標法係採屬地主義為原則之立法，商標權之效力，自以我國領域為範圍，不受發生於外國之事實所影響。同一商標分別在我國及他國註冊，在他國製造並適法貼附商標之同一產品，若由我國商標權人以外之第三人輸入我國，因輸入行為發生於我國且未得我國商標權人之同意，自構成對我國商標權之侵害，至其在他國雖屬適法貼附商標，但對我國言，此為在外國發生之事實，於其在我國構成侵害商標權，並無影響。本件某丙所輸入販賣之商品應認係「相同於他人（某甲）註冊商標之圖樣之同一商品」，其所為自應負違反商標法第六十二條之二之罪責。提案人初步結論：擬採乙說。研究結論：多數採乙說。

解,所謂構成侵害商標之平行輸入行為,除主觀上需有故意或過失外,客觀上尚必須具備商標被授權人已在當地發展出獨立的商譽,以及消費者已生混淆、誤認兩項條件。然而,如果被授權人之商品與其他進口水貨,於品質及服務上並無差異,而且水貨進口業者已善盡標示義務,使消費者得充分明辨商品之正確來源,不再對水貨發生混同誤認時,則進口商應不致構成侵害商標之賠償責任。高等法院庭長會議同時以可口可樂的例子,對採取丙案進行補充意見說明。庭長會議認為,若乙公司所輸入之C牌商標飲料,與甲公司所生產之C牌飲料,同為母公司C公司授權子公司所生產,其來源均為美國C公司之C牌飲料,品質相同,並且該商品印有該商標,並標示容量、製造日期及生產公司,足見已善盡標示義務,一望即知非甲公司所生產之C牌飲料,消費者得明辨商標之正確來源及品質,不致對乙公司所輸入之C牌商標飲料發生混同、誤認之虞,因此並不構成商標之侵害❹。

(四)公平會研析意見

公平交易委員會於八十一年四月間,認為真品平行輸入與仿冒之構成要件不符,不違反公平交易法第二十條之規定,此種見解,殊值肯定❺。

---

❹ 呂榮海,謝穎青,張嘉真,公平交易法解讀,八十一年,第一三六頁。工商時報,八十年十月二十三日。

❺ 公平交易委員會八十一年四月二十二日第二十七次委員會議討論案。
案由:真品平行輸入是否違反公平交易法案
研析意見:
一、真品平行輸入與仿冒之構成要件不符,不違反公平交易法第二十條之規定。
二、真品平行輸入是否違反公平交易法第二十一條之規定,須視平行輸入者之行為事實,是否故意造成消費大眾誤認其商品來源為斷。
三、貿易商自國外輸入已經原廠授權代理商進口或製造商生產者,因國內

惟在此之前，論者或謂，平行輸入之商品，即一般所謂之水貨，必須載明「水貨」或「未經授權」，始不違法，此種觀念，可謂用心良苦，惟行政機關以行政命令要求水貨廠商加註「水貨」或「未經授權」字樣，與中央法規標準法第五條第二款「關於人民權利義務之事項，應以法律定之」不合，且商品標示法亦無明白規定廠商應標明水貨或未經授權字樣，則此種要求顯然欠缺法律上根據❶。惟若水貨進口商願意自動標示上述字樣，自無不可。至於授權字樣，亦不可隨便使用，商標法上之商標授權，其要件嚴格，且需品質監督，與所謂獨家代理契約並不相同，一併指明。只要水貨進口商或販賣水貨之人，未故意地使消費大眾誤認

代理商投入大量行銷成本或費用致商品為消費者所共知，故倘貿易商對於商品之內容、來源、進口廠商名稱及地址等事項，以積極行為使消費者誤認係代理商所進口銷售之商品，即所謂故意「搭便車行為」，則涉及公平交易法第二十四條所定之「欺罔」或「顯失公平」行為。

❶ 徐火明，促進競爭有利消費者，工商時報，八十一年四月二十三日，第二版，經研室梁連文採訪整理，其內容為：「水貨並非是不好的東西，事實上水貨的進口，反而可促進市場競爭，對消費者有利。

由於水貨的進口商和代理商的利益相互衝突，因而進口時備受阻撓，甚至有人認為其違反商標法，但是，我個人認為，商標最主要的功能有三，第一，表彰商品的來源；第二，保證商品品質；第三，具有廣告的功能。而真品輸入（即水貨）均滿足上述功能，因此並無違反商標法。

值得注意的是，真品輸入較容易抵觸公交法的部份，應是不公平競爭部份，由於獨家代理商往往耗費鉅資於廣告費之支出上，通常水貨不需負擔此一費用，因而有搭他人廣告便車之嫌，似乎有違公交法第二十四條『顯失公平之行為』，不過，仍然無法一概而論，須視個別情況而定。除此之外，若同一品牌水貨和代理進口之商品品質差異太大，亦有『欺罔』之嫌。

至於公平會要求水貨產品須註明『未獲授權』之附註，我認為並不妥適，因為行政機關利用解釋個例所做的行政命令，要求廠商為之，不僅和商品標示法相互抵觸，而且違反限制人民權利義務應以法律為之之原則，畢竟要求人民守法，也該用法律來規定。」

其水貨為獨家代理商所進口之產品,即不違背公平交易法第二十一條之規定。若兩者之品質有差異,但仍具備同一水準之品質,如適合寒帶地區之汽車予以平行輸入並在熱帶地區銷售,其仍屬原廠製造,商標仍為原廠附貼,自無商標侵害之問題,雖現行法律並未課以水貨進口商標明品質差異之義務,但如一般消費大眾容易誤認該水貨為代理商所進口銷售之商品,則構成公平交易法第二十四條所規定之欺罔行為。至於獨家代理商及國外原廠為銷售其產品,通常必須投下廣告費用及其他行銷費用,若水貨商不打廣告或象徵性地支出廣告費用,即係對於他人投下大量廣告費所得成果之「搭便車」行為,應構成公平交易法第二十四條所稱之「顯失公平」。 至於水貨之進口商或販賣商本身,亦努力投下相當數量廣告費用,即甚難認為係坐享他人努力成果。

㈤本文見解

商標有表彰來源 (Herkunftsfunktion) 及保障品質之功用 (Garantie-funktion),平行輸入之水貨與獨家代理商進口之產品,均係原廠所生產製造,且均為原廠合法附貼其商標,其表彰該等商品均源於同一企業,合乎表彰來源之功能;且該等產品均具有相同之品質,如為適應世界各地市場不同之需要而在品質上略作調整,亦均具有同一水準之品質,而合乎商標保障品質之功用。平行輸入之水貨,其商標均合乎表彰來源與保障品質之功能,自不構成商標之侵害。德國著名學者拜爾教授 (Prof. Dr. Friedrich-Karl Beier),即係採取見解之代表❶,此外尚有學者 Ballhaus, Bussmann, Tessin, Ulmer及Kunz等,均採之,可謂德國之主流學說,作者亦採此種見解,並進一步認為在雙重功能之下,為適應市場需要,而品質有些微差異,但仍具備同一水準之品質,並無礙於商標之

---

❶ Beier, Territorialität des Markenrechts und internationaler Wirtschaftsver-kehr, GRUR Int. 1968, S. 13.

保障品質之功能。至於品質差別致消費者引起誤認時，或搭廣告便車，可依不正競爭防止法或公平交易法中有關「概括條款」之規定處理，而構成「欺罔」或「顯失公平」之行為，以釐清商標侵害與不正競爭之關係。從此，商標法與不正競爭防止法之關係，將不再糾纏不清矣！

(六)百貨業引進平行輸入真品

獨家代理是廠商間之契約行為，自目前全世界自由化公平化之潮流觀之，大部份國家均採取自由進口之制度。我國也破除代理商可能壟斷市場之行為，廢除代理權制度。正常之平行輸入，促進市場上之自由競爭，避免價格高漲，而使消費者之利益受到保護。

真品平行輸入於八十一年四月二十七日被公平會正式認定為合法行為後，各大百貨公司及量販店皆已引進平行輸入之化妝品、服飾、食品等，並逐漸擴大其範圍。有些百貨公司平行輸入之化妝品，係以市價七五折銷售，有些則便宜15%到20%。如果品牌相同之產品，而價格卻比較便宜，此種價廉物美，正是效能競爭之最高境界，鼓勵都來不及，何來違法或仿冒之有？「價格愈貴，東西愈好」之觀念，並非放諸四海皆準。尤其七十九年經濟開始走下坡以來，消費者之消費習性逐漸改變，而要求貨真價實或價廉物美，業者為因應此種趨勢，對於商品策略及訂價策略，均應有所調整。百貨業者及量販店引進平行輸入真品，即是因應此種趨勢。平行輸入之真品，對於獨家代理商之高價策略產生不少影響，而消費大眾也因此享受價廉物美之好處。公平交易委員會肯定平行輸入之合法性，對於廠商競爭過程中價格策略及消費者利益之保護，帶來立竿見影之效果，殊值肯定。尤其公平會之決議，造成大型百貨業介入水貨市場，由於零售業為求價格優勢，而代理商進貨無法降價，乃轉而向價格較低之貿易商進貨，例如高峰及萬客隆等量販店，更於賣場陳列明白表示真品平行輸入之商品，以促進商品價格之競爭❶。

五、專　櫃

㈠臺北物價高昂

　　根據經建會於八十一年四月間國內商品價格合理化之研究，臺北進口商品售價與國外平均價格比較，食品類平均高出六二・七％，清潔用品類平均高出二六・三％，化粧品類平均高出一一二％，樂器類則平均高出二八・五％⓳。另外瑞士聯合銀行針對全世界四十八個主要城市所

⓲　自由時報記者王瑞瑤於八十年十月三日自由時報第十六版報導，我現行貿易政策鼓勵真品平行輸入，其內容為：「經濟部部長蕭萬長昨（二）日指出，我現行貿易制度是支持真品平行輸入，由於代理商享有獨家進口權，將明顯造成壟斷，因此政策上支持公平交易精神而不主張獨家進口。至於平行輸入造成商標權糾紛問題，蕭萬長則表明已進入司法程序，不予置評。」

臺灣高等法院最近以可口可樂臺灣分公司控告貿易商進口水貨，涉嫌侵害商標專用權一事，做成貿易商進口水貨若構成侵害代理商的商標專用權，須負損害賠償責任的決議，一般認為這項決定將嚴重否定水貨合法性並扭曲平行輸入的精神。

蕭萬長昨日針對此事表示，真品平行輸入後衍生的商標法糾紛已由司法來論斷，他此時不便做任何評論。

不過蕭萬長說，全世界貿易有兩種趨勢，一是尊重代理權制度，唯有代理商才可進口的經銷方式；再者是代理權是廠商間的私人往來行為，政府不干涉也不予保護。以目前全世界自由化、公平化潮流來看，大部分國家都趨向後者，而我國也在十五年前為了破除代理商壟斷市場的行為，廢止代理權制度，政府自此之後不在乎、不干涉、不保護代理商權益。因此蕭萬長強調，我現行貿易制度鼓勵真品平行輸入，如可口可樂除由臺灣分公司自己製造外，貿易商也可從世界各地進口，進口汽車代理的情況亦同，售後服務的優劣，由消費者自己去作判斷，在自由貿易制度下，不能只有代理商才可以進口，這將明顯形成壟斷，政策上絕不主張。

做的「全球消費及所得調查」顯示，臺北市民薪資指數排名二十七，但是物價、食物、服裝、房租等消費指數排名都在前十名，物價之高，令一般收入之民眾吃不消❷。臺灣雖為全球紡織、鞋子、玩具工業發達之地區，但臺灣消費者卻要付出比大多數外國人更貴之價格，才能買到同級之成衣、鞋子或玩具。以一件在臺北百貨公司標價新臺幣二千元左右之名牌襯衫，在香港可能只要新臺幣六百元左右。一家提供若干名牌成衣所需布料之臺灣大型布廠指出，每件襯衫祇需二、三碼的布，約二美元，加上工資及其他開銷，一件名牌成衣成本根本不到新臺幣三百元，市價卻高達二千元左右，而一些標榜外國名牌成衣，大部份都是在臺灣或大陸加工製成，而消費者多半蒙在鼓裡。以百貨公司來說，服飾公司要設專櫃，百貨公司會依進口或國產品之不同，分別對其銷售額抽成二十五％至三十五％等；此外，因為消費者已經習慣在折扣期間購買服飾品，為維持相當利潤，廠商只好依還原法，一開始就把訂價提高，如進口貨大概是成本的三倍到三・五倍，而國產貨有時會高到五倍，這些成本最後轉嫁給消費者❷。

　　雖然近年來大幅降低關稅，臺北的進口商品售價仍較國外偏高，經建會認為，主要原因在於消費者資訊不足及心理因素和專業代理商壟斷之故❷。美國學者韋布侖(Veblen)在「有錢階級論」一書中指出，有錢人一定要做炫耀性之消費，以便向社會證明其成就，因此有錢人所表現之消費行為，其特徵是拼命炫耀，而且價錢愈貴東西愈好，此種暴發戶

❶　楊壁睿，國內進口商品價格高人一等，工商時報，八十一年四月二十七日，第三版。

❷　鄭國正，瑞士對48城市的調查報告，聯合報，八十一年四月十五日。

❷　劉聖芬，何淑貞，林天良，臺灣的消費品為什麼特別貴？經濟日報，八十一年五月四日。

❷　楊壁睿，關稅調降商品售價未充份反應，工商時報，八十一年四月二十七日，第三版。

式之消費行為，無形中使價格居高不下❷。由於臺北物價高昂，經建會建議公平會密切注意專業代理商之壟斷行為，共同致力於關稅降低及自由化之政策。

(二)公平會查價及處分

八十一年五月間，行政院公平交易委員會初步選定維他命、咖啡、減肥藥、奶粉、化粧品、洗衣機、電冰箱等七類進口商品，列為公平會首波查價之對象，並要求業者提供總代理契約及對經銷商供應契約，以查核是否有超額利潤及不公平交易行為之存在。公平會並非要管制物價，而是希望透過查價行動，使進口價與零售價差距過大之進口商品能自動降價，而達到平穩國內物價之目的。公平會在駐外單位協助下，在國際主要都市香港、倫敦、巴黎、紐約、洛杉磯等對同一品牌及同樣容量之化妝品進行查價行動，並與國內化妝品售價比較，以口紅為例，差價達三‧五倍；國內粉餅售價除香港售價與國內相近外，均比其他都市高，最高達二‧二七倍；國內面霜售價除ESTEE LAUDER（雅詩蘭黛）產品與國外相近外，其他品牌均比國外價格高❷。

八十一年七月，行政院公平交易委員會決議，華資妝業、誼麗、吉人行、保麗和怡佳等五家進口化妝品公司違反公平交易法有關約定轉售價格及限制交易相對人事業活動之規定，並命令五家公司在收到處分書後十天內改正。公平會認為化妝品業者係化妝品銷售之上游，具有影響價格之強勢地位，和百貨業相比，化妝品業者是強勢市場，契約和銷售行為之約定，由化妝品業者主導之機率較高；化妝品不是公平會所公告之日常用品，因此，化妝品業者對百貨公司強制性約定轉售價格，違反公平交易法第十八條規定。百貨公司及化妝品業者陳述，證實化妝品業

---

❷ 王鴻薇，李莉珩，炫耀型的消費，聯合報，八十一年四月十五日，第五版。

❷ 黃貴華，國內外化妝品價差逾三倍，聯合報，八十一年六月十日，第五版。

者對百貨公司業者之約束，包括短期促銷活動，由百貨業者完全自行吸收所有費用，其目的在維持收益，限制化妝品零售市場競爭，及避免化妝品業者進行價格競爭，而不正當限制百貨公司之事業活動，違反公平交易法第十九條第六款❷。

遭此處分之五家進口商分別代理之品牌為資生堂、雅頓、迪奧、蘭蔻、雅詩蘭黛，彼等深表震驚，而認為化妝品行銷體系，必須負擔高額人事、管銷及促銷成本費用，維持三到六倍之差價是極為合理，絕無暴利情事；法國蘭蔻化粧品公司臺灣代理保麗公司指出，化妝品公司最大銷售點是百貨公司專櫃，簽契約都是化妝品業者依百貨公司提出之「制式」文件簽，而不是化妝品業者主動，化妝品進口商並沒有主動提出條件，限制百貨業者之零售價❷。

消費者文教基金會指出，自從七十七年底開放申訴專線以來，化妝品售價偏高之問題，佔有效申訴案件百分之四十四，高居首位，同時呼籲國內消費者，在化妝品業者未有具體降價行動，或依公平會處分改正之前，消費者應暫緩購買，以行動來抵制，並獲得實質之降價利益❷。

(三)約定轉售價格

德國競爭限制對抗法第十五條規定：企業間就本法適用範圍內市場之商品或營業上給付所訂立之契約，如對契約當事人之一方，限制其與第三人間有關供給之商品、其他商品或營業上給付締約時，決定價格或交易條件之自由者，其契約無效。此種規定，即係德國學者所稱之垂直約價(Vertikale Preisbindung)，美國學者稱之為轉售價格之維持(Maintance of Resale Price)❷。

---

❷ 黃貴華，五家進口化妝品裁定違反公平法，聯合報，八十一年七月二日。
❷ 丁舜怡，化妝品業不堪其擾忿恨難平，工商時報，八十一年七月三日。
❷ 李潔，抵制剝削暫緩購買爭權益，大成報，八十一年七月三日。

　　我國公平交易法第十八條之規定：事業對於其交易相對人，就供給之商品轉售與第三人或第三人再轉售時，應容許其自由決定價格；有相反之約定者，其約定無效。但一般消費者之日常用品，有同種類商品在市場上可為自由競爭者，不在此限。前項之日常用品，由中央主管機關公告之。依此規定，我國公平交易法對於轉售價格之約定，仍屬無效。所謂轉售價格之約定，係指上下游廠商間，或製造商與經銷商間，約定下游廠商或經銷商轉售之價格，以限制該廠商自由決定商品價格之可能性，屬於垂直之競爭限制(Vertikale Wettbewerbsbeschränkungen)。在適用時，必須有二階段之契約關係，即第一階段之契約(Erstvertrag)及第二階段之契約(Zweivertrag)。第一階段契約，係指製造商或供應商將商品供給或銷售予經銷商，此際，即為轉售價格之約定，而使第一階段之銷售及約定完成，然後進入第二階段。第二階段契約，係指經銷商將該商品轉售予消費者或其他購買人時，即依原約定之價格銷售。由於下游廠商依賴上游廠商，亦即經銷商之貨源必須仰賴製造廠或供應商，為維持商業之經營及運轉，下游廠商或經銷商通常接受此種轉售價格之約定，如有違反，上游供應商則停止供貨或以違約金處罰，因此種約定剝奪下游廠商決定價格之自由，故公平交易法明定此種契約無效[29]。

---

[28]　§15 GWB lautet: "Verträge zwischen Unternehmen über Waren oder gewerbliche Leistungen, die sich auf Markte innerhalb des Geltungsbereiches dieses Gesetzes beziehen, sind nichtig, soweit sie einen Vertragsbeteiligten in der Freiheit der Gestaltung von Preisen oder Geschäftsbedingungen bei solchen Verträgen beschränken, die er mit Dritten über die gelieferten Waren, über andere Waren order über gewerbliche Leistungen schließt."

[29]　Emmerich, Kartellrecht, 1982, S. 102; D. König, Vertikale Preis- und Konditionenbindung nach dt. und EWG-Kartellrecht, 1965; Krasser, Der Schutz von Preis und Vertriebsbindungen gegenüber Außenseitern, 1972. Rittner, Einführung in das Wettbewerbs- und Kartellrecht, 1981, S. 204.

化妝品業者及百貨公司之間關於專櫃之經營方式，非常複雜，不可一概而論，應依具體案例探討。設化妝品業者如進口商或製造商將化妝品「賣斷」予百貨公司，並約定百貨公司轉售予消費者時之價格，此際即屬第一階段之契約，而商品之所有權業已移轉百貨公司，此時，百貨公司採「自營櫃」方式，派駐美容師及銷售小姐，商品即銷售予一般消費者，百貨公司即依約定之轉售價格與消費者成立買賣契約，此即第二階段契約，而此二階段契約均先後發生，始有公平交易法第十八條約定轉售價格之可能。若化妝品業者與百貨公司間，並非採「賣斷」方式，而係採租賃方式經營，即兩者之間按專櫃使用面積之大小支付固定租金，另外按銷售金額之比率抽成，則兩者之間，只有租賃關係，而無買賣關係，即在法律上化妝品業者對於百貨公司並無因買賣而交付商品之過程，亦即無供給商品之關係，而欠缺第一階段之買賣契約。縱實際上化妝品業者將欲銷售之化妝品運往百貨公司之專櫃陳列銷售，然此種情況，仍非買賣而提供商品。若廠商將商品運往自己公司之門市部或銷售處陳列銷售，並非契約關係，在自己之分公司或門市部銷售產品，並無約定轉售價格之可能。百貨公司之專櫃，此種經營方式，究竟有無成立約定轉售價格之可能性，不能僅憑專櫃之表面字樣斷定，而應依個案之具體事實斟酌考慮，始較妥適。

六、貴賓卡或會員卡

㈠差別待遇

百貨公司均發行貴賓卡或會員卡，使持卡人在購物時享有折扣之優待。有些百貨公司對於購物滿一定金額者，即可憑發票換取貴賓卡，如大亞百貨V.I.P.，持卡可享受百貨服飾、超市九折優待，惟化粧品、公賣品、特價品、指定商品折扣期間及精緻食坊，則不打折，該卡限本人

使用，如有遺失可至該公司申請補發。

有些百貨公司之會員卡，則必須申請，申請時並應檢附下列文件：

1.年滿廿歲申請人（含附卡申請人）之正反面身份證影印本一份。

2.上年度所得稅扣繳憑單年收入25萬以上。

3.如申請人同時為公司負責人可檢附公司執照或營利事業登記證影本一份。

4.律師、醫師、會計師、建築師，檢附執照影印本一份。

5.如申請人無檢附上列之文件，請覓一位連帶保證人並附其身份證影印本一份。

6.正卡年費100元有效期限二年共計200元（併入第一次消費帳單內收取）。

該公司持卡人享有之優惠為：

1.憑卡於本公司消費可享先購物後付款之優惠。

2.憑卡於本公司消費除公賣品、禮券、及大家電外，享95折優待。

3.當月消費金額可於次月20日繳清，將有平均35日之免計利息優惠。

4.每月簽帳金額可達兩萬元整，若本年消費達十萬元者，將自動予以更換為金卡，享有更優厚之權益。

5.優先告知最新促銷及新商品資訊活動。

6.會員卡不得與其他信用卡或禮券和商品券同時使用。

該百貨公司於每月八日前郵寄上月帳單，須於二十日前至全省彰化銀行、世華銀行、郵局各地分支機構付款。值得注意的是，該百貨公司與持卡申請人間尚有約定條款，其內容為：

申請人（以下簡稱甲方），茲向某某百貨企業股份公司（以下簡稱乙方）申請會員卡，並同意遵守下列條款：

第一條（卡片使用）

　　持卡人收到會員卡時，應立即於卡片背後簽名處親筆簽名，並妥慎保管。

第二條（額度）

　　乙方得依甲方之信用及往來情形，核給（並得適時調整）甲方之信用額度，甲方使用會員卡不得越過乙方授予之信用額度，如超過額度其連帶保證人亦負連帶保證責任。

第三條（繳款通知，延滯金之計算）

　　1.乙方於每月八日前寄出消費明細表供甲方核對，若於十二日前尚未收到帳單應向乙方查詢，不得以未收到帳單為由而遲誤繳款。（如遇到例假日或國定假日，得以次日繳之。）

　　2.如持卡人未能於本公司規定期限內付清帳款，則另須支付延滯利息每日萬分之六。

　　3.甲方清償每月簽帳款項逾四十五日以後，不得向乙方請求複查該月之簽帳金額或以簽帳金額錯誤為由，要求乙方退還已繳款項。

第四條（拒繳帳款抗辯之禁止）

　　甲方至乙方簽帳消費後如對貨物或服務之品質、數量價金有所爭議或有退貨之情形發生時，甲方不得以此作為拒繳帳款之抗辯。

第五條（資料更正）

　　於會員卡有效期間內持卡人申請書所載之內容，如居住地址或其他聯絡資料有異動時，持卡人應即以書面或電話通知會員卡課。未依前項約定辦理而發生延誤或損失時，概由持卡人，自行負責。

第六條（掛失）

　　如有卡片遺失，被竊時，應儘速向乙方辦理電話或書面掛失手續，會員卡正卡與附卡為一體關係，正卡（或附卡）掛失時，附卡（正卡）亦視同掛失並停止使用交回乙方。

第七條（卡片更新）

1.會員卡因掛失或有效期間屆滿或其他原因而製發新卡時，乙方得依據原申請書更換新卡號（因掛失）或援用原卡號供甲方及附卡繼續使用，本約及保證人責任繼續有效，無須另行換約。但乙方認為必要時，得要求甲方重填申請書換約或另覓保證人。

2.甲方如於卡片有效期間內，擬不續用乙方之會員卡時，則應於該卡片有效期間屆滿一個月前，以書面或電話通知乙方解約。

第八條（資料變動）

於會員卡有效期間內如持卡人申請書所載之內容，地址或其他聯絡資料有異動時，持卡人應即以書面通知本公司更改，如未依前項約定辦理致生任何延誤或損失時，概由持卡人自行負責。

第九條（連帶保證人）

連帶保證人對於持卡人應付各款項及持卡人依本約定條款所應履行之一切義務，負連帶清償及連帶履行之責，並同意下列事項：(1)願拋棄先訴抗辯權。(2)連帶保證人如欲退保，除須辦妥書面退保手續外，尚須與持卡人將保證期間所發生之一切帳款，全數付清，始生退保之效力。(3)放棄民法有關保證人所得主張之一切權利或抗辯。

第十條（卡片停用）

本公司發給持卡人會員卡後,如遇持卡人或其連帶保證人延遲付款,信用貶落，消費情形異常、地址異動而未通知本公司或其他原因而無法聯繫，不履行本約定條款或連帶保證人要求退保或有其他不良跡象時，本公司逕行停止持卡人及使用信用卡或收回卡片，或要求更換連帶保證人，或不經通知而依法進行保全程序。本公司依本項規定停止使用信用卡時，仍得要求持卡人、附卡人或連帶保證人繳清帳款及交還卡片。

第十一條（適用法律）

持卡人為外國人，其法律行為之成立要件、效力及方式等仍均應適用中華民國法律之規定。

第十二條（地方法院）

　　甲方及其連帶保證人不履行本約定條款涉訟時，同意以臺北法院為第一審管轄法院。

　　本約定條款如有未盡事宜，均依乙方業務規定及一般慣例辦理[30]。

　　持貴賓卡或會員卡前往百貨公司消費，可享受折扣優待，對於消費者有好處，對於未持卡者則未有優待，是否構成差別待遇 (Diskriminierungsverbot)，殊值探討。公平交易法第十九條第二款規定，無正當理由，對其他事業給予差別待遇之行為，而有妨礙公平競爭之虞者，事業不得為之。其中所謂事業，係指公司、獨資或合夥之工商行號、同業公會及其他供商品或服務從事交易之人或團體。最終消費者，恐非該條文中所稱之事業。若該持卡人係購買後於雜貨店轉售時，即屬之。在判斷是否有正當理由時，應斟酌市場情況、成本差異、交易數額、信用風險或其他合理之理由。持卡人通常因購買數量多金額高或信用良好，而獲得貴賓卡或會員卡，則百貨公司對於持卡者給予折扣優待，應認為有正當理由[31]。

(二)貴賓卡信用卡搭檔使用

　　百貨公司除自行發行之貴賓卡或會員卡外，購買人尚可使用信用卡，在百貨公司購物免用現金，而且可以享受特別之折扣優待，此種結合百貨公司與信用卡公司所為之促銷活動，對雙方都互蒙其利，一方面可刺激消費，另外一方面則可以開發更多之客戶。由於持有信用卡之顧客多半具有高消費能力，此種信用卡與百貨公司搭檔之促銷方式，頗受歡迎。

---

[30]　資料來源，大批發百貨公司會員卡申請書。

[31]　莊春發，「立法管制價格歧視」問題的研究——經濟觀點的分析，八十一年，第七十二頁；范建得，莊春發，公平交易法Q&A範例100，八十一年，第一一八頁。

合作方式包括持有信用卡之購買人，在百貨公司購物時可享八折優待，如採購達一定金額尚有贈品或贈送摸彩券抵用券❷。此種情況，若非蓄意排除其他廠商之競爭，亦非提高售價搭附贈品之搭售行為，尚難構成公平交易法第十九條第三款之利誘行為。

七、聯合打折

㈠聯合打折之合法性判斷

　　往年臺北市百貨公司業者，都以慶祝總統就職典禮和回饋消費者為由，在每年五月二十日前後五天，舉辦五二〇折扣活動，其中百貨服飾八折，超市九折，目的是為夏裝上市做準備，而出清春裝庫存，以及衝刺業績。此項在臺北百貨業界維持十年左右之傳統慣例，自八十一年公平交易法實施後，於八十一年首度打破，以避免公平交易法有關「聯合行為」之規定，而各自擬定折扣期間，摩拳擦掌，排好戲碼❸。此項折扣期間由以往固定之五月二十日前後五天，延長為五月初至五月底，各家折扣期間分別從三天到五天不等，大多數為五天❹。

　　百貨界於春夏季慣用之「五二〇特賣」，已於八十一年五月間開始，由於此為公平交易法實施後第一次五二〇特賣，百貨業界首次出現打折步調不一致之情形，因此，並非所有之百貨公司都在同一天展開特賣活動，而且業者為避免違反公平交易法，在宣傳上多以春季或夏季商品特賣，以代替五二〇特賣，採取低調之處理方式。首先是來來百貨將五二〇折扣活動，提前於五月六日至十日之母親節檔期。永琦東急敦化店亦搶此折扣戰先機，而於五月十四日至十八日推出此項折扣活動，據其主

---

❷　陳智華，信用卡、百貨公司搭檔，聯合報，八十一年四月九日。

❸　陳智華，五二〇特賣，聯合報，八十一年五月十四日。

❹　黃淑儀，打破十年來五二〇慣例，經濟日報，八十一年四月十九日。

管表示，此次折扣活動，店內人潮不如預期中多，但比平常多四倍左右，消費者之購買慾也較往常強烈，由消費者提購物袋離開店內之情形看，幾乎大部份進入店內之消費者都會購物，而銷售金額也比往常多三、四倍；此外，永琦東急針對其顧客推出「來就送迷你望遠鏡」活動，也吸引不少人潮。就比較而言，人潮仍不如預期多，其主要原因為今年（八十一年）臺北市百貨公司未如往年同時舉辦折扣活動，活動聲勢比較弱；對消費者而言，有些消費者認為一次只能逛一、二家，選擇性少，所以懶得出門，另外則是各家百貨公司不是同時打折而係分散折扣時間，大可不必趕在此時購物，所以未如往常一樣，在折扣活動首日一窩蜂湧入百貨公司購物❸❺。

統領百貨則從五月二十日到二十四日舉辦為期五天之折扣活動。雖然先舉辦折扣活動之百貨同業，可能因此搶得市場先機，但所有消費行為都是持續性，且當地商圈商品都差不多，消費者可選擇自己方便之時間購物，選擇在後者，未必吃虧。

明曜在五月十六日至二十日之間舉辦折扣活動，以便促銷。此次百貨公司折扣時間分散，消費者可就自己允許而方便時間購物，時間甚長，從五月初到五月底，比較沒有購物之時間上壓力，而可充分到各百貨公司選擇商品。先施百貨原先考慮其商品風格與其他同業比較不同，而不擬跟進此項折扣活動，但是，因其男裝專櫃廠商和其他百貨公司之專櫃重疊較高，為避免獨漏折扣活動，而削弱消費者之好感，也以服飾八折或送贈品方式，舉行折扣活動。太平洋崇光百貨則在五月十六日至十八日舉行折扣活動，獨樹一格地只舉辦三天，以免長期折扣。

在百貨業進行五二〇折扣活動期間，公平會派人到各百貨公司實地瞭解抽查，以判斷是否涉及不實標價、不實廣告或聯合行為。五二〇折扣促銷活動，實施日期各有不同，是否仍屬公平交易法所稱之聯合行為，

❸❺　黃淑儀，五二〇促銷消費者仍然捧場，經濟日報，八十一年五月十五日。

殊值探討。另外百貨公司在換季期間，亦採行折扣促銷，為避免市場行情紊亂，相互約定在一定期間內進行換季拍賣，並約定折扣成數，是否合法，亦一併探討。

第一種看法為約定期間可以但約定價格不可以，由於有些產品如衣服等有季節性，為出清存貨及避免資金之積壓，而有換季大拍賣之必要，百貨公司之換季拍賣在商業上有其必要，且受消費者之歡迎。我國學者及公平會委員廖義男教授認為：

「1.服飾業及百貨公司之業者，對於換季折扣促銷期間及折扣成數加以約定，其作用有二：

⑴約束業者在所約定之期間之外，不得以『換季』為名義，而為折扣之促銷活動。

⑵約束業者在所約定之換季折扣促銷期間，不得就約定之最高折扣成數再為降低，避免競為降價，導致互相蝕本賤賣之結果。

就第一點作用而言，由於服飾業及百貨公司所銷售之商品有季節性（如夏服、冷氣機等適宜在夏天販賣，而在冬天則不適宜）， 因此在換季期間，為避免存貨積壓資金及佔據倉儲空間，必須為出清存貨而做價格打折之促銷活動。而此種換季之折扣促銷活動，深受消費者大眾之注意與歡迎，然如業者之換季折扣折銷期間不一致，業者各自任意選擇不特定時間進行所謂換季折扣促銷活動時，將使消費者難以辨識何者係真正為換季原因而折扣促銷，抑或僅假藉換季為名，誤導消費者為『必然折扣而便宜』之聯想，而遂其促銷之目的。故換季折扣促銷期間之統一，有助於防止欺罔消費者之不公平競爭行為之出現，並建立消費者對真正換季折扣促銷活動之信賴。從而業者為統一換季折扣促銷活動期間之約定，雖然因涉及價格競爭期間之共同決定，而屬一種公平交易法第七條所稱聯合行為，但同法第十四條所以禁止聯合行為，乃因其對正當之營業競爭行為加以限制，妨礙市場競爭機能之故，如若聯合行為之內容，

係在避免欺罔消費者，防止不公平競爭行為者，則其作用乃在確保市場上之公平競爭，即不應在禁止之列。故業者單純就換季折扣促銷『期間之統一』加以約定，不應認為違反公平交易法之規定。

就第二點作用而言，約束業者在換季促銷期間之折扣成數，實際上，係價格競爭之一種限制，乃破壞市場之競爭機能，即屬應受禁止之聯合行為。

2.業者就換季折扣促銷之『期間予以統一』之約定，依上述說明，既然並不違反公平交易法之規定，則該約定應屬有效，當事人若違反，除應負債務不履行之損害賠償責任外，其因提前為換季折扣之促銷活動而取得市場上競爭之優勢地位者，亦屬公平交易法第二十四條所稱『足以影響交易秩序之顯失公平之行為』，其他業者依同法第三十條及第三十一條，得請求該違約之業者停止其行為及賠償損害。至於其違反所約定折扣成數之行為部分，因折扣成數之約定，係屬禁止之聯合行為，並不生效力，故不能據以制止之。」❸❻

我國學者認為聯合約定統一打折日期，並不違反公平交易法，主要理由係基於消費者利益之維護；並進一步認為違反約定而提前打折並取得市場上競爭之優勢地位者，違反公平交易法第二十四條之概括條款。作者長期注意與觀察百貨業之聯合打折，在公平交易法實施初期，採此見解者，尚不多見。至於聯合約定折扣成數，是否當然破壞市場競爭機能，尚應審慎評估，畢竟其與聯合漲價之情況截然不同。德國法上折扣卡特爾(Rebattkartell)合法化之結果，可作為參考。

第二種看法認為約定期間及價格都不可以，其理由為約定折扣期間，就是限定其他時間不予折扣，如果業者不遵守約定折扣期間，正可促使市場早日恢復充分競爭狀態。因此，百貨業者如約定在特定期間內打折，

---

❸❻　廖義男教授，服飾業及百貨公司之換季折扣促銷，工商時報八十年八月十九日第三版。

或輪流排定於某一期間內一家或數家打折，其他家不打折，或其他約定打折期間及方式等，均屬公平交易法所禁止之聯合行為❸。

㈡本文見解及建議

本文認為，若單從公平交易法第十四條之規定觀察，百貨公司聯合約定打折期間、折扣成數或價格，其要件業已具備，則法律條文所規定之形式要件既已具備，自屬構成聯合行為，若採此種見解，公平交易法第十四條之條文結構，尚應審慎研究。吾人觀察先進國家在執行反托拉斯法之經驗，從早期當然違法(illegal per se)之原則，到深思熟慮後之「合理原則」(Rule of Reason)，有許多廠商不幸成為反托拉斯法之實驗品，為避免此種錯誤執行反托拉斯法之事件重演，深入瞭解該產業之特性及

---

❸ 宋宗信，百貨業約定折扣促銷，經濟日報，八十一年五月七日，其報導內容為：

「公平交易委員會昨（六）日決議，百貨業的聯合折扣促銷活動，如果是以相互約定打折期間等方式，限制事業的活動，而足以影響市場的競爭，即屬聯合行為的一種，應受公交法規範。

公交會主任委員王志剛表示，百貨業的折扣促銷活動，雖有助於消費及交易活絡，但業者之間如果是以合意方式，達到聯合折扣促銷目的，即違反公交法。

公交會主任秘書呂芳慶也表示，百貨業者聯合折扣促銷的約定，如果是以繳交保證金或訂立契約方式，來相互約束聯合折扣促銷的行銷，即為公交法禁止的聯合行為。

王志剛說，百貨業者是否違反聯合規定，公交會將蒐集證據來加以認定。他說，一般人以為證據不易掌握，事實上，百貨業的相關客戶及廠商，都會主動提供證據。

公交會決議指出，百貨業者如約定在特定期間內聯合打折；或輪流排定於某一期間內一家或數家打折，其他家不打折；或其他約定打折期間及方式等，都屬公交法所禁止的聯合行為。」

公平交易法之真諦，以確保競爭之自由及公平，則有其必要。若認為所有聯合行為均屬不可而全盤禁止，此種執行措施，即係一種阻擾競爭之行為而造成顯失公平——一種執法不妥所造成之不公平！

依公平交易法第七條之規定，所謂聯合行為，係指事業以契約、協議或其他方式之合意，與有競爭關係之他事業共同決定商品或服務之價格，或限制數量、技術、產品、設備、交易對象、交易地區等，相互約束事業活動之行為而言。所謂相互約束事業活動之行為，係指足以影響生產、商品交易或服務供需之市場關係，致妨害市場功能之行為，此種影響生產或市場關係(Die Erzeugung oder die Marktverhältnisse zu be-einflussen)，亦係德國競爭限制對抗法(Gesetz gegen Wettbewerbsbe-schränkungen)第一條所明文規定❸。因此競爭法所要禁止的乃是，危害競爭者之事業活動或危害交易相對人選擇自由，或危害消費者利益之聯合行為，對於根本不影響市場關係致妨害市場功能之聯合行為，如果也加以禁止，實非競爭法之本意！百貨公司聯合約定打折之成數，係將同業間銷售產品之價格固定在同一水準，相當於統一價格之聯合行為，無異限制同業競爭者自行決定價格之自由，但此種聯合降價畢竟與聯合漲價有所不同，若其降價係屬真實，且對生產行銷過程及消費者之利益無

---

❸ §1 GWB lautet:

"(1) Verträge, die Unternehmen order Vereinigungen von Unternehmen zu einem gemeinsamen Zweck schließen und Beschlüße von Vereinigungen von Unternehmen sind unwirksam, soweit sie geeignet sind, die Erzeugung oder die Marktverhältnisse für den Verkehr mit Waren oder gewerblichen Leistungen durch Beschränkung des Wettbewerbs zu beeinflussen. Dies gilt nicht, soweit in diesem Gesetz etwas anderes bestimmt ist.

(2) Als Beschluß einer Vereinigung von Unternehmen gilt auch der Beschluß der Mitgliederversammlung einer juristischen Person, soweit ihre Mitglieder Unternehmen sind."

害 (Keine schädliche Wirkungen für den Ablauf von Erzeugung oder Handel oder für die angemessene Versorgung der Verbraucher)，即不當然影響市場關係致妨害市場功能。此外，夏季或冬季換季大拍賣之期間，在德國係依法令統一規定。德國不正競爭防止法第九條即明文規定，對於因消費季節之轉變而普遍許可之銷售活動，得由帝國經濟部長或其指定之機關為之 ❸ 。基此規定，德國夏季與冬季結束銷售辦法(Verordnung über Sommer- und Winterschlußverkäufe)，即明定換季拍賣之期間為十二天，日期分別開始於每年一月之最後一個星期一，及每年七月之最後一個星期一，此乃基於法令對於換季拍賣期間之統一規定 ❹ 。若在每年統一期間內進行換季大拍賣，有助於消費者信賴感之建立，減少判斷換季拍賣之真偽，對於百貨業者可出清存貨獲取現金，對於消費者可期待真正換季拍賣之來臨而購得價廉物美之商品。果真如此，德國

❸ §9 UWG lautet:

"Die Vorschriften der §§7a, 7b und 8 finden keine Anwendung auf Verkäufe, die auf Grund allgemeiner Zulassung um die Wende eines Verbrauchsabschnitts stattfinden. Die Zulassung kann durch den Reichswirtschaftsminister oder eine von ihm bestimmte Stelle erfolgen. Dabei kann Bestimmung über Zahl, Zeit und Dauer dieser Verkäufe, über die Art ihrer Ankündigung und über die Waren getroffen werden, die darin einbezogen werden dürfen. Auch kann das Vor- und Nachschieben von Waren(§8 Nr. 1) für diese Verkäufe verboten oder beschränkt werden. Macht der Reichswirtschaftsminister oder die von ihm bestimmte Stelle von dieser Ermächtigung keinen Gebrauch, so kann die höhere Verwaltungsbehörde nach Anhörung der zuständigen amtlichen Berufsvertretungen von Handel, Handwerk und Industrie die Zulassung aussprechen und die näheren Bestimmungen treffen."

❹ 徐火明，論不正競爭防止法及其在我國之法典化，中興法學第二十一期，七十四年三月，第三二五頁。

經驗或可引為參考，聯合打折之可能性，徘徊在當然違法與合理原則之間，恐怕還必須仰賴業者去面對挑戰！一如德國聯邦工業總會之長期奮鬥！

肆、結　論

　　公平交易法實施之前，虛偽不實或引人錯誤之廣告或表示，甚難受到法律之規範，許多欺騙或不實之廣告即不斷危害工商業之競爭秩序及消費者之利益。不實廣告之禁止，將是主管機關非常重要之任務，如果執行妥當，其效果將是立竿見影。公平交易委員會成立之後，其於八十一年二月十二日處理之第一件案例，即係「92超級汽機車摩登用品展」之廣告，並命該廠商予以改正。公平會於八十一年四月十日處理之第二件案例，亦係關於「西安秦始皇兵馬俑世界巡迴展」引人錯誤之廣告，即命被處分人如無舉辦世界巡迴展之具體計劃或行動，應將廣告標題及內容改正為不致引人誤為「世界巡迴展」，　同時應於廣告宣傳資料中及售票處所明顯表示所展兵馬俑是否為縮小仿製品，及中國古青銅器系列文物係現代科技產品。在商業社會中，不實廣告之案件成千上萬，百貨業利用廣告促銷產品之次數，亦非常之多，廠商或廣告業者亦應採取「廣告自律」之運動，以維持良好之競爭秩序，此種具體表現，即係公平交易法之潛在效果。

　　本文作者蒙立法院之邀，參與公平交易法聽證會時，曾提建議第二十一條規定如後：「事業不得在商品或廣告上，或以其他使公眾得知之方法，對於商品價格、數量、品質、內容、製造方法、用途、原產地、製造者、製造地、加工者、加工地或其他營業狀況為虛偽不實或引人錯誤之表示。前項規定，於服務業準用之」，　詳見立法院經濟委員會於七十六年九月編印之「審查公平交易法草案參考資料」第三百四十二頁。其中，於服務業準用之規定，業經採納，但關於「其他營業狀況」之概括規定，則仍有在立法時明文規定之必要，以免千變萬化之廣告中有掛一漏萬之情況，未來修法時，仍應予以納入，始較周延。另外，競爭法

關於虛偽廣告之規定，德國學說主流認為同時保護競爭者，其他市場參與者及消費者，我國公平交易法關於廣告之規定，自應認為同時保護消費者。論者或謂，消費者之保護，只是反射利益，恐係少數見解。一般消費者，若未受有損害，自無從請求賠償，若該消費者同時亦係受害人時，其以受害人身份請求損害賠償，應無不可，作者此種觀念，尚待發揚，惟願特別提出，尚請高明指正。

百貨公司通常並不自己生產製造產品，而僅係就他人產製之產品予以販賣，因此，百貨公司並不直接製造仿冒品，但是，其販賣仿冒品之機率卻非常之高。依據公平交易法第二十條及第三十五條之規定，百貨公司故意販賣仿冒品，最高可處三年以下有期徒刑，其刑罰不可謂不重，真如草木皆兵！立法者將直接侵害之製造商與間接侵害之販賣商科以相同刑罰，顯然與專利法、商標法及著作權法之規定不符，宜重新斟酌考慮，並分別規定刑罰，單純販賣或意圖販賣而陳列者，均應予以處罰，但其刑度宜較輕。百貨公司銷售之產品成千上萬，對於何種產品係仿冒品，實在無法一一查證，尤其牽涉專利、商標、著作權或第四種仿冒之問題，但是，就百貨業者而言，對於銷售產品之來源加以過濾，則有其必要，若知其係仿冒品，則應停止販賣，並隨時注意公平交易委員會之處分決定或報紙有關仿冒品之警告啟事，以斷定是否為仿冒品，以免誤蹈法網。

依公平交易法第二十條之規定，仿冒相關大眾所共知之公司名稱或商號，應受處罰。若以相關大眾所共知之百貨公司名稱，申請依商業登記法在高雄設立商號如來來服飾精品店或明曜百貨行，依商業登記法第三十條規定，商業在同一縣(市)，不得使用相同或類似於他人已登記之商號名稱，則可能獲准登記。此際，是否仍依公平交易法第二十條之規定處罰，不無疑問。依刑法第二十一條之規定，依法令之行為不罰，申請人依商業登記法之規定取得商號名稱，自屬依法令之行為，應不予處

罰，始較妥適。惟對於公司名稱或商號名稱，在公司法、商業登記法及公平交易法之間所造成之衝突，現行法律尚應全面調整，妥為規劃，賦予利害關係人請求變更登記，如仍不申請變更登記，始加以處罰，而使公平交易法第二十條之規定落實，其具體條文已於本文中敘述之。

各百貨公司大都發行禮券，有些以現金購得，有些因贈送獲得，持禮券前往購物，尚難認為與公平交易法有抵觸之處。惟有些大型購物中心，限制購買人之身份，即必須具一定資格如附上公司執照影本等證件，始得申請購買證，再憑購買證件，始得進入購貨，在我國現行公平交易法尚無明確規範，其應否規範以及如何規範，尚待進一步評估。

進口商品之價格，確有偏高之情事，從業者而言，為塑造品牌形象，確有高訂價策略，如臺北一家以進口服飾為主力之百貨公司，從德國進口之品牌服飾，訂價是進口成本之八倍，此種價格固然在七十八年經濟繁榮時期有人買得起，不過隨景氣衰退，只好以常態性打折吸引消費者。代理商之壟斷，亦被認為係物價高昂原因之一，公平交易委員會於八十一年四月二十二日作成決議，肯定真品平行輸入之合法性，在學理上係屬正確，值得讚揚，因為平行輸入之商業行為可促進競爭，避免代理商壟斷獲得暴利，而發揮保護消費者之功能，如大型百貨公司於隨後即投入水貨市場，代理商雖然不願水貨在市場上同時並存，卻不敢以強硬態度對付零售商。目前部份零售商尚能遵循代理商之建議，以陳列架上明白將公司貨與水貨標示出來。若部份零售業者，對於進口之低價水貨促銷時，在海報或廣告上使人誤認為代理商所進口之產品，則為引人錯誤之廣告或表示，仍應受公平交易法之規範。

百貨公司專櫃之經營方式，頗為複雜，而不能僅憑外觀去判斷。公平會裁定五家化妝品業者限制轉售價格，違反公平交易法後，使化妝品價格過高之問題，表露無遺。百貨公司為爭取高額利潤，採取「買斷式」之進貨專櫃經營化妝品，在廠商導向局勢下，也不敢貿然打破代理商價

格行情，在全面促銷檔中，化妝品也頂多打到九折，或以贈品方式配合。百貨業人士指出，雖然公平會已經裁定處分，但是化妝品廠商導向之局面依舊，業者也不敢不尊重代理商，但以後之促銷檔中，勢必會打破九折底限，如於八十一年八月下旬即有多家著名進口化妝品代理商主動向公平會透露降價訊息。由此可知，公平交易法之實施，能使價格漸趨合理。

　　消費者想要買比較便宜之物品，還是要在百貨公司打折期間，一般服裝折扣從八折起，超市打九折。百貨公司自行打折降價求售，自無違反公平交易法。在八十一年五二〇折扣活動期間，公平交易委員會認為百貨業者大都能遵守公平交易法之規定，未查獲具體違法情事，對此現象感到十分滿意。在公平法實施之前，百貨業者也已打破行之多年之百貨綜合小組協議，對於繳交保證金之約定也已廢除，在在顯示百貨業者對於公平交易法小心因應。百貨公司間屬於同行，具有競爭關係，基於共同目的，而以契約、協定或其他方式之合意，約定聯合打折，尤其約定打折之期間及折扣之成數，在「當然違法」之原則下，即屬公平交易法所禁止之聯合行為。可是，如果基於「合理原則」，其是否影響市場關係致妨害市場功能，則尚應就具體經濟環境詳細評估。聯合打折，在「當然違法」與「合理原則」之間徘徊時，恐怕得像德國聯邦工業總會一樣，長期奮鬥，才能迎向光明！

第五篇　公平交易法
與仿冒問題之探討

壹、公平交易法之立法原則

　　我國為維護營業競爭的秩序與保護消費者的利益，目前正積極研擬公平交易法，這部法律的內容，除了反托拉斯法的部份外，還包括「不公平競爭法」的部份，本文僅就後者的立法原則，提供淺見。

　　商業上不正當競爭行為，其型態繁多，無從一一列舉，因此，德國一九〇九年的不正競爭防止法第一條即明白規定了「概括條款」的原則，以彌補一八九六年不正競爭制止法的不足，成為主宰競爭法的核心條款。據瞭解，我國公平交易法對於商業上不正當競爭行為予以列舉規定，固屬明確，惟其他型態的不正競爭行為，因隨著社會的演進而不斷推陳出新，為了有效規範此種未能列舉的不正當競爭行為，「概括條款」的立法原則，自有其必要，而且是非常高明的立法技巧。不過，此種「概括條款」，尚有賴法官發揮造法的功夫。德意志民族擅長法治，德國法學界將概括條款的適用與功能充分發揮，而綻開燦爛的花朵。

　　關於廠商不得就營業關係為「引人錯誤」的「表示」或為引人錯誤的廣告，如果對於為引人錯誤的表示或廣告的營業主體，處以罰鍰，固然是管理「引人錯誤」廣告的方法，但是，面對每天排山倒海而來的商業廣告或「表示」，主管機關如何一一查證？以及「引人錯誤」的界定或判斷標準為何？此等問題將會帶給主管機關相當的困擾。商品標示法

中本也有管理廣告的明文規定，不過僅係聊備一格而已。主管機關對商品標示的管理，猶有不週，對於五花八門色彩繽紛的廣告，又如何能有效管理？為此，如果能夠在公平交易法中，將制止引人錯誤廣告的責任，透過立法巧妙地轉嫁與同業競爭者，消費者協會，或以促進營業利益為目的之團體，並賦予彼等不作為請求權或損害賠償請求權，應該是比較妥當的立法方式。

廠商在廢棄全部的營業，或廢棄分公司的營業，或廢棄特定種類商品的營業時，才可以對消費大眾為結業拍賣的宣傳。廠商為清倉的目的而銷售商品時，才可以為清倉拍賣的宣傳。對於結業拍賣及清倉拍賣的原因、申請、時間、地點等似應予以原則性的規定，再授權主管機關詳細規定，以避免廠商破壞商業上的誠實習慣及欺騙消費者，而獲取非法利潤。

我國對於換季拍賣的法令規範，直至目前為止，尚未見之。臺北市各大百貨公司固得任意因季節的轉變而大力促銷商品，惟部份業者不因季節的轉換，而提前或延期換季拍賣，已經擾亂營業競爭秩序，甚至影響消費者的利益。為此，似有必要參酌德國不正競爭防止法第九條及一九五○年頒布的夏季與冬季拍賣辦法，以便有效規範我國日漸混亂的換季拍賣。

妥適的公平交易法，將能有效地規範商業上的競爭秩序，同時，消費者的利益，亦將獲得確實的保障。

（本文曾發表於七十四年一月六日民生報第三版民生論壇）

貳、反托拉斯法與不正競爭防止
　合併立法之商榷

　　我國擬議中的公平交易法具有兩大部分，即反托拉斯法與不正競爭防止法，將時代背景截然不同的兩種法域，採取合併立法之方式，畢其功於一役，構想甚佳，惟是否妥適，尚應審慎斟酌。

　　就立法制度而言，美國禁止不公平競爭之條款，散見於商標法或聯邦貿易委員會法，至於反托拉斯法則指休爾曼法(Sherman Act)及克來登法(Clayton Act)等，而無合併立法之制度。德國日本之反托拉斯法與不正競爭防止法皆分別立法，德國甚至早在一八九六年即有非常進步之不正競爭防止法——這恐怕是全世界最早的不正競爭防止法——經過漫長之六十多年，始於一九五七年七月二十七日公布反托拉斯法，因此，二種法律之時代背景不同，根本無合併立法之可言，其中歷經兩次大戰，德國人並於戰後造成經濟奇蹟，其經濟發展之情況，與我國相較有過之而無不及。我國為維護營業競爭秩序，吸取德國立法經驗而制定公平交易法，殊值喝采。然而合併立法之方式，是否影響不正競爭防止法之早日誕生，卻令人擔憂。

　　就立法目的而言，不正競爭防止法在確保競爭之「正當」，屬於工業財產權法之領域，並以概括條款、引人錯誤之廣告、銷售活動、營業誹謗、企業標誌、營業祕密之洩露等為規範之內容；至於反托拉斯法在維持競爭之「自由」，並以壟斷、杯葛、差別待遇、拒絕入會、搭售、專利授權、控制市場之企業及企業之結合為規範之內容，牽涉之層面相當廣泛，尚須設立公平交易委員會負責之。反托拉斯法之制定，即使在工業國家亦茲事體大耗時冗長，以法治號稱於世之德國，研擬需時八年，而不正競爭防止法卻非如此艱難，若因反托拉斯法之遙遙無期而延宕不

正競爭防止法之制定，將使道高一尺魔高一丈之仿冒糾紛及其他不正競爭行為，由於法律之缺失而無法有效杜絕，任誠實廠商之利益遭受侵害，豈非與立法原意背道而馳？

就立法時機而言，在朝野全力制止仿冒之際，不正競爭防止法之制定，適足以作為打擊仿冒及制止不正競爭行為之有效武器，對誠實合法廠商而言，此法之早日誕生，勢將「普天同慶」——因為，誰也不願意自己流血流汗得來之麵包，被別人以偷天換日之方式騙去！至於反托拉斯法之立法，吾人亦深表贊同，惟預料尚有幾番激戰，是否長夜漫漫，不得而知，若因此而延誤不正競爭防止法之誕生，誠非早日制止不正競爭行為之良法美意，即使是，亦屬緩不濟急。

綜上論述，公平交易法之制定，有其必要，惟若將不正競爭防止法之部分從公平交易法中分開，採取不正競爭防止法獨立之立法方式，或許更加理想與迫切！

（本文曾發表於七十三年六月十五日聯合報第二版）

參、論我國亟應制定不正競爭防止法

　　在經濟高度發展之國家如美國、德國和日本，對工業財產權之保護均屬週密而完善，所謂工業財產權，依巴黎保護工業財產權公約(Pariser Verbandsübereinkunft zum Schutz des gewerblichen Eigentums) 之規定，除發明、新型、新式樣、商標、服務標章、商業名稱、來源標示或產地標示外，尚包括不正競爭之防止。我國已由過去之農業社會逐漸邁向新興工業國家之道路，當此轉型時期，大量侵害專利仿冒商標之商品充斥於國際市場，引起各國之抗議，使原本獨立之法律事件演變為影響外貿信譽之政治性事件，而使拓展外交與開拓市場受到嚴重妨礙，因此，分析我國現行專利法商標法之缺失，並提出改善之道，以及協助工商企業界對工業財產權法之認識，應為當務之急。我國專利法商標法，雖非週密完善，但至少已經存在，至於有關不正競爭防止之法律規範，則付諸闕如，而在我國工商界形成一種「競爭而無規則」之局面。

　　自從法國大革命之後，營業自由之思想逐漸興起，惟當時尚未產生不正競爭之理論，直至一八九六年德國頒布第一部之不正競爭制止法，得有效制止虛偽不實之廣告，但尚非完善，而於一九〇九年六月七日頒布第二部之不正競爭防止法，其第一條即係非常著名之概括條款，法學界也不斷地就概括條款之功用予以發揮，使競爭法在德國社會綻開燦爛之花朵，而在我國，不正營業競爭行為日日發生，如虛偽不實或引人錯誤之廣告，幾至氾濫程度，至於偽標產地或來源，濫用企業標誌，營業上之中傷或誹謗，詆毀他人之產品，販賣商情或洩漏營業機密，商業間諜，不正宣傳推銷或折扣戰等等不正當競爭行為，層出不窮，嚴重擾亂商業競爭秩序，因此，我國制定不正競爭防止法有其必要性。經濟部正積極研擬「不正競爭防止法草案」， 以健全交易秩序，因此本文擬就不

正競爭防止法所應規範之內容，與應如何規範及相關問題，參酌外國競爭法之學說與判決予以分析論述，或可供參考。

世界各國基於十九世紀之經驗，深感經濟問題不能適當解決，足以導致社會問題之叢生，而妨礙國家之生存與發展，欲求國家之生存與發展，尤須有適當之經濟政策，並明文規定於憲法中，憲法之經濟化，為二十世紀最明顯之趨勢，其開始於一九一九年之德國威瑪憲法，而後義大利、巴西諸國憲法均設有專章，我國憲法亦然。國民生產事業及對外貿易，應受國家之獎勵指導與保護，以及私營事業，有妨害國計民生之均衡發展者，應以法律限制之，任何不正之營業競爭行為皆足以破壞商業秩序，而不正競爭在我國已至猖獗程度，經濟部決定將公平交易法之草擬作業，依精神之不同一分為二——公平交易法與不正競爭防止法，此種立法措施，係非常理智而迫切，其實，公平交易法與不正競爭防止法本來就沒有合而為一之必要！因其精神與工商發展之時代背景均屬不同；德國於一八九六年頒布不正競爭制止法，在六十年之後，才有競爭限制對抗法(Gesetz gegen Wettbewerbsbeschränkungen)之誕生，我國公平交易法即相當於此法，外國工商發展之時代背景與立法過程，較我國有過之而無不及，惟外國之立法經驗不一定適合我國，然不正競爭防止法之制定，已不容許再拖延觀望或遲疑。

營業主體為增進產品之銷售量，而在營業交易中不斷地為各種競爭行為，其行為之態樣千變萬化，其中違背效能競爭原則之行為，即應受競爭法規範而禁止之，因此，不正競爭防止法除保護營業主體及營業競爭者外，尚保護消費大眾之利益，我國擬制定之不正競爭防止法即應建立在保護雙重利益之基礎上，並就下列事項予以規範：

一、概括條款

欲以抽象之法條涵蓋各式各樣變化多端之競爭行為，有其困難，德

國一八九六年不正競爭制止法即具有此種缺失，而在一九〇九年之不正
競爭防止法乃規定著名之概括條款，以善良風俗之概念，作為法官判斷
競爭行為正當與否之標準，此種立法經驗，或可供參考，並斟酌我國國
情，似可於不正競爭防止法第一條作如下之規定：

「於營業交易中，以競爭為目的而從事有背於善良風俗之行為者，
得請求其排除之。」

行為人除自然人外尚包括法人，惟其行為必限於競爭行為，而與民
法上之保護不同。至於判斷競爭行為是否背於善良風俗，常須考量一般
理性而公正營業主體之觀點，如涉及大眾之利益時，亦須斟酌大眾之見
解。為使善良風俗之概念益加明確，似可於不正競爭防止法第二條如此
規定：

「營業競爭行為，有下列情事之一者，即違背善良風俗：

一、不正當招攬顧客

以誤導、強制、煩擾、利誘、投機射倖、濫用權威或引發同情心等
方式，使顧客陷於不能本於事物而為正常之交易決定者。

二、不正當阻礙營業競爭

以意圖消滅競爭者而為之低價傾銷、杯葛、差別待遇、人身攻擊、
不正之比較宣傳或大量贈送等方法，而阻礙競爭者之營業活動者。

三、不正當榨取他人之成果或聲譽

以足以引人混淆之模仿，依附他人之廣告或惡意延攬他人之員工等
方法，而榨取他人之成果或聲譽者。

四、違反法規或約定

以違反稅法、價格管制法、勞工法或其他法規，或破壞約定以圖降
低價格或成本，而獲取競爭上之優勢地位者。」

上述規定係就不正當競爭行為而有背於善良風俗之重要部份，予以
列舉而系統化，非德國不正競爭防止法之條文內容，卻是將德國帝國法

院與聯邦最高法院判決之經驗，予以吸收消化之結果。

二、引人錯誤或虛偽不實之廣告

廣告在我國經濟發展過程中，擔任非常重要之角色，但廣告虛偽不實或引人錯誤，已至非常嚴重之程度，甚至成為犯罪之媒介，不正競爭防止法之頒布，將能提供「乾淨而真實」的廣告，惟廣告是否引人錯誤，應由法院判斷，比行政機關管制及處以罰鍰，較為妥適與有效，因此，似可規定如下：

第三條：「於營業交易中，以競爭為目的而就所提供商品或服務之性質、產地、製造方法、價目表、價格計算、進貨來源或方法、存貨數量、所得獎賞、銷售之動機或目的等營業關係為引人錯誤之陳述者，得請求其排除之。」

第四條：「在大眾傳播之廣告媒體，就營業關係為虛偽不實之陳述，而影響契約之訂定者，處二年以下有期徒刑或科以罰金。」

「故意或過失為引人錯誤或虛偽不實之廣告，致在競爭中而受不利益之營業主體，得請求損害賠償。廣告媒體業或廣告代理業，僅於明知其所宣播登載或設計之廣告引人錯誤或虛偽不實時，始與廣告主負連帶損害賠償責任」，亦應於有關部份明文規定，此乃牽涉到立法技術問題。

三、企業標誌

仿冒商標，為商標法所禁止，而仿冒企業標誌，則非商標法所能規範，故制定不正競爭防止法時，似可規定：「於營業交易中，以足以與他人之姓名、商號、營利事業之特別標誌或印刷物之名稱構成混淆之方法使用者，得請求排除之。使用人明知或應知其使用足以構成混淆時，應對受害人負損害賠償責任。其他為區別自己與他人之營業而為之設置，於具有交易聲價時，其保護與營利事業之特別標誌同。」

四、商業間諜與販賣商情

販賣商情機密資料之不肖商人曾寫信給經濟部長，表示願意半價出售，此無異正面向有關機關提出挑戰，為防止商業間諜猖獗，似可如此規定：「受僱人因職務關係而知悉之營業祕密，基於競爭之目的或私利，或意圖損害營業之所有人而洩漏者，處三年以下有期徒刑或科以罰金。以違反法律或背於善良風俗之法，或從前項受僱人收受營業祕密者，基於競爭之目的或私利而無權利使用該祕密，或洩漏與他人者，處三年以下有期徒刑或科以罰金。」

綜上所述之競爭行為均係我國營業中屢屢發生，而無法律規範之不正競爭，此外，如營業誹謗，營業中傷，受僱人之賄賂，不正當之推銷，攤販之不正競爭等等，均應受競爭法規範，礙於篇幅，未克一一論述。

固然，我國工商界出現不少病態，但在公平競爭之原則下，原會引起優勝劣敗之淘汰，此其時，政府之功能在提供公平競爭之經濟法治社會，不正競爭防止法之制定，即係向經濟法治社會向前邁進之指標。

（本文曾發表於七十二年十月八日中國時報第二版）

肆、創建自由與公平的經濟秩序
——公平交易法草案之商榷

我國經濟發展日漸昌盛，而經濟秩序卻日漸雜亂，值此關鍵時刻，亟應找出一條合理可行的途徑，創建自由與公平的經濟秩序。而經濟部積極草擬中的公平交易法，就是健全我國經濟法制一項重大的努力。

一、公平交易法之立法宗旨

我國公平交易法草案，採取反托拉斯法與不正競爭防止法合併立法之方式。反托拉斯法與不正競爭防止法之目的，在促進自由與公平之競爭，及確保消費者之利益，筆者建議將消費者利益之保護，亦明定為該法第一條之立法目的，以避免法案之缺漏。

經濟部決定加速完成公平交易法，作為禁止聯合壟斷之法律依據。經濟部政務次長李模並指示商業司及法規會等單位，立刻著手起草施行細則、公平交易委員會組織規程及辦事細則、多層次傳銷管理辦法，顯見我國建立公平交易法制之決心。

有人認為，我國公平交易法制定之時機尚未成熟，姑不論世界上許多經濟發展與我國相當者或遠較我國為落後之國家，均已先後制定反托拉斯法，僅就我國現況而言，過去數年來，水泥業、玻璃業、免洗餐具原料製造業、煉焦業、砂石業、預拌混凝土業、鋼鐵業、家電業、洗車業等透過公會協調或以繳交保證金方式實施計劃產銷，或籌組聯營代銷公司，或聯合擡高產品售價，而妨礙市場之自由競爭及影響國內物價之安定，即不難察知聯合壟斷之行為，亦已層出不窮。有關機關或民間機構如能就獨占壟斷之實際情形，予以調查統計分析，或更具說服力。在

大力推動經濟自由化之今日，公平交易法之制度，亦能使經濟自由化之理想，獲得堅固之法律基礎。至於降低關稅、開放進口或解除設廠限制等經濟措施，固能使經濟自由化之政策獲得實現，惟其採行之時機與原因，頗為複雜，尚非一蹴可幾。即獲採行，國外廠商挾其雄厚資本與優良品質，以低價傾銷或聯合壟斷等方式，打擊國內中小企業或剛剛成長之工業，而挫傷我國經濟之發展。因此，及早制定公平交易法，有助於國內廠商對抗外來廠商的壟斷行為。

二、美日兩國均採禁止主義

美國之反托拉斯法，係由休爾曼法、克來登法及聯邦貿易委員會法 (Federal Trade Commission Act)所構成。依一八九〇年休爾曼法第二條規定，就數州間或其與外國間之貿易或商業，為一部之獨占，或意圖為一部之獨占，或與他人聯合或共謀為一部之獨占者，應負輕罪之刑責，由法院裁判處一年以下有期徒刑，或科或併科五萬元以下罰金。違反休爾曼法者，除應受刑事制裁外，尚應負擔至多三倍之賠償。由於休爾曼法之內容過於籠統，以及為成立專責機構行使監督權限，美國國會乃於一九一四年通過克來登法及聯邦貿易委員會法。

日本於一九四七年制定「禁止私人獨占及確保公平交易法」，以防止財閥之形成，而維持經濟民主之秩序，同時亦是聯合國占領軍之要求。依日本獨占禁止法之規定，事業人，不得以獨占或不公平之方法，限制交易。所謂獨占，係指事業人單獨或與其他事業人以聯合、共謀或其他方法，排除或支配其他事業人之事業活動，而其行為係違反公共利益，致對一定範圍內交易之競爭予以實質之限制者而言。以獨占之方法限制交易者，處三年以下有期徒刑或五十萬元以下罰金，其後修改法律時亦加重罰金數額，並增設法人代表之刑事責任。美國與日本之法律，對於獨占之監督，皆採取禁止主義，並以刑事責任作為制裁之手段。

三、我宜採納例外許可原則

　　德國一九五七年之競爭限制對抗法，對於卡特爾 (Kartell) 係採取一般禁止之原則而保留若干許可之例外。企業或企業團體，基於共同之目的，以限制競爭之方法，對生產或商品、勞務交易之市場關係，予以影響者，其所締結之契約或企業團體之決議，不生效力。違反本法規定，得科一百萬馬克以下之罰鍰，或因違反行為所得不當利益三倍以下之罰鍰。德國法律以行政法上之罰鍰，作為制裁之手段，較美日之刑事責任為溫和。因為刑罰處分，過於尖銳，不宜動輒採行，我國公平交易法草案中，對於極為複雜之獨占行為，在未為詳細瞭解評估美日採用刑罰科刑的實務以前，似應審慎考慮是否適宜賦予對經濟法律非常陌生之法官科刑之權。

　　各國反托拉斯法對於聯合壟斷之行為，均予以禁止，惟對於整體經濟有利之聯合行為，仍例外予以許可，則為德國立法例所採。依我國公平交易法草案之規定，統一規格或型式之聯合、合理化之聯合、專業化之聯合、輸出聯合、輸入聯合、不景氣之聯合或中小企業之聯合對於整體經濟有益者，中央主管機關得依企業之申請許可之，此種原則禁止例外許可之立法對策，比較符合我國經濟發展之現況，應予採納。

四、企業合併應該循序漸進

　　企業之合併，得以擴大其經營規模，增強其競爭能力，我國鼓勵中小企業合併，以利國際競爭。惟自另外一面觀之，企業之合併，容易形成經濟力量之集中，而產生獨占之弊病。因此，各國反托拉斯法，對於企業之合併均予明文規定，惟因各國經濟體制與社會情況之不同，對於企業合併之法律規範，亦有所不同。美國克來登法第七條採取禁止之原則；英國一九六五年之獨占及合併法採取防弊主義；德國一九八〇年之

營業競爭限制對抗法採取折衷主義，即企業合併將產生或加強控制市場之地位者，聯邦卡特爾廳應禁止之，但參與合併之企業，能證明其合併有助於競爭條件之改善，但此種改善超過控制市場之不利益者，仍得合併。此外，並增訂企業合併計畫之申報規定。我國公平交易法草案規定企業結合時，參與結合之企業或企業結合後，其市場占有率、資產總額或銷售金額達到一定標準者，應向中央主管機關申請許可。日本或瑞典對於獨占之狀態或企業結合之調查，有非常嚴謹之實證分析。我國對於企業市場占有率究竟應達多少始受規範之立法，似不應僅憑約略估計而推定之。我國目前企業規模普遍不夠強壯，產業結構過於分散，企業之合併，或可達成經濟上之效益，則我國首創公平交易法律規範之初，似應採取循序漸進低度立法之原則，以免錯誤地執行反托拉斯法而阻礙企業之正常發展。

我國公平交易法草案第三十六、三十七兩條分別規定：「企業或其他從事交易之人，故意或過失違反本法之規定，致損害他人權益者，應負損害賠償責任；法院因被害人之請求，得依侵害情節，酌定損害額以上之賠償，但不得超過已證明損害額之三倍」，此種規定，與「有損害斯有賠償無損害則無賠償」之法理迥異，殊值注意。

五、多倍賠償制度值得商榷

侵害人鑑於多倍賠償之嚴厲，必不敢輕易為侵害之行為；受害人在多倍賠償制度下，容易興訟以保護其權利。由此可知，多倍賠償制度的優點是容易達成法律所欲實現之目的。但是此種多倍賠償驟然移植於我國公平交易法中是否妥適，殊值商榷。然多倍賠償制度，使得賠償額與實際損害賠償無等價之關係，受害人反而因此可冠冕堂皇地獲得超額的不正利益，難免形成濫訴之情形，亦已倍受批評。日本禁止獨占之法律，幾乎全受美國反托拉斯法之影響。卻未聞日本法中採納美國克來登法有

關三倍賠償之規定。引進西洋法制之長處，吾人深表贊同，惟引進多倍賠償制度之過程中，其背景、意義、功效、實際運用情形及中外人民法治素養之差異，似應詳加分析比較，否則貿然移植，而由於公平交易法之艱深及執法人材之欠缺，其所產生之負面影響可能接踵而至，而不能真正發揮此種制度之優點。如因法律制定之不妥，而喪失人民對法律之信心或妨礙經濟之發展，亦非立法者之所願。欲避免受害人舉證困難而獲得實際賠償，建議吸取日本經驗，於公平交易法中採取無過失賠償制度，似較妥當與進步。

（本文曾發表於七十四年十月一日聯合報第二版）

伍、維護經濟紀律制止虛偽廣告

廣告，係指營業主體利用報紙、雜誌、傳單、廣播、電視或電影等大眾傳播工具向消費大眾介紹宣傳其產品或服務，以引起其購買或利用之行為而言，其方式不限於言詞，即以書面、圖畫或音樂等方式表現，亦屬之。根據統計，臺灣地區去年廣告總支出為一百七十三億元，其中以醫藥類所占比例最高，顯見廣告在自由競爭之制度中，已成為企業之玻璃櫥窗，而且，正以千鈞萬馬之影響力刺激各行各業之購買人。藉著真實之廣告，消費大眾得以瞭解商品或服務之性質、種類或用途，然而不少廠商動輒耗資千萬，傳播錯誤之訊息，欺矇消費者，甚至破壞經濟紀律，其因在現行管理或制止虛偽廣告之法律規範薄弱無力或殘缺不全。

一九一一年世界聯合廣告俱樂部在波士頓發起淨化廣告之立法運動，其後，一九一四年，美國因聯邦貿易委員會之設立，而設法制止欺騙性及虛偽之廣告。德國早在一八九六年時即以不正競爭制止法作為制止虛偽廣告之法律依據，此與今日德國工商界重視廣告之真實性有密切關係。在德國或其他部份歐洲國家之百貨公司或商店購買物品時，顧客對其所標明之價格或商品之性質，皆具有相當之信賴感，此種信賴感之形成，並非一朝一夕，而是日積月累。如擅自刊登「清倉大拍賣」或「換季大拍賣」之廣告，同業競爭者、消費者團體或不正競爭防止之協會立即對該廠商採取法律途徑，請求迅速停止刊登該廣告，或賠償損害，甚至廠商尚須負刑事責任，此種完善有效之法律規範及確實貫徹之執法行動，使得德國之經濟秩序比較公平合理。我國經濟發展過程，遠較歐美緩慢，時至今日，工商日漸發達，廣告益形重要，而虛偽不實之廣告，貶抑競爭者產品或服務之廣告，冒充專家或權威人士推薦之廣告等等，比比皆是，雖未使公眾對廣告之信心達到破產之地步，卻使自由企業之

制度蒙上一層陰影，而我國目前對於商業上之虛偽廣告，應如何制止，尚無法律可資依據，因此，虛偽不實之廣告，日日充斥於大眾傳播媒介，擾亂營業競爭秩序，侵害消費者之利益。

現行對食品藥品之廣告，分別以食品衛生管理法及藥物藥商管理法（按：民國八十二年已將該法名稱修正為藥事法）作為管理之依據，其規範之對象僅限於食品藥品，市場上其他成千上萬之商品則不與焉。依七十二年十一月十一日公布修正之食品衛生管理法第二十條之規定，對於食品、食品添加物或食品用洗潔劑，不得藉大眾傳播工具或他人名義，播載虛偽、誇張、捏造事實或易生誤解之宣傳或廣告，如有違反，處負責人三千元以上三萬元以下之罰鍰，其徹底執行，乃是主管機關責無旁貸之責任。目前比較嚴重而影響消費者健康的是藥物廣告，從一家藥廠去年花費六千四百八十多萬元之廣告費刊登違法廣告，依法處罰之後，仍然繼續刊登違法廣告，此種事實，是否顯示法律規範之薄弱與執行機關之無力感？關於藥品及醫藥器材之廣告，我國採取事前審查制度，即藥商登載或宣傳廣告時，應於事前將廣告之內容，申請衛生主管機關之核准，並向傳播機構繳驗核准之證明文件，此種制度，對於不良之藥物廣告，可收監督之效，有其必要。如藥商刊登廣告所使用之文字、圖畫與核准不符；或涉及猥褻有傷風化，或暗示墮胎；或名稱、製法、效能或性能虛偽誇張；或使用他人名義或暗示方法，使人誤解其效能或性能；或利用非學術之資料或他人函件，以保證其效能或性能者，處五千元以上五萬元以下罰鍰，其數額之寬鬆，與廣告費之投資，相差何止千萬！無怪乎藥廠得以衛生機關之罰鍰作為廣告費之支出，在謀求商業利益之大前提下，增進藥物之銷售量，原非他人所能過問，但其敢於公然面對法律提出挑戰，殊為吾人在探討如何制止虛偽廣告時所應深思之問題。為避免消費者因藥廠虛偽不實之廣告，而購買有害之藥品，以保障國民身體之健康，加強藥物藥商管理法（藥事法）之制裁力量，即屬刻不容

緩。

民國七十一年一月二十二日公布之商品標示法，要求廠商對商品之名稱、成分、重量、容量、數量、規格、用法、產地、製造日期或保存期限有標示之義務，並同時對廣告加以管理，其用意至善，但以不完善不妥適之法條，欲達到管理廣告之效果，誠非易事！主管機關以有限之人力，對市場上數以萬計之商品，其標示之管理猶有不週，更遑論色彩繽紛五花八門之廣告！從欲以商品標示法來達到管理商品廣告之效果，吾人不難察覺虛偽廣告之氾濫，已至非以立法途徑制止不可之地步。

為維持營業競爭之秩序，提供公平競爭之經濟環境，行政院指示經濟部提出「公平交易法」，其中包括不正競爭行為之防止與壟斷及限制競爭行為之防止兩大領域。關於此種情形，德國係採取分別立法之方式，即不正競爭防止法(Gesetz gegen den unlauteren Wettbewerb)在防止競爭行為之不正；而競爭限制對抗法 (Gesetz gegen Wettbewerbsbeschränkungen)在確保競爭之自由，兩者產生之時代背景容或有異，但其同為規範經濟秩序之法制則一，則從我國擬制定之不正競爭防止法分析制止虛偽廣告之可行性，應具有充份之意義。

德國不正競爭防止法第三條規定：「在營業交易中，以競爭為目的，就營業狀況，尤其就商品或營業上給付之性質、來源、製造方式、價格計算、價目表、進貨方法、進貨來源、所得獎賞、出售之動機或目的、或存貨數量為引人錯誤之表示者，得請求其不為該項表示」，依此規定，凡就營業狀況為虛偽之廣告或表示時，均應禁止，除一般商品廣告外，尚包括服務業之廣告，如保險公司、補習班、旅館、報社或銀行等所刊登之廣告，皆屬之。若廣告主明知或應知其廣告為引人錯誤者，對於因此而受有損害者，應負損害賠償責任。此外，廠商意圖引起特別有利之供給印象，而故意為引人錯誤之廣告，尚應處一年以下有期徒刑或併科罰金。德國法制對虛偽廣告之制止，可謂雙管齊下，即以民法上之不作

為請求權或損害賠償請求權賦予同業競爭者，將制止引人錯誤廣告之責任，透過立法巧妙地轉嫁與同業競爭者，消費者協會或以促進營業利益為目的之團體，蓋彼等對同行營業狀況比較瞭解，或接受消費者之情報，迅速反應，爭取時效，並採取法律途徑，效果良好，另外之管道則是對於故意為引人錯誤之廣告者，使其負刑事責任，可收嚇阻功效，立法制度堪稱妥適。若我國不正競爭防止法能吸取歐陸法制之精華，配合國情，則類似「完全符合國家標準，保證無公害」之廣告，或百貨公司折扣戰中「從三折起」之廣告，或保險公司冒名或隱名招攬之廣告，或「核能浩劫後」模仿「浩劫後」之廣告等等，將可受到法律之制止，至於廣告是否引人錯誤發生爭執時，則由司法機關判斷，比較妥適。如對違法之廣告，由主管機關處以罰鍰，固屬管制違法廣告之方法，但商品或服務之廣告，成千上萬，面對排山倒海而來之商業廣告，主管機關恐難一一查證，即使為之，對於廣告是否引人錯誤之判斷，亦非易事，我國似不宜採取此種立法方式，如果已經採取，建議經濟部尚應審慎評估其可行性。至於食品或藥品之廣告，因其著重於維護大眾之健康，由衛生主管機關事前審查或事後監督，乃屬必要。

引人錯誤之廣告，係由職員或受任人故意為之，若企業之所有人或主管人員知其情事，則應與行為人共同負擔刑事責任。廣告代理業係受廣告主之委託而設計製作廣告，僅於明知其所為之廣告係引人錯誤者，始與廣告主連帶負損害賠償責任。大眾傳播媒介將引人錯誤之廣告傳播與消費大眾之責任如何？我國學說與立法，尚未見之，德國法律認為，對於定期刊物之編輯、發行人、印刷者或散布者之損害賠償請求權，以其明知其所為之廣告係引人錯誤者為限，始得主張之，易言之，如無明知之事實，尚難令其負損害賠償或刑事之責任。

早期提高自由競爭之學者，主張營業主體對其出售之貨物，有當然描述之權利，及至欺騙或虛偽之廣告，大量充斥於市，乃紛紛採取立法

途徑，以有效制止。回顧先進國家所遭遇之經驗及斟酌其所採取之對策，我國應制定不正競爭防止法，作為制止引人錯誤廣告之根據，以規範競爭秩序維護經濟紀律。

（本文曾發表於中國論壇第二一三期第三十二頁）

陸、完善有效保護工業財產權

最近幾年來，美國新聞雜誌、美國生活雜誌及其他大眾傳播媒體爭相報導我國仿冒的情形，嚴重影響我國廠商的信譽及國家的形象。對於刻意渲染我國仿冒的傳播媒體，吾人不應袖手旁觀，而應從法律的途徑、讀者投書或刊登廣告的方式，予以有力的反擊，以確保我國廠商的權益及維護國家的形象。

一、建立尊重工業財產權的觀念

過份渲染仿冒的情形與仿冒的本身，是不同的行為態樣，前者是營業誹謗的一種，屬於不正競爭防止法(Act against Unfair Competition)規範的內容；後者是對於工業財產權或智慧財產權的侵害，分別有其不同的法律根據。所謂工業財產權 (Industrial Property)，依據巴黎保護工業財產權公約的規定，主要係指專利權與商標權，在美國，又將專利權、商標權及著作權，稱之為智慧財產權 (Intellectual Property)，此等權利，皆係人類在技術上或思想上的創作，此等創作或耗資千萬，或嘔心瀝血，而使人類社會的發展，從貧窮到富足，從落後到進步，從荒蕪到繁榮。發明家、設計家或作家創作的過程是艱辛萬分，廠商投下鉅額的資本是數以萬計，對於創作的成果，在法律上自應予權利人相當的保護。由於此等權利是當事人依照法律的規定而取得，同時，具有財產上的價值，因此，德國非常著名的學者Joseph Kohler認為專利權、商標權即是無體財產權，此種見解，直至今日，仍為法學界所普遍肯定。吾人放觀今日世界上經濟繁榮的國家，其對於工業財產權的重視，令人驚嘆，且其制度的健全，法令的完備以及人才的充實，亦令人稱羨。筆者在德國麻克思蒲朗克國際及外國專利法、競爭法及著作權法研究院研究期間，有來

自美國、日本、中共、荷蘭、希臘等國的研究人員，或者提出學術上的見解，或者提供立法的參考，或者提出改革的建議，類似這樣的研究機構，令人緬懷不已，衷心盼望，有一天在中華民國的領土上也會有這樣的一個研究機構。在民間方面，工業國家的大企業通常都設有專利商標部門，隨時隨地注意保護廠商的權益。

在社會急遽轉變的時刻，由於經濟倫理的逐漸喪失，法令規章的殘缺與執行不力，使得我國仿冒糾紛層出不窮。雖然號稱文化古國，法律文化卻非常的薄弱，甚至有人認為仿冒毫無所謂，此種觀念，在我國過去曾經是經濟上價值觀念的判斷標準，以至於使得臺灣幾乎成為仿冒王國的代名詞，所幸朝野已積極採取各種有效措施，全力制止仿冒，並已在國際上獲得相當的肯定。在此同時，吾人認為，廠商也應建立尊重他人工業財產權的觀念，不應抄襲仿冒，因為抄襲仿冒，就是具有社會可非難性的行為，而應受到法律制裁，並且亦應積極的從事投資研究，以改進生產技術提高產品的品質，建立自己的商標，惟有如此，才是解決仿冒糾紛的治本之道。

二、專利是生產技術的利器

依據美國憲法的規定，為促進科學的進步，美國國會應在一定期限內，保障發明人的權利，美國一七九〇年的專利法，即建立專利保護的法律制度。一九八二年專利法第一〇一條的規定，發明或發現新穎而實用的方法、機械、製品或合成物，或就此所為新穎實用的改良，合於法律的規定，可以取得專利權，至於其保護的期間則為十七年。美國的專利法，完成制憲者所託負的神聖使命，同時鼓勵發明家在過去一百多年以及未來的歲月中，創造無數的發明，使得美國在科技的進步與經濟的發展上，均遙遙領先各國。一九四一年，羅斯福總統指定國家專利計劃委員會研究專利制度，其研究結論即指出，強大的工業國家，都有健全

的專利制度，其見解的精闢與前瞻，或許對我國在逐漸邁向工業化的關鍵時刻有若干激勵作用。德國、日本等國家在科技立國的大前提下，對於專利制度的研究與改進仍不遺餘力。

在工業國家，政府與民間非常重視研究與發展(R&D)，而人類則充份利用其智慧，從事發明與創造，對於發明與創造的成果，在完善有效的專利制度與司法制度下獲得確實的保障，發明家、設計家或廠商心血的結晶，在專利保護的基礎中，公開其發明或設計，在其「合法壟斷」的時間經過後，成為社會的財富，從而導出源源不斷的發明或設計，使得社會日益進步，經濟日益繁榮。

在開發中的國家，無法斥資研究發展，僅利用傳統或古老的方法生產製造，或仿冒他人發明創新的成果，如此相互循環，則無人願意絞盡腦汁從事發明創造，或使廠商投資研究發展的意願裹足不前，終而導致社會的進步緩慢，經濟的成長遲滯，因此，要擺開此種藩籬，首先必須確立專利制度的保護。

我國已經逐漸邁向新興工業國家的道路，專利制度不應停留在開發中國家的狀態，在廠商競爭日益激烈與國際貿易日益頻繁的時代，保持現狀即是落伍，我國專利制度即應與時俱進，掌握時代潮流。

三、商標是拓展市場的先鋒

遠在資本主義發生以前，即有商標的存在，其後產業逐漸發達，表彰商品的標記，始漸普遍。美國一八七○年的商標法，德國一八七四年的商標法，英國一八七五年的商標註冊條例，先後建立商標註冊的保護制度。今日世界上大部份國家，都採取商標權因註冊而發生的主義，即欲使用商標者，依國家法律的規定，而申請註冊，取得具有排他性與支配性的商標權，乃成為工業所有權的一種。

廠商在拓展市場時，恒以商標與他人的商品互相區別，因此，商標

具有表彰商品來源的功用。消費者在選購商品時，認明商標，即可對該產品的品質產生信賴感，同時廠商也藉著商標，作為商品的廣告或拓展市場的先鋒。在這種意義之下，任何人即不得使用足以使消費大眾對同一商品的來源發生混淆的標章。放觀今日世界上的著名商標，幾乎為工業國家的廠商所有，擁有越多著名商標，即為經濟上的強國。我國朝野近年來全力制止仿冒，已具相當成效，惟產品容易遭到仿冒剽竊，仍係我國經濟發展過程中的嚴重問題。七十二年一月二十六日公布的商標法，對於侵害他人商標專用權的處罰，最高可處五年有期徒刑，其刑罰之重，可謂世界之冠，立法目的在藉重刑以收遏止仿冒之效，惟重刑仍非解決仿冒的根本之道，積極地提升技術自創品牌，將是未來政府與民間所應全力以赴的目標。

四、及早制定公平交易法

經濟部統計處在一項產銷實證調查中，除發現國內製造業的研究成果易被仿冒之外，也指出同業間的惡性競爭，擾亂市場秩序。制止商標仿冒的法律規範尚屬存在，司法機關執法的決心與效果，是阻止仿冒的最後一道關卡，至於規範商業上競爭秩序的法律規範，則付諸闕如。仿冒產品的外形，仿冒企業標誌，皆為商業上搭便車的行為，而無制止的法律根據，因此，西方國家為完善有效保護工業財產權，還制定不正競爭防止法，以彌補專利法、商標法的不足。為防止商業上不正當競爭的行為，建立公平競爭的環境，似應及早制定公平交易法。

五、期待高瞻遠矚的決策

國家應獎勵科學的發明與創造，為我國憲法第一百六十六條所明定的原則。國家財富的基礎在雄厚的經濟力量，經濟力量的根本在科技的創造，科技的保護，則在健全的專利制度，吾人放觀今日世界科技強國

即係經濟大國，而此等大國仍不斷改進其專利制度，個中道理，或可為借鏡。關於專利事項，於經濟部設立專利局掌理之，為專利法第十條所明文規定，而專利局安在哉？我國立憲者及立法者鏗鏘有聲地肯定獎勵發明與設立專利局的制度，而國人不斷地呼籲，也不斷地期待一個高瞻遠矚的決策──早日設立專利商標局，以便完善有效地保護工業財產權，促進經濟的繁榮。

柒、保護工業財產權之前瞻性建議

我國現階段對外貿易關係中，比較困擾之問題是仿冒糾紛，美國甚至醞釀以仿冒糾紛之處理，作為繼續授與優惠關稅待遇之手段，而歐洲或其他國家，如果採取進一步之經濟抵制行動，將使我國貿易之發展嚴重受挫。從美國對四十一個國家仿冒美國貨之調查中，我國進口之仿冒品竟多達百分之六十！其精確性如何，尚待證明，惟此種事實，完全暴露我國過去對工業財產權之陌生，而且由於缺乏完善有效之制度與法律，使得仿冒成為經濟發展之障礙。

依據巴黎保護工業財產權公約第一條第二項之規定，工業財產之保護，以專利、新型、工業設計、商標、服務標章、商號名稱、產地表示或原產地名稱，以及不正競爭之制止為其標的。因此，學術上所稱之工業財產權，主要係指專利權與商標權，除專利法及商標法為其法律保護之基礎外，尚包括不正競爭防止法。茲就法律、制度與國際公約三方面，提出保護工業財產權之建議，雖然此種建議不可能在一、二年之內一一付諸實現，然經濟發展為吾國生存命脈之所繫，而洗刷「仿冒王國」之決心，又不可一日中輟，則本文所述前瞻性之建議，在未來十年二十年甚至更長久之時間，仍係政府與民間所應繼續奮鬥之方向。

一、修訂不合時宜之法律或制定新法

各國有關工業財產權之法律，率皆以一國之領域為範圍，即專利權或商標權之取得，必須向受保護之國家一一申請註冊，此種屬地主義之原則，仍為各國所秉持，因此，所謂「世界專利」或「世界商標」，直至目前，僅是一種理想，惟一九七七年十月七日生效之「歐洲專利」，卻是人類在專利制度上一種劃時代之創作，至於「歐洲商標」則尚在擬議

中，歐洲國家竭盡其所能，突破各國法律與政治制度之障礙，期能完善有效保護工業財產權。我國目前經濟發展正面臨轉型時期，原有工業財產權之法律規範，不能隨著經濟環境之快速變動而適時調整，致使仿冒問題變本加厲，在司法機構與全國工商反仿冒工作委員會共同努力遏止仿冒之際，斟酌國際間工業財產權法之發展趨勢，修改我國現行不合時宜之法律，切勿閉關自守，甚或違反國際保護之潮流，如此方能促進科技之進步與經濟之繁榮。

仿冒商標，侵害專利或盜錄、盜印有著作權之著作品，皆可認為廣義之仿冒，其在我國分別以商標法、專利法或著作權法為制止之依據。隨著經濟競爭之日益激烈，仿冒之態樣千變萬化，道高一尺魔高一丈，如仿冒他人精心設計或具有交易聲價之產品外形、包裝或廣告，係將他人花費心血或耗資千萬所取得之成果，以可非難之方法加以仿冒，使消費大眾對商品或營業來源陷於錯誤，此種情形，在工業國家均有法律予以制止，而在我國卻屬一片空白，致優良廠商不敢輕易投資或改善產品品質，不肖之徒，卻得利用法律規範之缺失，獲取鉅額不法利益，此誠非經濟法治社會中之常態。違反工商業善良習慣之任何競爭行為，均為不正當之競爭行為，在公平競爭之社會中，政府有責任提供公平競爭之經濟環境，此種責任，正是巴黎保護工業財產權公約第十條之二所明示之原則。美國一九一四年之聯邦貿易委員會法 (Federal Trade Commission Act) 與德國一八九六年之不正競爭制止法 (Gesetz gegen den unlauteren Wettbewerb)，使得各該國之經濟競爭秩序，受到比較合理之規範，其能成為工業強國，不能說與其經濟法治之成功完全無關，具體言之，完善有效之工業財產權法，能保障合法廠商之利益，全力發展，促進生產技術之進步，不致因他人之仿冒而血本無歸。

我國社會結構已由農業而進入工業時代，不公平或不正當之商業行為，方興未艾，層出不窮，已嚴重擾亂營業競爭秩序，妨害國家經濟之

發展，「不正競爭防止法」之制定，即屬刻不容緩。

二、設立健全之專利商標制度

我國專利商標制度，自清末民初創設以來，幾乎在半睡眠狀態中緩慢成長，既不能走在時代前面，亦不能隨環境變更而規劃，與工業國家相較，不知落後凡幾。美國、日本與德國專利商標局組織之健全，編制之龐大與專利商標資料之豐富，更令人讚嘆。在漫長的歲月中，各界不斷呼籲設立獨立之專利商標局，迄今仍寄人籬下。臺灣地處海島，資源缺乏，經濟發展為生存命脈之所繫，而經濟發展必須提高生產技術，生產技術之保障，在於健全之專利制度，至於保障表彰商品之商標，在於健全之商標制度，隨著專利商標問題之日漸複雜，及每年將近二萬件之專利申請案與將近五萬件之商標申請案，似不宜再以戡亂時期精簡組織或礙於經費為由，一再遲延專利商標局之設立，因此，設立專利商標局，應是具有前瞻性之百年大計。

關於專利商標之救濟程序，我國採取訴願、再訴願及行政訴訟之制度，容易造成法律之不安定性，已倍受批評。專利商標問題具有高度技術性與專門性，與一般行政機關就特定事件所為之處分有異，因此，以具有專門知識經驗之法官及技術專家所組成之法院，來判斷專利商標局之決定是否妥適，較能達到精確性與合理性之標準。依照美國專利法第一百四十一條之規定，專利申請人不服訴願委員會之決定時，得向美國關稅暨專利上訴法院提起訴訟。德國為完善有效保護工業財產權，特修改基本法（相當於我國之憲法），規定聯邦得設保護工業財產權之法院，進而於專利局所在地——慕尼黑，設立聯邦專利法院，此即由法院來判斷專利局之決定是否妥適之制度。放觀先進國家為改善其救濟制度所做之努力，吾人似應急起直追迎頭趕上。

三、重新考慮加入巴黎公約之可行性

早在一八七三年，各國即於維也納召開會議，討論工業財產權之國際保護，經過不斷之努力，終於在一八八三年三月二十日正式由法德義等十一國簽署成立巴黎保護工業財產權公約 (Paris Convention for the Protection of Industry Property)，目前世界上之主要國家都已先後加入。我國經濟發展迅速，在對外貿易拓展方面，需要積極爭取國際市場，在改善產業結構方面，需要大力引進外資，提高生產技術，每每因為沒有參加巴黎保護工業財產權公約，而使貿易之拓展與技術之引進遭遇困難，甚至因專利商標或不公平競爭之糾紛，不能在外國與其本國廠商享受同等之法律保護，影響之深，不可謂不大。由於過去認為加入巴黎公約，對正在發展中之我國會造成不利，甚至誤認在外國獲准之專利，同時將在我國生效，而使我國備受外國技術佔領之痛苦，以及其他種種原因，致一再延誤參加巴黎公約之時機，著令有識之士憂心如焚！事實上，加入公約後，我國即得享受「內外國人平等」及「優先權」之待遇，同時可建立我國經濟法治之基礎，只有百利而無一害，隨著時間與觀念之轉變，過去不能參加之原因已一一消除，雖外交局勢愈加艱困，加入公約或將遭受阻擾，然工業財產權之保護，不能與世隔絕，在全世界各國樂於見到吾國朝野全力制止仿冒之際，應是採取行動參加巴黎保護工業財產權公約之最佳時機，即使加入公約之可行性，困難重重，但有其不可抹煞之正面意義，一則足以再度證明制止仿冒之決心與行動，一則容易引起他國之支持與協助，此種支持與協助，即能減少其因仿冒糾紛而採取之經濟抵制或避免取消優惠關稅待遇，吾人殷盼，打鐵趁熱！

（本文曾發表於七十三年九月二日聯合報第二版）

捌、我國對仿冒案件應有之對策

一、前　言

　　一九八三年九月在巴黎召開之國際商會，參與會議之美國、法國、英國及瑞士等國之代表，對來自亞洲地區之仿冒品多所指責，尤其是法國之香水業界，瑞士之鐘錶業界及英國之汽車業界紛紛指責來自開發中國家之仿冒品，而使此次會議幾乎成為仿冒案件之審判大會。同年十月，美國眾議院商務及能源委員會調查小組來華調查我國杜絕仿冒情況，作為美國國會研擬對外貿易之參考。仿冒案件原係經濟發展過程中不可避免之現象，吾人固不應過份渲染我國仿冒情形，惟對於仿冒問題萬萬不可一如過去有意無意地容許其存在而置之不問，任其滋長繁生，嚴重妨害國家之經濟發展。茲值美國擬再度來華瞭解我國制止仿冒實況之前夕，除就仿冒之意義、範圍、原因與影響予以分析外，並提出我國政府及廠商對仿冒案件應有之對策，俾供參酌。

二、仿冒之意義與範圍

　　廠商或企業家為開發新產品或提高產品之品質，需投下鉅額資本不斷地從事研究發展或更新設備，因此，對於新發明而具有產業上之利用價值者，得依專利法之規定取得發明專利權；物品之形狀、構造或裝置，首先創作合於實用者，得取得新型專利權；物品之形狀、花紋或色彩，首先創作適於美感者，得取得新式樣專利權。商標為表彰商品之標記，亦得依商標法之規定取得商標專用權，此種依法律之規定而申請取得之權利，具有財產上之價值，但與民法上財產之概念不盡相同，特以無體財產權 (Immaterialgüterrecht) 稱之。對於他人合法取得之專利權或商標

權以不正當方法使用之行為，即係對於專利權或商標權之侵害，一般稱之為仿冒，因此，仿冒係指「不流血不流汗而坐享他人辛勤奮鬥所得麵包」之行為，而且亦是一種最原始之不正競爭。

仿冒之範圍，除指對專利權商標權之仿冒外，尚及於著作權，對於文字之著譯、美術之製作、樂譜劇本、發音片、照片、電影、科學性或技術性之描述品有重製利益之智能財產權，即係著作權，由於我國著作權法未能隨時代變遷而適時調整，其內容仍屬落伍與簡陋，致對於他人耗費鉅資享有著作權之著作物肆無忌憚地加以侵害，其中尤以書籍之盜印或錄音帶錄影帶之盜錄最為嚴重，此種情形，亦屬於仿冒之範圍。隨著時代環境之日新月異，仿冒之技巧亦推陳出新，對於商品包裝、商品廣告、企業標誌或商品設置所為之仿冒，則非專利法商標法著作權法所能規範，而應屬於不正競爭防止法之範疇。

三、仿冒之原因與影響

仿冒問題，係經濟發展過程中之病態，即使在工業國家亦有其存在，而尤以經濟面臨轉型期之開發中國家最為氾濫。日本在二次大戰以後，其仿冒問題亦頗為嚴重，不過日本能從模仿中創新，提升工業技術水準，成為經濟王國。今日世界市場上之仿冒商品，以來自歐洲之義大利及亞洲之香港、臺灣和韓國為最多，此等國家或地區之企業組織雖稍具規模，但無法或不願斥資研究開發新產品，與法律制度之殘缺不全及執行不力，遂使不肖廠商得仿冒他人耗費鉅資之專利品，或使用他人辛勤培養而成之著名商標。其在我國，除上述之原因外，亦由於經濟倫理之喪失，不肖廠商只求近利缺乏長遠眼光，以及受外國廠商之指示而無權使用他人著名商標之情形，在在使仿冒案件增加。

我國現階段之仿冒問題比較嚴重，如無法有效制止，容易擾亂經濟秩序，使有眼光之企業家不願貿然從事投資研究以開發新產品或改善產

品之品質，造成劣幣驅逐良幣之結果，誠非國家經濟發展之福也。另外
一方面，仿冒之商品，使消費者信以為真，欺矇消費者，侵害消費者之
利益，至於仿冒商品具有危險性者，亦使消費者之生命健康構成威脅。
尤有進者，大量之仿冒商品推出於國際市場，引起其他國家之經濟抵制
(Wirtschaftliche Sanktion)，妨害國際貿易之拓展，其情形約略如後：

——對仿冒案件之處理，即可能成為美國給予優惠關稅待遇之考慮要件。

——沙烏地阿拉伯國家拒絕購買我國部分產品。

——日本保留高水準之工藝品，拒絕來臺公開展覽。

——利用仿冒事件嚴重之際，誣指我國仿冒，以打擊我國產品之競爭能
力，造成不公平之營業競爭。

四、仿冒案件之制止

我國過去對商標仿冒之處罰較輕，依新修訂商標法第六十二條之規
定：「有左列情事之一者，處五年以下有期徒刑、拘役或科或併科五萬
元以下罰金：一、於同一商品或同類商品，使用相同或近似於他人註冊
商標之圖樣者；二、於有關同一商品或同類商品之廣告、標貼、說明書、
價目表或其他文書，附加相同或近似於他人註冊商標圖樣而陳列或散布
者」，依此規定，對商標仿冒之處罰，最重得處五年有期徒刑，處罰之
重，幾為世界各國之冠！至於明知為仿冒商品而販賣，意圖販賣而陳列，
輸出或輸入者，處一年以下有期徒刑，立法意旨在以提高刑罰，以收制
止商標仿冒之功效。此外，偽造有專利權之發明品者，得處三年之有期
徒刑，而擅自翻印他人之著作物者，得處二年之有期徒刑，制止仿冒之
法律規範尚屬存在，而在執行方面，尤待加強。

為阻止仿冒商品輸出國際市場，經濟部特於七十年四月廿五日公布
「防止仿冒商標及偽標產地辦法」，其中規定廠商申請輸出貨品，使用
已在我國註冊之商標者，應檢附商標註冊權人之同意書及商標註冊證影

本，向經濟部國際貿易局申請報核，否則不准簽證出口。經濟部又於七十年七月三十一日公告「防止仿冒商標及偽標產地辦法執行注意事項」，其中第五條規定：「貿易商或出口商使用製造工廠已註冊之商標出口時，可憑製造工廠之同意函及其商標註冊證影本，逕洽出口簽證銀行簽證出口」，依此規定，貿易商或出口商只要取得商標專用權人之同意書及商標註冊證影本，即可使用商標專用權人之商標而輸出貨物，而該批出口貨物是否為商標專用權人所製造或受商標專用權人監督支配而製造，則置之不問，而違背商標法第二十六條商標原則上不得授權他人使用之規定，即製造工廠原則上不得授權出口商使用其註冊商標，即使例外地准許，亦須受商標主管機關之監督，然而經濟部所公告之「防止仿冒商標及偽標產地辦法執行注意事項」認為，只須得製造工廠之同意，出口商或貿易商即得使用其註冊商標，而不必受商標主管機關之核准許可。顯然與商標法之規定不符，不知是否一時疏忽抑或有意放寬規定以便利廠商？為避免行政規章抵觸法律之嫌，建議主管機關力求改善。

五、我國政府及廠商應有之對策

㈠設立專利商標局：為處理專利商標之事務，美國設有專利商標局(Patent and Trademark Office)，德國設有專利局(Patentamt)，兼掌商標事務，我國直至今日，尚無名正言順之專利商標局，而專利商標業務之日漸專門與複雜，必須設立一專門機構並充實專業人材，始能妥善處理隨著經濟發展而日漸增加之專利商標案件。

㈡改善救濟制度：我國關於專利商標案件之救濟程序，係採取訴願、再訴願及行政訴訟之制度，而訴願與再訴願案件之處理，係由經濟部或行政院所設立之訴願審議委員會委之，此與美國由稅務暨專利上訴法院或德國由聯邦專利法院判斷之情形有異。德國一九五九年六月十三日聯邦行政法院(Bundesverwaltungsgericht)之判決指出德國專利局為行政機

關，而對其決定有不服時，得向行政法院提起上訴，因此，德國經驗不斷告訴吾人，此種情形，容易造成法律之不安定性，同時使當事人忍受冗長之時間與遭受財產上之損失，在我國未設立專利商標局以前，欲參酌德國為改善其不受歡迎之救濟制度而設立聯邦專利商標法院之經驗，設立我國處理專利商標事務之特別法院，尚非一蹴可及，惟我國係屬大陸法系國家，德國經驗或可引為參考。

㈢培養工業財產權法之人才：工業財產權之保護，依巴黎保護工業財產權公約之規定，係以發明、新型、新式樣、商標、商號名稱、產地表示及不正競爭之制止為其內容。工業國家對工業財產權之保護，均屬周密完善，我國過去係農業社會，對工業財產權之認識非常陌生，而隨著經濟之逐漸發展，工業財產權之法律問題益形重要，因此，培養工業財產權法之人才，或於各大學研究所普設工業財產權法之課程，或成立工業財產權法之研究機構，均係政府與民間所應努力之方向。

㈣廠商應建立自己之商標，並向國內外申請註冊：自從提高刑罰以制止仿冒之後，商標仿冒之案件，雖略見好轉，但仍時有所聞，因此，刑罰並非制止仿冒之惟一方法，治本之道在於廠商建立自己之商標，並採取法律途徑申請註冊，如屬外銷商品，更應於商品銷售之國家申請註冊，以保護自己所建立之商標。目前世界各國對商標之保護，率皆採取屬地主義，而歐洲商標制度尚在擬議中，因此，如廠商怠於申請註冊，異日發生商標糾紛時，勢將無法主張法律上之權利，不可不慎。

㈤廠商可利用授權方式使用他人著名商標：一般廠商無法在短期內培養自己商標之信譽，如擅自使用他人之商標，即構成仿冒，因此，如欲使用他人之著名商標，可利用商標授權之方式為之，而得合法使用他人之著名商標，但使用人商品之製造，應受商標專用權人之監督支配，而能保持該商標商品之相同品質，並合於經濟部基於國家經濟發展需要所規定之要件，且經商標主管機關核准，始得為之。

㈥廠商對被控案件應提出抗辯：在一片仿冒聲中，美國廠商紛紛依據美國關稅法第三三七條之規定，要求美國國際貿易委員會下令禁止仿冒品進口，我國廠商即應避免仿冒，而在遭受控訴時，充分搜集資料，延聘法律顧問提出抗辯。

㈦制定不正競爭防止法：專利權、商標權或著作權之侵害，分別以專利法、商標法或著作權法作為制裁之依據，而對於商品包裝、商品廣告或企業標誌之仿冒，則無法律基礎作為制裁之根據。巴黎保護工業財產權公約第十條之二明白規定，對於競爭者之廠號、商品或工商活動，足以產生混淆之一切行為，或就商品之性質、製造方法、特徵、用途或數量，足使公眾誤信之說明或陳述，尤應予以禁止。茲值大力拓展貿易引進外資之際，參酌國際公約所揭櫫之原則，制定符合世界潮流與我國國情之不正競爭防止法，除可規範營業競爭秩序外，尚可對道高一尺魔高一丈之仿冒行為予以有效制止。

（本文曾發表於七十三年一月二十日聯合報第二版）

玖、從誣指仿冒
論建立公平合理之經濟秩序

　　臺灣地處海島，資源缺乏，國際貿易的拓展，係我國經濟發展非常重要的一環。經濟的國際化是財經政策的指導原則，國際化是增進我國與國際經濟合作的關係，減少與國際經濟交流的障礙，並且在國際經濟舞臺上扮演更活躍的角色。隨著國際貿易競爭日益激烈，侵害專利商標及著作權的產品，充斥於世界市場上，其中出現於美國及歐洲市場的仿冒品，主要係來自亞洲，而形成工業國家與開發中國家的另外一種障礙。面對愈來愈多的外國廠商向國內業者提出傾銷、仿冒及不公平競爭的控訴，使得我國與國際經濟交流的障礙日漸高升，嚴重影響我國在國際經濟舞臺上所扮演的角色。本文僅從誣指仿冒的事件，論述建立公平合理經濟秩序的重要性及其可能途徑，或可供參考。

一、建立經濟秩序力行經濟法治

　　廠商在營業條件、商品之品質、價格之形成、顧客之爭取等方面，努力改善，即為效能競爭原則之運用，否則以排除競爭，榨取他人成果或阻擾競爭者之方法促進自己產品之銷售量，則屬於阻擾競爭，而應受到營業競爭法之規範。關於廠商、產品、服務或負責人之人身，所為之陳述，如與實際情形互相符合，應無不可，惟若所陳述或散布之消息，與實際情形不符，例如誣指他人仿冒，將使廠商遭受重大之損害，先進國家之營業競爭法，對於此種妨害信用或營業誹謗的不正當競爭行為，皆賦予受害者不作為請求權或損害賠償請求權，並且行為人具有惡意時，尚應負擔刑事責任，以維護商業上之競爭秩序。在歐美及日本經濟發展的過程中，有關經濟法律規範之制定與執行，是維持商業秩序之重要準

繩，而奠定經濟法治之基礎，同時在國際經濟交流中受到尊重與肯定。我國經濟發展迅速，原有道德倫理觀念及經濟紀律普遍低落，甚至喪失，而新的經濟法律規範又尚未妥善建立，在這過渡時期，乃形成有競爭而無秩序的局面，使得現階段之商業秩序雜亂不已！為促進商業現代化，拓展對外經濟關係，建立公平合理之經濟秩序，力行經濟法治，即有其不可忽視的重要性，惟有如此，方能在國際經濟競爭中，促進我國經濟建設之成功與鞏固我國在國際經濟交流中之地位。

二、保護商業信用處罰營業誹謗

我國現行刑法第三百零九條至第三百十三條，對於妨害名譽及信用罪皆有明文規定，名譽及信用為個人在社會生活中非常重要之利益，不容侵犯，因而妨害他人之名譽及信用者，應負擔刑事責任，以資保護。惟受害人對行為人欲行使不作為請求權或損害賠償請求權時，現行法律之根據則顯得薄弱與欠缺，尤其競爭日益激烈的工商業社會中，惡意中傷他人營業之事，時有所聞，如食品、旅館及速食業等，均曾先後遭受流言誹謗或惡意中傷，嚴重破壞公平競爭的商業秩序，則從公平競爭之法律觀點，探討保護商業信用及處罰營業誹謗之規定，即有其必要。

基於競爭之目的，而關於他人之營利事業、商品、勞務、營業所有人或主管人員之人身，陳述或散布不能證明為真實之消息，足以損害其營業或營業所有人之信用者，就因此所生之損害，負賠償責任。陳述或散布之消息，受害人亦得請求停止之。此種條款，已在經濟部委託全國工業總會所擬定之不正當競爭防止法草案中規定，應予肯定。在商業競爭中，如有人散布流言，誣指仿冒而在繼續之狀態中，則不待於損害之發生，關係人即得請求其停止繼續散布流言，以阻止流言之蔓延與擴大。若已經發生損害，受害人即得請求賠償，而行為人應就該消息之真實性負舉證責任，在不能證明為真實時，即應負賠償之責。加害人之此種責

任，係民法侵權行為中過失原則之例外，此種觀點，為德國學術界與實務界所肯定，或可供我國立法之參考。至於消息之傳受，以祕密方式通知，其通知者或受通知者就該通知有利益時，僅以陳述或散布之消息與事實不符者為限，始得行使不作為請求權。損害賠償請求權，以通知人明知或應知該消息與事實不符者為限，始得主張之。在非以公開方式傳播消息之情形，行為人仍僅就故意或過失負損害賠償責任。

依德國不正競爭防止法第十五條之規定，惡意對他人之營利事業、營業所有人或主管人員之人身、或他人之商品或營業上之給付，陳述或散布不實之消息，足以損害營業之經營者，處一年以下有期徒刑或併科罰金。職員或受任人於業務經營上陳述或散布不實之消息，如營業之所有人知其情事，應與職員或受任人一同處罰。德國此種立法例，設計周密，對於營業所有人知其職員或受任人傳播不實之消息，打擊其他廠商，而欲逃避刑責時，仍應受到處罰，此種條款，對於保護商業信用，貢獻匪淺。我國不正競爭防止法草案，已有類似規定，惟如能就惡意之要素及營業所有人負擔刑責之要件，為詳細之規定，似較妥善。在建立公平合理的經濟秩序時，即應制定以法治為基礎的競賽規則。誣指仿冒，即係妨害他人之信用或構成營業誹謗，而為破壞競爭秩序的手段，因此，對於誣指仿冒的廠商、雜誌、徵信公司或個人，使其負擔民事責任及刑事責任，即是政府制定的競賽規則中所應該發揮的力量！

三、釐定互惠原則避免貿易摩擦

「經認許之外國法人，於法令限制內與同種類之中國法人有同一之權利能力」，　為民法總則施行法第十二條之規定。目前我國實務上對於經過認許之外國法人，肯定其自訴能力；對於未經認許之外國法人，而有條約存在時，則依據條約之內容及效力而定；外國法人未經認許而又無條約存在時，以公司名義委任代理人提起自訴，依據司法院二十年五

三三號解釋,應不受理。因此,未經認許之外國公司依據我國專利法、商標法及著作權法之規定所取得之工業財產權或智慧財產權,受到侵害提起告訴或自訴時,予以拒絕,而不能尋求司法途徑解決,使雙邊摩擦加深。在商標仿冒之案件,因非屬告訴乃論之罪,外商固得告發,惟其權利之行使,仍受到相當之限制。我國既准未經認許之外國公司依法取得專利權、商標權與著作權,於其權利受到侵害時,又不准其依我國司法途徑解決,此在法理上之妥適性,即應再三斟酌。

因不正競爭糾紛而在我國境內涉訟時,未經認許之外國公司,是否亦得在我國行使訴權?或者我國廠商在國外發生不公平競爭糾紛時,是否亦得依當地國之法律行使權利,請求保護?此種問題,在可預見之將來,勢必爭端時起,與其問題鬧得不可開交再來解決,倒不如事先設計。由於我國並未參加巴黎保護工業財產權公約,因此無法依據該公約所揭櫫內外國人平等之原則,對於未經認許之外國公司提供有效之保護,而我國廠商在外國涉訟時,該外國法律亦將對我國廠商採取同樣拒絕保護之態度,如此,將使我國與國際經濟交流之障礙,徒然增加。如依外國之法律,或其與我國所訂之條約或協定,對我國廠商提供保護時,則我國法律應釐定國際互惠之原則,對於該外國公司,亦應提供相同之保護,以維持我國廠商與外國廠商在國際經濟交流中之平等地位。由於我國與外國訂立關於互相保護工業財產權或解決不公平競爭糾紛之條約或協定,非常有限,所以我國廠商在外國尋求保護之可能性,亦非常之低,如何在巴黎保護工業財產權公約之基礎上,提供或尋求保護,則尚待努力。

四、瞭解競爭法律採取主動攻勢

近年來,我國產品在國內外遭受仿冒控訴之案件為數不少,在一片反仿冒運動聲中,完善有效之工業財產權法及司法機關執法之決心與態

度，是制止仿冒之最後一道防線。我國產品遭受中共仿冒的情事，亦時有所聞，如何使我廠商受到保護，建議主管機關，亦應未雨綢繆。至於我國廠商在國外遭受誣指仿冒之事件，亦紛至沓來；在我國反仿冒運動已逐漸受到國際肯定與支持的關鍵時刻，對於誣指仿冒或渲染仿冒的事件，亦應採取主動攻勢勇於反擊。商業上不公平之競爭方法 (unfair methods of competition)，及不公平或欺騙不實之行為 (unfair or deceptive acts) 為非法，係美國聯邦貿易委員會法第五條之規定，對於競爭者產品為不實攻擊之競爭手段，美國聯邦貿易委員會即有阻止之權限及義務，此種以法治來建立公平合理競爭秩序之精神與制度，殊值吾人學習與參酌。

拾、從仿冒糾紛論外商訴權之爭

專利權與商標權，對於營業主體而言，具有財產上之價值，而得讓與或授權他人使用，惟與民法上財產之概念不盡相同，學術界特以無體財產權(Immaterialgüterrecht) 稱之，國際公約亦認專利權與商標權為工業財產權(Industry property)，此種權利以其取得利用及侵害之排除為重心。專利權或商標權之取得，在我國目前係以中央標準局為主管機關，對於中央標準局給予權利之決定有不服時，係以經濟部、行政院或行政法院判斷其決定是否妥適；如發生仿冒糾紛涉訟時，則以普通法院之民事庭或刑事庭審理，由於行政救濟耗時之冗長及法院見解之歧異，使得仿冒廠商得在多頭馬車之現況下心存僥倖，而無法使權利人得到完善有效之保護，其中以外商——即未經認許之外國公司得否在本國法院提起自訴之爭最為嚴重，亦係七十三年中美工業財產權會議所應解決之問題。

外國人所屬之國家，與我國如無相互保護工業財產權之條約或協定，或依其本國法律，對我國人民申請專利商標不予受理者，該外國人向我國申請時，得不予受理，此即我國所採取之互惠原則。在實務運作上，與我國無邦交之外國人向我國申請專利商標時，亦予以受理，殊屬進步而開明，除可拓展實質經濟貿易關係外，尚可使我國廠商在該國得享受同等之待遇。人民對於中央或地方機關之行政處分，認為違法或不正，致損害其權利或利益者，得依訴願法之規定提起訴願、再訴願，凡依訴願法之規定提起再訴願而不服其決定者，即可提起行政訴訟。此所謂人民，除本國人外，尚包括外國人在內，外國自然人或外國法人皆屬之。我國行政法院在處理外國公司或未經認許之外國公司有關工業財產權之行政訴訟時，從未主張當事人不適格，而一律受理。

外國公司依我國法律之規定取得專利權或商標權之後，在我國發生

仿冒糾紛時，在民事上，得請求侵害人停止侵害及損害賠償，在刑事上，得提起告訴或自訴，使侵害人受科刑之判決。邇來外商控訴國內廠商仿冒案件來勢洶洶，先後有蘋果電腦、永備電池、勞力士手錶、及法國名牌皮件之訴訟，欲以法律途徑保障工業財產權，此種觀念與作法亦係我國法律所賦予，應予尊重，蓋我國為民主法治國家。惟在訴訟過程中發生許多程序上與實體上之問題，困擾重重，尚待解決。就民事訴訟而言，未經我國認許之外國法人，不能與中國法人有相同之權利能力，即不具有當事人能力，而不得提起民事訴訟，然最高法院五十年臺上字一八九八號判例認為，未經認許之外國法人為非法人團體，苟該非法人團體設有代表人或管理人者，依民事訴訟法第四十條第三項規定，自有當事人能力，其在我國是否有事務所或營業所則非所問，則外商提起民事訴訟，程序上不致產生問題，至於實體上有關是否仿冒之問題，則非容易解決。我國在處理專利商標之訴訟時，如果能由熟諳工業財產權法之法官或成立專利商標法庭加以處理，應為上策，法院之判斷能讓當事人信服，而後能建立法治信心，此種法治信心為制止仿冒之最後一道防線。否則，外商懷疑本國法院之「愛國裁判」，而本國廠商耽心外商之「壓迫干涉」，又如何能杜絕層出不窮之仿冒糾紛？

　　商標權或專利權之所有人，在發覺其商標權或專利權受到他人侵害時，先要求侵害人登報道歉，此種方法，亦不失為解決仿冒之途徑，惟商標之仿冒，並非告訴乃論之罪，而侵害人之道歉啟事，無異承認其犯罪事實，檢察官似應依刑事訴訟法第二百一十八條之規定，開始偵察。

　　未經認許之外國公司是否有自訴權之爭，係七十二年中美保護工業財產權會議主題之一，至今仍尚未妥善解決，其應解決，並非由於外力之干涉，乃在求其法律適用之妥適性。其妥善解決，有助於外商在我國進行投資或貿易，並促進我國為民主法治之形象。民國二十年八月七日司法院以院字第五三三號解釋認為：「刑事訴訟法第三條所稱自訴人，以

自然人或法人為限。未經依法註冊之外國公司，既未取得法人資格，其以公司名義委任代理人提起自訴者，應不受理。」　自此之後，外國公司未依我國公司法之規定，經過經濟部之認許，於其受到侵害時，不能在我國法院提起自訴，請求保護。七十二年一月底，永備公司電池仿冒自訴案，高等法院以永備公司無自訴權，而駁回其自訴。美國蘋果公司曾向臺北地院提起自訴，以該公司不具法人資格而判決諭知不受理，蘋果公司不服提起上訴，經高等法院引用中美友好通商航海條約第三條第四款之規定，於七十二年三月十五日肯定美商蘋果公司在臺自訴權。永備案與蘋果案兩案判決前後相差不到兩個月時間，而法院見解完全不同，令人無所適從。中美友好通商航海條約第六條第四款規定：「締約一方之國民、法人及團體，不論為行使或防衛其權利，應享有在締約他方領土內向依法設立之各級有管轄權之法院、行政法院及行政機關陳訴之自由」，此條款明白指出，美商有向我國法院「陳訴」之自由，至於「陳訴」，是否包括告訴、自訴，並不明確，各法院主張美商不得提起自訴，最高法院認為，此種情形，只是法律見解不同，而非違法，並以此為理由，就永備案駁回檢察長之非常上訴，此後，外商是否有自訴權之爭，乃進入春秋戰國時代。即使依據中美友好通商航海條約而肯定美商之自訴權，其他日本、德、法、英、義等國之公司仍不能享有自訴權，而美國以外其他外國公司在我國發生仿冒之糾紛，為數不少，應如何解決，相當困擾。

我國既允許未經認許之外國公司依法律規定申請商標註冊或取得專利權，則於其取得專利權或商標權之後，我國法律理當應予保護，若允許其取得專利權、商標權於先，俟其受到侵害循司法途徑解決時，又在程序上不予受理，拒絕保護於後，顯屬矛盾，而失事理之平。依刑事訴訟法第三百一十九條之規定，犯罪之被害人得提起自訴，所謂被害人，係指因犯罪而受損害之人，除自然人外，未經認許之外國法人亦得為被

害人，雖無條約之規定，亦應予以保護。就工業財產權之保護而言，巴黎公約任何一國之國民，在該同盟所有其他國家內，享有各該國法律對其本國國民現在所給予，或將來可能給予之利益，所有此等利益，概不妨礙巴黎公約所特別規定之權利。因此，外國人於履行加諸該本國國民之條件及手續時，對於其權利之任何侵害，與該本國國民享有相同之保護及相同之法律救濟。對巴黎同盟各國之國民享有任何工業財產權之權利，不得以其在請求保護工業財產權之國家內，有住所或廠號為條件，此即巴黎保護工業財產權公約所揭櫫內外國人平等之原則。我國雖未參加巴黎公約，但是斟酌國際保護工業財產權公約之原則，對於未經認許之外國公司，於其工業財產權遭受侵害時，賦予保護，非但法理基礎穩固，而且符合保護工業財產權之國際趨勢。經濟部決定在商標法增定第六十六條之一，規定商標專用權人如為未經認許之外國法人，對於侵害其商標專用權者，得為告訴或提起自訴，但以依條約或其本國法令、習慣，中華民國法人得在該國享受同等權利者為限。其目的在徹底解決未經認許外國公司之訴權問題，同時嚇阻不法廠商繼續從事仿冒。在專利法及著作權法修正時，解決外商訴權之問題，亦不應忽視。

　　外國自然人依我國法律之規定取得專利權或商標權，於其權利受到侵害時，均得提起民事訴訟或刑事訴訟，而對於外國法人——即未經認許之外國公司，反而不准其提起自訴或告訴，於法理上不甚妥適，違反各國立法趨勢及國際公約之原則，同時，無異明示不肖廠商得肆無忌憚仿冒外商，依我國法律規定取得之權利而不受制裁，此誠非吾國法律保護工業財產權之意旨。茲值中美工業財產權會議在臺北召開之際，吾人必須重申徹底解決外商訴權之爭，並非屈服於強權或壓力，而是基於「經濟法治」之原則，發揮法律適用之妥適性，並為我國廠商工業財產權之國際保護，開創新的契機！

（本文曾發表於七十三年六月十五日經濟日報第十二版）

拾壹、解開保護著作權之難題

我國著作權法，最初係由國民政府於民國十七年五月十四日公布施行，其後雖歷經三十三年、三十八年及五十三年之修正，惟對於著作權法之基本制度卻未嘗稍異，與先進國家相較，遙遙落後。我國號稱文化古國，而對於保護文化資產如此重要之著作權法，卻不予應有之重視，頗令有識之士憂心如焚。立法院內政、教育、司法三委員會聯席會議於七十三年十一月五日審查通過行政院著作權法修正草案，歷經波折，新著作權法終於七十四年七月十日公布，其中關於國內著作持創作保護主義，擴大著作權之範圍，增列音樂著作之強制授權及法定最低賠償額之規定，觀念進步，將使我國著作權法大步向前邁進，殊值喝采，惟新著作權法仍有若干未能盡善之處，僅就其犖犖大者提出淺見，或可供參考。

一、確立內外國人著作同等保護之原則

著作一經完成，其權利即屬存在，無待於國家法律之認定而後成立，因此，世界各國法律對於著作權取得之規定，率皆採取創作主義。保護著作權之伯恩公約，亦採取自動保護之原則，即著作權之取得，不以著作物之交付、通知或登記為要件。新著作權法能盱衡世界潮流，廢除以註冊審查為取得著作權要件之制度，而採取創作主義，使我國著作權法邁向新的里程碑，惟創作主義，僅限於本國著作，而不及於外國著作，則為美中不足。依新著作權法第十七條第一項之規定，外國人之著作於中華民國境內首次發行者，或依互惠主義之原則，得依我國著作權法申請著作權註冊，即對於外國人之著作，仍堅持註冊主義，此種以行政機關之審查及決定為著作權取得要件之制度，在法理上已非妥適，同時與國際公約及先進國家著作權法之發展趨勢背道而馳。由於國際交流頻繁，

著作物之散布與流傳，無遠弗屆，使得文學與藝術之創作，突破國家疆界，而對於外國人之著作，應與本國人之著作採取同等待遇之原則，又為伯恩保護文學與藝術著作物公約 (The Berne Convention for the Protection of Literary and Artistic Works)所揭櫫之精神，如仍執意對外國著作採取差別待遇之保護，在大力減少國際交流障礙之今日，適足以落人口實，如不幸因立法之不妥而引起經濟抵制或貿易摩擦，則誠非立法者之所願，則吾國立法當局在維護國家利益與尋求國際平等之原則上，似應審慎評估註冊主義在法理上之妥適性，及對於外國人著作採取註冊主義之合目的性，而後重新考慮建立內外國人著作同等保護之原則。

二、審慎建立保護電腦軟體之法制

保護電腦軟體之目的，在於促進電腦科技之發展，維護社會大眾應用電腦科技之權益，及對於投資研究者有適當之保障。

新發明而具有產業上之利用價值者，得申請專利，而受到專利法之保護。所謂發明，係指人類利用自然法則所為技術上之創作而言，惟人類在文學、藝術及音樂領域之創作，則屬於著作權法保護之範圍，而專利法所保護者，僅限於技術領域之發明，因此，具有技術性發明之程式，得受專利法之保護，各國殆無爭論，至於電腦軟體究竟以著作權法或特別立法方式保護，及其保護之範圍如何，則為西方工業國家爭執之焦點。

美國在一九七四年成立新科技使用著作物國家委員會 (National Commission on New Technological Uses of Copyrighted Works)，研究電腦程式之法律保護，投下之人力物力，為數龐大。一九八〇年美國國會接受該委員會之建議，於著作權法第一〇一條明定電腦程式之定義，並於第一一七條規定電腦程式著作權之限制，固然以立法方式肯定電腦程式受著作權法保護之可能性，惟電腦程式是否符合著作權法之理論與精神，仍多扞格之處。

　　德國著作權法學者認為，電腦程式受著作權法保護之可能性，原則上可以肯定，同時也指出，以著作權法保護電腦程式，得經由保護著作權之國際公約，使其效果更能鞏固，不過，德國尚未進步到直接以立法來保護電腦軟體之階段。一九八二年十二月二十一日慕尼黑聯邦法院之判決認為，電腦程式係德國著作權法第二條第一項第一款之文學著作，同時亦可認為係第七款科學或技術性質之描述物，而受著作權法之保護，惟該判決對於頗為困難之保護範圍，卻未觸及，被告亦基於法律之觀點而向聯邦最高法院提起上訴。有關電腦軟體在世界各國之訴訟，原告幾乎都是美國廠商，如美商蘋果電腦公司在全世界各國所提起之訴訟，已超過三十多件。一九八三年十二月七日澳大利亞新南威爾斯地方法院之判決，則認為電腦程式不是著作權法所保護之文學作品，然該國於一九八四年之著作權法修正案，則認為電腦程式應納入著作權法，而予以保護。

　　我國著作權法繼受大陸法系，依其理論，著作權之內容分為著作財產權與著作人格權。著作即使移轉與他人，該著作人仍保有著作人格權，即他人非經作者之同意，不得將原著作內容改竄、割裂，以對作者人格之尊重，何況作品之良窳攸關作者之名譽，此即伯恩公約或德國、日本及我國著作權法明定禁止他人就其作品改竄、割裂之理由。著作權法所保護之創作物，具有「文化財」之性質，而電腦軟體具有「經濟財」之性質，同時電腦程式發展完成後，在使用時需要加以修改，因此著作權法有關著作人格權之規定，有礙於程式之開發。我國電腦法律專家鄭中人主張應另立新法保護，即非無理論上之根據。世界智慧財產權組織草擬保護電腦軟體模範條款，就電腦軟體之定義、權利之歸屬、權利取得之要件、權利之內容及侵害等予以詳細規定，以供各國特別立法之參考。日本政府為確立電腦軟體之使用權、修改權及消除人格權，不顧美國之壓力而曾倡導以特別立法之方式保護電腦軟體。

我國現行著作權法採取註冊主義，且未明文規定電腦程式為著作權保護之客體，行政機關依行政命令擴大解釋電腦程式屬於文字之著譯，而得依著作權法第一條第一項第一款之規定，申請著作權，似屬違背關於人民之權利義務應以法律規定之原則，至於依據行政命令所取得之電腦程式著作權遭受侵害時，法院對侵害人為科刑之判決，似又違背罪刑法定主義之原則，倍受批評。迨著作權法修正草案明文列舉電腦軟體為保護客體，並經立法院一讀通過，再度引起軒然大波，乃有資訊界與法律界共同組成之電腦軟體保護法律研究委員會，為不夠周延之草案提供修正建議。平心而論，有關電腦軟體之保護，從問題之產生，經法案之提出，到立法之通過，速度之快，超乎我國立法常軌，而尤其欠缺理論之基礎。關於電腦軟體之保護，在資訊強國與資訊弱國有其不同的層次，吾國立法當局似應環顧世界保護電腦軟體之趨勢，並斟酌國內資訊工業之發展，再度審慎建立我國保護電腦軟體之法制。

三、明定出租仿冒品之刑事責任

依著作權法修正草案第三十八條第二項及第三十九條第二項之規定，銷售或意圖銷售而陳列、持有盜版錄影帶、電腦程式或其它仿冒品者，應受處罰，固無疑問，惟對於出租或意圖出租而陳列持有仿冒品者，得否逕予處罰，迭有爭論。由於我國刑法第一條即明白揭櫫罪刑法定主義之原則，而著作權法對於出租仿冒品者，並無處罰之明文規定，我國法院即據此判決出租盜版錄影帶者無罪，顯然暴露法律之漏洞。出租仿冒品之營利行為，對於著作權之侵害，不亞於銷售，而應處罰，新著作權法即明定出租違法重製物或仿製物者之刑事責任，殊屬妥適，否則，吾國法院將眼睜睜地對於出租盜版錄影帶之犯罪行為而望洋興嘆徒喚奈何！

四、解決家庭錄影行為合法性之難題

　　錄影機是新科技之產品，其對於著作權法之發展，造成不少之衝擊。一般人擅自將有著作權之電視節目或影片加以錄影或錄音，以便日後隨時觀賞，是否構成著作權之侵害，已在世界各國成為非常棘手之難題。美國環球影城公司與華德狄斯耐公司於一九七六年九月，具狀控告新力公司及其經銷商與家庭錄影之行為人侵害其著作權。舊金山地方法院判決原告敗訴，認為家庭錄影僅供私人觀賞，而無商業行為，並不違反著作權法。原告上訴，聯邦第九巡迴上訴法院，廢棄原判決，認為錄影之行為人已侵害原告之著作權，以及新力公司應負幫助侵害之責任。新力公司乃向聯邦最高法院提起上訴，該院於一九八三年七月六日宣布延期判決，使得此案纏訟長達八年之久，舉世矚目，其問題之複雜可見一斑。

　　德國為解決家庭錄影行為之難題，乃於著作權法第五十三條第五項規定之，即依著作物之性質，預期以無線電播送收錄於錄影物或錄音物，或由一錄影物或錄音物轉錄於他錄影物或錄音物，以複製而供自己利用者，該著作物之著作人，對可供此種複製之機器製造者，享有支付報酬請求權，惟此種請求權，僅得由著作權管理團體主張之。此種立法，遭受製造廠商之強烈指責，主張侵犯其財產權應受保障與職業自由之權利，而向德國聯邦憲法法院提起違憲訴訟 (Verfassungswiderigkeit)，喧騰一時，轟轟烈烈。此種立法，在明定自行錄音或錄影行為之合法性，同時賦予著作人對錄音機或錄影機之製造商享有報酬請求權，而製造商可將責任轉嫁與買受人，同時此種情形，並非對於製造商之職業活動加以限制，而僅是私法上利益之調整而已，德國聯邦憲法法院乃認為並無違憲，而告塵埃落定。

　　我國新著作權法約略提及合理使用之原則及管理團體之設定，惟合理使用之結果，使得著作權人之利益顯然減少，如對於家庭錄影之行為

人一一捉拿法辦，則風聲鶴唳，惟事實上有其困難，亦非上策，而著作權人並不堅決反對他人之錄影，只是不甘受損而已，如能獲得適當補償，當是解決問題之道，則吾人在解決家庭錄影合法性之難題時，似應以立法途徑調和著作權人之利益，使其獲得真實之保障，以促進文化與娛樂事業之健全發展。

（本文曾發表於七十四年一月二十日聯合報第二版）

附　錄

一、德國不正競爭防止法

一九〇九年六月七日公布

一九八六年七月二十五日修正

第一條　（概括條款）

　　於營業交易中，以競爭為目的而為背於善良風俗之行為者，得向其請求不作為及賠償損害。

第二條　（商品及營業上給付）

　　本法所稱商品兼指農產品，所稱營業上給付及利益，兼指農業之給付及利益。

第三條　（引人錯誤之表示）

　　於營業交易中，以競爭為目的，關於營業狀況，尤其就個別或總括提供之商品或營業上給付之性質、來源、製造方法、價格計算、價目表、進貨方法、進貨來源、所得獎賞、銷售之動機或目的、或存貨數量為引人錯誤之表示者，得請求其不為該項表示。

第四條　（科以刑罰之廣告）

　　1.意圖引起特別有利之供給印象,在對大眾所為之公告或通知中,關於營業狀況，尤其關於商品或營業上給付之性質、來源、製造方法、價格計算、進貨方法、進貨來源、所得獎賞、銷售之動機或目的、或存貨數量，故意為不實及引人錯誤之表示者，處一年以下有期徒刑或科以罰金。

　　2.第一項所稱之不實表示，係由職員或受任人在營業交易中所為者，企業之所有人或主管人員若知其情事，應與該職員或受任人一同處

罰。

第五條 （種類表示；圖像廣告）

1.在營業交易中，用以指稱特定商品或營業上給付之名稱使用，而未標示其來源者，不適用第三條及第四條之規定。

2.圖像表現或其他活動之表達，足以取代第三條及第四條之表示者，視同第三條及第四條所稱之表示。

第六條 （破產商品之銷售）

1.銷售之商品源出於破產財團，但已不屬於該破產財團時，不得在對大眾所為之公告或通知中，就商品之來源源出於破產財團之表示。

2.故意或過失違反第一項之規定，而為商品源出於破產財團之表示者，為違反秩序之行為，得處一萬馬克以下之罰鍰。

第六條之一 （製造商或批發商對最終消費者之銷售）

1.在營業交易中，對最終消費者就商品之銷售，提及其係製造商之身份者，得請求其停止此作為，但有下列情形之一者，不在此限：

(1)專門銷售予最終消費者；

(2)以其轉售者或營業上消費者所容許之價格，銷售予最終消費者；

(3)毫無誤解地指示，其售予最終消費者之價格高於售予轉售者或營業上消費者之價格，或此等情事已為最終消費者所公知者。

2.在營業交易中，對最終消費者就商品之銷售，提及其係批發商之身份者，得請求其停止此作為，但其主要係供給予轉售者或營業上之消費者，且具備第一項第二款或第三款之要件者，不在此限。

第六條之二 （交付予最終消費者之權利證書）

於營業交易中，以競爭為目的，而交付予最終消費者購買商品之權利證書、證件或其他憑證或提出此類憑證始銷售商品者，得請求其停止為此作為，但該憑證僅賦予一次購買之權利且於每次購買時個別交付者，不在此限。

第六條之三　　（累進式招攬顧客；滾雪球系統）

於營業交易中，自己或經由他人，從事誘使非商人購買商品或接受營業上給付或權利，其誘使他人為同類行為之決定時，即承諾給予特別利益，此種利益，依其宣傳種類，為其他購買者作相當之宣傳，應給予該他人者，處二年以下有期徒刑或科處罰金。依其種類及範圍，非以商人方式設立之營業，該經營者視為第一段所稱之非商人。

第六條之四　　（數量限制廣告之禁止）

1.於營業交易中，為大眾所為之公告或通知中，對於最終消費者，

⑴就由總括供給所生個別商品之交付，在數量上予以限制者，或排除再銷售人者；

⑵就由總括供給所生個別商品之價格表示或其他表示，引起特別有利供給之印象，對於顧客為商品之交付，在數量上予以限制者，或其排除再銷售人者，均得向其請求停止此種廣告。

2.如公告或通知，僅係向自己職業上或營業上，或在機關或職務活動範圍內使用商品之人為之者，第一項之規定不適用之。

第六條之五　　（價格對比廣告之禁止）

1.於營業交易中，對最終消費者，就對大眾所為之公告或通知中，關於由總括供給所生個別商品或營業上給付之實際上所需價格，與較高價格對比，或為一定金額或百分比之降價，與較高價格對比，或為一定金額或百分比之降價，致使人產生早期之價格較高之印象者，得向其請求不作為。

2.有下列情形之一者，第一項之規定不適用之：

⑴非以視覺吸引方式所為之價格標記；

⑵非以視覺吸引方式所為較高之價格，而係在早期之目錄或其相類似者，在商品或服務範圍內所具有之銷售宣傳品，而包括此供給者。

⑶如公告或通知僅係向自己職業上或營業上，或在機關或職務活

動範圍內使用商品或營業上給付之人為之者。

第七條　（特別活動）

1. 在零售商業中，於通常營業交易外舉辦銷售活動，促進商品銷售及引起特別購買利益之印象（特別活動），並以此宣傳或實施者，得請求其停止作為。

2. 依品質或價格而指出之個別商品，無時間上之限制而予以供給，且此種供給，係在企業之通常營業中為之者（特別供給），非第一項所稱之特別活動。

3. 第一項之規定，於下列情形不適用之：

⑴開始於一月之最後星期一及開始於七月之最後星期一，而有十二天之特別活動，得銷售紡織品、衣服、鞋類、皮貨或運動物品（冬季結束銷售及夏季結束銷售）。

⑵在自己之分支機構於分別滿二十五年後，慶祝企業成立之特別活動（紀念慶典）。

第七條之一至第七條之四　（廢止）

第八條　（清倉銷售）

1. 以清倉強制之情形有必要者為限，於第七條第三項所定時間以外，依其狀況，存貨之清倉，因下列情形之一有必要時（清倉強制之情形），即得為期最多十二工作天之清倉銷售：

⑴因火災、水災、暴風雨或不可歸責於舉辦人之事由所產生之損害；

⑵依建築法之規定所為之通知或許可，而有義務之改建計畫實行前。

2. 因全部營業之廢棄，如舉辦人在開始之前至少三年，未因相同種類營業之廢棄而為清倉銷售時，得在第七條第三項所定時間以外，舉辦為期最高二十四工作天之清倉銷售，但在該期間屆滿前，使清倉銷售成

為合法之特別情況，不在此限。第一項第二段之規定，準用之。

3.依第一項第一段第一款所為之清倉銷售，至遲應於第一次宣傳之前一星期，依第一項第一段第二款及第二項所為之清倉銷售，至遲應於第一次宣傳之前二星期，向主管商業、手工業及工業之官方職業代表申報。申報時，應包括：

　　⑴清倉銷售之理由；

　　⑵清倉銷售開始及結束之日期，及其地點；

　　⑶應清倉商品之種類、性質及數量；

　　⑷依第一項第二款所為之清倉銷售時，與建築措施相關之銷售平面之表示；

　　⑸依第二項所為之清倉銷售時，其營業經營之期間，申報時，應附加形成該清倉銷售有理由之事實之證明，依第一項第二款所為之清倉銷售，建築機關關於建築計劃許可之證明，應附加之。

4.商業、手工業及工業之官方職業代表，及其選任之信任人員，有權審查該項陳述，為此種目的，於營業時間內，其得進入舉辦人之營業場所。文件之閱覽及副本之製作或影印，任何人均得為之。

5.有下列情形之一者，得向其請求不為全部清倉銷售之宣傳或實施：

　　⑴違反第一條至第四條之規定者；

　　⑵僅為清倉銷售取得之商品，而予以銷售者（商品之提前或延後銷售）；

6.此外，有下列情形之一者，得向其請求不作為：

　　⑴以濫用方式產生清倉銷售之動機者，或以其他方式濫用清倉銷售之可能性者；

　　⑵直接或間接繼續已宣傳為廢棄之營業，或在二年期滿前，於同一地點或鄰近之鄉鎮，就有關之種類商品，以清倉銷售舉辦人之身份，為商業之經營者；但使商業繼續或經營成為合法之特別情況存在時，不

在此限。

(3)依第一項第二款所為清倉銷售,於通知之建築措施完全結束前,在與此有關之銷售平面場所中,為商業之繼續者。

第九條 (廢止)

第九條之一 (廢止)

第十條 (廢止)

第十一條 (廢止)

第十二條 (賄賂職員)

1.於營業交易中,以競爭為目的,對於營業中企業之職員或受任人行求、期約或交付一定之利益作為對價,以使其以不正當方法使自己或他人,在購買商品或營業上之給付時受到優惠者,處一年以下有期徒刑或併科罰金。

2.營業中企業之職員或受任人,於營業交易中,要求、期約或收受利益作為對價,其以不正當方法使他人在購買商品或營業上給付之競爭中受到優惠,其處罰亦同。

第十三條 (不作為請求權)

1.違反第四條、第六條之三、第十二條之規定者,得向其請求不作為。

2.在第一條、第三條、第四條、第六條至第六條之五、第七條、第八條之情形,得行使不作為請求權者為:

(1)經營相同或相關商品或營業上給付之營業經營者;

(2)以促進營業利益為目的而具有權利能力之團體;

(3)依章程以開導或諮詢方式保護消費者利益為任務之團體;在第一條之情形,以請求權涉及消費者重要關係之行為為限,此種團體始得主張不作為請求權;

(4)工業、商業總會或手工業總會。

　　3.第十二條之情形，僅限於第二項第一款、第二款及第四款所稱之營業經營者、團體及公會，始得行使不作為請求權。

　　4.第二項及第三項所規定之情形，其違反行為係由職員或受任人在營業經營中為之時，不作為請求權亦得向營業之所有人行使之。

　　5.斟酌所有情況，如濫用其主張，尤其主要係針對違反行為者，產生法律追訴支出及費用之賠償請求時，其不作為請求權，不得主張之。

　　6.因違反行為所生損害，應負賠償責任者為：

　　⑴在第三條之情形，明知或應知其所為之表示係引人錯誤者。定期刊物之編輯、發行人、印刷者或散布者，明知其所為之表示係引人錯誤時，亦得對其主張損害賠償請求權；

　　⑵故意或過失違反第六條至第六條之五、第七條、第八條及第十二條之規定者。

第十三條之一　　（解除權）

　　1.因第四條所稱之不真實與引人錯誤之廣告表示，對購買人契約之訂立有重大關係，而使購買人為購買之確定，其得解除契約，此種表示之廣告，係由第三人為之，如他方當事人明知或應知其表示為不真實及引人錯誤，或經由自己之措施，使此種表示之廣告成為己有時，購買人亦得行使解除權。

　　2.購買人知悉其解除權有理由後，其解除之行使應向地方當事人表示之。契約訂立後六個月期滿前，未為解除契約之表示者，其解除權消滅。解除權，不得事先放棄。

　　3.解除契約之效果，在動產之情形，依分期付款買賣法第一條之四第一項、第三項、第四項及第五項之規定定之。其他損害之主張，不得排除之。廣告由第三人為之，在他方當事人與第三人之關係中，購買人因解除契約所產生之損失，由該第三人單獨負責，但他方當事人明知其違反行為時，不在此限。

第十四條 （妨害信用）

1.以競爭為目的，而對於他人之營利事業、營業所有人或主管人員之人身，或他人之商品或營業上給付，陳述或散布不能證明為真實之消息，足以損害營業所有人之信用者，對受害人因此所生損害，應負賠償責任。受害人亦得請求停止該消息之陳述或散布。

2.如係祕密之通知，且通知者或受通知者對該通知有賦予利益時，僅以陳述或散布之消息違反真實者為限，始得行使不作為請求權。如通知人明知或應知該消息為不真實時，得行使損害賠償請求權。

3.第十三條第四項之規定，準用之。

第十五條 （營業誹謗）

1.惡意對他人之營利事業、營業所有人或主管人員之人身，或他人之商品或營業上之給付，陳述或散布不實之消息，足以損害營業之經營者，處一年以下有期徒刑或科以罰金。

2.職員或受任人於商業經營中，陳述或散布第一項所稱之消息，如企業之所有人明知其情事，應與職員或受任人一同處罰。

第十六條 （營業標誌之保護）

1.於營業交易中，使用營利事業、營業上之企業或印刷物之名稱、商號或特殊標誌，足以與他人有權使用之名稱、商號或特殊標誌引起混淆者，得請求其不為此種使用。

2.使用者明知或應知其濫為利用之方法，足以引起混淆時，對於受害人應負損害賠償責任。

3.營業標記及其他用以區別該營業與其他營業之特定裝置，如在所參與之交易圈中視為營利事業之標識時，視同營利事業之特殊標誌。此項規定，對於商標及表徵之保護（一八九四年五月十二日之商品標記保護法第一條及第十五條，帝國法律公報第四四一項），不適用之。

4.第十三條第四項之規定，準用之。

第十七條　　（營業祕密之洩漏）

　　1.營業企業之職員、工人或學徒，為競爭之目的、圖利自己或他人，或意圖加損害於營業企業之所有人，於僱傭關係存續中，將其因僱傭關係受託或獲悉之營業或經營祕密，無故洩漏於他人者，處三年以下有期徒刑或科以罰金。

　　2.為競爭之目的、圖利自己或他人，或意圖加損害於營業企業之所有人，以第一項所稱之洩漏，或依第一款之自己或他人之行為，而得到營業或經營祕密，或無權取得，無權利用或洩漏他者，其處罰亦同。

　　　　⑴以利用技術手段；

　　　　⑵祕密具體化複製之製作或

　　　　⑶竊取使祕密具體化之物。

　　3.未遂犯，應予處罰。

　　4.情節重大者，處五年以下有期徒刑或科處罰金。行為人於洩漏時，明知該祕密將在國外利用，或自己在外利用者，通常即為情節重大。

第十八條　　（文件資料之利用）

　　為競爭之目的，或圖利自己，對於營業交易中受託之技術文件資料，尤其是圖案、模型、樣版、剖面式樣、配方，無權加以利用或洩漏他人者，處二年以下有期徒刑或科處罰金。

第十九條　　（損害賠償義務）

　　違反第十七條及第十八條規定者，對因此所生損害，負賠償義務。有多數義務人時，應負連帶債務人之責任。

第二十條　　（誘使及期約洩漏）

　　1.為競爭之目的或圖利自己，誘使他人為違反第十七條或第十八條之犯罪行為，或接受他人為該犯罪行為之期約要求者，處二年以下有期徒刑，或科處罰金。

　　2.為競爭之目的或圖利自己，要求期約而為違反第十七條或第十八

條之犯罪行為者，或表示願依他人之要求而為該犯罪行為者，其處罪亦同。

3.刑法第三十一條之規定，準用之。

第二十條之一 （在國外之犯罪行為）

第十七條、第十八條及第二十條之犯罪行為，準用刑法第五條第七款之規定。

第二十一條 （消滅時效）

1.本法所規定之不作為請求權或損害賠償請求權，自請求權人知悉行為及義務人時起六個月，時效消滅；不問知悉與否，自行為時起三年，時效消滅。

2.損害發生前，損害賠償請求權之時效不開始。

第二十二條 （告訴；自訴）

1.犯罪行為之追訴，除第四條及第六條之三所規定者外，須告訴乃論。如追訴機關因特別公共利益，對於追訴認為有依職權干涉之必要時，第十七條、第十八條及第二十條之規定，不須告訴乃論。第十二條之情形，第十三條第二項第一款、第二款及第四款所定之營業經營者、團體及公會均有權提出告訴。

2.因第四條及第六條之三所規定之犯罪行為，如同依第十二條須為告訴乃論之犯罪行為，除被害人外（刑事訴訟法第三百七十四條第一項第七款），第十三條第一項第一款、第二款及第四款所定之營業經營者、團體及商會均得提起自訴。

第二十三條 （判決之公告）

1.於第十五條之情形，為刑之宣告時，因被害人之聲請，應將判決依聲請公告之。

2.依本法之規定提起不作為之訴時，得於判決中，判予勝訴之一方有權將判決中指定之部份，於一定期間內，以敗訴一方之費用，予以公

告之。

　　3.公告之方式，應於判決中確定之。

第二十三條之一　　（訴訟的價額之計算）

　　違反第一條、第三條、第四條、第六條、第六條之一至第六條之五、第七條、第八條之行為，而提起不作為請求權，如事件依其種類及範圍屬於單純者，或因其財產或所得關係，對於當事人一方按訴訟標的之全部價額負擔訴訟費用，係不可忍受者，在計算訴訟標的之價值時，應考慮予以減少。

第二十三條之二　　（訴訟標的價額之降低）

　　1.以訴訟主張本法所規定之請求權時，如當事人之一方於民事訴訟中釋明，按訴訟標的之全部價額負擔訴訟費用，對於其經濟情況將有重大危害時，法院得依其聲請，命該當事人所應支付之裁判費用，依其經濟情況相當之訴訟標的價額之部份計算之。法院為此裁決，得視當事人是否更能釋明，其所應負擔之訴訟費用，不能直接或間接由第三人承擔。此項裁決之效果為，亦使受益之當事人僅依訴訟標的價額之部份，支付其律師費。以命其負擔訴訟費用或其已承擔此訴訟費用者為限，他方當事人所支付之裁判費及其律師費，僅依訴訟標的價額之部份償還之。裁判外之費用由他方當事人負擔或承擔時，受益當事人之律師，依此適用之訴訟標的價額，向他方當事人請求支付其酬金。

　　2.第一項之聲請，得向法院書記處為之，應記明筆錄。此項聲請，應於本案言詞辯論前提出。本案言詞辯論後，僅於認定或確定之訴訟標的價額，其後經法院提高時，始得聲請。對此項聲請決定以前，應聽取他方當事人之意見。

第二十四條　　（地區管轄）

　　1.依本法提起之訴訟，由被告之營業所所在地，或無營業所者其住所地之法院管轄。在國內無營業所又無住所之人，由其國內居所地之法

院管轄。

2.依本法提起之訴訟，此外僅得由行為地方法院管轄。

第二十五條 （假處分）

為保全本法所規定之不作為請求權，縱與民事訴訟法第九百三十五條及第九百四十條所規定之要件不符，仍得命為假處分。

第二十六條 （廢止）

第二十七條 （事物管轄）

1.主張本法所規定之請求權，其民事訴訟以邦法院為第一審管轄法院時，由商事法庭審；但最終消費者主張第十三條之一之請求權，其非依法院組織法第九十五條第一項第一款雙方商業行為而產生，則其法律爭執，則為例外。

2.在競爭事件之爭訟中，為有利於司法，尤其為確保裁判之統一，授權邦政府以命令指定數個邦法院中之一法院，為該數邦法院之管轄區域，以審理競爭事件之爭訟。邦政府得將此項授權，移轉邦司法行政機關。

3.訴訟如無第二項之規定，應屬其管轄之法院，而在該法院登錄之律師，亦得在競爭事件爭訟之法院，代理當事人出庭。在上訴法院之代理，此項規定，準用之。

4.當事人之一方，依第三項之規定由不在受訴法院登錄之律師代理，而產生之額外費用，不予補償。

第二十七條之一 （調解處）

1.邦政府應在工業及商業總會設立調解處，以調解依本法規定而主張請求權之民事爭議（調解處）。

2.在最終消費者或第十三條第二項第三款所稱消費者團體請求時，調解處應由一名依德國法官法具有法官資格之法學專家擔任主席，相同數目之營業經營者或消費者擔任陪席委員；此外，應由主席及至少二名

具有專門知識之營業經營者擔任陪席委員組成之。主席應熟悉營業競爭
法規。有爭議案件時陪席委員由主席自每年按曆編列之陪席委員名單中
聘任之。陪席委員之聘任，應與當事人協調後為之。調解處成員之自行
迴避與聲請迴避，民事訴訟法第四十一條至第四十三條，及第四十四條
第二項至第四項之規定，準用之。關於迴避之聲請，由調解處所在地之
邦法院決定之（商事法庭決定之，無商事法庭時，由民事庭決定之）。

　　3.依第十三條及第十三條之一所生之民事爭議，以競爭行為涉及與
最終消費者之營業上交易為限，各當事人得請求調解處調解與他方當事
人之爭議案件。依第十三條及第十三條之一所生之其他民事爭議，如他
方當事人同意時，得請求調解處調解。

　　4.調解處之管轄權，第二十四條之規定準用之。

　　5.調解處之主席，得命當事人本人到場。當事人無正當理由不到場
者，調解處得科處秩序罰鍰。對於本人到場之命令及科處秩序罰鍰之處
分，依民事訴訟法之規定，向調解處所在地之邦法院（商事法庭，或無
商事法庭時，民事庭）立即提起抗告。

　　6.調解處應謀求達成和解。調解處得為當事人製作附具理由之書面
調解建議書。調解建議書及其理由，應由當事人之同意，始得公開。

　　7.和解成立時，應作成特別書面，註明成立日期，並由參與調解之
調解處成員及當事人簽名。在調解處成立之和解，有強制執行力；民事
訴訟法第七百九十七條之一之規定，準用之。

　　8.調解處認為所主張之請求，自始即無理由或無管轄權時，得拒絕
調解之處理。

　　9.向調解處請求調解，與起訴同，使時效中斷。在調解處之調解程
序終結前，時效之中斷繼續。和解不成立時，調解程序終結之時間，由
調解處確定之。主席應將調解程序終結之時間，通知當事人。向調解處
撤回調解之請求時，視為時效未中斷。

10.第三項第一段所定之爭議,未向調解處請求調解,即提起訴訟者,法院得依聲請,指定新期日,命當事人在此期日前,向調解處請求調解以謀求達成和解。在假處分聲請程序中,如雙方當事人同意,此種命令始得為之。第八項之規定,不適用之。調解程序已進行時,向調解處請求調解後,他方當事人始提起確認所主張之請求權不存在之訴,應不得為之。

11.授權邦政府,為執行上開規定及為規範調解處之調解程序,得頒布必要之規定,尤其關於調解處之監督,關於未加入工商總會營業經營者適當參與之組織(一九五六年十二月十八日工商總會權利暫行條例第二條第二項至第六項,聯邦法律公報,第九二〇頁及關於秩序罰鍰之執行,以及調解處繳納費之規定。在調解處職位之擔任,為規定第二項第一段所稱之消費者為聯邦而設立以公開方法而促進之消費者中央組織之建議,應予斟酌。

第二十八條　(國際法)

在國內無主要營業所者,以其主要營業所所在地之國家,依在聯邦法律公報所包含之公告,德國之營業經營者享有相當保護者為限,始得請求依本法保護。

第二十九條　(廢止)

第三十條　(施行)

1.本法自一九〇九年十月一日起施行。

2.一八九六年五月二十七日之不正競爭制止法(帝國法律公報第一四五頁),同時失效。

資料來源:行政院公平交易委員會,各國公平交易法相關法規彙編,八十二年六月初版,第四一八七頁至第四一一〇三頁。

二、公平交易法

中華民國八十年二月四日公布

第一章　總　則

第一條　為維護交易秩序與消費者利益，確保公平競爭，促進經濟之安定與繁榮，特制定本法；本法未規定者，適用其他有關法律之規定。

第二條　本法所稱事業如左：

一、公司。

二、獨資或合夥之工商行號。

三、同業公會。

四、其他提供商品或服務從事交易之人或團體。

第三條　本法所稱交易相對人，係指與事業進行或成立交易之供給者或需求者。

第四條　本法所稱競爭，謂二以上事業在市場上以較有利之價格、數量、品質、服務或其他條件，爭取交易機會之行為。

第五條　本法所稱獨占，謂事業在特定市場處於無競爭狀態，或具有壓倒性地位，可排除競爭之能力者。

二以上事業，實際上不為價格之競爭，而其全體之對外關係，具有前項規定之情形者，視為獨占。

第一項所稱特定市場，係指事業就一定之商品或服務，從事競爭之區域或範圍。

第六條　本法所稱結合，謂事業有左列情形之一者而言：

一、與他事業合併者。

二、持有或取得他事業之股份或出資額，達到他事業有表決權股份或資本總額三分之一以上者。

三、受讓或承租他事業全部或主要部分之營業或財產者。

四、與他事業經常共同經營或受他事業委託經營者。

五、直接或間接控制他事業之業務經營或人事任免者。

計算前項第二款之股份或出資額時，應將與該事業具有控制與從屬關係之事業所持有或取得他事業之股份或出資額一併計入。

第七條　本法所稱聯合行為，謂事業以契約、協議或其他方式之合意，與有競爭關係之他事業共同決定商品或服務之價格，或限制數量、技術、產品、設備、交易對象、交易地區等，相互約束事業活動之行為而言。

第八條　本法所稱多層次傳銷，謂就推廣或銷售之計畫或組織，參加人給付一定代價，以取得推廣、銷售商品或勞務及介紹他人參加之權利，並因而獲得佣金、獎金或其他經濟利益者而言。

前項所稱給付一定代價，謂給付金錢、購買商品、提供勞務或負擔債務。

第九條　本法所稱主管機關：在中央為行政院公平交易委員會；在省(市)為建設廳（局）；　在縣（市）為縣（市）政府。本法規定事項，涉及他部會之職掌者，由行政院公平交易委員會商同各該部會辦理之。

第二章　獨占、結合、聯合行為

第十條　獨占之事業，不得有左列行為：

一、以不公平之方法，直接或間接阻礙他事業參與競爭。

二、對商品價格或服務報酬，為不當之決定、維持或變更。

三、無正當理由，使交易相對人給予特別優惠。

四、其他濫用市場地位之行為。

獨占之事業，由中央主管機關定期公告之。

第十一條　事業結合時，有左列情形之一者，應向中央主管機關申請許可：

一、事業因結合而使其市場占有率達三分之一者。

二、參與結合之一事業，其市場占有率達四分之一者。

三、參與結合之一事業，其上一會計年度之銷售金額，超過中央主
管機關所公告之金額者。

市場占有率達五分之一之事業，由中央主管機關定期公告之。

中央主管機關收受第一項之申請，應於二個月內為核駁之決定。

第十二條　對於前條之申請，如其結合，對整體經濟之利益大於限制競
爭之不利益者，中央主管機關得予許可。

第十三條　事業結合，應申請許可而未申請，或經申請未獲許可而為結
合者，中央主管機關得禁止其結合、限期命其分設事業、處分全部或部
分股份、轉讓部分營業、免除擔任職務或為其他必要之處分。

事業違反中央主管機關依前項所為之處分者，中央主管機關得命令
解散、停止營業或勒令歇業。

第十四條　事業不得為聯合行為。但有左列情形之一，而有益於整體經
濟與公共利益，並經中央主管機關許可者，不在此限：

一、為降低成本、改良品質或增進效率，而統一商品規格或型式者。

二、為提高技術、改良品質、降低成本或增進效率，而共同研究開
發商品或市場者。

三、為促進事業合理經營，而分別作專業發展者。

四、為確保或促進輸出，而專就國外市場之競爭予以約定者。

五、為加強貿易效能，而就國外商品之輸入採取共同行為者。

六、經濟不景氣期間，商品市場價格低於平均生產成本，致該行業
之事業，難以繼續維持或生產過剩，為有計畫適應需求而限制產銷數量、
設備或價格之共同行為者。

七、為增進中小企業之經營效率，或加強其競爭能力所為之共同行
為者。

第十五條　中央主管機關為前條之許可時，得附加條件、限制或負擔。

許可應附期限，其期限不得逾三年；事業如有正當理由，得於期限

屆滿前三個月內，以書面向中央主管機關申請延展，其延展期限，每次不得逾三年。

第十六條 聯合行為經許可後，如因許可事由消滅、經濟情況變更或事業有逾越許可之範圍行為者，中央主管機關得撤銷許可、變更許可內容、命令停止或改正其行為。

第十七條 中央主管機關對於前三條之許可、條件、限制、負擔、期限及有關處分，應設置專簿予以登記，並刊載政府公報。

第三章 不公平競爭

第十八條 事業對於其交易相對人，就供給之商品轉售與第三人或第三人再轉售時，應容許其自由決定價格；有相反之約定者，其約定無效。但一般消費者之日常用品，有同種類商品在市場上可為自由競爭者，不在此限。

前項之日常用品，由中央主管機關公告之，

第十九條 有左列各款行為之一，而有妨礙公平競爭之虞者，事業不得為之：

一、以損害特定事業為目的，促使他事業對該特定事業斷絕供給、購買或其他交易之行為。

二、無正當理由，對他事業給予差別待遇之行為。

三、以脅迫、利誘或其他不正當之方法，使競爭者之交易相對人與自己交易之行為。

四、以脅迫、利誘或其他不正當方法，使他事業不為價格之競爭、參與結合或聯合之行為。

五、以脅迫、利誘或其他不正當方法，獲取他事業之產銷機密、交易相對人資料或其他有關技術秘密之行為。

六、以不正當限制交易相對人之事業活動為條件，而與其交易之行為。

第二十條　事業就其營業所提供之商品或服務，不得有左列行為：

一、以相關大眾所共知之他人姓名、商號或公司名稱、商標、商品容器、包裝、外觀或其他顯示他人商品之表徵，為相同或類似之使用，致與他人商品混淆，或販賣、運送、輸出或輸入使用該項表徵之商品者。

二、以相關大眾所共知之他人姓名、商號或公司名稱、標章或其他表示他人營業、服務之表徵，為相同或類似之使用，致與他人營業或服務之設施或活動混淆者。

三、於同一商品或同類商品，使用相同或近似於未經註冊之外國著名商標，或販賣、運送、輸出、輸入使用該項商標之商品者。

前項規定，於左列各款行為不適用之：

一、以普通使用方法，使用商品本身習慣上所通用之名稱，或交易上同類商品慣用之表徵，或販賣、運送、輸出或輸入使用該名稱或表徵之商品者。

二、以普通使用方法，使用交易上同種營業或服務慣用名稱或其他表徵者。

三、善意使用自己姓名之行為或販賣、運送、輸出或輸入使用該姓名之商品者。

四、對於前項第一款或第二款所列之表徵，在未為相關大眾所共知前，善意為相同或類似使用，或其表徵之使用係自該善意使用人連同其營業一併繼受而使用、或販賣、運送、輸出或輸入使用該表徵之商品者。

事業因他事業為前項第三款或第四款之行為，致其營業、商品、設施或活動有受損害或混淆之虞者，得請求他事業附加適當表徵。但對僅為運送商品者，不適用之。

第二十一條　事業不得在商品或其廣告上，或以其他使公眾得知之方法，對於商品之價格、數量、品質、內容、製造方法、製造日期、有效期限、使用方法、用途、原產地、製造者、製造地、加工者、加工地等，為虛

偽不實或引人錯誤之表示或表徵。

　　事業對於載有前項虛偽不實或引人錯誤表示之商品，不得販賣、運送、輸出或輸入。

　　前二項規定，於事業之服務準用之。

　　廣告代理業在明知或可得知情況下，仍製作或設計有引人錯誤之廣告，應與廣告主負連帶損害賠償責任。廣告媒體業在明知或可得知其所傳播或刊載之廣告有引人錯誤之虞，仍予傳播或刊載，亦應與廣告主負連帶損害賠償責任。

第二十二條　　事業不得為競爭之目的，而陳述或散布足以損害他人營業信譽之不實情事。

第二十三條　　多層次傳銷，其參加人如取得佣金、獎金或其他經濟利益，主要係基於介紹他人加入，而非基於其所推廣或銷售商品或勞務之合理市價者，不得為之。

　　多層次傳銷之管理辦法，由中央主管機關定之。

第二十四條　　除本法另有規定者外，事業亦不得為其他足以影響交易秩序之欺罔或顯失公平之行為。

第四章　公平交易委員會

第二十五條　　為處理本法有關公平交易事項，行政院應設置公平交易委員會，其職掌如左：

　　一、關於公平交易政策及法規之擬訂事項。

　　二、關於審議本法有關公平交易事項。

　　三、關於事業活動及經濟情況之調查事項。

　　四、關於違反本法案件之調查、處分事項。

　　五、關於公平交易之其他事項。

第二十六條　　公平交易委員會對於違反本法規定，危害公共利益之情事，得依檢舉或職權調查處理。

第二十七條　公平交易委員會依本法為調查時，得依左列程序進行：

　　一、通知當事人及關係人到場陳述意見。

　　二、通知有關機關、團體、事業或個人提出帳冊、文件及其他必要之資料或證物。

　　三、派員前往有關團體或事業之事務所、營業所或其他場所為必要之調查。

　　執行調查之人員依法執行公務時，應出示有關執行職務之證明文件；其未出示者，受調查者得拒絕之。

第二十八條　公平交易委員會依法獨立行使職權，處理有關公平交易案件所為之處分，得以委員會名義行之。

第二十九條　公平交易委員會之組織，另以法律定之。

第五章　損害賠償

第三十條　事業違反本法之規定，致侵害他人權益者，被害人得請求除去之；有侵害之虞者，並得請求防止之。

第三十一條　事業違反本法之規定，致侵害他人權益者，應負損害賠償責任。

第三十二條　法院因前條被害人之請求，如為事業之故意行為，得依侵害情節，酌定損害額以上之賠償。但不得超過已證明損害額之三倍。

　　侵害人如因侵害行為受有利益者，被害人得請求專依該項利益計算損害額。

第三十三條　本章所定之請求權，自請求權人知有行為及賠償義務人時起，二年間不行使而消滅；自為行為時起，逾十年者亦同。

第三十四條　被害人依本法之規定，向法院起訴時，得請求由侵害人負擔費用，將判決書內容登載新聞紙。

第六章　罰　則

第三十五條　違反第十條、第十四條、第二十條或第二十三條第一項之

規定者，處行為人三年以下有期徒刑、拘役或科或併科新臺幣一百萬元以下罰金。

第三十六條　違反第十九條規定，經中央主管機關命其停止其行為而不停止者，處行為人二年以下有期徒刑、拘役或科或併科新臺幣五十萬元以下罰金。

第三十七條　違反第二十二條之規定者，處行為人一年以下有期徒刑、拘役或科或併科新臺幣五十萬元以下罰金。

第三十八條　法人犯前三條之罪者，除依前三條規定處罰其行為人外，對該法人亦科以各該條之罰金。

第三十九條　前四條之處罰，其他法律有較重之規定者，從其規定。

第四十條　事業結合應申請許可而未申請，或經申請未獲許可而為結合者，除依第十三條規定處分外，處新臺幣十萬元以上一百萬元以下之罰鍰。

第四十一條　公平交易委員會對於違反本法規定之事業，得限期命其停止或改正其行為；逾期仍不停止或改正其行為者，得繼續限期命其停止或改正其行為，並按次連續處新臺幣一百萬元以下罰鍰，至停止或改正為止。

第四十二條　違反中央主管機關依第二十三條第二項所定之管理辦法者，處新臺幣五萬元以上五十萬元以下罰鍰；情節重大者，並得命令解散、停止營業或勒令歇業。

第四十三條　公平交易委員會依第二十七條規定進行調查時，受調查者於期限內如無正當理由拒絕調查、拒不到場陳述意見、或拒不提出有關帳冊、文件等資料或證物者，處新臺幣二萬元以上二十五萬元以下罰鍰；受調查者再經通知，無正當理由連續拒絕者，公平交易委員會得繼續通知調查，並按次連續處新臺幣五萬元以上五十萬元以下罰鍰，至接受調查、到場陳述意見或提出有關帳冊、文件等資料或證物為止。

第四十四條　依前四條規定所處罰鍰，拒不繳納者，移送法院強制執行。

第七章　附　則

第四十五條　依照著作權法、商標法或專利法行使權利之正當行為，不適用本法之規定。

第四十六條　事業依照其他法律規定之行為，不適用本法之規定。

　　公營事業、公用事業及交通運輸事業，經行政院許可之行為，於本法公布後五年內，不適用本法之規定。

第四十七條　未經認許之外國法人或團體，就本法規定事項得為告訴、自訴或提起民事訴訟。但以依條約或其本國法令、慣例、中華民國人民或團體得在該國享受同等權利者為限；其由團體或機構互訂保護之協議，經中央主管機關核准者亦同。

第四十八條　本法施行細則，由中央主管機關定之。

第四十九條　本法自公布後一年施行。

三、公平交易法施行細則

中華民國八十一年六月二十四日發布

第一條 本細則依公平交易法（以下簡稱本法）第四十八條規定訂定之。

第二條 本法第七條之聯合行為，以事業在同一產銷階段之水平聯合，足以影響生產、商品交易或服務供需之市場功能者為限。

本法第七條之其他方式之合意，指契約、協議以外之意思聯絡，不問有無法律拘束力，事實上可導致共同行為者。

第三條 中央主管機關依本法第十條第二項公告獨占事業時，應審酌左列事項：

一、事業在特定市場之占有率。

二、商品或服務在特定市場中時間、空間之替代可能性。

三、事業影響特定市場價格之能力。

四、他事業加入特定市場有無不易克服之困難。

五、商品或服務之輸入、輸出情形。

第四條 事業無左列各款情形者，不列入前條獨占事業認定範圍：

一、一事業在特定市場之占有率達二分之一。

二、二事業在特定市場之占有率達三分之二。

三、三事業在特定市場之占有率達四分之三。

有前項各款情形之事業，其個別事業在該特定市場占有率未達十分之一或上一會計年度事業總銷售金額未達新臺幣十億元者，該事業不列入獨占事業之認定範圍。

事業之設立或事業所提供之商品或服務進入特定市場受法令、技術之限制或有其他足以影響市場供需可排除競爭能力之情事者，雖有前二項不列入認定範圍之情形，中央主管機關仍得認定其為獨占事業。

第五條 計算事業之市場占有率時，應先審酌該事業及該特定市場之生

產、銷售、存貨、輸入及輸出值（量）之資料。

計算市場占有率所需之資料，得以中央主管機關調查所得資料或其他政府機關記載資料為基準。

第六條　本法第十一條第一項第三款所稱銷售金額，指事業之總銷售金額而言。

前項總銷售金額之計算，以中央主管機關調查所得資料或其他政府機關記載資料為基準。

第七條　本法第十一條第一項之事業結合，由左列之事業向中央主管機關申請：

一、與他事業合併、受讓或承租他事業之營業或財產、經常共同經營或受他事業委託經營者，為參與結合之事業。

二、持有或取得他事業之股份或出資額者，為持有或取得之事業。

三、直接或間接控制他事業之業務經營或人事任免者，為控制事業。

第八條　本法第十一條第一項之事業結合，應備左列文件向中央主管機關申請許可：

一、申請書，載明左列事項：

㈠結合型態與內容。

㈡參與事業之姓名、住居所或公司、行號或團體之名稱、事務所或營業所。

㈢預定結合日期。

㈣設有代理人者，其代理人之姓名及其證明文件。

㈤其他必要事項。

二、參與事業之基本資料：

㈠事業設有代表人或管理人者，其代表人或管理人之姓名及住居所。

㈡參與事業之資本額及營業項目。

㈢參與事業及其具有控制與從屬關係之事業上一會計年度之營業

額。

㈣每一參與事業之員工人數。

三、參與事業上一會計年度之財務報表及營業報告書。

四、參與事業申請結合相關商品或服務之生產或經營成本、銷售價格及產銷值（量）等資料。

五、實施結合對整體經濟利益之說明。

六、其他經中央主管機關指定之文件。

前項申請書格式，由中央主管機關定之。

第九條　事業申請許可結合時，所提資料不全或記載不完備者，中央主管機關得敘明理由限期補正；逾期不補正者，駁回其申請。

前項補正，以一次為限。

本法第十一條第三項所定之二個月期限，自中央主管機關收文之日起算。但事業提出之資料不全或記載不完備，經中央主管機關限期通知補正者，自補正之日起算。

第十條　中央主管機關對於事業結合之許可，必要時，得刊載政府公報。

第十一條　事業依本法第十四條但書規定為聯合行為時，應由各參與聯合行為之事業共同向中央主管機關申請許可；其由同業公會或其他代理人代為申請者，並應附具代理人證明文件。

第十二條　依本法第十四條但書申請許可，應備左列文件：

一、申請書，載明左列事項：

㈠申請聯合行為之商品或服務名稱。

㈡聯合行為之型態。

㈢聯合行為實施期間及地區。

㈣其他必要事項。

二、聯合行為之契約書、協議書或其他合意文件。

三、實施聯合行為之具體內容及實施方法。

四、參與事業之基本資料:

㈠參與事業之姓名、住居所或公司、行號、公會或團體之名稱、事務所或營業所。

㈡事業設有代表人或管理人者,其代表人或管理人之姓名及住居所。

㈢參與事業之營業項目、資本額及上一會計年度之營業額。

五、參與事業最近兩年與聯合行為有關之商品或服務價格及產銷值(量)之逐季資料。

六、參與事業上一會計年度之財務報表及營業報告書。

七、聯合行為評估報告書。

八、其他經中央主管機關指定之文件。

前項申請書格式,由中央主管機關定之。

第十三條　前條第一項第七款聯合行為評估報告書,應載明左列事項:

一、參與事業實施聯合行為前後成本結構及變動分析預估。

二、聯合行為對未參與事業之影響。

三、聯合行為對該市場結構、供需及價格之影響。

四、聯合行為對上、下游事業及其市場之影響。

五、聯合行為對整體經濟與公共利益之具體效益與不利影響。

六、其他必要事項。

第十四條　依本法第十四條第一款或第三款規定申請者,聯合行為評估報告書應詳載其實施聯合行為達成降低成本、改良品質、增進效率或促進合理經營之具體預期效果。

第十五條　依本法第十四條第二款規定申請者,聯合行為評估報告書應詳載左列事項:

一、個別研究開發及共同研究開發所需經費之差異。

二、提高技術、改良品質、降低成本或增進效率之具體預期效果。

第十六條　依本法第十四條第四款規定申請者,聯合行為評估報告書應

詳載左列事項:

一、參與事業最近一年之輸出值（量）與其占該商品總輸出值（量）及內外銷之比例。

二、促進輸出之具體預期效果。

第十七條　依本法第十四條第五款規定申請者，聯合行為評估報告書應詳載左列事項:

一、參與事業最近三年之輸入值（量）。

二、事業為個別輸入與聯合輸入所需成本比較。

三、達成加強貿易效能之具體預期效果。

第十八條　依本法第十四條第六款規定申請者，聯合行為評估報告書應詳載左列事項:

一、實施聯合行為特定商品之平均生產成本與價格之比較資料。

二、參與事業最近三年之年度別產能、設備利用率、產銷值（量）、輸出入值（量）及存貨量資料。其中最近一年狀況應提供月別資料。

三、最近三年間該行業廠家數之變動狀況。

四、該行業之市場展望資料。

五、參與事業為克服不景氣所為之自救措施。

第十九條　依本法第十四條第七款規定申請者，聯合行為評估報告書應詳載左列事項:

一、符合中小企業認定標準之證明文件。

二、達成增進經營效率或加強競爭能力之具體預期效果。

第二十條　申請聯合行為許可時，所提資料不全或記載不完備者，中央主管機關得敘明理由限期補正；逾期不補正者，駁回其申請。

前項補正，以一次為限。

第二十一條　本法第十四條第七款所稱中小企業，依中小企業發展條例規定之標準認定之。

第二十二條　事業依本法第十五條第二項延展時，應提出左列資料向中央主管機關申請：

　　一、申請書。

　　二、原許可文件影本。

　　三、申請延展之理由。

　　四、其他經中央主管機關指定之文件或資料。

　　中央主管機關准予延展時，應將原許可文號及期限，一併登記並刊載政府公報。

第二十三條　本法第十九條第二款所稱正當理由，應審酌左列情形定之：

　　一、市場供需情況。

　　二、成本差異。

　　三、交易數額。

　　四、信用風險。

　　五、其他合理之事由。

第二十四條　本法第十九條第六款所稱限制，指搭售、獨家交易、地域、顧客或使用之限制及其他限制事業活動之情形。

　　前項限制是否不正當，應綜合當事人之意圖、目的、市場地位、所屬市場結構、商品特性及履行情況對市場競爭之影響等加以判斷。

第二十五條　事業有違反本法第二十一條第一項、第三項規定之行為，中央主管機關得依本法第四十一條命其刊登更正廣告為改正之行為。

　　前項更正廣告方法、次數及期間，由中央主管機關審酌原廣告之影響程度定之。

第二十六條　中央主管機關依本法第二十七條第一項第一款規定為通知時，應用通知書。

　　前項通知書，應載明左列事項：

　　一、受通知者之姓名、住居所，其為公司、行號、公會或團體者，

其負責人之姓名及事務所、營業所。

　　二、案由。

　　三、應到之日、時、處所。

　　四、無正當理由不到場之處罰規定。

　　通知書至遲應於到場日四十八小時前送達。但有急迫情形者，不在此限。

第二十七條　前條之受通知者得委任代理人到場陳述意見。但中央主管機關認為必要時，得通知本人到場。

第二十八條　依第二十六條之規定受通知者到場陳述意見後，應作成陳述書，由陳述者簽名。其不能簽名者，得以蓋章或按指印代之；其拒不簽名、蓋章或按指印者，應載明其事實。

第二十九條　中央主管機關依本法第二十七條第一項第二款規定以書面通知者，應載明左列事項：

　　一、受通知者之姓名、住居所，其為公司、行號、公會或團體者，其負責人之姓名及事務所、營業所。

　　二、案由。

　　三、應提出之帳冊、文件及其他必要之資料或證物。

　　四、應提出之期限。

　　五、無正當理由拒不提出之處罰規定。

第三十條　中央主管機關收受有關機關團體、事業或個人提出帳冊、文件及其他必要之資料或證物後，應掣給收據。

第三十一條　公營事業、公用事業及交通運輸事業依本法第四十六條第二項申請行政院許可不適用本法規定之行為者，應以書面具體敘明各項行為之內容、不適用本法之條款及理由，並檢附相關資料，報請該管事業中央主管機關核轉行政院。

　　該管事業中央主管機關核轉前項申請案時，應附初核意見書。

　　第一項申請經行政院許可後，該管事業中央主管機關於通知事業時應副知本法中央主管機關。

第三十二條　本細則自發布日施行。

四、行政院公平交易委員會處理
公平交易法第二十條案件原則總說明

加強保護智慧財產權，取締仿冒，為政府既定之政策。為查禁現行智慧財產權法令所未能規範而有礙公平競爭之仿冒行為，公平法第二十條規定事業不得仿冒他人相關大眾所共知之商品或服務之表徵。蓋表徵為事業營業信譽之表彰，經由該表徵，使消費者得以辨識商品之來源。事業之表徵，經事業之努力而達到消費者之廣泛認知，取得獨特之識別性，他人刻意仿襲致有造成混淆或誤認之虞者，基於保障事業之經營成果及消費者權益，自應加以規範。

本會自成立以後，為配合保護智慧財產權之政策，除積極處理仿冒案件，並加強公平法第二十條之宣導，主動就執行公平法第二十條所累積之實務見解及經驗與其他相關單位進行研討，廣納意見。而為凝聚處理仿冒案件法律見解之共識，使違法事實之認定有更一致之標準可循，以有效處理此類案件，爰參考本會委員會議決議之案例，以及相關智慧財產權法令之最高法院判例、行政法院判例，暨商標案件審查基準等，研訂「行政院公平交易委員會處理公平交易法第二十條案件原則」，以為處理案件之依據及參考。其內容計分二十一點，茲分述要點如次：

一、訂定目的：本原則訂定之目的在確保事業公平競爭，保障消費者權益，有效處理公平法第二十條之仿冒案件（第一點）。

二、名詞釋義：第二點至第六點係就本法第二十條所定之「相關大眾」、「相關大眾所共知」、「表徵」、「相同或類似之使用」、「混淆」諸文義作一具體化之定義。

三、考量因素：第七點說明判斷表徵之考量因素，並於第八點及第九點分別例示表徵之態樣及不得為表徵之態樣。另於第十點、第十一點說明「相關大眾所共知」及「混淆」應考量之因素。

四、判斷原因：參酌商標案件相關判例，說明判斷相同或類似使用之原則（第十二點）。

五、認定程序：明定認定是否該當本法第二十條構成要件之程序（第十三點）。

六、使用依公司法：商業登記法登記之公司名稱、商號名稱，基於適用法律時體系上之要求，於認定有無該當本法第二十條之構成要件時，應衡酌公司法及商業登記法之精神（第十四點、第十五點）。

七、不當模仿他人之商品或服務之外觀或表徵，榨取他人努力成果之行為，將損害被榨取者利益，違反社會倫理，且不經努力而取得競爭上之優勢，亦侵害效能競爭原則。此等不公平競爭行為，有加以規範之必要，惟本法第二十條規定之適用有其法定要件，對無法依第二十條規定規範之上述不公平競爭行為，應考量有無違反第二十四條規定情事予以處理（第十六點）。

八、不溯既往原則：本法施行前，已為多數相關廠商所共同使用之商品容器、包裝、或外觀，不得再由某一事業主張係其最先使用，而排除他人之使用（第十七點）。

九、參照行政機關處理人民陳情案件要點第四點及第十七點規定，明定受理檢舉之方式（第十八點）。

十、為避免濫行檢舉、浪費行政資源，爰於第十九點明定檢舉人應檢送之事證。

十一、第二十點明定不受理案件處理程序。

十二、行政機關對特定人作成課以義務或限制其權利等不利之行政處分前，應給予該當事人陳述意見之機會，以善盡調查之能事，並確保其權益（第二十一點）。

五、行政院公平交易委員會處理
公平交易法第二十條案件原則

一、目的

行政院公平交易委員會（以下簡稱本會）為確保事業公平競爭，保障消費者權益，有效處理公平交易法（以下簡稱本法）第二十條之仿冒案件，特訂定本原則。

二、（名詞釋義一）

本法第二十條所稱相關大眾，係指與該商品或服務有可能發生銷售、購買等交易關係之人而言。

三、（名詞釋義二）

本法第二十條所稱相關大眾所共知，指具有相當知名度為相關大眾多數所周知。

四、（名詞釋義三）

本法第二十條所稱表徵，係指某項具識別力或次要意義之特徵，其得以表彰商品或服務來源，使相關大眾用以區別不同之商品或服務。前項所稱識別力，指某項特徵特別顯著，使相關大眾見諸該特徵，即得認知其表彰該商品或服務為某特定事業所產製或提供。

第一項所稱次要意義，指某項原本不具識別力之特徵，因長期繼續使用，使消費者認知並將之與商品或服務來源產生聯想，該特徵因而產生具區別商品或服務來源之另一意義。

五、（名詞釋義四）

本法第二十條所稱相同或類似之使用，相同係指文字、圖形、記號、商品容器、包裝、形狀、或其聯合式之外觀、排列、設色完全相同而言；類似則指因襲主要部分，使購買者於購買時施以普通注意猶有混同誤認

之虞者而言。

六、(名詞釋義五)

　　本法第二十條所稱混淆，係指對商品或服務之來源有誤認誤信而言。

七、(判斷表徵之考量因素)

　　本法第二十條所稱之表徵，指有左列情形之一者而言：

　　㈠文字、圖形、記號、商品容器、包裝、形狀、或其聯合式特別顯著，足以使購買人據以認識其為表彰商品或服務之標誌，並藉以與他人之商品或服務相辨別。

　　㈡文字、圖形、記號、商品容器、包裝、形狀、或其聯合式本身未特別顯著，然因相當時間之使用，足使消費者認知並將之與商品或服務來源產生聯想。

八、(表徵之例示)

　　左列各款為本法第二十條所稱之表徵：

　　㈠姓名。

　　㈡商號或公司名稱。

　　㈢商標。

　　㈣標章。

　　㈤經特殊設計，具識別力之商品容器、包裝、外觀。

　　㈥原不具識別力之商品容器、包裝、外觀，因長時間繼續使用，取得次要意義者。

九、(不得為表徵之例示)

　　左列各款，不具表彰商品或服務來源之功能，非本法第二十條所稱之表徵：

　　㈠商品慣用之形狀、容器、包裝。

　　㈡商品普通之說明文字、內容或顏色。

　　㈢具實用或技術機能之功能性形狀。

㈣商品之內部構造。

㈤營業或服務之慣用名稱。

十、(判斷相關大眾所共知之考量因素)

判斷表徵是否為相關大眾所共知，應綜合審酌左列事項：

㈠以該表徵為訴求之廣告量是否足使相關大眾對該表徵產生印象。

㈡具有該表徵之商品或服務於市場之行銷時間是否足使相關大眾對該表徵產生印象。

㈢具有該表徵之商品或服務於市場之銷售量是否足使相關大眾對該表徵產生印象。

㈣具有該表徵之商品或服務於市場之占有率是否足使相關大眾對該表徵產生印象。

㈤具有該表徵之商品或服務是否經媒體廣泛報導足使相關大眾對該表徵產生印象。

㈥具有該表徵之商品或服務之品質及口碑。

㈦相關主管機關之見解。

十一、(判斷混淆之考量因素)

判斷是否造成第二十條所稱之混淆，應審酌左列事項：

㈠具普通知識經驗之相關大眾，其注意力之高低。

㈡商品或服務之特性、差異化、價格等對注意力之影響。

㈢表徵之知名度、企業規模及企業形象等。

㈣表徵是否具有獨特之創意。

十二、(判斷原則)

審酌表徵是否相同或類似之使用，應本客觀事實，依左列原則判斷之：

㈠具有普通知識經驗之相關大眾施以普通注意之原則。

㈡通體觀察及比較主要部分原則。

㈢異時異地隔離觀察原則。

十三、(認定程序)

表徵是否為相關大眾所共知、是否相同或類似之使用、或是否致混淆，依左列程序認定之：

㈠由本會委員會議認定。

㈡有相當爭議致難以判斷，得舉行公聽會或座談會，徵詢學者專家、業者代表、消費者代表、相關產業公會及機關意見，供本會認定之參考。

㈢影響重大且有相當爭議致難以判斷，得委託公正、客觀之團體、學術機構，以問卷徵詢一般大眾或相關交易對象意見。

十四、(公司名稱)

二公司名稱中標明不同業務種類者，其公司名稱非本法第二十條所稱之相同或類似之使用。

以普通使用方法，使用依公司法登記之公司名稱，若無積極行為使人與相關大眾所共知之他人營業混淆者，不違反本法第二十條規定。

十五、(商號名稱)

以普通使用方法，使用依商業登記法登記之商號名稱，若無積極行為使人與相關大眾所共知之他人營業混淆者，不違反本法第二十條規定。

十六、(本法第二十條與第二十四條規定之適用原則)

左列各款情形，於未符合本法第二十條規定之構成要件時，得以違反本法第二十四條規定處理之：

㈠襲用他人著名之商品或服務表徵，雖尚未致混淆，但有積極攀附他人商譽之情事。

㈡抄襲他人商品或服務之外觀，積極榨取他人努力成果，對競爭者顯失公平，足以影響交易秩序。

前項情形，於商品外觀係屬公眾得自由利用之技術者，不適用之。

十七、(不溯既往原則)

公平交易法施行之前，某項已為多數相關廠商所共同使用之商品容器、包裝、外觀或其他表徵，致相關大眾無從依其容器，標示之外觀辨識其來源時，即不得再由某一事業主張係其最先使用，而排除他人之使用。

十八、(檢舉程式)

檢舉他事業違反本法第二十條規定者，應請其以書面載明具體內容、真實姓名及地址。其以言詞為之者，本會應作成書面紀錄，由檢舉人簽名或蓋章。

檢舉未具真實姓名、地址、簽名（蓋章）或無具體內容者，得不予處理。但顯有違害公共利益之虞者，為確保公平競爭及消費者利益，仍得依職權調查處理。

十九、(檢舉人提供事證)

檢舉他事業違反本法第二十條規定者，應請其提供相關商品或服務表徵為相關大眾所共知之證據，及他事業涉嫌違法之具體事證。

未依前項提供相關資料者，應以書面通知其於相當期限內提供；逾期仍未提供者，視為檢舉無具體內容。

二十、(不受理案件處理程序)

有左列情形之一者，業務單位應簽註意見呈送輪值委員審查，經奉首長核定後存查或函復結案，並定期彙總提報委員會議：

㈠檢舉事件依本原則得不予處理者。

㈡檢舉無具體內容者。

㈢檢舉事項僅涉及雙方當事人之爭議，而雙方當事人已和解、或檢舉人撤回檢舉者。

二十一、(被檢舉事業陳述意見之機會)

　　本會對事業為處分前，應給予其陳述意見之機會。但經本會通知事業限期到場陳述意見或提出書面說明，逾期未到場陳述意見或提出書面說明者，不在此限。

大雅叢刊書目

法學叢書書目

圖書資訊學叢書書目